中国社会科学院文库
历史考古研究系列
The Selected Works of CASS
History and Archaeology

中国社会科学院创新工程学术出版资助项目

中国社会科学院文库·历史考古研究系列
The Selected Works of CASS History and Archaeology

万里向安西

——出土文献与唐代西北经略研究

Miles to Anxi:
A Study on Unearthed Documents
and Northwest Strategy in Tang Dynasty

刘子凡　著

社会科学文献出版社
SOCIAL SCIENCES ACADEMIC PRESS (CHINA)

《中国社会科学院文库》
出版说明

《中国社会科学院文库》（全称为《中国社会科学院重点研究课题成果文库》）是中国社会科学院组织出版的系列学术丛书。组织出版《中国社会科学院文库》，是我院进一步加强课题成果管理和学术成果出版的规范化、制度化建设的重要举措。

建院以来，我院广大科研人员坚持以马克思主义为指导，在中国特色社会主义理论和实践的双重探索中做出了重要贡献，在推进马克思主义理论创新、为建设中国特色社会主义提供智力支持和各学科基础建设方面，推出了大量的研究成果，其中每年完成的专著类成果就有三四百种之多。从现在起，我们经过一定的鉴定、结项、评审程序，逐年从中选出一批通过各类别课题研究工作而完成的具有较高学术水平和一定代表性的著作，编入《中国社会科学院文库》集中出版。我们希望这能够从一个侧面展示我院整体科研状况和学术成就，同时为优秀学术成果的面世创造更好的条件。

《中国社会科学院文库》分设马克思主义研究、文学语言研究、历史考古研究、哲学宗教研究、经济研究、法学社会学研究、国际问题研究七个系列，选收范围包括专著、研究报告集、学术资料、古籍整理、译著、工具书等。

中国社会科学院科研局
2006 年 11 月

序

　　子凡君最近完成了他的第二本专著，跟我说想让我写一篇序。我开始时犹豫了一下，因为一般来讲，我只是给自己指导过的学生撰写的论著写序，子凡不是我指导的硕士、博士或者博士后，所以我略有犹豫。但子凡说他自研究生时代起就开始参加我在北大中国古代史研究中心开设的各种读书班，也参加了我主持的多个项目，收入本书的一些论文都是在我的指导或安排下写成发表的。如《唐代三伏择日中的长安与地方》是参加长安读书班的成果；有关成公崇墓志与文书关系的研究是参加大唐西市墓志整理时完成的；《杏雨书屋藏蒲昌府文书与折冲府的运行》是整理《吐鲁番出土文献散录》时的成果；有关于阗的几篇文章是"西域文书读书班"的结果；还有关于旅顺博物馆藏卷的几篇是参加旅博藏新疆出土汉文文献项目发表的文章。回想一下，子凡不仅仅是这些读书班和项目的积极参加者，而且越来越成为其中的主力，特别是最后整理两万六千片旅博藏文书，如果没有子凡等年轻学者的全力投入和仔细跟进，这样持续多年的项目几乎无法完成。念及此，我不仅不能拒绝他的请求，而且觉得理所当然地要为他的大著即将出版而欢呼。

　　其实，我一看到这部著作的名字"万里向安西——出土文献与唐代西北经略研究"，就欢喜赞叹；看了全书的目录，欣赏作者的谋篇布局和整体架构；读了前面的绪论"故纸与贞石：唐代西北研究的新视野"，敬佩作者的宏观视野和对出土文献与传世史料关系的论说，而行文中唐诗句子的摘引，更表现出作者的文思与才情。书中所收的大多数文章过去曾经拜读，这次又作为整体著作的一部分翻阅一过，并补充了过去没有读过的篇章，倍感各篇章都是在坚实的材料分析基础上，以新发现、新比定或重新解读的出土文献作为突破口，对唐代西北史特别是西域史上的一些问题做了深入的剖析与解说，胜意迭出，贡献良多。

　　唐代西北经略史或唐代西域经营史，早期著作如沙畹（Ed. Chavannes）

《西突厥史料》（圣彼得堡，1903）、曾问吾《中国经营西域史》（上海，1936）、伊濑仙太郎『中国西域経営史研究』（东京，1968），都是以传世的汉文史料为基础书写的，构建了整体唐代西域史的框架，但视角来自中原王朝。20世纪后半叶特别是最近四十年来刊布的大量敦煌、吐鲁番、和田、库车出土文书，为我们从西北地区、西域地区的视角来观察唐代西北史和西域史提供了丰富的资料。以唐长孺先生为代表的一批学者，在利用出土文献研究西域史方面取得了优异的成果。子凡正是在前辈学者开拓的这一领域中不断探索，继续深耕，一步一个脚印，陆续结出丰硕而多彩的果实。他先是出版了《瀚海天山——唐代伊、西、庭三州军政体制研究》（中西书局，2016），聚焦于唐朝直辖的伊、西、庭三州；本书则跨越从长安到于阗的广泛领域，重点在西域；而随后他还有关于北庭、西北科学考查团等论著也将陆续推出。子凡的成就是他自己努力的结果，也是拜西北地区出土文献和中原各地出土碑志所赐。

子凡的绪论特别强调"故纸与贞石"对于唐代西北史研究的重要性，此点深得我心。不用讳言，在当前的史学界有一股逆流，认为出土文书不过是一些废纸残片，不能改变传世文献的主体内容，更有甚者对于重要的出土文献也置若罔闻，乃至对相关研究成果加以批判。事实上，正是出土文献为唐代西域史提供了新的视角，让我们抛弃传统史家狭隘的"四夷观"来正确地认识西域本地的民众和他们的文化；也正是出土文献为我们提供了大量的具体例证，让我们清晰了解唐朝制度、文化在西域地区的实施与传播；也正是各种语言文字的出土文献提供了传世汉文文献所不具备的内容，让我们得知在流沙废墟掩埋的西域各个绿洲王国的土地上，曾经有着如此绚烂多彩的文化，从而得知撒马尔干和长安之间丝绸之路上文化传播的缘由与实态……可以断言，今后的唐代西北史、西域史的书写离不开敦煌、西域各地出土的典籍和文书，而子凡的这部著作也将是构建整个唐代西北史和西域史时必不可少的参考论著之一。

行文至此，眼前浮现出一张与子凡在吐鲁番柏孜克里克石窟的合影。追寻西域出土文献是我们的共同目标，以此共勉，是为序。

荣新江

2023年1月31日

朗润园

目 录

绪论 故纸与贞石：
唐代西北研究的新视野

一 唐朝的西北经略

唐代是中国古代文明交融与疆域发展的关键时期，特别是唐朝倾国力以西顾，重视西北的开拓与经营。这不仅是形塑唐代国家强盛、文明绚烂的历史形象的重要因素，也对中国古代乃至中亚的历史发展产生了深远影响。从唐朝的首都长安出发，西出陇山即是陇右，渡黄河向西便是河西，再向西进入天山东部的伊、西、庭三州，再转而西入塔里木盆地即是安西四镇之地。这一狭长而又广袤的地区，即是唐朝的西北疆域。从行政区划上说，它们都属于陇右道，广义上讲陇右道所辖范围是从今陇山、六盘山以西，一直到中亚的广大地区。进入节度使时代，这一地区又先后设立有陇右、河西、北庭、安西四大节度使，唐玄宗鼎盛时期的所谓"天宝十节度"中，陇右一道便居其四，足见唐代对于西北的重视。故而对唐代西北经略的研究，是理解唐朝历史的一个基本问题。

唐人大多将"安西"视为国家疆域的西极。白居易、元稹各有一首《西凉伎》，他们都在诗中注有"平时开远门外立堠，云去安西九千九百里，以示成人，不为万里行，其实就盈数也"。[①] 长安外郭城西面有三门，其中开远门为北侧的城门，但或因其直对宫城和皇城，地位尤为重要，唐

---

① 白居易撰，谢思炜校注《白居易诗集校注》卷四，中华书局，2006，第367页。元稹注文略同，见元稹《元稹集》卷二四，冀勤点校，中华书局，2010，第324页。

玄宗就曾在开远门外置振旅亭。① 其命名本身无疑是有向西"开远"之意，现在史家也多将之看作唐代丝绸之路的起点（如果从长安计算的话）。不过实际上长安到安西都护府的驻地龟兹城（今新疆库车市），并没有万里之遥，《太白阴经》载安西"去西京八千五十里"，②《太平寰宇记》则载"东南至长安六千二百七十里"。③ 如果按今日的公路里程计算，西安到库车只有约 3000 公里，与《太平寰宇记》的记载接近。然而，"万里"仍然是唐人对西极之数的直观表达和普遍观念。本书的标题"万里向安西"，取自岑参《碛西头送李判官入京》诗中之"一身从远使，万里向安西"。这一诗意的表述寄托着个人的悲欢离合，但也蕴含着"万里奉王事，一身无所求"的豪迈。在岑参之前，杜暹、萧嵩、牛仙客都自西北入相，岑参之后，曾在西北节度幕府中任职的李栖筠、元载、杨炎，都成为安史乱后的国之肱骨。无怪乎李白称"安西幕府多才雄"，西北边疆会聚了唐朝的英才。

唐朝对西北边疆的经营经历了较长的历史过程。唐朝于高祖武德元年（618）平定金城薛仁杲，次年又擒获凉州李轨，在立国之初就统一了陇右、河西。太宗贞观十四年（640）又灭高昌国，在其地设西州（今新疆吐鲁番市）及安西都护府，随后又相继统辖天山以南的绿洲诸国，设龟兹、于阗、焉耆、疏勒四镇。高宗显庆三年（658）击溃西突厥阿史那贺鲁后，安西都护府移治龟兹，唐朝统御西北的格局基本形成。随后经历了与吐蕃的激烈交锋，唐朝逐渐在西北地区广泛设立大规模驻军的军镇，至玄宗时形成陇右、河西、北庭、安西四大节度使。《资治通鉴》称："是时中国盛强，自安远门西尽唐境万二千里，间阎相望，桑麻翳野，天下称富庶者无如陇右。（哥舒）翰每遣使入奏，常乘白橐驼，日驰五百里。"④ 天宝十四载（755）安史之乱爆发，唐朝征调西北边兵勤王，吐蕃趁机占据

---

① 《旧唐书》卷九《玄宗本纪下》，中华书局，1975，第 223 页。参见赵洋《开远门前万里堠——隋唐长安城一隅的空间景观》，《唐研究》第 21 卷，北京大学出版社，2015，第 291~295 页。

② 李筌：《神机制敌太白阴经》卷三《关塞四夷篇》，《丛书集成初编》本，商务印书馆，1937，第 73 页。

③ 乐史：《太平寰宇记》卷一五六《陇右道·安西大都护府》，王文楚等点校，中华书局，2007，第 2999 页。

④ 《资治通鉴》卷二一六，中华书局，1956，第 6919 页。

河西、陇右诸州，西域的安西与北庭在坚守数十年后也相继失陷。唐朝的西北边防也后撤到泾原至凤翔一线，白居易有诗云："平时安西万里疆，今日边防在凤翔。"此后唐朝曾计划恢复河湟而无果。直到宣宗大中年间沙州张议潮起义，被任命为归义军节度使，唐朝才名义上恢复了对部分河西地区的统辖。

毫无疑问的是，安史之乱前唐朝的西北经略取得了空前的成功。首先是西北边疆的军事力量强盛。《通典》载安西节度使管兵二万四千人，马二千七百匹；北庭节度使管兵二万人，马五千匹；河西节度使管兵七万三千人，马一万九千四百匹；陇右节度使管兵七万五千人，马一万六百匹。[①]这应是节度使时代西北兵力的布局，如此大量的驻军也有效保证了西北方向的军事安全，唐朝在与吐蕃、西突厥的西北角力中总体上占据优势。其次是西域的军政建制强化。唐朝大致恢复了汉魏西域都护府、西域长史府的统辖范围，同时更进一步的是设立伊、西、庭三个正州，在西域东部地区实现州县化。安西四镇地区虽然仍是羁縻府州的行政体制，但在设立节度使等情势下，唐朝对安西四镇的统治更加深入，也将其视为政治体系的一部分。[②]最后是羁縻和镇抚的范围扩大。龙朔元年（661），唐朝遣王名远在吐火罗地区广设羁縻府州，唐朝的势力范围一度越过葱岭以西。至少在调露元年（679）时，唐朝已经控制了西突厥的核心地域碎叶，并在此筑城镇守。

唐朝的西北经略也从客观上促进了丝绸之路的商贸繁荣与文化交流。唐代是陆上丝绸之路鼎盛的时期，特别是唐前期对西北的有效经营，使得西州、沙州、凉州等稳定地成为商贸重镇，来自西域的宝石、香料、药材、矿物等源源不断进入中原。当然还有传自西域的佛教、乐舞、绘画、服饰、饮食等文化因素，参与塑造了绚烂多彩的唐代文明。此外，中原文化也进一步西传，商人、僧侣携带着各种写本西行，[③]目前所见唐代汉文文献最西边的出土地点，是在北高加索地区的莫谢瓦亚·巴勒卡

① 《通典》卷一七二《州郡二·序目下》，中华书局，1988，第4479~4482页。
② 荣新江、文欣：《"西域"概念的变化与唐朝"边境"的西移——兼谈安西都护府在唐政治体系中的地位》，《北京大学学报》2012年第4期，第117~119页。
③ 荣新江：《丝绸之路也是一条"写本之路"》，《文史》2017年第2辑。

(Moshchevaya Balka)。① 同时，大量的官吏和兵士也将汉字与典籍带到了边疆地区，近年就在新疆和田发现了多种临习王羲之书法的文献，② 这生动地说明了唐代丝绸之路存在双向的文化交流。

然则唐朝为何如此重视对西北疆域的经营？值得注意的是，唐朝并非像突厥、回鹘等曾控制西域的草原政权那样，看重丝绸之路的经济利益。这或许与整个唐朝的财政制度及观念有关，一个最显著的例证就是唐朝很长时间不向西来的商人收取关税，直到开元七年（719）才为了满足地方开支而在四镇、轮台等地"征西域贾"。③ 正如汉朝凿空西域是为了"断匈奴之右臂"，唐朝对西北的积极经营也主要是贯彻政治和军事上的战略。对此，陈寅恪先生曾有一论断："李唐承袭宇文泰'关中本位政策'，全国重心本在西北一隅，而吐蕃盛强延及二百年之久。故当唐代中国极盛之时，已不能不于东北方面采维持现状之消极政略，而竭全国之武力财力积极进取，以开拓西方边境，统治中央亚细亚，借保关陇之安全为国策也。"④ 陈寅恪在"关中本位"的框架内，指出了吐蕃挑战与关陇安全两大因素，这也成为学界广泛引述的论点。不过在陈寅恪的研究范式之外，也可以从唐朝边疆战略的角度来进行整体观察。相对于新兴的吐蕃，北方草原政权是中原王朝面对的更为传统的威胁，唐太宗对北方突厥、铁勒以及东、西两个方向上的用兵，很大程度上是为了解决北方草原问题。唐朝控制下的陇右、河西、北庭、安西，正处在控御东、西突厥等北方草原民族的防线上，而在吐蕃强势崛起后，又肩负起分隔吐蕃与草原政权并尽力牵制的作用，成为国家边防整体的关键一环。

唐前期强盛的国力足以支持向西北的开拓与坚守，但在财力和人力上的消耗也确实极大。西域距离唐朝的统治中心过于遥远，而唐朝控制下的西域仅能通过河西走廊与中原连接，交通补给不易。由于驻军较多且战事不断，消耗又大大加重。虽然唐军在西域的屯田可以解决一多半的军粮问题，但仍有不少缺额。此外还有大量的衣装、器械费用，牲畜购买及饲养

---

① 仝涛：《北高加索的丝绸之路》，罗丰主编《丝绸之路上的考古、宗教与历史》，文物出版社，2011，第107~114页。

② 荣新江：《〈兰亭序〉在西域》，《国学学刊》2011年第1期，第65~71页。

③ 《新唐书》卷二二一上《西域上》，中华书局，1975，第6230页。参见李锦绣《唐代财政史稿》上卷，北京大学出版社，1995，第598~599页。

④ 陈寅恪：《唐代政治史述论稿》，三联书店，2015，第326~327页。

费用，赏赐的费用，等等，都要依靠从关中长途运输。据《通典》所载数字统计，唐玄宗开元中期至天宝时期，西北诸节度每年消耗的军费达到540万匹段，约占全部边疆军费支出的43%。① 张籍《凉州词》有"无数铃声遥过碛，应驮白练到安西"。可见当时转运布帛之繁忙景象。而且开元天宝年间这些镇兵主要是以兵募为主，兵士携带家口长驻边军，称为"长征健儿"。即有所谓"壮龄应募，华首未归"② 之说。杜甫《兵车行》亦有诗曰："去时里正与裹头，归来头白还戍边……汉家山东二百州，千村万落生荆杞。"边疆大量的人力消耗也影响了中原腹心之地的农业生产。故而唐朝的国力成为其西进成败的根本，一旦中原有变，唐朝便只能放弃西北的经营。

总之，唐朝的西北经略是一段漫长而壮阔的历史，一本小书恐怕难以尽述，此前的拙作《瀚海天山——唐代伊、西、庭三州军政体制研究》也仅是截取了其中的一个侧面。本书亦是汲取吉光片羽，以期管中窥豹，见唐代经营西北之大势。

二 出土文献与唐代西北边疆史研究

故纸载政令，贞石播余芳，一柔一坚两种材质的文献，历经千余年而不朽，滋润出当代唐史研究的新风尚。"纸"自然是指敦煌吐鲁番出土文书，而"石"则是指各地所出石刻碑志，它们与传世文献相互印证、补充，是为唐代西北边疆研究的基本史料。随着出土文献发现、整理与研究的不断推进，唐代西北边疆史研究也取得了丰硕的成果。

（一）在边疆发现历史：敦煌吐鲁番文书与唐代西北研究

19世纪末20世纪初，西方探险队纷至沓来，在我国西北地区发现了大量珍贵的出土文献，尤以敦煌藏经洞发现的中古写本最为震撼，引起了学界和社会的广泛关注，敦煌学也由此成为国际显学。此外，20世纪在吐鲁番、和田等地也陆续出土了数量众多的文书，现在通常以"敦煌吐鲁番文书""敦煌西域文书"等来称呼西北地区的出土文献，吐鲁番学也成为

---

① 《通典》卷一七二《州郡二·序目下》，第4479~4482页。
② 宋敏求编《唐大诏令集》卷一〇七《镇兵以四年为限诏》，中华书局，2008，第553页。

与敦煌学比翼齐飞的重要学问，[①] 二者通常合称为敦煌吐鲁番学。

百余年来，敦煌吐鲁番学取得了丰硕的成果，因这些文书都是西北出土，又多见唐代文献，故而直接推动了唐代西北边疆研究的发展。与本书讨论课题直接相关的研究，主要有唐长孺《山居存稿》，张广达、荣新江《于阗史丛考》，王永兴《唐代前期西北军事研究》《唐代经营西北研究》，姜伯勤《敦煌吐鲁番文书与丝绸之路》，孙继民《敦煌吐鲁番所出唐代军事文书初探》，荣新江《中古中国与外来文明》《中古中国与粟特文明》，荒川正晴『ユーラシアの交通・交易と唐帝国』，刘安志《敦煌吐鲁番文书与唐代西域史研究》，孟宪实《出土文献与中古史研究》，等等，[②] 当然学界还有很多重要成果，限于篇幅此处不再一一列举。以下仅就不同地域出土的文书，简述其整理情况[③]及与唐代西北边疆史的关联。

1. 敦煌文书

1900 年一次偶然的机会，道士王圆箓发现了敦煌藏经洞（即莫高窟第 17 号窟），数万件六朝至宋代的珍贵写本重见天日。这些敦煌文书虽然以佛经为主，但还是见有大量非佛教文献，其中就有涉及唐代西北地区政治、经济、军事、宗教、民族、语言、文学、艺术、科技及中外交通的珍贵写本。

在敦煌文书发现之初，端方就意识到"此中国考据学上一生死问题也"。[④] 不过大部分敦煌文书被斯坦因（A. Stein）、伯希和（P. Pelliot）等

---

① 关于敦煌学与吐鲁番学的关系，学者多有讨论，参见荣新江《期盼"吐鲁番学"与"敦煌学"比翼齐飞》，《中国史研究》2009 年第 3 期，第 109~112 页；陈国灿《敦煌学与吐鲁番学相得益彰》，《中国社会科学报》2014 年 2 月 28 日，第 A5 版；郑阿财《敦煌学与吐鲁番学从比翼齐飞到分进合流》，《西南民族大学学报》2019 年第 1 期，第 189~192 页。

② 唐长孺：《山居存稿》，中华书局，1989，2011 年再版；张广达、荣新江：《于阗史丛考》，上海书店出版社，1993；张广达、荣新江：《于阗史丛考（增订本）》，中国人民大学出版社，2008；张广达、荣新江：《于阗史丛考（增订新版）》，上海书店出版社，2021；王永兴：《唐代前期西北军事研究》，中国社会科学出版社，1994；王永兴：《唐代经营西北研究》，兰州大学出版社，2010；姜伯勤：《敦煌吐鲁番文书与丝绸之路》，文物出版社，1994；孙继民：《敦煌吐鲁番所出唐代军事文书初探》，中国社会科学出版社，2000；荣新江：《中古中国与外来文明》，三联书店，2001，2014 年再版；荣新江：《中古中国与粟特文明》，三联书店，2014；荒川正晴『ユーラシアの交通・交易と唐帝国』名古屋大学出版会、2010；刘安志：《敦煌吐鲁番文书与唐代西域史研究》，商务印书馆，2011；孟宪实：《出土文献与中古史研究》，中华书局，2017。

③ 主要参考荣新江《海外敦煌吐鲁番文献知见录》，江西人民出版社，1996。

④ 罗振玉辑《流沙访古记・伯希和氏演说》，《罗雪堂先生全集续编》（七），大通书局，1989，第 3089 页。

西方探险家携至国外，分散收藏于世界各地的图书馆和博物馆，集中保存了千年的卷轴一时星散，搜寻不易。20 世纪初中国学者只能零散地抄录和影印敦煌文书，但当时罗振玉等人就注意到《沙州图经》《西州图经》等唐代西北地志的重要意义。20 世纪 50 年代末以来，部分敦煌写本的缩微胶卷陆续公布。1961 年，中国科学院历史研究所资料室编《敦煌资料》第 1 辑，① 是当时较早的集录社会经济文书的资料集。80 年代起，唐耕耦、陆宏基利用缩微胶卷编辑了《敦煌社会经济文献真迹释录》第 1~5 辑。日本方面，则有"西域文化研究会"编辑的六卷本《西域文化研究》（法藏馆），东洋文库"敦煌文献研究委员会"编纂的『西域出土汉文文献分类目録初稿』和《敦煌吐鲁番社会经济文书集》（*Dunhuang and Turpan Documents concerning Social and Economic History*）。这些整理成果为敦煌文献中社会经济文书的专门研究提供了基础。

据张弓先生口述，1987 年他和宋家钰到英国看敦煌卷子，原计划编辑《敦煌资料》第 2 辑，但发现文书保存不佳，希望能拍照，得到该馆中文部吴芳思（F. Wood）和马克乐（B. McKillop）女士的大力支持。在国内外多个机构和学者的通力合作下，大型图录《英藏敦煌文献（汉文佛经以外部分）》② 在 90 年代陆续出版。此后《法藏敦煌西域文献》《俄藏敦煌文献》《国家图书馆藏敦煌遗书》等也相继出版，③ 各重要机构收藏的敦煌文献大多以图录形式公布。此外，国际敦煌项目（IDP）于 1994 年成立，将敦煌文献等文物的数字图像公布在网站上，学者可以愈发便捷地利用敦煌文书。

敦煌文书中有很多直接与河西地区节度使、军镇、州县相关的文书，如 P. 3885《前大斗军使将军康太和书与吐蕃赞普》《前河西陇右两节度使盖嘉运判二十九年燕支贼下事》，P. 2555《为肃州刺史刘臣璧答南蕃书》，

---

① 中国科学院历史研究所资料室编《敦煌资料》第 1 辑，中华书局，1961。

② 中国社会科学院历史研究所、中国敦煌吐鲁番学会敦煌古文献编辑委员会、英国国家图书馆、伦敦大学亚非学院编《英藏敦煌文献（汉文佛经以外部分）》，四川人民出版社，1990~1995。

③ 上海古籍出版社、法国国家图书馆编《法藏敦煌西域文献》（1~34），上海古籍出版社，1995~2005；俄罗斯科学院东方研究所圣彼得堡分所、俄罗斯科学出版社东方文学部、上海古籍出版社编《俄藏敦煌文献》（1~17），上海古籍出版社，1992~2001；中国国家图书馆编《国家图书馆藏敦煌遗书》（1~146），北京图书馆出版社，2005~2012。

P.3348《唐天宝四载豆卢军和籴会计牒》，中国国家博物馆藏《唐河西支度营田使户口给谷簿》等，体现了唐前期经营河西的面貌。本书也涉及了P.2942《河西节度使判集》的考证，该文书刚好记录了安史之乱后吐蕃侵入河西时期河西节度使的动向，其中更是有节度使杨志烈遇害等重大事件的细节，历来为学者所重视。① 当然，敦煌文书中更多的是涉及归义军的文书，可参考荣新江、郑炳林、冯培红、杨宝玉、吴丽娱等学者的重要论著。② 此外，敦煌文书中还有不少与西州、北庭、安西四镇相关的文书。如，P.2009《西州图经》即是记载西州道路交通及寺院、古迹等的地志，S.367《唐光启元年（885）写本沙州伊州地志》则涉及了伊州（今新疆哈密市）及石城镇（今新疆若羌县）的史地。P.2754 判集文书集录了唐高宗麟德年间与安西、西州、伊州相关的一组判词，其中有两则很长的判词涉及安西都护裴行俭，体现了吐蕃北上新格局下的西域态势。日本天理大学图书馆所藏3 件唐景龙三年（709）张君义文书，以及敦煌研究院藏景云二年（711）张君义告身，记录了沙州人张君义作为四镇经略使前军参与安西战事的历史，也体现了安西四镇的兵源构成。英藏 S.11453 与 S.11459 为一组揭自佛经的瀚海军文书，都钤有"瀚海军之印"，是难得的关于北庭瀚海军的珍贵资料，荣新江、孙继民等先生都有过整理。③ 实际从广义上来说，敦煌文书中所见之籍帐、契约、什物历、法律文书、社邑文书、寺院文书等，无不反映唐代西北地区的国家治理与社会运行，而典籍、写经、医书、占卜书等，也都反映了唐代的文化传播，限于篇幅此处不再赘述。

2. 吐鲁番文书

吐鲁番文书大多出土于吐鲁番地区的城址、石窟寺和墓葬，相比于精心保存于洞窟的敦煌文书，吐鲁番文书以残卷居多，少见完整篇帙，墓葬出土文书甚至多被剪裁制作成葬具。但吐鲁番文书中见有大量唐前期的官

---

① 相关研究成果见本书第一章第二节。
② 荣新江：《归义军史研究》，上海古籍出版社，1996，2015 年再版；郑炳林主编《敦煌归义军史专题研究》《续编》《三编》，兰州大学出版社，1997~2005；冯培红：《敦煌的归义军时代》，甘肃教育出版社，2013；杨宝玉、吴丽娱：《归义军政权与中央关系研究——以入奏活动为中心》，中国社会科学出版社，2015。
③ 荣新江：《英国图书馆藏敦煌汉文非佛教文献残卷目录（S.6981—13624）》，新文丰出版公司，1994，第 210~214 页；孙继民：《唐代瀚海军文书研究》，甘肃文化出版社，2002，第 242 页。

私文书，可以更直观地体现唐朝对边州的治理乃至整个唐朝的制度运行。

早在清末，吐鲁番文书就已零星现世，雅好金石的新疆布政使王树枏等人便多有收藏并题跋考释。① 英国斯坦因、德国格伦威德尔（A. Grünwedel）和勒柯克（A. von Le Coq）、日本大谷光瑞探险队，以及中瑞西北科学考查团负责考古的黄文弼先生，都在吐鲁番获得了大量文书，但都是从 20 世纪下半叶开始才得到较为全面的整理刊布。引领吐鲁番学成为与敦煌学并肩的显学，主要是源于对 1959 年以来吐鲁番地区考古成果的整理与研究。考古学者在吐鲁番阿斯塔那—哈拉和卓等古墓发现了大量的文书，自 1975 年开始整理，至 1991 年出齐唐长孺先生主编的《吐鲁番出土文书》释文本 10 册，② 至 1996 年出齐图录本 4 册。文书研究成果汇集入《敦煌吐鲁番文书初探》和《敦煌吐鲁番文书初探二编》。近年，朱雷先生又主编《吐鲁番出土文书补编》，补了当时未刊的文献。③ 2008 年，荣新江、李肖、孟宪实主编的《新获吐鲁番出土文献》，又集录了 1997～2006 年吐鲁番阿斯塔那、洋海、巴达木、木纳尔、交河沟西等墓地出土的文书。④ 这批新文书的研究成果，结集为《新获吐鲁番出土文献研究论集》和《秩序与生活：中古时期的吐鲁番社会》，⑤ 涉及西北边疆军政体制、基层社会与西域史事等内容。

英藏吐鲁番出土文书的整理，主要有郭锋《斯坦因第三次中亚探险所获甘肃新疆出土汉文文书——未经马斯伯乐刊布的部分》，陈国灿《斯坦因所获吐鲁番文书研究》，沙知、吴芳思《斯坦因第三次中亚考古所获汉文文献（非佛经部分）》，等等。⑥ 大谷探险队所获吐鲁番等地出土文书主

---

① 朱玉麒先生有多篇文章考证王树枏、段永恩等人收藏的吐鲁番及西域文献，见朱玉麒《瀚海零缣——西域文献研究一集》，中华书局，2019，第 395～571 页。
② 唐长孺主编《吐鲁番出土文书》，文物出版社，1991。
③ 朱雷主编《吐鲁番出土文书补编》，巴蜀书社，2022。
④ 荣新江、李肖、孟宪实主编《新获吐鲁番出土文献》，中华书局，2008。
⑤ 荣新江、李肖、孟宪实主编《新获吐鲁番出土文献研究论集》，中国人民大学出版社，2010；孟宪实、荣新江、李肖主编《秩序与生活：中古时期的吐鲁番社会》，中国人民大学出版社，2011。
⑥ 郭锋：《斯坦因第三次中亚探险所获甘肃新疆出土汉文文书——未经马斯伯乐刊布的部分》，甘肃人民出版社，1993；陈国灿：《斯坦因所获吐鲁番文书研究》，武汉大学出版社，1995；沙知、吴芳思编著《斯坦因第三次中亚考古所获汉文文献（非佛经部分）》，上海辞书出版社，2005。

要分藏于日本龙谷大学图书馆与中国旅顺博物馆,龙谷大学收藏部分于
1984 年开始由龙谷大学佛教文化研究所整理,出版『大谷文書集成』共 4
册;① 旅顺博物馆藏品有 26000 余件,被称为敦煌吐鲁番文书"最后的宝
藏",于 2021 年完成整理工作,出版王振芬、孟宪实、荣新江主编的《旅
顺博物馆藏新疆出土汉文文献》共 35 册。② 黄文弼所获吐鲁番文献,主要
刊布于考古报告《吐鲁番考古记》中,③ 荣新江与朱玉麒主编的《黄文弼
所获西域文书》则对包括吐鲁番文书在内的全部黄文弼文书进行了整理。④
此外,还有众多国内外机构零散收藏有吐鲁番文书,荣新江先生经过 30 余
年的艰辛追寻,与史睿先生合编《吐鲁番出土文献散录》,成为研究散藏
吐鲁番文书的重要指引。⑤ 这些整理成果极大地促进了吐鲁番学及西北边
疆的研究。

　　吐鲁番文书中见有大量的牒、状、关、申、告身、过所等官文书,体
现了唐代西州行政体制的运行与变迁,李方《唐西州行政体制考论》⑥ 利
用这些资料全面分析了西州地方机构、官僚队伍、官吏职掌、官府运作及
其制度、少数民族部落与地方政府的关系,实际上是为唐代州县行政研究
提供了一个非常好的案例。此外,李方《唐西州官吏编年考证》⑦ 则是利
用吐鲁番文书复原出西州地区州、县、军府各级官吏的姓名及在任时间,
进一步深化了对西北地方机构和官僚的认识。唐朝前期锐意开拓西域,先
后与东西突厥、吐蕃、突骑施等周边政权进行过激烈的角力,吐鲁番文书
中便有大量反映唐前期西域政局的文书,陈国灿、荣新江、刘安志等学者
有大量研究成果,拙著《瀚海天山——唐代伊、西、庭三州军政体制研
究》中有较为详细的介绍,可资参考。吐鲁番文书中还见有一组唐开元二
年前后的蒲昌府文书,加之其他关于西州府兵的文书,构成了极为难得的
集中体现唐前期折冲府运作的资料,日比野丈夫、菊池英夫、唐长孺、气

---

① 龍谷大学仏教文化研究所『大谷文書集成』1-4、法藏館、1984-2010。
② 王振芬、孟宪实、荣新江主编《旅顺博物馆藏新疆出土汉文文献》,中华书局,2021。
③ 黄文弼:《吐鲁番考古记》,中国科学院印行,1954。
④ 荣新江、朱玉麒主编《黄文弼所获西域文书》,中西书局,2023。
⑤ 荣新江、史睿主编《吐鲁番出土文献散录》,中华书局,2021。
⑥ 李方:《唐西州行政体制考论》,黑龙江教育出版社,2002,2013 年再版。
⑦ 李方:《唐西州官吏编年考证》,中国人民大学出版社,2010。

贺泽保规等学者都利用这批文书进行了唐代军制的深入研究。[①] 吐鲁番出土的成组文书还见开元十五年前后伊西庭营田文书、天宝十一载封常清等往来交河郡的马料帐等，都是涉及唐代西北经略的重要史料。本书还涉及了工匠、水利等方面的文书考证，各章节皆已分别叙述其先行研究。

3. 库车、和田等地出土文书

除了敦煌和吐鲁番外，塔里木盆地内的库车、和田等地也出土了一定数量的唐代汉文及胡语文书。这一地区原是唐代安西四镇之地，张广达、荣新江即在研究和田出土文书的基础上指出，当地既有羁縻体制下各民族的都督、刺史，又有节度使体制下的节度副使、镇守使，存在一种胡汉结合的军政体制。[②] 故而虽然出土文书总量不算大，但对于研究唐代边疆羁縻州的管辖以及军镇体制的运作具有重要意义。

龟兹城是唐代安西都护府治所，但库车出土汉文文书数量并不多，伯希和、大谷探险队、黄文弼等都获得了一定数量的出土文献。法藏部分由童丕（Éric Trombert）整理，已刊布图版。[③] 大谷所获库车文书，最著名的是《唐建中五年（784）安西大都护府孔目司帖》，因涉及唐代赋役问题而备受关注。黄文弼所获库车等地出土文书见其考古报告《塔里木盆地考古记》。[④] 刘安志、陈国灿借助库车文书讨论了唐代安西都护府的地方治理与行政运作，[⑤] 庆昭蓉则借助吐火罗语世俗文献研究了古代龟兹的地方政务和社会生活。[⑥]

和田出土文书成为近年研究的热点，一方面是因为和田文书的数量相对

---

① 日比野丈夫「唐代蒲昌府文書の研究」『東方學報』第 33 号、1963 年 5 月；日比野丈夫「新獲の唐代蒲昌府文書について」『東方學報』第 45 号、1973 年 9 月；菊池英夫「西域出土文書を通じてみたる唐玄宗時代における府兵制の運用」（上、下）『東洋學報』第 52 卷第 3・4 号、1969 年 12 月・1970 年 3 月；唐长孺：《吐鲁番文书中所见的西州府兵》，唐长孺主编《敦煌吐鲁番文书初探二编》，武汉大学出版社，1990；氣賀澤保規『府兵制の研究—府兵兵士とその社會』同朋舍、1999。

② 张广达、荣新江：《〈唐大历三年三月典成铣牒〉跋》，《新疆社会科学》1988 年第 1 期，第 65~66 页。

③ Éric Trombert, Les Manuscrits Chinois de Koutcha: Fonds Pelliot de la Bibilothèque Nationale de France, Paris, 2000.

④ 黄文弼：《塔里木盆地考古记》，科学出版社，1958。

⑤ 刘安志：《库车出土唐安西官府事目历考释》，《西域研究》1997 年第 4 期；刘安志、陈国灿：《唐代安西都护府对龟兹的治理》，《历史研究》2006 年第 1 期。

⑥ 庆昭蓉：《吐火罗语世俗文献与古代龟兹历史》，北京大学出版社，2017。

较多，另一方面是有相当数量的于阗语社会经济文书及敦煌所出于阗相关文书可资对照，可以较为深入地研究当地胡汉结合的军政体制与社会治理。早期的和田出土文书主要来自斯坦因在和田地区的发掘，以及霍恩雷（A. Hoernle）、赫定（S. Hedin）等的收集品，俄国探险队也有部分收获，张广达、荣新江《于阗史丛考》有对这部分史料的概述及研究。20 世纪 90 年代以来，又陆续现世了一批和田地区出土文书，既有私人收藏品，又有中国国家博物馆、吐鲁番博物馆、和田博物院、中国人民大学博物馆征集品。① 吉田丰对和田出土于阗语世俗文书进行了分类梳理，并对于阗国税制进行了考释。② 文欣讨论了于阗国的政治制度，③ 段晴讨论了于阗的村坊制度，④ 都是结合汉语和于阗语文书进行的制度研究。孟宪实则是发表了多篇论文，以于阗镇守军为中心，探讨了于阗军政体制的特点及其变化。⑤

（二）从两京到西域：碑刻墓志与唐代西北研究

中国古代一直有金石学传统，早在清代西北史地学兴起之时，当时的学者就重视搜集、研究新见石刻。徐松在《西域水道记》中专门记载在保惠城北二十余里护堡子破城（即今新疆吉木萨尔县北庭故城遗址）发现了金满县残碑，⑥ 从而重新确定了唐代北庭都护府的治所，是西北研究的重要成果。近几十年来，随着大规模基础建设和考古的展开，大量碑刻墓志现世，在数量和质量上远超前人所见，成为学术研究的热点。新出石刻普遍推进了唐代

---

① 相关情况见荣新江《和田出土文献刊布与研究的新进展》，《敦煌吐鲁番研究》第 11 卷，上海古籍出版社，2009，第 4~9 页；荣新江《唐代于阗史新探——和田新发现的汉文文书研究概说》，吕绍理、周惠民主编《中原与域外：庆祝张广达教授八十嵩寿研讨会论文集》，政治大学历史系，2011，第 43~55 页。

② 吉田豊『コータン出土 8~9 世紀のコータン語世俗文書に関する覚え書き』神戸市外国語大学外国学研究所、2006。

③ 文欣：《于阗国官号考》，《敦煌吐鲁番研究》第 11 卷，第 121~146 页；《于阗国"六城"（kṣa au）新考》，《西域文史》第 3 辑，科学出版社，2008。

④ 段晴：《关于古代于阗的"村"》，《张广达先生八十华诞祝寿论文集》，新文丰出版公司，2010，第 581~604 页。

⑤ 孟宪实：《于阗：从镇戍到军镇的演变》，《北京大学学报》2012 年第 4 期；《于阗镇守军及使府主要职官——以中国人民大学博物馆藏为中心》，《西域研究》2014 年第 1 期；《中国人民大学藏西域汉文文书及其学术价值——以镇守军相关文书为中心》，《中国人民大学学报》2022 年第 1 期。

⑥ 徐松：《西域水道记》卷三，朱玉麒整理，中华书局，2005，第 173 页。

文史研究的发展,[①] 自然也为西北边疆的研究提供了更加多样的材料。

1. 西北地区出土石刻

今日的甘肃地区保存了相当数量的唐代石刻，民国时甘肃学者张维有感于"陇右河西密迩关辅，吉金贞石，随地而有，顾以僻在边隅，未有专录"，编成《陇右金石录》［民国三十二年（1943）甘肃省文献征集委员会校印］，所载隋唐五代碑刻、墓志等达到 95 种，总结了宋代以来的陇右金石学成果。其中有两件与唐代西北战事直接相关的重要碑刻，一是临潭出土、现存美国芝加哥菲尔德博物馆的《石堡战楼颂碑》,[②] 一是现存临洮的所谓《哥舒翰纪功碑》，都记载了天宝八载前后唐朝与吐蕃围绕石堡城展开激烈争夺的史事。现存敦煌的《李府君修功德碑》《李氏再修功德碑》等，记录了敦煌李氏家族开凿石窟之事，体现了地方社会与佛教的关系。武威出土《康阿达墓志》展现了唐代凉州粟特人聚落的情况，是丝路交通的重要见证。现存敦煌博物馆的《大唐都督杨公纪德颂》记载了杨公在安史之乱后宣慰四道、发兵勤王、出任河西节度使的事迹，关于杨公身份学界也多有讨论。近年来，河西地区又陆续有石刻出土，最受关注的就是吐谷浑王族墓出土《慕容智墓志》及《冯翊郡太夫人党氏墓志》等，反映了唐代的河西政局与民族关系。

新疆地区的传世碑刻，有著名的唐代《姜行本碑》，记录了贞观十四年唐朝平定高昌国的史事。清代新疆就陆续出土了一些石刻，如前文提到徐松著录的《金满县残碑》，还有端方旧藏的《果毅□□基等造像碑》，都与北庭相关。1910 年，在吐鲁番三堡掘得《张怀寂墓志》，王树枏《新疆图志·金石志》有所著录，学者由此开始关注吐鲁番墓志的价值。此后，斯坦因、黄文弼等又在阿斯塔那、交河沟西等墓地掘得不少墓志。1931 年黄文弼编辑出版《高昌专集》，专门介绍其所获高昌砖志，备受学界关注。1949 年以后的吐鲁番考古发掘工作也获得了大量墓志。侯灿、吴美琳《吐鲁番出土砖志集注》[③] 及张铭心《吐鲁番出土墓志汇考》[④] 对目前所见吐

---

① 参见陈尚君《新出石刻与唐代文史研究》，《贞石诠唐》，复旦大学出版社，2016，第 26～37 页。

② 林梅村：《一将功成万骨枯——芝加哥菲尔德博物馆藏〈石堡战楼颂碑〉调查》，《藏学学刊》2017 年第 1 期。

③ 侯灿、吴美琳：《吐鲁番出土砖志集注》，巴蜀书社，2004。

④ 张铭心：《吐鲁番出土墓志汇考》，广西师范大学出版社，2020。

鲁番墓志做了较为全面的整理。这批墓志涵盖从高昌郡、高昌国到唐西州不同的时代，记录着当地官员与百姓的个人际遇与家国情怀，也体现了从高昌国到西州的体制变革与社会变迁。① 其中还见有一些重要的唐代官员的墓志，如吐鲁番出土《高耀墓志》，高耀父、祖曾分别任安西副都护、北庭副都护，他本人曾任伊西庭支度营田副使、北庭副都护，参与了安史之乱前后西域的很多重要历史事件。日本大谷探险队在北庭故城遗址内还曾掘得《龙兴寺碑》残片十余块，也是研究北庭佛教与文化的重要资料。

中亚地区也出土过唐代碑刻。碎叶曾名列安西四镇，也是诗人李白的故乡，但关于其具体地点则多有争议。1982 年，吉尔吉斯斯坦托克马克市阿克·贝希姆遗址出土了《杜怀宝造像碑》，见有"安西副都护、碎叶镇压十姓使杜怀宝"之铭文，证明该遗址就是唐代的碎叶城。② 碎叶还曾出土唐碑残块，疑与唐代裴行俭经营碎叶有关。③ 这些碑刻见证了唐代向西北扩展的界线以及与西突厥等草原部落的互动。

2. 西安、洛阳出土墓志

长安和洛阳是唐朝的两京，王公贵族与高级官吏大多安葬于此，故而在今日的西安和洛阳周边出土的唐代墓志，无论从数量上还是质量上都是其他地区无法比拟的。唐代墓志的刊布和整理工作也取得了丰厚的成果，从周绍良先生主编的《唐代墓志汇编》《唐代墓志汇编续集》，到近年胡戟、荣新江主编《大唐西市博物馆藏墓志》，毛阳光、余扶危主编《洛阳流散唐代墓志汇编》，以及仍在陆续出版的《新中国出土墓志》等，④ 都为学界提供了丰富而可靠的研究资料。特别是各处所藏墓志或拓片图录纷纷出版，使墓志研究成为持续的热点。此外，气贺泽保规编辑了『唐代墓誌

---

① 裴成国：《故国与新邦——以贞观十四年以后唐西州的砖志书写为中心》，《历史研究》2012 年第 5 期。

② 内藤みどり「アクベシム発見の杜懐寶碑について」『シルクロード学研究』第 4 号、シルクロード学研究センター、1997 年 3 月、151–158 頁；张广达：《碎叶城今地考》，《北京大学学报》1979 年第 5 期。

③ 周伟洲：《吉尔吉斯斯坦阿克别希姆遗址出土残碑考》，《边疆民族历史与文物考论》，黑龙江教育出版社，2000，第 307~313 页。

④ 周绍良主编《唐代墓志汇编》，上海古籍出版社，1992；周绍良、赵超主编《唐代墓志汇编续集》，上海古籍出版社，2001；胡戟、荣新江主编《大唐西市博物馆藏墓志》，北京大学出版社，2012；毛阳光、余扶危主编《洛阳流散唐代墓志汇编》，国家图书馆出版社，2013；《新中国出土墓志》，文物出版社。

所在総合目録』，① 提示目前所见大部分唐代墓志的信息，非常便于利用。

随着考古发掘和调查的展开，也陆续看到不少涉及西北边疆内容的碑刻墓志，形形色色的墓志主人以不同的形式参与了唐代的西北经略。首先是迁居中原的西北豪族。如 1985 年西安曲江附近发现的《大唐甘露寺尼真如塔铭》，真如之祖父即高昌王麹文泰，父为曾任唐安西都护的麹智湛，展现了旧高昌王族的内迁及相关史事。西安新出土的《张淮澄墓志》则与归义军张氏有关，志主张淮澄是归义军节度使张淮深之弟，宣宗大中七年（853）随其父张议潭入质长安，体现了唐朝中央与归义军特殊的政治关系。②

其次是曾参与西域征行的军将。以贞观二十二年的昆丘道行军为例，此役唐朝平定龟兹，收服于阗，为四镇的设立奠定了基础。近年来西安附近就出土了多方与昆丘道行军有关的墓志，既包括次级军官华文弘、武思元、执失奉节等的墓志，也包括昆丘道行军副大总管杨思礼、说服于阗王归朝的薛万备等人的墓志，学者研究逐步推进，极大地丰富了此一行军的史事细节。③

再次是曾在西北任职的官员，有些还在敦煌吐鲁番出土文书中留下了押署笔迹。如洛阳出土的《和守阳墓志》，志主和守阳曾先后在安西、北庭、陇右任职，英藏 S.11458《唐开元十年（722）三月北庭长行坊案为西州使马停料及长行马、函马夏季料支给事》中多有"阳"之押署，应即和守阳任"北庭副都护兼右司御副率、专知仓库、支度营田使"时所为。本书探讨的洛阳出土《成公崇墓志》也是如此，身为西州别驾的成公崇也曾见于吐鲁番出土官文书的押署。敦煌吐鲁番出土文书与中原出土墓志两种

① 氣賀澤保規『唐代墓誌所在総合目録』明治大学東アジア石刻文物研究所、2017。
② 王庆卫：《新出唐代张淮澄墓志所见归义军史事考》，《敦煌学辑刊》2017 年第 1 期。
③ 张全民：《〈唐华文弘墓志铭〉所载唐朝经略边疆史实考略》，《唐研究》第 17 卷，北京大学出版社，2011，第 441～454 页；王素：《唐华文弘墓志中有关昆丘道行军的资料——近年新刊墓志所见隋唐西域史事考释之一》，《西域研究》2013 年第 4 期，第 81～89 页；傅清音：《新见武则天堂兄〈武思元墓志〉考释》，《文博》2014 年第 5 期，第 66～72 页；王庆卫：《唐贞观二十二年昆丘道行军再探讨——以新出〈杨弘礼墓志〉为中心》，《魏晋南北朝隋唐史资料》第 35 辑，上海古籍出版社，2017，第 138～152 页；拜根兴：《新见初唐名将薛万备墓志考释》，《唐史论丛》第 27 辑，三秦出版社，2018，第 275～294 页；董永强：《唐代突厥蕃将执失家族研究——以〈执失奉节墓志〉〈执失善光墓志〉为中心》，《唐史论丛》第 34 辑，三秦出版社，2022，第 149～164 页。

并行的唐代史料，由此实现了特殊的交集。

最后是安史之乱后归朝的西北军将。山西临猗县出土的《孙杲墓志》便记载志主孙杲长期在西州、北庭任职，安史之乱爆发后依然坚守西域，德宗建中三年（782）才随使者归朝，卒于中原。① 本书所论之《康忠信墓志》，其中所载康缄等也是自河西赴关中勤王的军将。当然以上仅是列举出个别例证，西安、洛阳等地出土墓志中还有大量与西北边疆相关的内容，促进了相关史事的研究考证。

（三）从西北史地学到敦煌吐鲁番学：研究视域的转变

提到西北研究，通常很自然地要追溯到清代的西北史地学。固然西北史地研究并不只是从清代才开始，中晚唐以降历代学者或修史、或游历，都曾考证唐代西北经略的史事，但到清代道光咸丰以后西北史地学兴盛，西北研究发展为专门的学问，成为当时"一时风会所趋，士大夫人人乐谈"的显学。梁启超在《中国近三百年学术史》中总结，清代"边徼地理学之兴，盖缘满洲崛起东北，入主中原。康、乾两朝，用兵西陲，辟地万里。幅员式廓，既感周知之必需，交通频繁，复觉研求之有藉。故东自关外三省，北自内外蒙古，西自青海、新疆、卫藏，渐为学者兴味所集"。② 清代官修文献中涉及西北的就有《西域图志》《大清一统志》《新疆图志》以及数量众多的地方志、"事宜"类文献等，更有祁韵士、徐松、张穆、何秋涛等名家，影响甚远，今日很多史地研究仍要征引西北史地学的考证成果。不过清代西北史地学又有其特色，即以"经世致用"为目的，聚焦于西北地区具体的地理与史事的考证，为清朝的西北经略提供学术基础。清季的西北史地学，更是在全面边疆危机的背景下，力求认清边疆形势，帮助加强边防建设。

20世纪以来的唐代西北研究，则更倾向于借助出土文献的发现与整理带动研究方向，注重出土与传世文献的结合。在近代学术转型的背景下，学术规范和研究方法都发生了重大转变，新材料的不断发现也必然愈发丰富史地研究的细节，但同样值得注意的是学术视野的转换。近代以来敦煌

---

① 陈玮：《唐孙杲墓志所见安史之乱后西域、回鹘史事》，《西域研究》2014年第4期。
② 梁启超著，俞国林校《中国近三百年学术史（校订本）》，中华书局，2019，第523~524页。

吐鲁番文献的大量出土，使得唐代西北边疆研究获得了远超其他区域的丰富材料，同时敦煌吐鲁番文献在研究整个唐代制度上的代表性和独有性，也促使西北边疆研究具有了更广阔的学术价值。例如，唐代最具代表性的土地制度均田制，在敦煌吐鲁番文书陆续刊布后才有了具体研究的可能。特别是在 20 世纪 50 年代关于均田制是否施行的大讨论中，日本学者整理了大谷文书中的给田、退田、欠田文书，为均田制的实行提供了确定性证据。① 因而当观察西州的给田、退田个案时，实际上看到的是整个唐代均田制的实施细节。又如唐代的律、令、格、式中只有唐律完整存世，敦煌吐鲁番则出土了大量的法律文书，可以补唐代令式之缺。又如上文提到的出土文书所见西州行政体制以及府兵、军镇的体制，也都从宏观上反映了唐代地方行政的运行和军事制度的变革。

近年来中原地区墓志的大量出土，则为研究唐代西北边疆提供了更广阔的落脚点。可以不再局限于西北地区出土的资料，在西安、洛阳乃至山西等地出土的文献中，同样可以见到大量涉及唐代西北边疆的内容，前文已举例说明。此外可以在这些碑刻墓志中，找到涉及唐代西北边疆的人物和事件的历史延长线，勾勒出他们从中原到西域或从西域到中原的轨迹，使研究内容更加丰富，视野也更加宏大。

这样唐代西北边疆的研究不再局限于西北一隅，对于涉及唐代西北的出土文献研究愈发深入，就愈发能使我们了解整个唐朝的制度运行与社会文化。即便有些文献体现的是西北边疆的地域特性，但在其他地区少见类似材料的情况下，这些特殊性的史料也可以具有重要的参考价值。

三　本书旨趣

本书聚焦于出土文献与唐代西北经略的研究。如前所述，前辈学者在这一领域取得了丰硕的成果，但远非题无剩意，层出不穷而日趋多样的新史料，为钩沉历史细节提供了更多路径。更为重要的是，如荣新江、孟宪

---

① 西嶋定生「吐魯番出土文書より見たる均田制の施行状態——給田文書・退田文書を中心として」『西域文化研究』（2）法藏館、1959、151-292 頁；西村元祐「唐代吐魯番における均田制の意義——大谷探檢隊將来、欠田文書を中心として」『西域文化研究』（2）法藏館、1959、293-366 頁。

实、郝春文等先生所展望，出土文献研究需要更多利用历史学范式，具有问题意识，从而开拓研究领域。① 本书尝试从个体与时代、国家与社会、中央与地方的视野，来观察出土文献中的唐代西北边疆。为呼应上述主题，书中将研究归结为"长征人未还"、"抚宁西土"和"万里同风"三编。

（一）从个体研究看时代脉络

出土文献中有大量溢出于史籍之外的人物和事迹，特别是碑刻墓志大多是具有鲜明个人特色的传记或记事类文献，展现了个体的功业与沉浮，但这些细节仍然可以映照出时代的发展脉络。史苇湘赠池田温诗中有言："残篇断简理遗书，隋唐盛业眼底浮。徘徊窟中意无限，籍帐男女呼欲出。"② 池田温借助敦煌吐鲁番文书，勾勒出中国古代籍帐制度的兴衰与历史意义，那些籍帐中列名的男男女女也就成了"隋唐胜业"的一部分。当我们以个体研究审视唐代西北边疆时也是如此，希冀在传统的文献整理与考订方法之外，关注出土文献中各色人等所反映的唐代西北经略的历史过程。本书第一编主要聚焦了三类西北经略的参与者，分别是节度使、府州官员以及基层的兵士胥吏。

哥舒翰、杨休明、李元忠都是正史留名的节度使，掌握着地方的军政大权，他们身上的历史细节更能体现边疆政局。至今仍矗立在临洮县内的所谓"哥舒翰纪功碑"，历来为金石学家所关注，但碑文磨泐过甚，似无法深入研究。笔者借实地调研之机走访石碑，发现碑额尚可还原为"陇右纪圣功颂"，"圣功"二字既确定了碑刻性质，也展现了唐玄宗的开边之意以及与边疆节度使的互动关系。安史之乱后，西北地区出现了多位杨姓节度使和地方官吏、幕僚，借助碑刻墓志可以厘清杨休明与杨预、杨炎等人的家族郡望，进而发现"亲宗祖业"叙事下藩镇内部的关系网络。李元忠的事迹更是解答了关于安史乱后北庭坚守的很多重要疑问。《李元忠神道碑》实际上并非出土文献，是明代陈诚出使西域时自火州（即今吐鲁番）

---

① 孟宪实、荣新江：《吐鲁番学研究：回顾与展望》，《西域研究》2007 年第 4 期。荣新江：《期盼"吐鲁番学"与"敦煌学"比翼齐飞》，《中国史研究》2009 年第 3 期；郝春文：《用新范式和新视角开辟敦煌学的新领域》，《敦煌研究》2020 年第 6 期。

② 池田温：《中国古代籍帐研究》，龚泽铣译，中华书局，2007，"著者序言"，第 3 页。

拓回，被胡广抄录于文集，近年才被陈晓伟先生辑出，从而为学界得知。①
碑文中记载了李元忠率领河西兵枭首北庭叛将之事，以及北庭历次与长安
通使的确切时间，笔者在撰写博士学位论文时便论及相关史事，但不得要
领，得见此碑才豁然开朗。

裴行俭、袁公瑜、成公崇等在西州、安西任职的官员，则体现了机构
建制的特点。法藏 P. 2754 文书中同时出现了裴行俭和袁公瑜，在高宗朝
"废王立武"风波中立场相对的两人，机缘巧合先后来到西域，一在西州
一在安西，又继续在公文上相互对峙，展现了唐朝尝试从伊西庭向安西四
镇扩展时期的西域动态。成公崇看似平淡的西州别驾任职履历，也为研究
西州的行政体制提供了新的线索。基层的军将、兵士与胥吏则是唐朝经略
西北的基石。出土文书中所见大量西州兵士、胥吏赴庭州镇戍或任职，体
现了西州作为前沿基地的重要地位。《康忠信墓志》所载康氏家族的迁徙，
则展现了西北援军对于唐朝重铸西北防线的作用。

整体来看，以上对各类人物事迹的钩沉展现出唐代西北经略的经纬脉
络。从时间上说，裴行俭、袁公瑜等人的行事，代表了早期都督府、都护
府主导西域经营的面貌；哥舒翰则代表了节度使时代西北经略的特点；杨
休明、李元忠的事迹反映了安史之乱后西北各藩镇的坚守；康忠信的家族
迁徙则体现了中晚唐失却西北边疆时期的边防形势。这些分散的点连接成
唐代经略西北的时间线。从空间上说，也展示了安西与西州、河西与北庭
等西北各军政机构之间错综复杂的互动。

（二）国家与社会的关系

西北地区出土的文书与石刻，生动地展现了地方机构的行政运作以及
基层社会的生活百态，也为观察唐代国家与社会的关系提供了难得的史
料，这无疑也是中古史研究中的重要问题。孟宪实在《国法与乡法——以
吐鲁番、敦煌文书为中心》以及《敦煌民间结社研究》等论著中，② 就利
用契约及民间社邑文书探讨国家与社会的互动关系，为出土文献的这方

---

① 陈晓伟：《胡广〈记高昌碑〉与高昌麹氏、唐李元忠事迹丛考》，《文献》2016 年第 6 期，
第 53~61 页。

② 孟宪实：《国法与乡法——以吐鲁番、敦煌文书为中心》，《新疆师范大学学报》2006 年
第 1 期；《敦煌民间结社研究》，北京大学出版社，2009。

面研究提供了很好的范例。实际上关于国家与社会，出土文献中有很多有趣的材料，本书第二编即探讨了水利管理、民间工匠、镇军与民政等问题。

水利是西北边疆治理的重要内容。由于干旱的地理环境，水利在西北社会中发挥着至关重要的作用，唐代《开元水部式》中就有关于"河西诸州用水溉田"的专门规定。相对于史料丰富的明清水利社会研究，唐代的水利研究并非热点，不过吐鲁番出土文书中却见有关于修理渠堰、农田灌溉、基层水利组织的珍贵材料。可以看出，西州官府在水利事务中发挥着十分明显的主导作用，特别是在用水方面，只有在极特殊的情况下才会出现百姓自我管理。而据唐末至宋初的敦煌文书，当时敦煌百姓以渠为单位结成了组织，共同修理渠堰，已与唐前期西州的情况有所不同，这体现出水利事务中国家管理与社会管理的界限，会随着时代和地域不同而有所变动。和田出土的《杰谢作状》文书则体现了另一番景象。孤悬沙漠的杰谢百姓完全依靠水利维持，可以说是典型的水利社会，当镇守军同样需要用水营作时，围绕用水权必然会发生各种问题，而镇守军在水利事务中扮演了地方官府的角色。

《唐六典》曰："凡习学文武者为士，肆力耕桑者为农，功作贸易者为工，屠沽兴贩者为商。"① 这是对于唐代社会结构的基本认识，其中国家对民间工匠的管理也是一个值得关注的问题。根据吐鲁番出土文书可以看到工匠管理的更多面向，从赋役方面来讲，官府有一套完整的役的征发程序，而且工匠除了在官府作坊中服役外，也可能会被配去充驿丁、烽子等徭役性色役。同时，工匠与农民也并非有着完全不可逾越的界限，在均田制下工匠也可以占有土地，农民实际上也可以进行纺织生产。

军队是唐代西北经略的核心力量，特别是军镇时代西北地区普遍大规模驻军，节度使更是逐渐兼管地方民政，各地镇军也必然与百姓频繁往来互动，镇军与当地社会的关系成为一个有趣的话题。从和田出土文书看，于阗镇守军深刻地介入了当地的社会经济，不仅大量的镇兵及其家属直接参与到于阗当地的社会生活中，而且从税收、交通及镇兵家口管理等众多方面看，于阗镇守军都在很大程度上介入了当地社会的民政管理。西域地

---

① 《唐六典》卷三，中华书局，1992，第74页。

区的镇军也带来了中原汉化佛教等因素，深刻影响了当地社会，北庭出土的龙兴寺碑就可以体现这一历史过程。

（三）从长安到地方的统一及权变

中央与地方的关系是中古史研究的重点。秉持"大一统"的基本观念，中国古代的统一王朝通常会要求中央与地方在制度上保持同步，做到同文同轨。然而在统一的大势下，实际执行中又时或有权宜之计的变化，体现出制度的活力。出土文献刚好可以提供很多制度在地方基层落实的细节，本书第三编即是从出土文献中所见三伏择日、文书行政、贸易法令、军事制度与典籍礼制等多个侧面，管窥唐代的制度实践与文化传播。

历法与节日的同步最能体现古代国家的统一性。各地区气候不同，寒暑到来的时间有先有后，各个地方的节候本来应该是不同的，但在唐代却要按照统一的历日行事。以三伏的择日来看，唐代是使用官定《阴阳书》所记载的择日规则来确定三伏日，而且会将其标注在历日中，通过颁历制度，实现从长安到地方的统一。此外还有制度权变的一面，这主要是旧制度无法解决新问题。例如唐初三省六部制下官职分明，各司皆有官印，但随着国家政务的需要出现了独立于以往官司之外的使职，他们如何用印就成了新问题。结合敦煌吐鲁番文书和传世文献来看，很多使职都是要借用就近官府的印，或者径直使用废印。部分律令条文的施行也是如此。S.1344《唐开元户部格残卷》所载垂拱元年（685）格文，就见有禁止商胡入蕃的规定，这实际上是出于当时边疆形势紧张而做出的规定，此后则未必严格执行。

唐代军事制度曾发生重要变革，随着府兵制的逐渐瓦解，边疆防御体系从以都护府、都督府统领下的镇戍体系为主，转为以节度使统领下的军镇体系为主。如前所述，敦煌吐鲁番文书中就有大量反映军事制度的资料。借助出土文献可以看到，同样作为军队基层组织的队，在不同军事体系中具有不同的位置，也发挥着不同的作用，展现了军事变革的特点。对杏雨书屋藏蒲昌府文书的探讨，则有助于了解唐代折冲府运行的实态。

随着唐朝的西北经略，中原文化所尚之典籍、礼制也随之传播，在敦煌吐鲁番出土文书中就可以见到类似文献。《春秋后语》是唐代流行的史书，虽然是摘抄自《战国策》和《史记》，但因篇幅较短，在写本时代一度较《战国策》更为常见，敦煌吐鲁番地区出土的《春秋后语》便见证了该书的流行与西传。吐鲁番出土的《医疾令》《丧葬令》残片，虽然内容较少，却有助于唐令对应部分的复原，也展现了唐令在基层的行用情况。书信是古人传递信息的重要途径，然而书信的封皮通常会被废弃或再利用，很难保存。所幸敦煌、吐鲁番、和田出土文书中见有相对数量的书信封皮，可以借此还原唐代的书信缄封方式和礼仪。

总之，本书聚焦于出土文献考释与唐代西北经略史的考证，与此同时，也希望将万里之遥的长安与西域联系起来，借西北研究来观察整个唐代的社会治理与制度变革。汇集于小书中的文字或不能行其万一，所幸未来新文献的出土仍然可期，很多问题亦可留待日后求索。

第一编
长征人未还：出土文献中的
唐代西北开拓与坚守

第一章 节度使与西北经略

节度使在唐朝的西北经略中发挥着重要作用。特别是在唐玄宗开元、天宝年间，陇右、河西、安西、北庭四大节度使逐渐发展定型，奠定了唐代西北边疆鼎盛时期的规模。《旧唐书·地理志》载，"安西节度使，抚宁西域"，"北庭节度使，防制突骑施、坚昆、斩啜"，"河西节度使，断隔羌胡"，"陇右节度使，以备羌戎"，四大节度使各有守备侧重，并统领大量军镇、守捉。① 《通典》亦载："哥舒翰统西方二师，安禄山统东北三师，践更之卒，俱授官名；郡县之积，馨为禄秩。于是骁将锐士、善马精金，空于京师，萃于二统。"② 西北成为边陲强势之地。节度使在很大程度上掌握了地方的军政权力，对于西北边疆研究来说，关注节度使本身无疑具有重要的意义。除了传世史书外，碑志、文书等出土文献提供了更加丰富的材料，借此可以勾勒著名节度使哥舒翰以及史书中匆匆一见的杨休明、李元忠等的事迹，以及这一时期唐代西北经略之面貌。

第一节 哥舒翰与《陇右纪圣功颂》

甘肃省临洮县有一方广为人知的哥舒翰纪功碑。哥舒翰为唐玄宗朝名将，因与吐蕃作战有功，曾任河西、陇右两道节度使，威震边塞，西鄙人有歌曰："北斗七星高，哥舒夜带刀。至今窥牧马，不敢过临洮。"此碑因与哥舒翰有关，历来为学者所重视，清代以来的金石著作屡有著录。然而，由于碑文漫漶不清，现存仅不到百字，关于此碑所立之时间、缘由、

① 《旧唐书》卷三八《地理志》，第 1385~1388 页。
② 《通典》卷一四八《兵一·序》，第 3780 页。

具体内容等重要信息，皆不易考证。除了金石学者的考述外，当代的相关研究成果极少，仅见有一些介绍性文字及关于碑刻保护的讨论。① 致使学界仅知有此碑，而不得其详。2016 年 8 月，笔者借参加"唐蕃古道"调研之机，得以观摩临洮县哥舒翰纪功碑之原石，并校录其文字，发现据原碑碑题，此碑应名《陇右纪圣功颂》。以下即结合相关著录及考察所见，复原出目前可知的碑文，并略考其内容，以期揭示这一涉及唐代西北边疆史事的重要碑刻的珍贵价值。

一

"哥舒翰纪功碑"一名最早见于宋郑樵《通志》卷七三《金石略》，其中载有"哥舒翰纪功碑"，在熙州。② 宋代熙州治狄道县，即今临洮县。清康熙朝《临洮府志》卷二一《杂志》有：

> 古碑，府治南北极观内，高二丈，阔六尺，厚三尺，首刻兽物，趺列人形，文皆隶书。累经兵火，字画剥落，无所辨识。故老相传，乃唐李晟平定羌戎，于此建碑镇之，书乃葛舒翰也。③

又乾隆朝《狄道州志》卷五《寺观》载有：

> 北极观，在州治南。内有唐哥舒翰纪功碑，仅"丙戌哥舒"四字可辨。《府志》作李晟立碑而翰作书者，误。④

---

① 王御分：《唐代哥舒碑》，《新疆师范大学学报》1985 年第 1 期，第 91 页、封二；康喜玉、康志强：《哥舒翰纪功碑》，《社会科学》1985 年第 6 期，第 34 页；徐铁东：《加强对〈哥舒翰纪功碑〉的保护》，《丝绸之路》1998 年第 2 期，第 64 页；康明大、陈庚龄：《临洮哥舒翰纪功碑保存现状调查》，《丝绸之路》2011 年第 20 期，第 24~26 页；陈庚龄、康明大：《临洮哥舒翰纪功碑岩层矿物分析》，《丝绸之路》2012 年第 2 期，第 114~116 页；吴景山、李永臣：《甘肃唐代涉藏金石目录提要》，《西北民族大学学报》2012 年第 3 期，第 71~73 页。
② 《通志》卷七三，中华书局，1987，第 847 页。
③ 高锡爵修，郭巍纂《临洮府志》卷二一，《中国古代方志集成·甘肃府县志集》（2），影印康熙二十六年（1687）刻本，凤凰出版社，2008，第 219~220 页。
④ 呼延国华修，吴镇纂《狄道州志》卷五，《中国古代方志集成·甘肃府县志集》（11），影印光绪间官报书局排印本，第 370 页。

可知此碑在清代是立于县城内的北极观。清初蒋熏《观哥舒翰碑在临洮北极观》诗即有"北极临洮观，犹留节度碑"云云。[1] 据乾隆《狄道州志》，碑上有"丙戌哥舒"四个字，正可与《通志》中所载的哥舒翰纪功碑对应。这样，《狄道州志》便很自然地将临洮县唐碑称为哥舒翰纪功碑了，此后清人亦大多延续了这样一种称呼。至于康熙《临洮府志》中提到的李晟立碑传说，明显有误。李晟为唐德宗朝名将，常与吐蕃交战，然而安史之乱后临州狄道县（今临洮县）便陷于吐蕃，唐朝再未收复。李晟不可能在此立碑。其中所谓"书乃葛舒翰"，或许是源自碑文的"丙戌哥舒"四字。

又道光朝《兰州府志》卷二《地理下·狄道州》载：

> 唐碑亭，在州城北极观。《州志》云有"丙戌哥舒"四字可辨，故相传为哥舒翰纪功碑。后仅存九十余字，并此四字皆剥落矣。知州田自福建亭覆之，州人吴镇集剩字为《唐雅》六章。碑书八分甚古，容城杨耐谷证以所藏帖，以为明皇御笔。[2]

大致在道光时，石碑文字已剥落大半，仅见九十余字，且已不见"丙戌哥舒"四字。值得注意的是，清代时哥舒翰纪功碑受到了地方的极大重视。狄道州知州田自福为哥舒翰纪功碑建立了碑亭，进行了妥善保护。当地文人也爱惜其字，更有考证碑文为唐玄宗御笔者，但这种考证显然并不可靠。光绪三十一年（1905）叶昌炽往临洮县访碑时，哥舒翰纪功碑在石壁观，高如巨屋。[3] 此石壁观或即北极观。1937 年 10 月，顾颉刚在西北考察时亦曾到临洮访碑，其日记载哥舒翰纪功碑是在县城内大街 46 号院内，碑石巍峨，"其地无门栅，顽童时以小石投掷，更易损，再过数年将成没字碑矣"。[4] 大致在民国时，道观即已不存。石碑尚在一院中，不过没有保护，损毁更甚了。

---

① 蒋熏康熙二年（1663）迁伏羌县（今甘肃省甘谷县）知县，此诗应即作于此时。
② 陈世桢修，徐鸿仪纂《兰州府志》卷二，《中国古代方志集成·甘肃府县志集》(1)，影印道光十三年（1833）刻本，第 486 页。
③ 叶昌炽：《缘督庐日记》"光绪乙巳二月初六日"，江苏古籍出版社，2002，第 4714 页。
④ 顾颉刚：《西北考察日记》，甘肃人民出版社，2002，第 185 页。

至于碑文，王昶《金石萃编》（以下简称《萃编》）有著录并略作考证，其书卷九〇有：

> 哥舒翰纪功残碑
>
> （碑前后缺，高九尺六寸三分，仅存广四尺五分，十行，行三十三字，隶书。）
>
> （缺）皇之德施化眸天坠经纶象云雷日月所临之（缺）远（缺）也憬□□夏其惟犬戎聚落猖狂保聚山谷故圣王之（缺）则怀（缺）旧章特申约言载锡姻好（缺）明德（缺）也潜通约而反间（缺）军士（缺）未加（缺）乃亲（缺）败谋（缺）大□水（缺）德□□叛（缺）举而定（缺）也武有七德今则过之而颂声无闻何以□　　圣策谋从（缺）颂曰（缺）

按此碑题哥舒翰纪功碑，文残缺，仅存一百余字，可读者曰"德化侔天，坠经纶，象云雷"云云数语而已。不知所纪何功，且不见立碑岁月。……更以《唐书·吐蕃传》证之，吐蕃自中宗景龙三年和亲，金城公主下嫁后，聘使往来，国以赤岭为界，表以大碑，刻约其上，诏张守珪分谕剑南、河西州县，自今和好，无相侵暴。迨金城公主薨后未久，吐蕃乃悉众入寇，攻振武军石堡城。天宝元年，战青海。明年，破洪济城。又明年，帝以哥舒翰节度陇右，翰攻拔石堡，更号神武军，禽其相兀论样郭。又破洪济、大莫门诸城，收九曲故地，列州县，实天宝十二载。于是，置神策军于临洮西，浇河郡于积石西，及宛秀军以实河曲。后二年，苏毗子悉诺逻来降，封怀义王，赐姓李氏，此是十四载事。然则此碑所纪，正是洪济、大莫门之战，收九曲故地之功。碑中所谓约言、姻好、通约、反间等语，多与此合。碑后云："武有七德，今则过之，而颂声无闻。"似是边将纪哥舒翰功，而因以颂君德也……碑或立于天宝十二载，或在十四载悉诺逻来降之时，皆不可知，今姑附于十四载后。此碑得者绝少，昶官关中，德清宋维藩在陕甘制府幕中，购以见贻。未详立碑所在，诸金石家多未著录，惟郑氏《通志·金石略》载此碑，云在熙州。[1]

---

[1] 王昶：《金石萃编》卷九〇，《石刻史料新编》第1辑第2册，影印经训堂本，新文丰出版公司，1977，第1522~1523页。

王昶录出的碑文，共有 96 字。王昶乾隆四十一年（1776）迁陕西按察使，在任十年。[1] 他大致就是此时获得了拓片，而在此之前金石学家多未著录，当时得见此碑之人又绝少。故而王昶所刊布的碑文，或为目前所见最早的记录。王昶径言碑题哥舒翰纪功碑，应是参考了《通志·金石略》。由此出发，王昶认定此碑是边将为纪念哥舒翰战功而立，认为其中所谓"武有七德"云云，只是因纪哥舒翰功而赞颂玄宗的圣德。至于立碑的时间，王昶则推测为哥舒翰攻破洪济、大莫门诸城，收九曲故地的天宝十二载，至悉诺逻来降的天宝十四载之间。

方履篯《金石萃编补正》（以下简称《补正》）卷一载有"唐哥舒翰纪功碑残字"，共录有 102 字，如下：

之德施化侔天坠经纶象云雷日月所临之
　　　　西夏其惟犬戎种落猖狂保聚山谷故圣王
之　　　　　　　月支　　斤　　旧章特
申约言载锡姻好
　　　　　宾也潜通约而反间　　　远　　　万亲
　　　　　　　　不加
怀　败谋　　　也金闻何以颂曰
　　明德　大服小
也憬　　　军士　举而定　　禾
　　叛　　　　圣策谋从　力也
有七德今则过之而颂声[2]

此种录文与《萃编》稍有异同，且多出了"月支""斤""禾""宾"等字。可惜，《补正》的字句顺序明显有错乱，尤其是现已剥落的字，个别已无法找到其原本位置。不过这是目前所见著录字数最多者，大概是方履篯见到了更全的拓本。

民国时临洮人张维《陇右金石录》（以下简称《金石录》）书中亦载有哥舒翰纪功。张维亲见其碑，故能据原碑详尽指出《萃编》及《补

————————
① 《清史稿》卷三〇五《王昶传》，中华书局，1977，第 10524 页。
② 方履篯：《金石萃编补正》卷一，清光绪二十年（1894）上海石印本，第 31~32 页。

正》录文的错讹，共录出 81 字。但张维给出的录文明显上下对错了行，且录出新字极少，这里不再引用，详见后文碑文校注。张维又有考证曰：

> 此碑既录于《金石略》，又有"哥舒"二字，自系边人为哥舒翰纪功所作，观西鄙人歌"北斗七星高，哥舒夜带刀。至今窥牧马，不敢过临洮"之诗，盖边人之称翰深矣。唐初置临洮军于狄道，其后始移鄯州节度衙内，故此碑立于狄道。至于碑有"丙戌"二字者，丙戌为天宝五年，是年吐蕃寇边，翰拒之于苦拔海，所向摧靡，由是知名。明年，乃擢翰陇西节度副使。盖叙其功业所自，而非树碑之年也。旧《志》以为李晟所立，自属讹误。或又以为明皇御笔，亦无左证，姑阙疑焉可矣。①

张维亦是根据《通志·金石略》及《狄道州志》的记载，将其定是边人为哥舒翰所作的纪功碑。他提出"丙戌哥舒"四字中的"丙戌"为天宝五载，但树碑之年却不一定在此时。哥舒翰纪功碑在清代、民国时的著录和研究情况大致如此。

二

2016 年 8 月 11 日，笔者有幸作为中国社会科学院国情调研项目课题组成员，与课题组诸位先生同至临洮县，考察了哥舒翰纪功碑。此碑就竖立在临洮县城南大街的路边，有后代建立的青砖墙体支撑石碑，其上有顶，周围立有一人高的铁栅栏，此外便没有更多的保护措施。从现场观察情况看，哥舒翰纪功碑碑体部分极高。根据甘肃省博物馆康明大、陈庚龄先生的测量资料，石碑总高度约 7.57 米，其中碑额高 0.92 米，碑身高 5.25 米，宽 1.84 米。② 因长期遭受日晒雨淋，石碑表面风化剥蚀非常严重，表层已经开始脱落。结合现场观察，目前所见的未脱落的碑文有 5 片，共余 76 字。相比于清代，字数又少了一些。而石碑现在仍然暴露在户外，如果不立即采取技术手段保护，碑文或将脱离殆尽。

---

① 张维：《陇右金石录》卷二，民国三十二年（1943）甘肃省文献征集委员会校印，第 26~28 页。

② 康明大、陈庚龄：《临洮哥舒翰纪功碑保存现状调查》，第 24 页。

图 1-1 石碑全貌

图 1-2 石碑局部

　　以下在现存碑文的基础上，参照《萃编》、《补正》及《金石录》的录文，将已知的剥落文字补入，作成目前可知的较全的碑文文本。其中字体加粗者为今存文字，其余为补入文字。中缺字数、行数，皆据原碑字距行距推算而得。

聖功頌
□右□

```
16      15      14      13      12      11      10      9       8       7       6       5       4       3       2       1
（後缺）頌曰  聖策謀從  一舉而定  大服小  敗謀  乃親  □  未加          工          意      軍士    明德    則懷    遠者   （前缺）
```

1　皇之德施化侔天墜經緯象雲雷日月所臨之

2　也憬□西夏其惟犬戎種落倡狂保聚山谷故聖王之

3　舊章特申約言載錫姻好

4　賓也潛通約而反間

德□□叛

也武有七德今則過之而頌聲無聞何以

碑额　《萃编》《补正》《金石录》皆不录碑额。根据现场拍摄的照片及甘肃省图书馆藏拓片，① 可以摹绘出碑额文字，如图 1-3 所示。碑额

---

① 李龙文主编《兰州碑林藏甘肃古代碑刻拓片菁华》，甘肃人民美术出版社，2010。

为篆书，原有6字，今存4字，为"□右□圣功颂"。[1]

第1行　"皇"及句末"之"，已泐，据《萃编》《补正》《金石录》补。《金石录》将"皇之德施化"以下与"远者"对为一行，误。"远者"应在第2行，与"也憬□西夏"为同一行。《金石录》以下对行皆误，不再一一举出。

同行　"侔"，《萃编》作"眸"，误。

第2行　"也憬□西"，已泐，《萃编》《金石录》作"也憬□□"，另据《补正》补入"西"字。

同行　"种落"，《萃编》作"聚落"，误。

同行　"之"，已泐，据《萃编》《补正》补。

第3行　"旧章特申""姻好"，已泐，据《萃编》《补正》《金石录》补。

第4行　"宾"，已泐，据《补正》补。

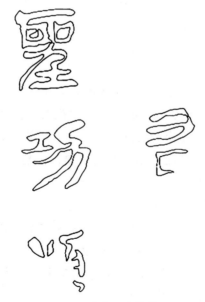

图1-3　碑首文字描摹图

---

① 吴景山、李永臣《甘肃唐代涉藏金石目录提要》已指出碑额左侧有"圣功颂"三字（第71页）。

同行　"也潜通""反间"，已泐，据《萃编》《补正》《金石录》补。

第 6 行　"意"，《萃编》《补正》无，据《金石录》及原石录入。

第 8 行　"工"，诸书皆无，据原石录入。

第 9 行　"未加"，已泐，据《金石录》补入并确定位置，《补正》作"不加"。

第 11 行　"乃"，《补正》作"万"，《金石录》作"身"。视原石当为"乃"。

第 13 行　"大服小"，《萃编》作"大□水"，误。

同行　"德□□叛"，据《萃编》《金石录》补，并据《金石录》确定位置。

第 14 行　"一"，漫漶不清，《萃编》《补正》皆无，据《金石录》确定。

同行　"也""以"，已泐，据《萃编》《金石录》补。

第 16 行　"颂曰"，已泐，据《萃编》《补正》《金石录》补。

三

明确碑文内容尤其是碑额文字之后，可以清楚地看到，传统上习称的"哥舒翰纪功碑"并非此碑之名，正确的碑名应是碑额题写的"□右□圣功颂"。甘肃省临洮县在唐代为狄道县，属陇右道，又在陇右节度使节制范围内，故碑额的第一个字为"陇"字，当无疑义。

至于"圣功颂"，与此名相类似的碑铭，皆是为纪述皇帝功绩而作。如杨炎撰有《凤翔出师纪圣功颂》，其中有："主上以神武清难，至德遂人。崇勋绝瑞，光照万古。开辟日月，于今六年。百姓岂忘功于帝乎！"[①]可知此碑是为纪念唐肃宗自凤翔起兵平定安史之乱而作，立碑时间为肃宗无年号之元年（762）。又唐宪宗曾力排众议决意削平蔡州藩镇，元和十二年（817）平蔡后，群臣请为宪宗立碑，此即韩愈所撰《平蔡碑》。关于此事，《新唐书·吴元济传》载：

既还奏，群臣请纪圣功，被之金石。皇帝以命臣愈，愈再拜稽首

---

① 《文苑英华》卷七七四，中华书局，1966，第 4078 页。《文苑英华》作《凤翔出师颂》，《唐文粹》卷二〇作《凤翔出师纪圣功颂》。

而献文。①

可知，《平蔡碑》亦是为"纪圣功"而作。宪宗时又有阎巨源请为皇帝立纪圣功碑之事，② 但不详其实。又唐武宗时回鹘被黠戛斯击破，回鹘乌介可汗率众南下。会昌二年（842），卢龙节度使张仲武击退了乌介可汗的侵扰，并联结奚、契丹以瓦解之。随后乌介可汗被唐军击溃，远遁西域，张仲武于是请在幽州立碑。《新唐书·张仲武传》载：

> 仲武表请立石以纪圣功，帝诏德裕为铭，揭碑卢龙，以告后世。③

宰臣李德裕奉敕撰写碑铭，即是文字传世之《幽州纪圣功碑》。此碑立于幽州，也有在藩镇宣扬皇帝威德之意味。可以看到，此类碑铭皆是以"纪圣功"为名。则临洮县的这一方"圣功颂"，碑题"圣"字前所泐之字，也极有可能是"纪"。这又与相传之"哥舒翰纪功碑"之"纪"字相合。这样，所谓哥舒翰纪功碑的碑题当为"陇右纪圣功颂"，这才是石碑的本名。

　　另外值得注意的是，杨炎《凤翔出师纪圣功颂》、韩愈《平蔡碑》、李德裕《幽州纪圣功碑》，皆是因重大军事胜利而赞颂皇帝战功，其中涉及的肃宗凤翔起兵、宪宗平蔡、武宗破回鹘，都是唐代至为重要的军事事件。这些纪圣功碑又都是由当代重要词臣撰写，具有重要的象征意义。其中既有由群臣共同倡议立碑者，也有由某地节度使奏请立碑的实例。而这方《陇右纪圣功颂》，从残存文字看，也具有极为明显的颂圣意味。第 1 行"皇之德，施化侔天，坠经纶，象云雷，日月所临之"云云，为歌颂皇帝盛德。第 2 行之"圣王"，自然也是指皇帝。第 14 行之"武有七德，今则过之，而颂声无闻"，以及第 15 行"圣策谋从"，则明确指向了武德，应是指在"圣策"指挥下取得的重要军事胜利。

　　清代州志中所载"丙戌哥舒"四字应当并非虚妄，则此《陇右纪圣功颂》一定与哥舒翰有关。其中所颂之圣王自然是指唐玄宗，所颂之圣功则

① 《新唐书》卷二一四《吴元济传》，第 6010 页。
② 《旧唐书》卷一六四《李绛传》，第 4286 页。
③ 《新唐书》卷二一二《张仲武传》，第 5981 页。

应是玄宗时在陇右取得的重大军事胜利。当时唐朝在陇右方向的劲敌是吐蕃，即碑文中所谓"犬戎"。前引王昶《萃编》已经据《新唐书·吐蕃传》的内容考证出，碑文第 3 行"旧章，特申约言，载锡姻好"中的"姻好"是指唐中宗景龙三年金城公主和亲之事，"约言"则是指开元二十一年唐朝与吐蕃在赤岭立碑分界，相约互不侵扰。此后唐蕃再次交兵，金城公主死后，吐蕃更是攻占石堡城，此即第 4 行所谓"潜通约而反间"。然而，王昶认为此碑是边将为陇右节度使哥舒翰而立，并不正确。此碑实际上并非为哥舒翰纪功，而是颂圣功，应是哥舒翰为唐玄宗立碑。故而，《陇右纪圣功颂》所记之具体战功，不仅应与哥舒翰有关，也要与玄宗的"圣策"密切相关。

哥舒翰起家甚晚，他出身于西突厥中的突骑施哥舒部落，其父哥舒道元为唐朝安西都护府副都护。哥舒翰长期在安西过着富足安逸的生活，直到父亲去世后才入仕，那时他已年逾四十。哥舒翰先是追随节度使王忠嗣任大斗军副使，因在苦拔海击退吐蕃而知名。天宝六载，充陇右节度副使、都知关西兵马使、河源军使，率众于积石军击退吐蕃，其年冬便接替王忠嗣出任陇右节度使。天宝七载，在青海湖龙驹岛筑应龙城。天宝八载，率领陇右、河西及突厥阿布思等军攻占石堡城。天宝十二载，又加河西节度使。天宝十三载，破叶蕃洪济、大莫门诸城，收黄河九曲，于其地置洮阳、浇河二郡及神策军。但随后哥舒翰便因遭风疾于天宝十四载二月入京，废疾于家。同年十一月安禄山发动叛乱，洛阳失守后玄宗命哥舒翰率众驻守潼关。哥舒翰战败被安禄山生擒，为安禄山修书招降李光弼等诸将，但终被安禄山杀害。①

哥舒翰在陇右的功业，最重要的便是天宝八载攻陷石堡城，以及天宝十三载收黄河九曲。至于王昶提到的苏毗王子悉诺逻来降，是在天宝十四载正月，② 与哥舒翰遭风疾入京几乎同时，或与其立碑无关。综合史籍所载来看，《陇右纪圣功颂》中所记之战功，更可能是天宝八载石堡城之战。石堡城是唐、蕃边境上极为重要的军事据点，唐朝与吐蕃的争夺经常围绕这一线来展开。《唐会要》卷七八载：

---

① 以上参见《旧唐书》卷一○四《哥舒翰传》，第 3211～3216 页；《新唐书》卷二一六上《吐蕃上》，第 6087 页；《资治通鉴》卷二一七，第 6927～6932 页。
② 《资治通鉴》卷二一七，第 6929 页。

　　振武军，置在鄯州鄯城县西界吐蕃铁仞城，亦名石堡城。开元十七年三月二十四日，信安王祎拔之置。四月，改为振武军。二十九年十二月六日，盖嘉运不能守，遂陷吐蕃。天宝八载六月，哥舒翰又拔之。闰六月三日，改为神武军。①

可知，石堡城原为吐蕃所有，亦名铁仞城。开元十七年，信安王李祎功拔石堡城，这是唐朝第一次占领此城。开元二十九年，吐蕃又攻陷了石堡城。这一事件正是发生在金城公主死后不久，即是《陇右纪圣功颂》中所谓"潜通约而反间"之事。再后便是天宝八载，哥舒翰功拔之，这是唐朝第二次占领石堡城。

　　唐玄宗对于开元末年石堡城的失陷耿耿于怀，一直力图夺回此城。天宝四载，陇右节度使皇甫惟明曾与吐蕃战于石堡城，不仅没有收复城堡，还付出了副将褚诩战死的代价。② 天宝六载，唐玄宗再次谋划收复石堡城。《旧唐书·王忠嗣传》载：

　　玄宗方事石堡城，诏问以攻取之略，忠嗣奏云："石堡险固，吐蕃举国而守之。若顿兵坚城之下，必死者数万，然后事可图也。臣恐所得不如所失，请休兵秣马，观衅而取之，计之上者。"玄宗因不快。李林甫尤忌忠嗣，日求其过。六载，会董延光献策请下石堡城，诏忠嗣分兵应接之。忠嗣佹佹而从，延光不悦……及延光过期不克，诉忠嗣缓师，故师出无功。李林甫又令济阳别驾魏林告忠嗣，称往任朔州刺史，忠嗣为河东节度，云"早与忠王同养宫中，我欲尊奉太子"。玄宗大怒，因征入朝，令三司推讯之，几陷极刑。③

可见，唐玄宗夺取石堡城的计划已经筹备多时，但遭到王忠嗣的激烈反对。王忠嗣长于宫中，为唐玄宗养子，屡立战功，颇得唐玄宗信任。天宝五载，王忠嗣已为河西、陇右节度使，又兼领河东、朔方节度使，成为唐朝西北边疆的军事统帅。但他却对争夺石堡城颇不以为然，认为"得之未

---

① 《唐会要》卷七八，中华书局，1960，第1427页。
② 《资治通鉴》卷二一五，第6868页。
③ 《旧唐书》卷一〇三《王忠嗣传》，第3199~3200页。

制于敌，不得之未害于国"。这令玄宗极为不快。董延光进攻石堡城失败后，玄宗迁怒于王忠嗣，加上李林甫的构陷，王忠嗣竟被贬为汉阳太守，天宝七载便郁郁而终。

接替王忠嗣的哥舒翰忠实地执行了玄宗的计划，倾全力进攻石堡城。《资治通鉴》卷二一六载：

> 上命陇右节度使哥舒翰帅陇右、河西及突厥阿布思兵，益以朔方、河东兵，凡六万三千，攻吐蕃石堡城。其城三面险绝，惟一径可上，吐蕃但以数百人守之，多贮粮食，积檑木及石，唐兵前后屡攻之，不能克。翰进攻数日不拔，召神将高秀岩、张守瑜，欲斩之，二人请三日期可克；如期拔之，获吐蕃铁刃悉诺罗等四百人，唐士卒死者数万，果如王忠嗣之言。[①]

经过一番苦战，唐军付出了巨大的代价拿下石堡城。这一战，唐朝调集了陇右、河西、朔方、河东四节度的兵马，并有突厥阿布思兵助阵，而吐蕃守军只有数百人。但这一战果却令玄宗极为快意。《旧唐书·哥舒翰传》载：

> 上录其功，拜特进、鸿胪员外卿，与一子五品官，赐物千匹、庄宅各一所，加摄御史大夫。[②]

玄宗对哥舒翰可谓大加赏赐，而在攻克石堡城的次月，群臣即上尊号曰开元天地大宝圣文神武应道皇帝，大赦天下。可见，天宝八载哥舒翰攻克石堡城的战役，是玄宗筹划已久的，即使遭到王忠嗣的激烈反对，玄宗依然屡次发动对石堡城的攻击。夺回石堡城，在玄宗眼中无疑是对吐蕃的巨大胜利。

《陇右纪圣功颂》中残存的语句，也正可与这样一种情境相对应。前文提到第4行"潜通约而反间"与开元末年吐蕃攻陷石堡城有关。第2行提到犬戎"保聚山谷"，或也可以比附吐蕃固守险要的石堡城。第13行"大服小"、第14行"一举而定"，可与围攻石堡城的形势相应。而第15行所谓"圣策谋从"，是唐玄宗坚定收复石堡城策略的体现。第14行"武

---

① 《资治通鉴》卷二一六，第6896页。

② 《旧唐书》卷一〇四《哥舒翰传》，第3213页。

有七德，今则过之"，更是对唐玄宗战功的称颂。对于"圣策"的强调和武德的表述，恐怕也只有玄宗高度重视的石堡城之役可以相对应了。总之，《陇右纪圣功颂》应是天宝八载哥舒翰攻克石堡城后为歌颂唐玄宗武功而立的纪功碑。

四

《陇右纪圣功颂》虽然已存字不多，但其本身的性质对于我们理解唐玄宗与蕃将的关系具有十分重要的价值。《资治通鉴》卷二一六在天宝六载十二月高仙芝为安西四镇节度使事下载：

> 自唐兴以来，边帅皆用忠厚名臣，不久任，不遥领，不兼统，功名著者往往入为宰相。其四夷之将，虽才略如阿史那社尔、契苾何力犹不专大将之任，皆以大臣为使以制之。及开元中，天子有吞四夷之志，为边将者十余年不易，始久任矣；皇子则庆、忠诸王，宰相则萧嵩、牛仙客，始遥领矣；盖嘉运、王忠嗣专制数道，始兼统矣。李林甫欲杜边帅入相之路，以胡人不知书，乃奏言："文臣为将，怯当矢石，不若用寒畯胡人；胡人则勇决习战，寒族则孤立无党，陛下诚以恩洽其心，彼必能为朝廷尽死。"上悦其言，始用安禄山。至是，诸道节度尽用胡人，精兵咸戍北边，天下之势偏重，卒使禄山倾覆天下，皆出于林甫专宠固位之谋也。[①]

蕃将在唐代历史中扮演着重要的角色，李唐自开国起便重用蕃将，只不过唐初行用行军制度，阿史那社尔、契苾何力等名将只是以行军总管身份出征，并不常任边地。而在唐玄宗时代，随着节度使制度的完善，节度使逐渐成为地方的最高军政长官，职权颇大，威望亦重。杜暹、萧嵩、牛仙客等都是自节度使入相。与此同时，也出现了蕃将任节度使的情况。尤其是在王忠嗣失势之后，蕃将的地位开始变得更加重要。天宝六载王忠嗣入朝后，西北诸镇新任节度使便皆是蕃将，其中安思顺出任河西节度使，哥舒翰任陇右节度使，高仙芝任安西四镇节度使。[②] 而此前王忠嗣罢去河东、

---

① 《资治通鉴》卷二一六，第 6888~6889 页。
② 《资治通鉴》卷二一六，第 6879~6887 页。

朔方节度使，也在一定程度上给了安禄山更大的发展空间。

由于安禄山的叛乱，传统史家通常将唐玄宗重用蕃将看作一个错误的决策。而李林甫提出重用寒畯胡人的建议，也被认为是其杜绝"边帅入相之路"的计谋。此事背后固然有极为复杂的政治背景，但就当时的边疆形势来看，任用蕃将自有其军事意义。陈寅恪先生指出，唐玄宗任用的胡人通常并非部落酋长，但可统率边疆杂居的诸胡族部落。① 再加上蕃将本身习于攻战，在对外军事行动中有其优势。更值得注意的是李林甫所谓"陛下诚以恩洽其心，彼必能为朝廷尽死"。蕃将通常不会过多地涉足朝廷政治，要想稳固地位，大概唯有取得更多的军功，并以此向皇帝表现出忠诚。对于天宝年间希望对外采取攻势的唐玄宗来说，蕃将无疑可以更好地执行他的战略意图。

哥舒翰《陇右纪圣功颂》就很好地反映了这一点。自开元末年起，唐玄宗就开始对吐蕃采取了大规模进攻的态势。然而如前文所述，石堡城的陷落对于唐玄宗的进攻策略是一个沉重的打击，故其一定要收复石堡城。天宝五载王忠嗣出任河西、陇右节度使，其主要任务便是处理针对吐蕃的军务，② 但王忠嗣保守的态度让玄宗极为不满。哥舒翰接任陇右节度使后，随即对吐蕃展开了攻势，并完成了玄宗的心愿，不惜代价攻下石堡城。这也正应了李林甫所说胡人会"为朝廷尽死"，说明在当时形势下，蕃将能够更好地执行唐玄宗的战略。哥舒翰显然也是很好地理解了唐玄宗的意图，《陇右纪圣功颂》碑在宣扬这次战斗的胜利之外，更是歌颂唐玄宗的武功，为玄宗整个边疆战略证明。故而哥舒翰在纪念这次战功之时，便特意突出了"圣功"，这就是以军功表达其忠心的一种最好形式。

综上所述，可以说《陇右纪圣功颂》就是天宝八载攻克石堡城后，哥舒翰为玄宗所立之纪圣功碑，而非边将或边人为哥舒翰立的纪功碑。如此巨大而宏伟的丰碑，记录了唐玄宗平定石堡城的武功，是唐朝鼎盛时期对吐蕃军事胜利的象征。然而仅仅数年之后安史之乱爆发，大唐盛世也就一去不返了。

---

① 陈寅恪：《论唐代之蕃将与府兵》，原载《中山大学学报》1957 年第 1 期，此据氏著《金明馆丛稿初编》，三联书店，2009，第 302~303 页。

② 丁俊：《李林甫研究》，凤凰出版社，2014，第 438~440 页。

第二节　河西节度使杨休明与杨姓官僚

杨休明是安史之乱后河西一位至关重要的节度使。位于唐朝西北边疆的河西节度在盛唐之时南据吐蕃、北制草原诸部，成为拱卫关中的藩屏。然而安史之乱爆发后，西北诸节度的大量兵士入关勤王，致使西北边疆防御空虚，吐蕃趁机自东向西攻掠陇右、河西州县。唐代宗广德二年（764）凉州失守，河西节度使杨志烈不久之后遇害，随即杨休明接任河西节度使并于大历元年（766）五月移镇沙州。① 最为引人关注的是，敦煌 P.2942 判集文书中的 48 道判文刚好与这段历史有关，反映了杨志烈遇害前后河西节度使司试图力挽狂澜的历史进程，其中大部分判文与杨休明有关，甚至可能都是出自杨休明的手笔。不过此后河西的甘州、肃州、瓜州、沙州还是相继陷落，杨休明直到德宗建中二年才被朝廷追赠为司空。② 关于 P.2942 文书及杨志烈、杨休明的相关史事，此前学者进行了大量研究，但大多集中于当时的西北史事，对于杨休明本人的郡望及家族问题关注较少。③ 尤其是安史之

---

① 《资治通鉴》卷二二三、卷二二四，第 7168、7191 页。

② 《册府元龟》卷一三九《帝王部·旌表三》，凤凰出版社，2006，第 1553 页。

③ 唐长孺：《唐肃代期间的伊西北庭节度使及留后》，原载《中国史研究》1980 年第 3 期，此据氏著《山居存稿》，中华书局，2011，第 429～433 页；安家瑶：《唐永泰元年（765）—大历元年（766）河西巡抚使判集（伯二九四二）研究》，《敦煌吐鲁番文献研究论集》，中华书局，1982，第 232~264 页；史苇湘：《河西节度使覆灭的前夕——敦煌遗书伯 2942 号残卷研究》，《敦煌研究》1983 年创刊号，第 119～130 页；马德：《关于 P.2942 写卷的几个问题》，《西北师院学报·敦煌学研究专辑》，1984，第 63~66 页；李并成：《〈河西节度使判集〉（P.2942）有关问题考》，《敦煌学辑刊》2005 年第 3 期，第 71~75 页；金滢坤：《敦煌本〈唐大历元年河西节度观察使判牒集〉研究》，《南京师大学报》2011 年第 5 期，第 73～79 页；杨宝玉：《凉州失陷前后河西节度使杨志烈事迹考——以法藏敦煌文书 P.2942 为中心》，《敦煌学辑刊》2013 年第 3 期，第 11～21 页；杨宝玉：《敦煌文书 P.2942 中重要官称所涉历史人物及相关史事考辨》，《形象史学研究》，2013，第 286~301 页；杨宝玉：《敦煌文书 P.2942 校注及"休明肃州少物"与"玉门过尚书"新解》，《隋唐辽宋金元史论丛》第 4 辑，上海古籍出版社，2014，第 103~124 页；杨宝玉：《法藏敦煌文书 P.2942 作者考辨》，《敦煌研究》2014 年第 1 期，第 62~67 页；李宗俊：《法藏敦煌文书 P.2942 相关问题再考》，《敦煌研究》2014 年第 4 期，第 54~64 页；杨宝玉：《唐代宗时期的河西与伊西北庭节度使——以 P.2942 卷末所存三牒状为中心》，《敦煌学辑刊》2018 年第 3 期，第 20～33 页；杨宝玉：《河西军移镇沙州史事钩沉》，《敦煌研究》2018 年第 2 期，第 40~46 页；杨宝玉：《法藏敦煌文书 P.2942 与唐代宗时期的肃州史事》，《敦煌吐鲁番研究》第 17 卷，上海古籍出版社，2018，第 75~85 页。

乱后河西、北庭两镇集中出现了杨预、杨志烈、杨休明、杨袭古众多杨姓节度使，颇引人注目，诸位杨姓节度使之间可能存在的血缘或政治联系，对于我们认识安史之乱后的西北形势及唐代藩镇组织特点很有价值。千唐志斋所藏《杨乾光墓志》以及近来新见《杨氏墓志》为研究杨休明提供了新的材料。以下即结合传世史料与新出土文献，对杨休明的生平及家族情况进行考察，稍补前人所未证，并尝试探讨安史之乱前后河西、北庭同姓节度使的现象。

一　杨休明的郡望与家族

传世史书中关于杨休明的记载相对较少，所幸近代以来出土的杨氏家族墓志为我们提供了新的材料。河南千唐志斋博物馆藏有杨休明之孙杨乾光墓志，题名为《唐故朝散大夫使持节丹州诸军事守丹州刺史充本州防御使上柱国弘农杨公墓志铭并序》（以下简称《杨乾光墓志》），该志出土较早，已为学界所熟知，这里仅引用与本文相关内容如下：

> 公讳乾光，字耀卿，其先弘农人也。汉太尉秉仁毓德，其后必昌，逮乎有唐，绵历千祀，荣名显位，聿臻懿裔。曾祖珊，密州司马，赠太子太傅；祖休明，河西、伊庭节度使，赠司空；考烨，安州刺史。公安州之次子也，绛郡李氏之出，明州刺史李鉴，则其外祖也。公……宝历二年春，自前试太常寺奉礼郎授左司御兵曹参军充天平节度推官，居幕下不数月，府主司徒乌公，多其才器，命为懿亲，旋属司徒公薨变，竟有他议，公机谋抚驭，致之以宁……夫人张掖郡君乌氏，天平节度使赠太尉重胤之令女也……有男子二人：长曰曹；其嗣曰鲁；女四人：一女适陇西李僧元；三女未笄。①

根据志文，杨乾光先是在天平军、灵武、鄜坊等节度使下担任文职幕僚，后历任文州、戎州、丹州等州刺史，卒于宣宗大中七年，享年六十。其祖父即为曾任河西兼伊西北庭节度使的杨休明。

近来，笔者见到一方杨休明之女的墓志拓片，题名为《唐故右领军卫

———————

① 周绍良主编《唐代墓志汇编》，第 2325~2326 页。

大将军元莑莱妻杨氏墓志铭并叙》（以下简称《杨氏墓志》），正可与
《杨乾光墓志》互证。该志志石长44厘米，宽42.5厘米，存20行，满行
20字。志文如下：

> 唐故右领军卫大将军元莑莱妻杨氏墓志铭并叙
> 三从侄乡贡进士祐之纂
> 　河南元氏主妇，弘农杨姓，元和十四年岁在乙亥十一月既望前七
> 日迁于灵帏，葬京兆之南十八里地，曰□赵，从于先域，朝而堋，礼
> 也。杨氏之族，西汉为鼎胄，其蝉联缨冕，扬于魏，著于唐，五千年
> 间，休光继绩，不假言而彰矣。夫人皇祖讳进。皇父讳休明，为工
> 部尚书，出为北庭连帅，赠司空。子曰泫，为安陆郡守。夫人以天姿
> 婉淑，庄肃雍和，动容而潜合礼文，发旨而窦符道要，叶其室而夫家
> 以肥，修其诚而宗族称孝。元府君薨逝而居孀之节，雍肃有严，坚习
> 贞白，从道居家，因安陆季弟出守，遂从于安。安府君卒官而抚其孤
> 稚，常加恸切，未逾纪，遘疾而殁，享年七十九。夫人一女，适河南
> 房氏。长子曰克修，龆年既孤，夫人念之犹子，临终遗怀，永言其
> 托，□往事居，孝孙终之，丧伻有主，孝孙承。因请志于祐之，曰
> 将纪绩于泉宫，永垂于厥者。其铭曰：
> 　圆光何从兮泉夜何长，生理营营兮江汉汤汤，瑶□无音兮鸾镜沉
> 光，□□□兮惟彼参商，植坟柏兮喻此肝肠，水千万年兮□□凄凉。

从志文看，志主杨氏为杨休明之女、杨乾光的姑母，她在夫君死后跟随其弟
生活，卒于元和十四年（819）。《杨乾光墓志》与《杨氏墓志》的志主都是
杨休明的直系亲属，两相对照正好可以看出杨休明的郡望和家族状况。

　　根据这两方墓志，杨休明应是出身于弘农杨氏。如所周知，弘农杨氏
为汉代以来的关中名门，至唐代依然是著名的望族，陈寅恪先生提出的
"李武韦杨婚姻集团"就包括了弘农杨氏。[1] 魏晋以后，弘农杨氏或其伪托
者几乎都要追溯到汉代的杨震。[2]《杨乾光墓志》中的"汉太尉"自然就

---

① 陈寅恪：《记唐代之李武韦杨婚姻集团》，《历史研究》1954年第1期，第33～53页。
② 何德章：《汉代的弘农杨氏》，《魏晋南北朝史丛稿》，商务印书馆，2010，第195～
　213页。

图1-4 元莃莱妻杨氏墓志拓片

是指杨震。《杨氏墓志》没有具体到杨震，只是说"西汉为鼎胄，其蝉联
缨冕"云云。不过杨休明一系或许并不是弘农杨氏中的显贵支脉，因为无
论是《杨乾光墓志》还是《杨氏墓志》，都只追溯到了杨休明之父杨珤，
而杨珤的官职也仅仅是密州司马。大概是杨休明出任河西节度使之后，其
直系家族才有了更大的荣誉，其父能够获赠太子太傅或也与此有关。

关于杨休明的家族世系，两方墓志的记载也稍有出入。《杨乾光墓志》
载杨休明之父名为杨珤，为密州司马；《杨氏墓志》则载其名为杨进，未
载其官职。至于杨休明之子，《杨乾光墓志》载其名为杨焞，安州刺史；
《杨氏墓志》则载其名为杨淬，安陆郡守。杨珤与杨进，杨焞与杨淬，大
同而小异，未知孰是。不过从官称上看，《杨乾光墓志》的记载可能更加
准确。按天宝元年改安州为安陆郡，乾元元年（758）复为安州。"安州刺
史"与"安陆郡守"实为一职位，以年代推算，其任职时应当已经复称安
州了，应以安州刺史为是。又《册府元龟》中所记建中年间追赠杨休明官
职的诏书有：

故河西兼伊西北庭节度观察使、检校工部尚书兼御史大夫、赠太

子太保杨休明……可赠司空。①

可知杨休明最后的官职是河西兼伊西北庭节度使，并因其节度使身份检校工部尚书、御史大夫，《杨乾光墓志》载其"河西、伊庭节度使"显然更为确切，《杨氏墓志》中仅载其"为工部尚书，出为北庭连帅"，漏掉了最重要的河西节度使。总的来看，《杨乾光墓志》的记载可能更为严谨，我们大致可以按照此墓志推定杨休明家族世系为：杨珽—杨休明—杨焠—杨乾光—杨曹、杨鲁。

值得注意的是，《杨乾光墓志》还特意标明了杨氏家族数代与其他高门勋贵的姻亲关系。首先是杨乾光的母亲，即杨焠之妻出自绛郡李氏，为明州刺史李鉴之女。而《郎官柱》中见有主客员外郎李鉴的题名，② 或为一时之名望。其次杨乾光本人的夫人是天平军节度使乌重胤之女，亦为名将之后，是杨乾光任天平军节度推官时被乌重胤直接看中招婿。最后是杨乾光的长女嫁给了陇西李氏。而《杨氏墓志》中的杨休明之女杨氏，是嫁给了出身河南元氏的右领军卫大将军元荖莱，元氏也是名门。从其子孙的婚配情况看，杨休明的家族很有可能就是货真价实的弘农杨氏，而且他本人的节度使身份或许也对子孙有所影响。

唐代的弘农杨氏有着深厚的文学传统，中晚唐时更是涌现出杨汝士、杨於陵、杨收、杨凭等著名的文人和官员。③ 杨休明或许是受其弘农杨氏出身的影响，具有很高的文学修养。前文提到的敦煌 P.2942 判集文书，虽然作者存在争议，但现在学者大多认为判文全部或者大部分是出自杨休明之手。④ 这些判文简洁明快，条理清晰，有理有节，并富有文采，由此也得以传抄流传。由此我们或许也可以推测，杨休明很可能是出身于熟悉文案的节度使文职幕僚，而非军将。

---

① 《册府元龟》卷一三九《帝王部·旌表三》，第 1553 页。
② 劳格、赵钺：《唐尚书省郎官石柱题名考》，徐敏霞、王桂珍点校，中华书局，1992，第 949 页。
③ 胡可先：《杨氏家族与中晚唐文学生态》，《北京大学学报》2010 年第 5 期。
④ 金滢坤：《敦煌本〈唐大历元年河西节度观察使判牒集〉研究》，第 73~79 页；杨宝玉：《法藏敦煌文书 P.2942 作者考辨》，第 62~67 页。

二 安史乱后河西节度使中杨姓官员的关系

杨预、杨志烈、杨休明是安史之乱后西北边疆连续出现的三位杨姓节度使。先是杨预自瓜州都督转任伊西北庭节度使，杨志烈随后任伊西北庭节度使，又转任河西节度使，杨志烈遇害后杨休明又接任河西节度使。[①]此外，敦煌 P.2942 判集文书中记载的河西官员还有瓜州别驾杨颜、甘州镇守杨珍等；瓜州为杨预而立的《大唐都督杨公纪德颂》作者是冥安县丞杨某；唐代著名宰相杨炎亦曾任河西节度使掌书记，并受邀为杨预的父亲杨和撰写碑文（详后）。可见，安史之乱后河西节度自上而下曾经聚集了不少杨姓的官员，这本身就是一个很有意思的问题。这其中杨预和杨炎的身世可考，或可与杨休明出身作一对比。

关于节度使杨预，《文苑英华》卷九一七载有其父杨和的神道碑，为杨炎撰写，题名《四镇节度副使右金吾大将军杨公神道碑》（以下简称《杨和碑》），内容有：

> 公名和，字惟恭，河东人也。为高祖骠骑之曾孙。大父讳言，隋朝散大夫……出补棣州蒲台令，考讳楷，河州大夏县令……公……发迹洮陇，成功西极……始自弱水府别将王执金吾……元帅封常清署公行军司马都虞侯，西讨石国……自武卫将军四镇经略副使加云麾将军兼于阗军大使……又迁金吾大将军四镇节度副使……嗣子预，有霸王之略，好倜傥之奇。初以右武卫郎将见于行在，天子美其谈说，问以中兴。遂西聚铁关之兵，北税坚昆之马，起日城，开天郎，特拜左卫将军兼瓜州都督关西兵马使，又迁伊西北庭都护，策茂勋也。[②]

与此相关，敦煌市博物馆藏有一方《大唐都督杨公纪德颂》碑（以下简称《杨公碑》），碑文有：

> 汉太尉□□□□□□□□□□□东人也。曾祖讳言，随举孝

---

① 刘子凡：《瀚海天山——唐代伊、西、庭三州军政体制研究》，中西书局，2016，第 321~340 页。
② 《文苑英华》卷九一七，第 4829~4830 页。

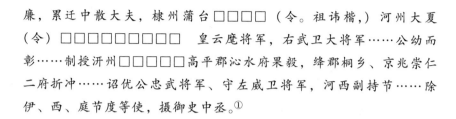

廉，累迁中散大夫，棣州蒲台□□□□（令。祖讳楷，）河州大夏（令）□□□□□□□□□ 皇云麾将军，右武卫大将军……公幼而彰……制授沂州□□□□□高平郡沁水府果毅，绛郡桐乡、京兆崇仁二府折冲……诏优公忠武将军、守左威卫将军，河西副持节……除伊、西、庭节度等使，摄御史中丞。①

其中杨公之名因碑文残缺不可确知，但此杨公的事迹与前文提到的杨预十分相似，应即瓜州为杨预本人立的德政碑。②

对照两种碑文可知，杨预出身于河东，但显然并非高门望族。《杨公碑》提到了"汉太尉"，是要附会到弘农杨氏的先祖杨震，实际上应该并没有联系。从杨和、杨预父子的履历来看，他们都是自基层武官起家。杨和曾任甘州弱水府别将，在安西四镇参加了大小战役，官至安西四镇节度副使。而杨预曾任"高平郡沁水府果毅，绛郡桐乡、京兆崇仁二府折冲"，此后官至伊西北庭节度使。总体来看，杨预家族还是以军功获得高位。

对比杨休明与杨预的出身，一为弘农杨氏，一为河东杨姓，两人应该没有直接的血缘关系。而且杨预出身军功世家，其父杨和为安西四镇节度副使，杨预本人又自河西起家，在西北军中根基较深。杨休明则很可能是河西节度使的文职幕僚，两人的身份背景也有很大不同。至于承上启下的节度使杨志烈，由于资料所限，暂时无法考证其郡望出身。薛宗正先生曾推测杨预就是杨志烈，是宝应元年（762）代宗李豫即位后，为避皇帝讳而改名，③ 不过目前还没有直接的证据证明这一点。至少从杨休明和杨预的关系来看，安史乱后河西节度使中的杨姓官僚并不是以直系血缘关系组成的集团，那这些杨姓官僚又为何会集中出现呢？

杨预与杨炎的关系，或许可以为我们解释河西的杨姓官僚现象提供一个有趣的视角。如前文所述，杨预父亲杨和的神道碑就是由杨炎撰写的，两人的关系非同一般。杨炎为德宗朝宰相，早年间以文采见长，《旧唐书·杨炎传》载：

①　碑文据吴景山、张洪《〈大唐都督杨公纪德颂〉碑校读》，《西域研究》2013 年第 1 期，第 18 页。

②　刘子凡：《瀚海天山——唐代伊、西、庭三州军政体制研究》，第 323～326 页。

③　薛宗正：《安西与北庭——唐代西陲边政研究》，黑龙江教育出版社，1998，第 285 页。

　　杨炎字公南，凤翔人……释褐，辟河西节度掌书记。神乌令李大简尝因醉辱炎，至是与炎同幕，率左右反接之，铁棒挝之二百，流血被地，几死。节度使吕崇贲爱其才，不之责。后副元帅李光弼奏为判官，不应，征拜起居舍人，辞禄就养岐下……服阕久之，起为司勋员外郎，改兵部，转礼部郎中、知制诰。迁中书舍人。①

杨炎曾在吕崇贲任节度使时担任河西节度的掌书记，而吕崇贲担任节度使的时间大致是在上元元年至广德元年（760~763）间。② 而李光弼出任副元帅有两次，一是肃宗乾元二年（759）出任天下兵马副元帅，一是上元二年（761）出任河南副元帅。从时间上看，应是李光弼任河南副元帅时征辟杨炎的可能性更大。可惜《杨和碑》并没有记载杨炎撰写碑文的时间，只知道立碑时杨预为伊西北庭节度使。根据吐鲁番出土《唐宝应元年五月节度使衔榜西州文》看，宝应元年五月时杨志烈已经接任北庭节度使。③ 则杨预自瓜州都督任北庭节度使一定是在此之前，从时间上看，杨预很可能是与杨炎在河西有过交集。

　　最关键的是，杨炎在其撰写的《杨和碑》中写道：

　　中丞以炎听于亲宗，服于祖业，捧持简牍，见扎斯文。④

这里的中丞自然是指杨预，他应是以伊西北庭节度使的身份兼御史中丞。杨炎此处写到了杨预邀请他撰写碑文的理由，即所谓"听于亲宗，服于祖业"。亲宗、祖业的说法显然是因为杨炎与杨预同姓，不过实际上二人在血缘家族上可能并无直接关系。前引《旧唐书·杨炎传》载其为凤翔人，《新唐书·宰相世系表》专门记载了杨炎的家族世系：

　　孕五世孙赞，隋辅国将军、河东公。生初，左光禄大夫、华山郡

---

① 《旧唐书》卷一一八《杨炎传》，第3418~3419页。
② 郁贤皓：《唐刺史考全编》，安徽大学出版社，2000，第481页。
③ 唐长孺主编《吐鲁番出土文书》（图录本）肆，文物出版社，1996，第328页。
④ 《文苑英华》卷九一七，第4830页。

公。初裔孙播，世居扶风。①

　　杨炎的世系可以追溯到隋代的河东公杨赞，看起来与河东还是有些联系。不过从杨初到杨播之间的代系还是有些模糊，无法考证其详。至少杨炎父子是居住在扶风的，与来自河东的杨预可能并非真正同宗。但这并不妨碍杨预与杨炎仅仅通过同姓而联系在一起，这种模糊的简单关系通过"亲宗""祖业"的说法，也可以成为杨姓官僚聚集在河西的纽带。

　　在安史之乱后河西的杨姓官僚中，我们考察了杨休明、杨预与杨炎的家族郡望，三人分别来自弘农、河东与凤翔。除了杨休明可能真的是出自弘农杨氏外，其余两人可能都并非出自望族。从这三个例子可以看出，河西的杨姓官僚之间可能并没有实质性的血缘关系。但是他们可能还是仅凭借同姓这一原则，通过"亲宗祖业"来叙述模糊的同宗关系，从而联系在一起。这或许与中晚唐藩镇中经常出现的节度使蓄养假子并委以重任的情况类似，都是通过构拟出的宗亲关系来巩固藩镇内部的稳定。

第三节　北庭的李元忠时代

　　对西域的经营是唐朝前期的基本战略，玄宗时期唐朝对西域的控制达到顶峰，伊西北庭节度使与安西四镇节度使成功控制了丝绸之路的要冲，牵制了东突厥、突骑施、吐蕃等势力。然而，安史之乱爆发之后西北边兵赴中原作战，吐蕃趁机自东向西占领陇右、河西诸州，北庭、安西也就与中原隔绝开来，成为一片飞地。坚守了数十年之后，北庭、安西终于在唐德宗贞元年间陷落。自此，唐朝再也未能恢复其在西域的疆土，同时也失去对丝绸之路沿线绿洲国家及诸部落的控制。此为唐朝边疆形势的一大转折。

　　不过由于长时间的隔绝，史书中关于这一时期北庭、安西的记载相对较少。经唐长孺、陈国灿、王小甫、薛宗正、陈玮等先生借助传世史料及

————————

　　①　《新唐书》卷七一下《宰相世系表下》，第 2360 页。

出土文献细心钩沉，① 方得管窥安史乱后北庭与安西之大致情形。然而其中还有很多关键问题悬而未决，笔者亦曾梳理考证相关史事，② 但仍限于史料的缺乏，很多问题只能推测。所幸在相关研究者较少注目的明代文献中，保存有最为重要的史料。明代胡广《记高昌碑》一文记有唐伊西庭节度使李元忠之神道碑一本，并录出了大部分碑文。在中原史书所载不详的情况下，出自西州当地的碑刻自然弥足珍贵。此前西域史上的很多悬案，得此碑便可一一解答。陈晓伟先生撰文介绍了胡广记录的几件高昌碑，使学界认识到了其重要的史料价值。③ 然而关于《李元忠神道碑》中的相关内容，尚需进一步讨论。以下即借助《李元忠神道碑》的相关记载，以安史乱后的北庭为中心，再考唐军坚守西域之史事。

一　胡广所记《李元忠神道碑》

胡广《胡文穆公文集》卷一九《记高昌碑》载有"高昌旧碑"拓本六件，包括高昌国时期碑刻四件以及唐代碑刻两件。胡广所见之拓本，均系明永乐年间陈诚出使西域时于火州拓得，其地为唐代西州之所在。胡广关于两件唐碑的记载如下：

> 后二碑，为唐碑也，亦用俳体。其一《西州四面精舍记》，随军守左金吾卫兵曹参军张玠为节度观察处置副相李公述。末云："唐大历十五年岁在庚申六月日，摄西州柳中县令、给事郎、守太子司议郎杨澹然书。"其二《大唐故伊西庭节度使开府仪同三司刑部尚书宁塞郡王李公神道碑》，摄支度判官兼掌书记、朝散大夫、虔王友朱震述。李公名元忠，前碑称李公而不名者，疑即元忠也。元忠名略见于唐史，未有列传，观此碑可得其概，遂撮其事迹于后，聊备唐史之阙云。

---

① 参见唐长孺《唐肃代期间的伊西北庭节度使及留后》，第 425~443 页；陈国灿《安史乱后的唐二庭四镇》，《唐研究》第 2 卷，北京大学出版社，1996，第 415~436 页；王小甫《安史之乱后的西域形势及唐军的坚守》，《敦煌研究》1990 年第 4 期，第 57~63 页；薛宗正《安西与北庭——唐代西陲边政研究》，第 265~320 页；陈玮《唐孙杲墓志所见安史之乱后西域、回鹘史事》，第 56~62 页。

② 刘子凡：《瀚海天山——唐代伊、西、庭三州军政体制研究》，第 309~354 页。

③ 陈晓伟：《胡广〈记高昌碑〉与高昌麹氏、唐李元忠事迹丛考》，第 53~61 页。

　　"李元忠，河东人也，本姓曹，字令忠，后以功赐姓改名。祖考以上，皆负名称。元忠天资杰出，年幼狎诸童儿，好为战阵之形，缀幡旗以为乐。及弱冠从军，蓄气厉节，尝抗臂言曰：大丈夫必当驱戎狄，扫氛祲，达号立功，皆□□□□能唇腐齿落而为博士者乎？故恒遇战，勇冠□□□□□西伊西庭节度使、工部尚书弘农杨公之亚将。及弘农公被屠害，元忠誓报酬。乃以师五千枭周逸、戮强颉，雪江由之耻，报长泉之祸，义感四海，闻于九重。解褐授京兆洭道府折冲都尉。大历二年，遣中使焦庭玉授伊西庭节度兼卫尉卿、瀚海军、蕃落等使。大历五年九月，中使将军刘全璧至，加御史中丞。大历八年四月，中使内寺伯卫朝琎至，加御史大夫，赐姓改名，赐衣一袭。元忠勇于济时，急于周物，不矜不傲，俭约从下，辛勤玉塞，斩将褰旗，摧坚陷敌，以成厥功。大张权宜，广设方略，峻城深池，劝课耕桑，政令严明，边庭肃靖。虽在戎旅之间，轻裘缓带，志闲心逸。故能使葛禄叶护稽颡归仁，拔汗那王屈膝饮义。值边境有灾，民艰于食，尽发廪以振之。不足，倾竭其资。又不足，解玉带□□金鞍骏马以易粟。远近襁来者以万计，恩施绝幕，惠被（中阙）三年二月廿七日，中使（此处阙四百廿九字）年土蕃围凉州，走保（中阙）否？"碑云："建中三年二月廿七日，加刑部尚书、宁塞郡王。"……碑云："建中五年五月五日，公薨于北庭之廨宇，六年葬前庭东北原，火山南面。"①

　　胡广所见唐碑拓本，为《西州四面精舍记》与《李元忠神道碑》。前碑未记碑文内容，仅知其时间为大历十五年（即唐德宗建中元年）六月，由西州柳中县令杨澹然书写。如胡广所言，其中的节度使李公便是当时在任的伊西北庭节度使李元忠。至于《李元忠神道碑》，胡广述其碑中载李元忠薨于北庭，葬于"前庭东北原，火山南面"。则石碑最初应是立于西州前庭县（治所在今吐鲁番高昌故城遗址）东北的李元忠墓前。明初陈诚出使经过火州时，尚且得见此碑，如今已不知所终。

　　李元忠，原名曹令忠，因坚守北庭有功而被唐代宗赐姓改名。荣新江

———————————

① 胡广：《胡文穆公文集》卷一九，清乾隆十五年刻本，叶三三至叶三五。

先生根据其改从皇家的李姓之事，推测李元忠很可能是出身胡族的曹姓，同时也有可能是来自西北其他地区。① 从《李元忠神道碑》的记载看，李元忠确实并非北庭当地居民，而是河东人。不过碑文关于其出身的记载太过简略，仅称"祖考以上，皆负名称"。这或许是因为其父祖实际上默默无闻，抑或与安史之乱后许多胡人故意隐去其胡族身份有关，毕竟河东的胡人与安禄山的关系还是十分密切的。李元忠幼年便喜好战阵，又弱冠从军，倒是带有河北、河东一带粟特胡人普遍具有的军事色彩。自代宗大历年间出任节度使至德宗贞元年间病逝，李元忠主政北庭长达18年，正是他亲手结束了安史乱后北庭的乱局，并成功带领北庭为唐朝坚守。《李元忠神道碑》诚可谓其一生功绩之表彰。

二 阴谋：长泉事变的真相

根据碑文所载，李元忠最初为"□西伊西庭节度使、工部尚书弘农杨公之亚将"，之后杨公遭遇"长泉之祸"，李元忠为其报仇，枭首周逸，由此建功立业，得授伊西北庭节度。此事实为安史乱后唐朝西域边疆最为重要之变故，与敦煌P.2942判集中所见之长泉事变正相吻合。

敦煌P.2942文书为河西节度使（或掌权之留后）的判集，② 其中有《伊西庭留后周逸构突厥煞使主兼矫诏河己西副元帅》（以下简称《周逸煞使主判》）：

> 副帅巡内征兵，行至长泉遇害，军将亲观事迹，近到沙州具陈……周逸非道，远近尽知，理合闻天，义难厝务。既要留后，任择贤良，所贵当才，便请知事。某某谬司观察，忝迹行军，欲宽泉下之鱼，有惭弦上之矢。公道无隐，敢此直书。各牒所由，准状勘报；当日停务，勿遣东西，仍录奏闻，伏待进止。③

① 荣新江：《九、十世纪西域北道的粟特人》，新疆吐鲁番学研究院编《吐鲁番学研究——第三届吐鲁番学暨欧亚游牧民族的起源与迁徙国际学术研讨会论文集》，上海古籍出版社，2010，第450页。

② 唐长孺：《唐肃代期间的伊西北庭节度使及留后》，第425~443页；杨宝玉：《法藏敦煌文书P.2942作者考辨》，第62~67页。

③ 录文见唐耕耦、陆宏基编《敦煌社会经济文献真迹释录》第2辑，全国图书馆文献缩微复制中心，1990，第630~631页。

又，同一写卷中有《差郑支使往四镇索救援河西兵马一万人判》（以下简称《索兵马判》）：

> 勠力勤王，古今所重，帅义殄寇，《春秋》则书。盖生人之令谟，寔臣子之守节。况河湟尚阻，亭障犹虞。元帅一昨亲巡，本期两道征点，岂谓中途遇害，遂令孤馆自裁，痛愤辕门，悲感□□……差河□□□□赞善，专往计会，征发讫先报。各牒所由，准状□条表录奏。①

文书中出现的"副帅""元帅"，全称为"河已西副元帅"。安史乱后常见此类副元帅，通常兼统数道。文书中的副元帅是河西节度使，同时又是伊西北庭的"使主"，则至少是兼任河西与伊西北庭两道节度使。为了抵御吐蕃，副元帅亲赴北庭、安西征兵，不想在伊州至北庭途中的长泉驿遇害。② 而河西方面指控的罪魁祸首就是伊西北庭留后周逸。这正与《李元忠神道碑》中关于"长泉之祸""枭周逸"的记载相呼应。而碑文中的节度使杨公，便应是 P.2942 文书中的副元帅。则碑文"西"字前可补一"河"字，即杨公为河西、伊西北庭节度使。

唐长孺先生认为，P.2942 文书中被杀的副元帅便是河西节度使杨志烈。③ 史书中十分简略地记载了安史乱后凉州失陷以及杨志烈遇害之事。《旧唐书·吐蕃传》载：

> 广德二年，河西节度杨志烈被围，守数年，以孤城无援，乃跳身西投甘州，凉州又陷于寇。④

《新唐书·代宗本纪》于"永泰元年（765）"下记载：

---

① 录文见唐耕耦、陆宏基编《敦煌社会经济文献真迹释录》第 2 辑，第 631~632 页。
② 《新唐书》卷四〇《地理志·伊州》载："别自罗护守捉西北上乏驴岭，百二十里至赤谷；又出谷口，经长泉、龙泉，百八十里有独山守捉；又经蒲类，百六十里至北庭都护府。"（第 1046 页）
③ 唐长孺：《唐肃代期间的伊西北庭节度使及留后》，第 440~442 页。
④ 《旧唐书》卷一九六上《吐蕃上》，第 5239 页。

十月，沙陀杀杨志烈。①

又，《资治通鉴》卷二二三"广德二年十月"载：

未几，吐蕃围凉州，士卒不为用；志烈奔甘州，为沙陀所杀。②

当时由于精兵强将多半远赴中原靖难，河西防御空虚。吐蕃在迅速占领陇右之后，随即自东向西进攻河西诸州。从上引史料来看，大致凉州失守在广德二年，次年十月节度使杨志烈即被杀。联系到 P.2942 文书，就可以理解为凉州失守后，杨志烈自甘州赴北庭征兵，途中遇害。沙陀世居北庭，伊西北庭留后周逸作为谋主指使沙陀杀害杨志烈，也是符合逻辑的。安家瑶、王小甫、金滢坤等先生皆持同样观点。③

　　然而，也有很多学者反对这一说法。史苇湘、马德等先生便认为 P.2942 中被杀之副元帅为河西节度使杨休明。④ 杨宝玉先生撰写多篇论文对 P.2942 进行了全面考证，详述被杀之人为杨休明，而非杨志烈。⑤ 不过考虑到周逸可能曾与仆固怀恩通信一事，这里还是倾向于认为被杀者应是杨志烈。⑥ 杨休明乾元元年任凉州长史，⑦ 杨志烈死后，杨休明接任河西节度使。《资治通鉴》卷二二四"大历元年"载：

---

① 《新唐书》卷六《代宗本纪》，第 172 页。
② 《资治通鉴》卷二二三，第 7169 页。
③ 安家瑶：《唐永泰元年（765）—大历元年（766）河西巡抚使判集（伯二九四二）研究》，第 254~261 页；王小甫：《安史之乱后的西域形势及唐军的坚守》，第 60 页；金滢坤：《敦煌本〈唐大历元年河西节度观察使判牒集〉研究》，第 73~79 页。
④ 史苇湘：《河西节度使覆灭的前夕——敦煌遗书伯 2942 号残卷研究》，第 126 页；马德：《关于 P.2942 写卷的几个问题》，第 63~66 页。
⑤ 杨宝玉：《凉州失陷前后河西节度使杨志烈事迹考——以法藏敦煌文书 P.2942 为中心》，第 11~21 页；杨宝玉：《敦煌文书 P.2942 中重要官称所涉历史人物及相关史事考辨》，第 286~301 页；杨宝玉：《敦煌文书 P.2942 校注及"休明肃州少物"与"玉门过尚书"新解》，第 103~124 页。
⑥ 刘子凡：《瀚海天山——唐代伊、西、庭三州军政体制研究》，第 332~333 页。
⑦ 见敦煌 P.3952 文书《乾元元年侍御史判凉州长史杨休明奏》，《法藏敦煌西域文献》(30)，上海古籍出版社，2003，第 278 页。

> 夏，五月，河西节度使杨休明徙镇沙州。[①]

此时，甘州、肃州已相继陷落，河西节度使只得退居沙州。如果 P.2942 中遇害的节度使是杨休明的话，事变的时间只能是在大历元年五月以后。史苇湘先生便认为杨休明“遇害”是在大历二年。可惜，《李元忠神道碑》仅载遇害者为弘农杨公，不知具体是杨志烈还是杨休明。然而值得注意的是，碑文提供了重要的时间点，长泉事变平息后，李元忠先任折冲都尉，大历二年便被任命为伊西北庭节度使。则事变的时间必然在大历二年之前。由此看来，遇害节度使为杨休明的可能性是比较小的。另外，李宗俊先生根据《唐崔汉衡墓志》提出长泉遇害者可能是尚衡。[②] 以《李元忠神道碑》观之，此推测并不正确。

总的来说，《李元忠神道碑》的记载印证了敦煌 P.2942 所记长泉事变之事实，应即史书中所载河西节度使杨志烈遇害事，时间大致在广德二年至永泰元年十月间。[③]

三　复仇：河西再统北庭

《李元忠神道碑》揭示了此前我们未曾注意到的一个重要事实，即长泉事变之后，河西军队一度攻至北庭，并将北庭留后周逸枭首。长泉事变的结局终于真相大白。

据碑文所载，节度使杨志烈遇害后，李元忠“以师五千枭周逸、戮强颙，雪江由之耻，报长泉之祸”。由此看来，李元忠是这次报仇行动的领军者，或者至少是重要参与者。“长泉之祸”自然指事变本身。至于“江由之耻”，《三国志》引《汉晋春秋》曰：

> 初艾之下江由也，以续不进，欲斩，既而舍之。及瓘遣续，谓曰：“可以报江由之辱矣。”[④]

① 《资治通鉴》卷二二四，第 7191 页。

② 李宗俊：《法藏敦煌文书 P.2942 相关问题再考》，第 54~64 页。

③ 广德二年凉州失守，见上文。永泰元年十月，唐廷已得知杨志烈死讯，见《资治通鉴》卷二二四，第 7185 页。

④ 《三国志》卷二八，中华书局，1959，第 781 页。

卫瓘遣田续讨邓艾，欲激励其报邓艾江由不杀之辱。比附这一典故，李元忠所谓"江由之耻"，应是指其曾被周逸"欲斩而舍之"。由此猜测，李元忠很可能当时是跟随杨志烈赴北庭征兵，在长泉被俘；杨志烈死后，李元忠又被放回河西。前引 P. 2942《周逸煞使主判》中有"副帅巡内征兵，行至长泉遇害，军将亲观事迹，近到沙州具陈"。亲眼得见副帅遇害并返回沙州报信的军将，极有可能便是李元忠。另外，《周逸煞使主判》中也流露出了征讨北庭的意向，其中有：

> 察其情状，法所难容，宜绝小慈，用崇大计。彼道军将，早挹忠贞，数州具寮，素高节操。前车既覆，已莫辨于薰莸；后辙须移，可早分于玉石。事上固能剿绝，临下岂惮锤埋。请从曲突之谋，勿误焦头之祸。①

即是希望朝廷早作决断，铲除周逸，以免焦头烂额之祸患。

吐鲁番出土文书刚好验证了河西军在北庭的活动。Ot. 11040《广德四年（766）正月百姓周思温牒》有：

```
1    剌柴三拾柒束
2    右件柴，去年十一月九日被所由典张元晖捉，将供
3    曹卿厨，其直不蒙支给，便不敢征理价直，今
4    大例户各税剌柴，供河西军将厨，今请将前件
5    柴，回充军将厨户料，公私俱济，谨连前判
6    命如前，谨处分。
7  牒件状如前，谨牒。
8      广德四年正月  日百姓周思温牒②
```

广德四年即永泰二年，当时西州因与朝廷阻隔而不知改元。从文书内容看，当年正月西州当地按户征收剌柴，专门供给河西军将。周思温在去年

---

① 录文见唐耕耦、陆宏基编《敦煌社会经济文献真迹释录》第 2 辑，第 631 页。
② 图版见小田義久主編『大谷文書集成』（肆）法藏館、2010、図版八三。录文参池田温『中国古代籍帳研究』東京大学東洋文化研究所、1979、445 頁。

十一月已经交纳三十七束刺柴，但官府未支付其报偿，周思温便申请将其折纳本年供河西军将厨的刺柴。如此大规模征收刺柴，河西军将数量应当不少。陈国灿先生已经注意到西州当时突然到来了一大批河西军将，他推测这些军将可能是吐蕃进攻伊州时，从伊州撤至西州的。① 然而，从《李元忠神道碑》所载来看，这次河西军将大规模进驻西州，更有可能是河西节度使杨志烈遇害后，河西对伊、西、北庭发起的报复性军事行动。西州可能已经处于河西军将的军事管制之下。而河西军队发起行动的时间，应当就在永泰二年正月或之前不久。

据《李元忠神道碑》，李元忠"枭周逸、戮强颙"，河西方面取得全胜，伊西北庭节度留后周逸被枭首。从 P.2942 文书中也可以看到一些蛛丝马迹，其中《周逸与逆贼仆固怀恩书判》有：

> 推亡固存，《商书》所重，去顺效逆，《春秋》则诛。周逸猖狂，素怀悖乱，辇毂之下……②

河西方面截获了周逸与仆固怀恩的通信，这是证明周逸叛逆的决定性证据。广德二年十月，朔方节度使仆固怀恩勾结回纥、吐蕃大举入寇，逼近长安。刚刚平息安史之乱的唐朝又陷入危局。周逸或许是为求地方自保，倒向了仆固怀恩，杀害杨志烈。所幸仆固怀恩永泰元年九月即死去。在这种情况下，周逸勾结仆固怀恩，无疑是最严重的反叛行为。而如此重要的证物，极有可能便是在河西军将占领北庭后获得的。在 P.2942《索兵马判》中，河西再度派出郑支使径直去往安西四镇征兵，显然此时伊西北庭已经入于河西军将毂中。

身为河西节度使杨志烈的亚将，也是对北庭军事行动的重要领导者，李元忠代表河西势力成为伊西北庭最高军政权力的控制者。这一点在得见《李元忠神道碑》之前是根本无法想象的。实际上，在前文引到的 P.2942《周逸煞使主判》中就已经有了更换伊西北庭留后的意向，其中提到"周逸非道，远近尽知，理合闻天，义难厘务。既要留后，任择贤良，所贵当才，便请知事"。在枭首周逸之后，河西方面自然会在河西军将中挑选新

---

① 陈国灿：《安史乱后的唐二庭四镇》，第 430~431 页。
② 录文见唐耕耦、陆宏基编《敦煌社会经济文献真迹释录》第 2 辑，第 632 页。

的伊西北庭留后，而李元忠正当其选。实际上，杨志烈在宝应元年或稍早便出任过伊西北庭节度使，吐鲁番出土《唐宝应元年五月节度使衙榜西州文》中见有"使御史中丞杨志烈"。① 杨志烈出任河西节度使后，依然是兼任伊西北庭节度使。故而杨志烈本人或也在伊西北庭有比较强的势力。前引 P.2942《周逸煞使主判》中有"彼道军将，早挹忠贞，数州具寮，素高节操"。似也暗示伊、西、北庭数州之内，有不少官员并不支持周逸。这也构成了李元忠入主北庭的一部分基础。

还有一些现象或可验证李元忠的河西背景。刘安志先生注意到肃、代年间西北政治舞台上活跃着杨氏诸将，② 先后有河西节度使杨预、杨志烈、杨休明。而李元忠死后，继任伊西北庭节度使的是杨袭古。而前文提到胡广所记《西州四面精舍记》，亦是为李元忠所立，其书写者是西州柳中县令杨澹然。这些杨氏军将、官吏在伊西北庭活动，便颇值得注意了。

无论如何，李元忠是在河西军将枭首北庭留后周逸的背景下，作为杨志烈亚将掌管伊西北庭的。杨志烈遇害前，曾以副元帅身份兼统河西、北庭、安西，这就构建起了三道联防，成为唐朝抵御吐蕃攻势的希望。③ 笔者提出以杨志烈之死为标志，联防并未起到实际作用。④ 从吐蕃先后占据河西诸州的结果看，事实确实如此。但根据《李元忠神道碑》的记载，在长泉事变后，河西曾奋力一搏，企图通过军事手段控制北庭，进而东御吐蕃。大历二年，具有河西背景的李元忠正式成为伊西北庭节度使，并主政北庭 18 年。其间，北庭成为河西坚实的战略后方，使河西在仅剩下瓜、沙二州的情况下依然能为唐朝坚守。

四 潜渡：北庭与中原的联络

凉州失守后，河西以西便成了一片飞地。北庭与朝廷之间的通信往来，只能借道于回纥。《旧唐书·回纥传》载：

---

① 唐长孺主编《吐鲁番出土文书》（图录本）肆，第 328 页。

② 刘安志：《唐朝西域边防研究》，博士学位论文，武汉大学，1999，第 25 页。

③ 薛宗正：《安西与北庭——唐代西陲边政研究》，第 286 页；另参见薛宗正《北庭历史文化研究——伊、西、庭三州及唐属西突厥左厢部落》，上海古籍出版社，2010，第 369~370 页。

④ 刘子凡：《瀚海天山——唐代伊、西、庭三州军政体制研究》，第 334~335 页。

初，北庭、安西既假道于回纥以朝奏，因附庸焉。①

其间唐朝的消息曾数次传达到了北庭、安西，而并非完全隔绝。但这种往来要依唐朝与回纥的关系而定，路途的遥远以及中间的种种阻碍，常常令消息传递极度滞后。陈国灿先生根据吐鲁番出土文书的纪年指出，西州经常因为阻隔而不知道唐朝改元的消息，而继续沿用已经废止的年号。② 张广达、荣新江先生则根据于阗文书中出现的年号改变情况，详细分析了于阗与唐朝的交往年份。③ 笔者亦曾根据史书记载勾勒出北庭与中原联络之始末。④ 而《李元忠神道碑》则明确记载了历次中原使者的姓名及到来的时间，使我们可以更加清晰地了解其详情，李元忠任节度使时的重要历史事件也有了明确的坐标。

李元忠时代的第一次通使是大历二年，唐朝遣中使焦庭玉至北庭，授李元忠伊西庭节度兼卫尉卿、瀚海军、蕃落等使。李元忠由此正式成为节度使，同时按旧例兼任瀚海军大使，掌控北庭军政大权。笔者曾据《唐大诏令集》卷一一六《喻安西北庭诸将制》载有"河西节度使周鼎、安西北庭都护曹令忠、尔朱某等"⑤ 云云推知，大历四年前后，李元忠（即曹令忠）已出任北庭节度使，而河西节度使也换成了周鼎。⑥ 现在可以知道，李元忠早在大历二年就已经正式出任节度使。而且根据下文所载使者时间，大历二年是使者到达北庭的时间，其出发时间可能更早，这比此前的推测大大提前了。也就是说，唐朝中央在得知河西军将枭首周逸后不久，便正式任命了李元忠。

第二次通使是大历五年九月，中使将军刘全璧到达北庭，加李元忠御史中丞。大历四年前后代宗曾下《喻安西北庭诸将制》，慰问河西、安西、北庭将士，并向其通报"子仪移镇于邠郊，抱玉进攻于天水"⑦ 的军事形

① 《旧唐书》卷一九五《回纥传》，第 5209 页。
② 陈国灿：《安史乱后的唐二庭四镇》，第 416~418 页。
③ 张广达、荣新江：《八世纪下半至九世纪初的于阗》，《唐研究》第 3 卷，北京大学出版社，1997，第 346~348 页。
④ 刘子凡：《瀚海天山——唐代伊、西、庭三州军政体制研究》，第 340~349 页。
⑤ 《唐大诏令集》卷一一六《喻安西北庭诸将制》，第 605~606 页。
⑥ 刘子凡：《瀚海天山——唐代伊、西、庭三州军政体制研究》，第 342~343 页。
⑦ 《唐大诏令集》卷一一六《喻安西北庭诸将制》，第 605~606 页。

势,以稳定军心,防止吐蕃离间。大历四年五月,唐朝册封仆固怀恩幼女为崇徽公主,嫁与回纥可汗。① 中使刘全璧大概正是借此机会,取道回纥,并最终于大历五年抵达北庭。

第三次通使是大历八年四月,中使内寺伯卫朝珪到达,加李元忠御史大夫,赐姓改名,赐衣一袭。关于赐姓改名之事,史书也有明确记载。《旧唐书·代宗本纪》在"大历七年"下载:

> 八月庚戌,赐北庭都护曹令忠姓名曰李元忠。②

则代宗下诏赐曹令忠改名为李元忠,是在大历七年八月庚戌。使者当在不久之后出发,历经 8 个月才终于抵达北庭。李元忠的宪衔也进一步升为御史大夫。此前杨志烈任伊西北庭节度使时仅是御史中丞,③ 转任河西节度使后方为御史大夫。李元忠以伊西北庭节度使身份任御史大夫,也在一定程度上代表着北庭地位的提升。

第四次通使是在建中三年二月廿七日,中使抵达北庭,加李元忠刑部尚书、宁塞郡王。可惜由于乾隆刻本《胡文穆公文集》残缺,不知中使姓名。关于此次出使,《旧唐书·德宗本纪》载:

> 秋七月戊子朔,诏曰:"二庭四镇,统任西夏五十七蕃、十姓部落,国朝以来,相奉率职。自关、陇失守,东西阻绝,忠义之徒,泣血相守,慎固封略,奉遵礼教,皆侯伯守将交修共理之所致也。伊西北庭节度观察使李元忠可北庭大都护,四镇节度留后郭昕可安西大都护、四镇节度观察使。"④

可知,德宗下诏是在建中二年七月戊子。从诏书内容看,伊西北庭节度使李元忠被授予北庭大都护的官职。而四镇留后郭昕则被正式任命为安西大都护、四镇节度使。《资治通鉴》卷二二七"建中二年"亦载赐李元忠北

---

① 《资治通鉴》卷二二四,第 7208 页。
② 《旧唐书》卷一一《代宗本纪》,第 300 页。
③ 唐长孺主编《吐鲁番出土文书》(图录本)肆,第 328 页。
④ 《旧唐书》卷一二《德宗本纪》,第 329 页。

庭大都护、宁塞郡王事。① 然而，诸种史书皆称此次通使是北庭隔绝之后首次与朝廷取得联系，如《旧唐书·德宗本纪》载：

> 初，李元忠、郭昕为伊西北庭留后，隔绝之后，不知存亡，至是遣使历回纥诸蕃入奏，方知音信，上嘉之。②

这显然并不符合史实，在此之前至少有三位朝廷中使到达了北庭。建中二年七月出发的中使，在建中三年二月二十七日抵达北庭，也带来了改元的消息。吐鲁番出土文书中见有《建中三年三月廿七日西州授百姓部田春苗历》，时间刚好是在中使达到后的一个月，西州也得到了改元的信息。而从和田出土汉文文书看，俄藏文书中见有《大历十七年（782）闰三月廿九日韩披云收领钱钞》，中国人民大学博物馆藏文书中则有"建中三年三月奉守捉"。可知四镇中的于阗也是在中使抵达后很快得知改元，但仍有个别继续使用大历年号的情况。值得注意的是，据《唐孙杲墓志》所载，北庭大都护府长史孙杲于建中三年入朝。③ 他很可能便是随当年抵达北庭的中使返回中原的。

总体来看，《李元忠神道碑》所记朝廷中使到达的时间，与史书的记载基本相合。李元忠时代朝廷使者到达北庭共有四次，时间分别为大历二年、五年、八年及建中三年。代宗大历末年至德宗初年，唐朝与回纥交恶，道路不通，北庭与朝廷的音问也就相互断绝了。从旅行时间看，中使抵达北庭通常要用 7～8 个月，由此也可见北庭与唐朝中央通信之艰难。

五　功业：李元忠的内政与外交

在音讯无法有效传递的情况下，隔绝之后的北庭、安西实际上是处于一种自治的状态。由于很难得到中原的直接支持，北庭、安西的坚守尤为艰苦。在这种形势下，李元忠能够统御北庭长达十八载，必然有其过人之处。从中我们也可以窥见北庭、安西能够长期为唐朝坚守的缘由。

---

① 《资治通鉴》卷二二七，第 7303 页。
② 《旧唐书》卷一二《德宗本纪》，第 329 页。
③ 陈玮：《唐孙杲墓志所见安史之乱后西域、回鹘史事》，第 59～60 页。

据《李元忠神道碑》所载，李元忠"勇于济时，急于周物，不矜不傲，俭约从下"，"虽在戎旅之间，轻裘缓带，志闲心逸"。这是对其个人品质的肯定，但这种俭约，亦可理解为对物资匮乏的一种应对措施。按唐朝西域用兵物资损耗极大，据《通典·食货典》所载，自开元中及于天宝，伊西北庭每年和籴费用为 8 万匹，给衣费用为 40 万匹。① 吐鲁番出土 Ot. 4938-2《唐开元十三年（725）西州等兵赐状》有：

1 　西州□ [
2 　京 库□北庭瀚海军开十三年 六 [
3 　　六万八千屯匹军兵赐 八 [
4 　伊州状　　　敕持节 [②

足见伊西北庭所需军赐数量之大。凉州失守后，向西域输送布匹的通道便已断绝。北庭的军需无疑会变得十分窘迫。吐鲁番出土《唐建中七年（786）西州蒲昌县牒为检造秋布花事》文书有：

1 　□□县　　　　　　牒 [ ] 僧法超
2 　] 检 造秋布花口僧法超 [ ] 嘉禾、女什一已上各壹拾玖□
3 　] 年造布花讫申者，具检配□可者，向县造秋布花，检配讫 [
4 　□□五日内分 向 [ ] 准使牒□□□故牒
5 　□□　　　　　　　　建中七年□月廿二日 [③

这里的"准使牒"自当是指准伊西北庭节度使之牒。大致是西州蒲昌县牒僧法超等人，要求其按照使牒造秋布花。僧法超、嘉禾、女什一等人可能是寺户。④ 而在旅顺博物馆藏建中五年《孔目司帖》中见有：

---

① 《通典》卷六《食货六》，第 111 页。
② 小田義久主編『大谷文書集成』（叁）法藏館、2003、71 頁、図版八。池田温『中国古代籍帳研究』、353 頁。
③ 陈国灿：《斯坦因所获吐鲁番文书研究》，第 431~432 页。
④ 陈国灿：《斯坦因所获吐鲁番文书研究》，第 128~129 页。

1　孔目司　　莲花渠匠白俱满失离

2　　　配织建中伍年春装布壹佰尺。行官段俊俊①

这是安西的孔目司下匠人白俱满失离的帖，其中便提到了配织春装布，这是大致同时期的安西四镇的情况。无论是配造秋布花还是配织春装布，都说明当时北庭、安西官府所需物资，有一部分是通过差科而来的。在无法获得中原物资之时，民间的这种负担可能是相当重的。在这种情况下，提倡俭约、劝课耕桑，以及灾时赈济百姓无疑都是必要的。

此外，《李元忠神道碑》载其"能使葛禄叶护稽颡归仁，拔汗那王屈膝饮义"。葛禄即葛逻禄，是一支强大的游牧部落，居于东、西突厥之间。拔汗那国（在今费尔干纳）与唐朝关系颇为密切，是唐朝制衡吐蕃、突骑施的坚定盟友，天宝三载唐朝改其国号为"宁远国"。②从地理位置看，拔汗那与四镇节度使距离更近，此外也未见安史乱后北庭节度使与拔汗那往还之证据。不过，北庭确实与其切近之葛逻禄部落有些联系。《旧唐书·回纥传》载：

> 初，北庭、安西既假道于回纥以朝奏，因附庸焉。回纥征求无厌，北庭差近，凡生事之资，必强取之。又有沙陀部落六千余帐，与北庭相依，亦属于回纥，肆行抄夺，尤所厌苦。其先葛禄部落及白服突厥素与回纥通和，亦憾其侵掠。因吐蕃厚赂见诱，遂附之。③

葛禄部落一直与回纥通和，对抗吐蕃，直到贞元六年（790）吐蕃攻占北庭之前才改换阵营。故而借着回纥的关系，葛逻禄也可以说是与北庭有共同的军事利益。实际上，北庭最可依靠的力量是回纥。为了与吐蕃争夺西域，回纥给予了北庭极大的军事支持。再加上北庭附近的沙陀，李元忠充分借助了诸部落的力量，达到了制衡吐蕃的目标。

总之，胡广所记《李元忠神道碑》是研究安史乱后北庭极为重要的文

---

① 录文参照荒川正晴「クチャ出土『孔目司文書』考」『古代文化』第 49 卷第 3 号、1997 年 3 月、2 頁。

② 《新唐书》卷二一一下《西域下》，第 6250 页。

③ 《旧唐书》卷一九五《回纥传》，第 5209 页。

献。根据碑文可知，李元忠出身河东，原为河西节度使杨志烈的亚将。凉州陷落后，杨志烈赴北庭征兵，被伊西北庭留后周逸害于长泉驿。随后李元忠率领河西军将控制了北庭，枭首周逸，在为杨志烈报仇的同时，也实现了河西势力对伊西北庭的控制。自大历二年任节度使后，李元忠主政伊西北庭 18 年，其间共 4 次与中原交通，并实现了为唐朝坚守的任务。最值得注意的是，《李元忠神道碑》为我们提供了一个重要的线索，就是在长泉之祸后，一部分河西的军事势力转移到了伊西北庭。这也是在河西诸州陷落后，北庭能够长期坚守的重要因素。据碑文所载，李元忠建中五年（即兴元元年）五月五日薨于北庭，建中六年（即贞元元年）安葬于西州前庭县东北原。贞元二年五月，唐朝任命杨袭古为伊西北庭节度使，并追赠李元忠为司空。北庭的李元忠时代告一段落，而在此后不久的贞元六年北庭最终陷落于吐蕃。

第二章　西域官员与机构建制

唐朝自经营西域之初就设立了西州都督府和安西都护府等军政机构，众多官员来到西域任职。透过丰富的出土文献，可以看到这些西域官员的历官、交往和从事政务的情况，由此也可见西域地区军政机构的建制和行政运作。

第一节　袁公瑜与裴行俭：P. 2754 文书中的西州与安西

法藏敦煌 P. 2754 文书是一件非常重要的判集。该判集是集录自真实行用的官文书中的判文，其中见有安西、西州、伊州等地相关史事，是研究唐高宗朝西域形势的关键史料，历来为学者所重视。20 世纪初，伯希和在敦煌藏经洞翻检文书时，很可能便是注意到了其中出现了安西等地名，才将其携回法国。在其所编敦煌文书目录 *Catalogue de la Collection de Pelliot Manuscrits de Touenhouang* 中，伯希和标注 P. 2754 为"涉及哈密、吐鲁番、库车之历史文献（Documents historiques）"。[①] 王重民《敦煌遗书总目索

---

① 伯希和原文为 "P. 2754 Documents historiques se rapportant aux affaires de Qumul, Tourfan et Koutchar. Fort endommage（a remonter et a photographier）." 罗福苌译《巴黎图书馆敦煌书目》，译为"二七五四　残史书（记吐鲁番及疏勒事）"（载《国学季刊》1932 年第 4 期，第 736 页）；陆翔译《巴黎图书馆敦煌写本书目》，译为"二七五四　华文。叙述和田，吐鲁番，哈密（Qural）事迹之史料。（可装裱摄影）"（载《国立北平图书馆馆刊》1934 年第 1 期，第 38 页）。二者的地名翻译都有误，Qumul 为哈密、Tourfan 为吐鲁番、Koutchar 为库车。

引》始将其定名为"判文残卷",并注有"存九十行,多关西州事,甚重要"。① 池田温、菊池英夫合编『スタイン敦煌文献及び研究文献に引用紹介せられたる西域出土漢文文献分類目録初稿』定名为"安西都护府奉判牒文及发给公验控"。② 山本达郎、池田温、冈野诚合编 *Tunhuang and Turfan Documents concerning Social and Economic History* 则定名为"唐安西都护府判集"。③ 池田温在《敦煌本判集三种》中对 P.2754 的性质进行了研究,他指出该判集的书写次序及格式并不严谨,出现有朱笔及明显的文字增删、改订,可能是直接集录自官府文书的判文,并作为判文练习的抄本;几道判文时代大致在麟德年间,都与安西管内的兵事有关,故称其为"安西判集"。④ 刘俊文先生亦认为,判文中有五道"所言皆为安西都护府管内伊州、西州及龟兹之兵事",推测其为安西都护府官文书的集录,将其定名为"唐麟德安西判集"。⑤ 陈国灿先生更是直接认为,"伊州镇人侯莫陈等请安西效力事"的判文是出自安西都护高贤之手。⑥ 于是,P.2754 文书便一直被称为"安西判集"。

然而,安西都护府在显庆三年迁到龟兹后,就不再统领伊、西、庭三州,西州升级为都督府。不能以安西来涵盖西州与伊州。细审判文内容,此判集抄录之官文书,应是来自西州都督府,而非安西都护府。因此对于如此重要的 件文书,其性质和定名实在是有必要进行重新判定。此外,P.2754 文书所载相关史事,尚有需要讨论之处。以下即从 P.2754 文书的内容入手,判明文书中所载判文的性质与出处,并就相关问题略作讨论,希望能为学界提供一个有用的参考。

---

① 王重民:《敦煌遗书总目索引》,商务印书馆,1962,第272页。

② 池田温·菊池英夫编『スタイン敦煌文献及び研究文献に引用紹介せられたる西域出土漢文文献分類目録初稿:非佛教文献之部 古文書類Ⅰ』東洋文庫、1964、148-154頁。

③ Yamamoto Tatsuro(山本達郎), Ikeda On(池田温), Okano Makoto(岡野誠), *Tunhuang and Turfan Documents concerning Social and Economic History*, Ⅰ *Legal Texts*, Tokyo; Toyo Bunko, 1980.

④ 池田温「敦煌本判集三種」末松保和博士古稀記念会編『古代東アジア史論集』吉川弘文館、1978、448-450頁。

⑤ 刘俊文:《敦煌吐鲁番唐代法制文书考释》,中华书局,1989,第470页。

⑥ 陈国灿:《唐麟德二年西域道行军的救于阗之役——对吐鲁番阿斯塔那四号墓部分文书的研究》,原载《魏晋南北朝隋唐史资料》第12辑,武汉大学出版社,1993,此据氏著《陈国灿吐鲁番敦煌出土文献史事论集》,上海古籍出版社,2012,第308页。

一 "裴都护左右移向西州事"判文为袁公瑜所拟

P. 2754 文书首尾俱残，迄今所见各种录文皆只有 80 行，[①] 与王重民所谓"存九十行"之数不符。该文书抄写时比较随意，没有遵循统一的格式，各道判文被杂糅在一起。池田温根据判文的内容将其归纳为五个部分，其第四部分又分为 A、B 两事。[②] 以此为线索，我们可以将其分为 8 道判文：

判文（1）：第 1 至 14 行，因卷首残缺而不见标题，今拟"调度兵士助诸烽守备事"。

判文（2）：第 15 至 23 行，原题"奉判：伊州镇人元孝仁、魏大师造伪印事"。

判文（3）：第 24 行起至第 38 行"明示指挥"止，原题"奉判：裴都护左右移向西州事"。

判文（4）：第 38 行"麹积出征"起至第 41 行"即宜分别"止，原无标题，可拟为"预停麹积职田事"。

判文（5）：第 41 行"都护临边"起至第 52 行"牒安西急报"止，为"裴都护左右移向西州事"之另一道判文。

判文（6）：第 52 行"奉判"起至第 62 行"何容留碍"止，原题"奉判：伊州镇人侯莫陈等请安西效力事"。

判文（7）：第 62 行"高头、阿龙"起至第 70 行止，原无标题，可拟为"阿龙与前夫高头复合事"。

判文（8）：第 71 至 80 行，原无标题，可拟为"科罚屯官郭微事"。

其中时间、地点最为明确的，是判文（3）和（5），即有关"裴都护左右移向西州事"的两道判文。现引其文如下。

判文（3）：

奉判：裴都护左右移向西州事。　　都护左右，事议积难。比更

---

① 刘俊文录有 81 行，是将重复的半行字单独录为一行，见刘俊文《敦煌吐鲁番唐代法制文书考释》，第 464~470 页。本文所用录文及行数，皆据唐耕耦、陆宏基编《敦煌社会经济文献真迹释录》第 2 辑，第 610~613 页。

② 池田温「敦煌本判集三種」、448-450 頁。

披寻，是非不易。安西再经闻奏，门下两度改张，俱为边镇籍人，所以示依元请。士达流类，合住高昌，详实台符，理难抑边。后属将军依请，云翅贼庭，都护图方，忽闻夺击，缘兹赴救，更请将行。别降纶言，始谐所奏。准旨勒令上道，限前便到龟兹，伏请想西州守文无失，而达士（士达）、运达承事多年，送故迎新，遂生去就，巧引冬初符命，不遵年下敕文，无礼私归，有亏公法，奉牒住其逃状，官司依状，即勒遣收。诘其方便来由，确称都护面许。虑其虚诈，方待送身。寻后买药牒来，判语似如实口。下遇（愚）管见，犹自生疑。久牒安西，伫思返报，更复张欢、高证 相继 归，通信言定，即云在手，虽无公验，词色不是全虚，免仰之间，且容在此。今者重详后敕，是十一月下旬，远准西州来符，恐乖前式，西州是其本贯，容止即若罪名，安西立蕃厅总，或贻诮礼仪。□后迥无文牒，何妨设诈私来，若不计会相知，两处岂能安稳。伏请都护明示指挥。

判文（5）：

都护临边，押城事重。若无左右，交阙军威。士达之徒，早缘教习，行动之处，理合倍（悟）随。但为州将改官，身充镇色，绝蓝注托，劳扰公庭。去冬救援之初，恩敕即令发遣，公瑜奉符之后，约勒不许更停。恐废都护 所 须，限日使其上道。至彼无几，拒（讵）遂逃归。勘问擅来所由，确称都护自放。虽有文帖，终欲色（送）身。忽奉报章，状云判在。在此既无符命，留住事亦未安。伏请都护熟详，得使两州安稳。都护往任西州，当时左右蒙恩允许，敕有明文。寻后改向龟兹，重奏欲将自遣。中间事意，更不审知。比为西域败军，其日欲加救援。发兵匆逼，方有敕来。西州下僚，依文遣去。不知此色何故却回。若是都护不须，计应更听别旨。其全无放牒，多恐□狠逃归。既曰边兵，尤兹谨慎，牒安西急报。

这两道判文都是涉及裴都护左右士达、运达等人私自从龟兹返回西州之事。池田温指出，裴都护即安西都护裴行俭。[①] 据《旧唐书·裴行俭传》，裴行俭因议论"废王立武"之事，左迁西州都督府长史，麟德二年（665）任安西都护。[②] 另据《赠太尉裴公神道碑》，裴行俭是自西州长史改任金山副都护，之后再转任安西都护。[③] 金山都护府的设立大致是在龙朔三年十月以后，[④] 那么裴行俭任金山副都护的时间非常短，最多不过一年。上引判文的时间，便应在裴行俭转任安西都护之后。结合两道判文的内容可知，裴行俭任西州都督府长史时，士达、运达等人便是其"左右"，当裴行俭赴龟兹任安西都护后，希望将这些在西州的旧部带至安西，并专门为此上奏。这些裴行俭准备带至安西的"左右"又是些什么人呢？判文（5）中提到"士达之徒，早缘教习，行动之处，理合倍（陪）随"。判文（3）则提到"都护左右，事议积难。比更披寻，是非不易"。可见士达等人是长期跟随在裴行俭身边，应当都是傔人一类的侍从人员。唐代高级武将一般都配有傔人、别奏一类的随从。[⑤] 安西四镇节度使高仙芝为都知兵马使时，"每出军，奏傔从三十余人，衣服鲜明"，节度使封常清在未发迹时，便曾立志要做高仙芝的傔人。[⑥] 判文（5）中所谓"若无左右，交阙军威"之"左右"，有壮军威之用，便很似高仙芝的傔从了。吐鲁番出土《唐天宝十载（751）交河郡客使文卷》中见有"安西长史王奇光并傔一人"，[⑦] 可见安西长史有傔，那么安西都护和西州长史应当也会有傔人一类的侍从。但是士达等人是西州人，即所谓"西州是其本贯"。所以朝廷最初并未同意士达等随裴行俭赴安西。判文中的"符"和"符命"，便是指朝廷拒绝裴行俭上奏的公文。

不过很快西域形势出现变化，有"都护图方，忽闻夺击，缘兹赴救，更请将行"，"比为西域败军，其日欲加救援"之事，朝廷"别降纶言"，

① 池田温「敦煌本判集三種」、450 页。
② 《旧唐书》卷八四《裴行俭传》，第 2802 页。
③ 张说著，熊飞校注《张说集校注》卷一四，中华书局，2013，第 720 页。
④ 刘子凡：《唐代金山都护府之创置》，特力更、李锦绣主编《内陆欧亚历史文化国际学术研讨会论文集》，内蒙古人民出版社，2015，第 72~83 页。
⑤ 马俊民：《傔从、别奏考辩》，《南开学报》1981 年第 3 期，第 71、73 页；王永兴：《唐天宝敦煌差科簿研究——兼论唐代役制和其他问题》，《敦煌吐鲁番文献研究论集》，第 109~110 页。
⑥ 《旧唐书》卷一〇四《封常清传》，第 3207 页。
⑦ 荣新江、李肖、孟宪实主编《新获吐鲁番出土文献》，第 338~339 页。

同意了裴行俭的上奏。裴行俭任安西都护的麟德年间，西域的主要战斗就是高贤与崔智辩救援于阗之役。龙朔二年苏海政伐龟兹、疏勒失败，唐朝没能及时阻止西突厥弓月部与吐蕃对四镇的侵蚀。龙朔三年十二月壬寅，唐朝又派遣安西都护高贤讨伐弓月，救援于阗。① 大致此时弓月部可能又联合吐蕃对四镇中的于阗进行了侵扰。史书中不载此次救援的结局。据藏文《大事年纪》所载："及至鼠年（麟德元年），赞普出巡北方。"② 白桂思、王小甫均指出，吐蕃赞普的此次北巡，正是受弓月部之招进入西域。③高贤龙朔三年十二月奉敕，发兵于阗应已是麟德元年，那么高贤很可能与赞普率领的吐蕃军队遭遇，救援行动失败。西州有大量的兵士参与了此次征行，而且有不少战死沙场。吐鲁番出土《唐氾相达墓志》《唐刀柱柱墓志》中的志主，便都是死于高贤的远征。④ 唐朝于是又遣西州都督崔智辩救援于阗。《资治通鉴》载：

> 疏勒，弓月引吐蕃侵于阗，敕西州都督崔知辩、左武卫将军曹继叔将兵救之。⑤

此次西州都督崔智辩救援于阗的征行，称为"西域道行军"。虽然唐朝于麟德二年闰三月即诏命崔智辩出兵，但是年八月十五日行军仍在进行中，至晚在翌年（乾封元年）四月底以前已经返回。⑥ 显然，P.2754 文书中的"败军"和"救援"，应当就是指高贤兵败和崔智辩救援。由此来看，高贤出征而未败之时，朝廷便已决定以裴行俭代高贤为安西都护。

① 《资治通鉴》卷二〇一，第 6339 页。
② 王尧、陈践：《敦煌本吐蕃历史文书（增订本）》，民族出版社，1992，第 146 页。
③ 王小甫：《唐、吐蕃、大食政治关系史》，北京大学出版社，1992，第 58~60 页；白桂思（C. Beckwith）：《吐蕃在中亚：中古早期吐蕃、突厥、大食、唐朝争夺史》，付建河译，新疆人民出版社，2012，第 19 页。
④ 刘安志：《从吐鲁番出土文书看唐高宗咸亨年间的西域政局》，《魏晋南北朝隋唐史资料》第 18 辑，武汉大学出版社，2001，此据氏著《敦煌吐鲁番文书与唐代西域史研究》，第 77~78 页。
⑤ 《资治通鉴》卷二〇一，第 6344 页。
⑥ 以上参见荣新江《新出吐鲁番文书所见西域史事二题》，《敦煌吐鲁番文献研究论集》第 5 辑，北京大学出版社，1990，第 345~352 页；陈国灿《唐麟德二年西域道行军的救于阗之役——对吐鲁番阿斯塔那四号墓部分文书的研究》，第 295~311 页。

判文中提到的"敕"，都应当是指同意士达等赴安西的公文。判文（3）中提到朝廷是在冬初下符西州不许士达等离开，"年下"又降下别敕同意其赴安西。所谓"年下"，判文（5）中更明确说是"十一月下旬"。故西州是在接到麟德元年十一月下旬之敕文后，才将士达等发遣赴安西。判文的时间当在麟德元年十一月下旬之后。同时，在敕文下达时，裴行俭已在安西。那么，裴行俭就任安西都护的时间应在麟德元年十一月之前，而不是《旧唐书》所记的麟德二年。①

不久之后，士达等人又回到西州。西州方面怀疑他们是私自逃归，准备将他们遣送回龟兹，却又收到安西方面来的牒文，其中的判语提到允许士达等返回西州。按照朝廷的最新敕文，这些人应赴龟兹效力，而不应滞留西州。于是西州方面急牒安西，希望都护能谨慎处理。判文（5）的内容到此为止，末尾言"牒安西急报"。判文（3）提到西州"久牒安西，伫思返报"时，又有张欢、高证等人相继返回西州，可能也声称是都护放归。西州依然觉得安西方面的处置与敕书不符，再牒安西，希望裴都护计会此事。判文（3）中提到的"久牒安西"之"牒"，便应是载有判文（5）之牒。故判文（5）的时间在判文（3）之前。

通过以上的考察我们可以明显看出，此判的内容是西州都督府与安西都护府商量处置士达等人私自回到西州之事，从判文中"久牒安西，伫思返报""伏请都护明示指挥""牒安西急报""准旨勒令上道，限前便到龟兹"的对象称呼，及"西州下僚"的谦称来看，这两道判文都是西州都督府发给安西都护府的。也就是说，判文的主体明确是西州都督府，而非安西都护府。裴都护虽然多次在判文中出现，但真正的判案者应是西州的长官。实际上，在判文（5）中已经出现了判案者的名字，第44行有"公瑜奉符之后"，"公瑜"便应当是拟判官员的自称。此时的西州都督为崔智辩，"公瑜"便应是西州的上佐。那么，此"公瑜"应当就是曾任西州都督府长史的袁公瑜。据《袁公瑜墓志》，袁公瑜官自司刑少常伯出为代州长史，转任西州长史、庭州刺史等职。②但墓志并未记载袁公瑜任职西州之年月，鲁才全先生认为袁公瑜被贬在高宗上元元年（674）平反长孙无

① 刘安志：《从吐鲁番出土文书看唐高宗咸亨年间的西域政局》，第79页。
② 周绍良主编《唐代墓志汇编》，第975～976页。

忌之时。① 但从 P.2754 文书中的判文来看，袁公瑜曾据十一月下旬的敕文
发遣士达等赴安西，可知在麟德元年十一月之前，袁公瑜已经在西州都督
府长史任上。

　　依照唐代"四等官"之制，官府处理公文应由判官拟判，再由通判官
来签署意见，最后长官签署定判。从出土文书的实例看，西州都督府长史
一类的通判官，通常只是署名而已。然而在个别情况下，长史也会在判案
过程中扮演更重要的角色，吐鲁番出土《唐西州蒲昌县户曹牒为催征逋悬
事》文书中就见有"今年输丁庸继，长史判十二千"及"诸色行客等，长
史判，限八日了申"。② 这就是长史代替都督判案。《唐永隆二年卫士索天
住辞为兄被高昌县点充差行事》文书，则是长史待举拟判，都督伏生签署
"依判"。③ 如此看来，袁公瑜以长史的身份拟写判文，也是可以理解的。
或许此时西州都督崔智辩正在筹备或已经出发救援于阗，才会由长史袁公
瑜来处理日常事务。

二　其他判文的相关问题

　　P.2754 判文（2）"伊州镇人元孝仁、魏大师造伪印事"及判文（6）
"伊州镇人侯莫陈等请安西效力事"，都是与伊州有关的判文。我们先来看
内容更为明确的判文（6）：

　　　　奉判：伊州镇人侯莫陈等请安西效力事。弓月未平，人皆夺
　　（奋）臂；吐蕃侵境，士悉冲冠。竟愿展效贼庭，用表诚心报国。伊
　　州兵募一百余人，楼望乡同，一时回驾。神□流类，索荡雄图，负载
　　从戎。每怀壮志，遂抑思归之引，冀成定远之功。语事论心，故难违
　　拒。安西都护，邻接寇场，兵马久屯，交绥未决。非是军谋不及，良
　　由兵力尚微。目下待人，必知饥谒（渴）。方获图灭，急若断弦。崔
　　使今春定应电击，于阗经略，亦拟风行。彼此俱藉雄儿，东西各资骁
　　勇；得人即是济要，添众更益兵强。幸已装束遵途，无义迟疑不遣。

① 鲁才全：《跋武周〈袁公瑜墓志〉》，《魏晋南北朝隋唐史资料》第 8 辑，武汉大学学报
　 编辑部，1986，第 36 页。
② 唐长孺主编《吐鲁番出土文书》（图录本）肆，第 389 页。
③ 唐长孺主编《吐鲁番出土文书》（图录本）叁，文物出版社，1996，第 285～286 页。

况京畿径（劲）卒，倍胜河西。虽言廿九人，终敌瓜、沙二百。于国
利益，事合机宜。忝日奉公，何容留碍。

池田温指出，判文中的"崔使"就是指西州都督崔智辩。[①] 荣新江先生认
为，判文所述是关于麟德二年西域道行军的情况，伊州兵募 100 余人和京
畿劲卒 29 人都参与了此次征行。[②] 陈国灿先生亦认为判文的时间在麟德二
年闰三月朝廷诏令崔智辩救援于阗后不久，但他同时认为伊州兵募 100 余
人是龙朔三年安西都护高贤击弓月时部署在安西的，判文出自高贤之手，
参与麟德军事行动的有京畿劲卒 29 人和瓜、沙二州 200 人。[③] 细审判文，
伊州兵募是为崔智辩西域道行军而征召，并非提前部署在安西。麟德二年
西域道行军以西州都督崔智辩为主帅，伊州兵应是在西州集结，再由崔智
辩带领赴安西。故而侯莫陈等伊州镇人理应向西州都督申请参与征行。且
判文将安西长官径称为"安西都护"，而将西州都督崔智辩称为"崔使"，
显然是站在西州的立场来书写的。综合来看，这道判文仍然应是抄录自西
州都督府的公文。至于其中提到的伊州镇人、伊州兵募、京畿劲卒、瓜沙
二百的关系，尚需辨明。学者们已经对兵募的问题进行了大量研究，大致
唐代兵募差自白丁，由州县发遣，名为招募实为征发，从《旧唐书·刘仁
轨传》中所载刘仁轨上表看，自显庆五年以后，兵募已经明显成为强制征
发。[④] 那么这件判文中的麟德年间伊州兵募 100 余人，应当是自伊州白丁
中征点而来。伊州镇人侯莫陈等的身份是镇兵，又自愿请行，便不应是在
兵募 100 余人之内。后文所谓"京畿径（劲）卒，倍胜河西。虽言廿九
人，终敌瓜、沙二百"。是在夸赞京畿劲卒相比于河西兵士有以一当十的
战斗力，并非说真有 200 瓜、沙兵士来到西州。从文意看，这里所谓京畿
劲卒应是指伊州镇人侯莫陈等，他们原籍在京畿。由此看来，当时的情况

① 池田温「敦煌本判集三種」、450 頁。
② 荣新江：《新出吐鲁番文书所见西域史事二题》，第 346 页。
③ 陈国灿：《唐麟德二年西域道行军的救于阗之役——对吐鲁番阿斯塔那四号墓部分文书的
研究》，《魏晋南北朝隋唐史资料》第 12 辑，第 27~36 页。
④ 菊池英夫「唐代兵募の性格と名稱とについて」『史淵』第 67、68 号、1956 年 3 月、
75-98 頁；唐耕耦：《唐代前期的兵募》，《历史研究》1981 年第 4 期，第 159~172 页；
张国刚：《关于唐代兵募制度的几个问题》，《南开学报》1988 年第 1 期，第 40~50 页；
孙继民：《从〈武周智通拟判为康随风诈病避军役等事〉看唐代的兵募》，《敦煌吐鲁番
所出唐代军事文书初探》，第 54~55 页。

应当是为了救援于阗唐朝另自伊州征召了兵募 100 余人，此外原籍京畿、现在伊州镇守的镇兵侯莫陈等 29 人也主动请求参与征行。西州方面也是同意了他们的请愿。

判文（2）的内容大致是，伊州的镇兵魏大师、元孝仁出逃，并因惧怕责罚而不想返回伊州，伪造官印，谎称"欲投弓月"。魏大师第一次被遣送回伊州的时候，先到纳职县（今哈密市五堡乡拉甫却克古城），再到伊吾县（今哈密市区附近），然后"西出"。纳职在伊吾之西。可知魏大师先后两次逃亡的地点都在伊州之西。又其所谓"投弓月"，应当就是想参加讨击弓月、救援于阗的征行。前文述及，判文（6）提到有伊州兵募和镇人参加麟德二年西州都督崔智辩救于阗的行军。魏大师和元孝仁极有可能正是想借此机会造伪印声称一并赴弓月，以达成不被遣送回伊州的目的。从这些信息看，魏大师和元孝仁应当是身在西州。则此道判文亦应是出自西州都督府的公文。可以看到，与伊州相关的判文（2）及判文（6），都是与麟德二年西州都督崔智辩救援于阗有关。其时间与判文（3）、判文（5）大致相合。判文（6）中又出现了"崔使"，显然亦不是都督崔智辩自己拟判。所以这两道关于伊州的判文，应当也是出自长史袁公瑜的手笔。

我们再看一下其他几道判文。判文（1）的内容是因"比闻烽夫差遣残疾、中男，远望必阙机宜"，故将"分捉城隍"的兵士一百余人调仕诸烽守备。[①] 其中提到"深惧飞尘，而府县官"，以及"并仰县令专知，不得更推丞、尉"。我们知道，安西都护府治下为羁縻府州，没有县一级的行政机构。西州都督府则下设有五县。所以这里的"府县"应是指西州都督府及其治下诸县。紧急调集兵士助防诸烽，显然是迫于紧张的军事形势，大致也是与崔智辩救援龟兹有关。判文（4）提到"麹积出征，图珍凶寇，陵锋败役，未见生还"，刘安志指出，这里所谓的"败役"，就应当是指高贤救于阗兵败。[②] 故此判亦与麟德年间西域战事有关。判文（8）为科罚屯官郭微之事，其中提到郭微"先因傔从，爰赴二庭"。汉代有车师前王庭和车师后王庭，相当于唐代西州、庭州之地。故唐代人以"二庭"来指代

---

① 程喜霖：《从吐鲁番出土文书中所见的唐代烽堠制度之一》，唐长孺主编《敦煌吐鲁番文书初探》，武汉大学出版社，1983，第 275~315 页。

② 刘安志：《从吐鲁番出土文书看唐高宗咸亨年间的西域政局》，第 78~79 页。

伊、西、庭地区。① 故郭微任职之地在伊、西、庭，而不在安西。综合这些情况来看，除了判文（7）没有时代和地域信息外，其他几道判文都与西州相关，而且判文（1）、判文（4）的时代可能都在麟德年间。

故此，P.2754 文书所载的几道判文，极有可能都是抄录自麟德元年崔智辩救援于阗前后的西州都督府公文书。目前吐鲁番出土文书中已经见有不少有行判内容的公文，其中的判文都非常简略，很少见到有如 P.2754 文书判文这般的长篇大论，这似乎说明这些边疆官员在日常工作中大多不喜欢或者没有必要写内容太长的判文。而此判集集中了这么多道几乎是在同一时间的长篇判文，很有可能就是出自同一人之手。这个人无疑就是前面提到的西州都督府长史袁公瑜。袁公瑜曾任西台舍人，自然会擅长写这种长篇文牍。或许也正是因为袁公瑜有这种名望和文笔，其判文才会被专门集录成抄本以用来学习。

三　袁公瑜贬官西州之前后

据《袁公瑜墓志》所载，袁公瑜 19 岁即补文德皇后挽郎，后自晋州司士入为通事舍人，曾随太宗征辽东，在太宗朝官至兵部郎中。袁公瑜的任官经历至此皆是较为平顺，但在高宗即位后，袁公瑜很快就卷入"废王立武"的朝廷风浪中。高宗谋划废王皇后，立武昭仪为后，遭到长孙无忌、褚遂良等人的坚决反对。高宗与长孙无忌一派进行了激烈的斗争，高宗永徽六年（655）七月，李义府上表请求"废王立武"，使事件公开化。② 同年十月，武昭仪顺利成为皇后。直到显庆四年七月长孙无忌死于贬所，事件才最终结束。

袁公瑜在整个事件中，做了两件引人注目的事。第一件事便是举报裴行俭。《旧唐书·裴行俭传》载：

显庆二年，六迁长安令。时高宗将废皇后王氏而立武昭仪，行俭以为国家忧患必从此始，与太尉长孙无忌、尚书左仆射褚遂良私议其事，大理袁公瑜于昭仪母荣国夫人谮之，由是左授西州都督府长史。③

① 陈国灿：《安史乱后的唐二庭四镇》，第 415 页。
② 《资治通鉴》卷一九九，第 6288~6289 页。
③ 《旧唐书》卷八四《裴行俭传》，第 2801 页。

当时朝廷壁垒森严，裴行俭显然是长孙无忌一党，袁公瑜则是高宗一派。在高宗打压长孙无忌、褚遂良等人的情况下，正是因为袁公瑜向武昭仪的母亲告发，裴行俭才被贬至远离长安的西州，出任西州长史。此处的时间记载有些问题，高宗立武昭仪为后在永徽六年，褚遂良亦在同年九月外放。所以裴行俭与长孙无忌、"左仆射"褚遂良私议其事，袁公瑜向"昭仪"母告发，都只能在永徽六年之前，而不会在显庆二年。因此，《资治通鉴》卷一九九将此事置于永徽六年八月，即在李义府上表及褚遂良外放之间。① 此前学者一般认为裴行俭外贬在显庆年间，② 但从"废王立武"的时间线索看，裴行俭外贬有可能就是在永徽六年。只不过西州在显庆三年五月才升级为都督府，裴行俭最初外贬时应当是西州长史，显庆三年以后方为都督府长史。③

第二件事便是逼死长孙无忌。显庆四年四月，长孙无忌被外放至黔州，《资治通鉴》载：

> 许敬宗又遣中书舍人袁公瑜等诣黔州，再鞫无忌反状，至则逼无忌自缢。④

逼死长孙无忌之后，高宗取得了最后的胜利。作为一个级别并不是非常高的官员，袁公瑜在这次风波中显得极为突出。

如意元年（692），也就是武则天称帝后的第三年，她特意追赠了六位功臣。《旧唐书·李义府传》记载：

> 如意元年，则天以义府与许敬宗、御史大夫崔义玄、中书舍人王德俭、大理正侯善业、大理丞袁公瑜等六人，在永徽中有翊赞之功，

---

① 《资治通鉴》卷一九九，第6289页。

② 伊濑仙太郎认为在显庆二年或三年五月前，见『中国西域経営史研究』巌南堂、1968、224页。李方、薛宗正认为在显庆三年，见李方《唐西州官吏编年考证》，第28～29页；薛宗正《安西与北庭——唐代西陲边政研究》，第113页。鲁才全认为在显庆四年，见鲁才全《跋武周〈袁公瑜墓志〉》，第37页。

③ 《赠太尉裴公神道碑》即载裴行俭"出为西州长史"，见《张说集校注》卷一四，第720页。

④ 《资治通鉴》卷二〇〇，第6316页。

追赠义府扬州大都督、义玄益州大都督、德俭魏州刺史、公瑜江州刺史。①

据墓志，袁公瑜应是被追赠为相州刺史，而非江州刺史。所谓"永徽中有翊赞之功"，显然就是指在"废王立武"事件中支持了武则天。可见袁公瑜在当年的事件中，确实是贡献了不少力量。或许也正是因为如此，后世史书在妖魔化武则天的同时，对袁公瑜的评价都不是正面的，《新唐书·李义府传》更是载其与李义府等人"相推毂济其奸，诛弃骨鲠大臣"。② 而狄仁杰在武周久视年间为袁公瑜撰写的墓志，则充满了溢美之词，称其"素多鲠直，志不苟容"。这体现了不同政治环境下历史书写的差异。

据《袁公瑜墓志》，袁公瑜官至西台舍人、司刑少常伯，之后因为"猜祸之徒，乘间而起"，出为代州长史，又转任西州长史。然而墓志中并没有记载其被贬的具体时间，鲁才全推测在上元元年九月高宗给长孙无忌平反昭雪之后，袁公瑜因为曾执行了逼死长孙无忌的行动，而被外贬。③ 李方亦将袁公瑜任西州都督府长史的时间定在上元三年（即仪凤元年，676）。④ 然而这种推定的时间似乎太晚。尤其是如果我们将 P.2754 文书中的"公瑜"比定为袁公瑜的话，则袁公瑜在麟德元年十一月前已经在西州都督府长史任上。

除了如意元年武则天的追赠之外，袁公瑜的事迹最后一次出现在史书中，是在龙朔二年，《资治通鉴》载：

> 左相许圉师之子奉辇直长自然，游猎犯人田，田主怒，自然以鸣镝射之。圉师杖自然一百而不以闻。田主诣司宪讼之，司宪大夫杨德裔不为治。西台舍人袁公瑜遣人易姓名上封事告之。⑤

---

① 《旧唐书》卷八二《李义府传》，第 2770 页。
② 《新唐书》卷二二三上《李义府传》，第 6340 页。
③ 鲁才全：《跋武周〈袁公瑜墓志〉》，第 36 页。
④ 李方：《唐西州官吏编年考证》，第 31～32 页。
⑤ 《资治通鉴》卷二○一，第 6331～6332 页。

许圉师之子犯法而没有受到惩治，时任西台舍人的袁公瑜便遣人将其告发，许圉师也因此事贬官。袁公瑜又一次充当了先锋，但是在各种政治事件中频频露面的袁公瑜此后却在史书中消失了，整个高宗朝就再没有出现他的影子。然而他的名字却出现在了麟德元年十一月后的 P. 2754 文书中，距离其举报许圉师只有 3 年时间。也就是说，袁公瑜在许圉师案之后不久就被外放为代州长史，很快又转任西州都督府长史。

最有可能牵涉到袁公瑜的，应当就是龙朔三年李义府的倒台。李义府作为高宗"废王立武"的功臣，显庆元年晋升为中书侍郎、同中书门下三品，之后又升任中书令，是为右相。但他居功自傲，卖官鬻爵，很快就引火烧身。龙朔三年三月，李义府因为收受长孙无忌之孙长孙延的贿赂，又私自窥视天象，被人举报。李义府于是被免官，流放嶲州。① 同样是"废王立武"事件的重要参与者，袁公瑜与李义府一定有过不少交往，加之袁公瑜之前风头太盛，极有可能在此时就被牵连了进去。狄仁杰所撰《袁公瑜墓志》中记到其被贬时便说道，"君素多鲠直，志不苟容，猜祸之徒，乘间而起，成是贝锦，败我良田"，"积毁销骨，老西垂焉"。俨然就是被人诋毁，受人猜祸。值得注意的是，武则天在如意元年追赠的六位"翊赞"功臣，除许敬宗外，其他人在高宗朝的结局都不甚理想。② 李义府被流死嶲州；崔义玄亦自御史大夫外贬为蒲州刺史，并死于任上；王德俭、侯善业则是默默无闻。那么，袁公瑜虽然有立功表现，受到牵连的时候也依然可能会被高宗摒弃。故袁公瑜第一次外贬代州长史，或许就是在龙朔三年三月李义府下狱之时。

袁公瑜自代州长史转西州都督府长史，距离京城长安的距离更远了。李方指出，袁公瑜的这次迁转，不符合唐代左降官量移的常例，可能再次贬谪。③ 如前文所述，这次改官的时间，当在麟德元年十一月之前。有趣的是，袁公瑜与当年被他举报的裴行俭一样，也来到了西域，接任了裴行俭曾经任职的西州长史。只不过此时他们一个在西州，一个在安西。不知袁公瑜在拟写送往安西的公文时，是否会想起他与裴都护往日的恩怨。

① 《资治通鉴》卷二〇一，第 6344~6345 页。
② 孟宪实：《略论李义府》，《乾陵文化研究》第 7 辑，三秦出版社，2012，第 188~191 页。
③ 李方：《唐代西域的贬谪官吏》，《新疆大学学报》2007 年第 6 期，第 56~57 页。

　　袁公瑜在西域任官十余载，据墓志所载，他先后转任庭州刺史、安西副都护。袁公瑜任西州都督府长史的时间，最晚只能到仪凤二年以前。[①]其任庭州刺史的时间，则应在调露元年以前。[②]永隆年间袁公瑜被流配振州，之后又辗转白州，于武周垂拱元年郁郁而死。而裴行俭在乾封中即入朝，官至吏部侍郎。仪凤四年，裴行俭率西州及四镇豪杰子弟擒拿阿史那都支及李遮匐，平定西突厥，以功拜礼部尚书、兼检校右卫大将军，身兼文武二职。袁公瑜与裴行俭走出了不同的人生轨迹。

余论：麟德年间的伊州、西州与安西

　　P.2754 文书所在的麟德年间，是在显庆三年安西都护府自西州迁至龟兹后不久，判文中出现的伊州、西州、安西的情况，也可以让我们一窥当时这些军政机构之间的关系。

　　贞观十四年讨平高昌国后，唐朝在高昌设立西州，在可汗浮图城设立庭州，同时置安西都护府于西州，建立起以安西都护府统辖伊、西、庭三州的军政关系。[③] 平定阿史那贺鲁叛乱后的显庆三年五月，安西都护府迁至龟兹。西州升级为都督府，西州都督府成为西州实际管理军政事务的州府级机构。我们可以从 P.2754 文书判文中看到，安西都护裴行俭想要将西州镇兵士达等人带至安西，并不是直接与西州商量，而是要奏闻朝廷，再由门下下符西州或直接降下别敕来处置。从西州方面判文的语气来看，也是要与安西方面商量处分，其中更是有"得使两州安稳"之语，两州大概是指西州和安西都护府。这种文书运行关系及"两州"并称的语气，也印证了此时西州都督府为一个独立的军政建制，西州都督府与安西都护府相互之间并没有统属关系。

　　关于此时伊州的归属，《唐郑仁泰墓志》载："除公为凉、甘、肃、

---

① 李方：《唐西州官吏编年考证》，第 31~32 页。

② 郁贤皓：《唐刺史考全编》，第 527~528 页。

③ 《册府元龟》卷三九八《将帅部·抚士卒》载："郭孝恪为安西都护，督西、伊、庭三州诸军事。"（第 4511 页）吐鲁番出土《唐永徽五年天山县南平乡令狐氏墓志》载："贞观廿三年九月七日……敕使持节西伊庭三州诸军事、兼安（西）都护、西州刺史、上柱国谯国公柴哲威。"见柳洪亮《唐天山县南平乡令狐氏墓志考释》，《文物》1984 年第 5 期，第 78~80 页。由此可见安西都护府对伊、西、庭三州的统领关系。

伊、瓜、沙六州诸军事，凉州刺史，时龙朔三年。"① 可知，在龙朔三年时，伊州已归凉州节制。从上文探讨的判文（2）的内容看，因为西州和伊州在地理关系上的近便，两州之间仍然会有一些关联。西州的这道判文提到，希望在西州直接对魏大师案作出判决，并牒伊州请求不再责罚魏大师和元孝仁。不过，似乎并不能由此确认西州与伊州之间有任何统属关系。

值得注意的是，虽然此时伊州有可能受凉州节制，但在唐朝决定以西州为主力发动西域道行军时，还是从伊州调动兵力协助西州的行动。这也表明，即使以安西都护府节制伊、西、庭三州的行政关系已经不存在，但因为地理上的关系，西州与伊州之间依然有密切的军事关联。此外，我们在判文中还看到有"安西都护，邻接寇场，兵马久屯，交绥未决。非是军谋不及，良由兵力尚微"之语，朝廷也只得命令西州都督崔智辩出征救援于阗。这体现出安西都护府初建时期兵力的薄弱，此时的安西都护府可能并没有实力来独立完成针对吐蕃和西突厥部落的军事任务。唐朝在无奈下只得调动西州和伊州的兵力。由此也可见，即使安西都护府西迁龟兹，伊、西、庭仍然是唐朝经营西域的最可依靠的力量。

总之，通过上文的讨论我们可以知道，P.2754 文书中的判文应当是录自西州都督府的公文书，因此不能将其称为"安西判集"。而且从"裴都护左右移向西州事"等判文内容来看，这些判文是西州都督府长史袁公瑜的手笔。袁公瑜曾是唐高宗"废王立武"的功臣，龙朔三年受李义府案件牵连而外贬，麟德元年十一月前转任西州都督府长史。判明其性质之后，我们也可以从文书中解读出当时安西都护府与西州都督府之间的军政关系。实际上，麟德年间正值唐朝与吐蕃四镇争夺战的前夜，透过 P.2754 判集我们也可以看到唐朝尝试从伊西庭向安西四镇扩展其统治的关键时刻的西域动态。

① 周绍良主编《唐代墓志汇编》，第 406~407 页。

第二节　成公崇：墓志与文书交映下的 西州官吏与行政[1]

近年来，西安、洛阳等地陆续出土了数量惊人的唐代墓志，这些墓志经过汇集、整理、刊布，已蔚为大观，足可称为推动唐史研究发展之新材料。与此类似，20 世纪 70 年代以来大量出土的吐鲁番文书，也是对当代学术至关重要之新史料。作为唐代两京的长安、洛阳，与地处西北一隅的西州相隔万里，令人惊喜的是，大唐西市博物馆收藏的一方《唐成公崇墓志》却将洛阳与西州联系在一起。吐鲁番出土文书中的别驾"崇"，出现在了洛阳出土石刻之上，两种出土文献被最直接地联系在了一起。成公崇也成为唯一可以确定身份的西州都督府别驾，同时墓志中清晰记录的成公崇的历官，对我们理解西州行政体制也具有重要意义。此方《唐成公崇墓志》，高 60 厘米、宽 60 厘米、厚 12.5 厘米。志文 27行，每行 25 字。墓志拓片和志文已经收录在《大唐西市博物馆藏墓志》一书中，[2] 荣新江先生也已介绍了其大致情况，[3] 以下仅就志文内容略作考释。

一

志文载："君讳崇，字舜子，东郡人也。分符列宦，久隶此焉。"志主成公崇，称东郡人。《元和姓纂》记有"公成"一姓，云"卫公成之后，以谥为氏"，岑仲勉先生在校记中指出"公成"应为"成公"之误。[4]《元和姓纂》在该姓之下也只记有"东郡"一个郡望。此前所见之成公氏墓志，多有称东郡者，大致唐代成公一姓多以东郡为郡望。东郡即唐河南道之滑州，去洛阳不远。成公崇在西州去世后，归葬于洛阳以北的邙山，则

---

① 本节发表后得到王素先生指正，收入本书时参照王素《唐康子相和成公崇墓志中有关高昌与西州的资料——近年新刊墓志所见隋唐西域史事考释之三》（《故宫博物院院刊》2016 年第 1 期）略作修订。

② 胡戟、荣新江主编《大唐西市博物馆藏墓志》，第 484~485 页。

③ 荣新江「大唐西市博物館所藏墓志の整理と唐研究上の意義」梶山智史译『東アジア石刻研究』第 5 号、2013、83~84 页。

④ 林宝撰，岑仲勉校记《元和姓纂》卷一，中华书局，1994，第 35 页。

成公一家似是居于洛阳。王素先生提出成公氏又有金城一支，系王莽时由东海西迁，汉晋时与高昌王族麹氏同乡里，此或为成公崇赴西州任职的渊源。①

从墓志记载的成公家族的履历可以看出，成公崇出身于武功世家。志文称："曾祖讳绪，随游击将军。武以韬钤，珪璋递袭。祖讳彻，皇左卫翊卫中郎将。警卫丹墀，光毗轩禁。父讳虔裕，皇正议大□，行锦州诸军事，锦州刺史，上柱国。"则其曾祖、祖父皆在军旅，其父也曾任边州的刺史。成公崇本人则是依靠父祖的荫蔽，得以成为右卫勋卫。据《唐六典》："凡左、右卫亲卫·勋卫·翊卫及左、右率府亲·勋·翊卫，及诸卫之翊卫，通谓之三卫。择其资荫高者为亲卫，（取三品已上子、二品已上孙为之。）其次者为勋卫及率府之亲卫。（四品子、三品孙、二品已上之曾孙为之。）"② 成公崇的父亲为锦州刺史，锦州为下州，刺史为正四品下，③ 则成公崇是以四品子的身份位列右卫勋卫。

成公崇在任右卫队正长上之后，先后在几个折冲府任职。分别任泽州丹川府别将、河南府武定府右果毅都尉长上、河南府函谷府左果毅长上、河南府通谷府左果毅都尉长上、沁州延儁府折冲都尉长上、怀州武德府折冲都尉长上、河南府轘辕府折冲都尉。唐前期行用的府兵制，每一折冲府设有折冲都尉一人、左·右果毅都尉一人、别将一人等。④ 成公崇经历了数次迁转，从别将到右果毅、左果毅、折冲，正是按照折冲府内的官职序列依次升迁。其从河南府函谷府左果毅长上转河南府通谷府左果毅都尉长上，虽然左果毅之衔未变，但函谷府到通谷府很可能是有府的级别的变化。唐代军府有上、中、下之分，各府折冲、果毅的品级也不尽相同。可惜因为资料太少，很难判定成公崇任职的这几个折冲府的级别。

从地理上说，除了河东道泽州丹川府、沁州延儁府及河南道怀州武德府以外，成公崇所供职的几个折冲府都在河南府，应都在洛阳周边。然而成公崇似乎只有任丹川府别将和轘辕府折冲都尉时，是真正在折冲府所在

---

① 王素：《唐康子相和成公崇墓志中有关高昌与西州的资料——近年新刊墓志所见隋唐西域史事考释之三》，《故宫博物院院刊》2016 年第 1 期，第 97~98 页。

② 《唐六典》卷五，第 154~155 页。

③ 《唐六典》卷三〇，第 746 页。

④ 《唐六典》卷二五，第 644 页。

地履任的。其自武定府右果毅都尉长上起，连续五任的官职之后都带有长上。长上应是相对番上而言。府兵有番上宿卫的职责，虽然从出土文书来看，西州府兵在当地宿卫也可称为番上，[①] 但对于河南、河东等靠近两京的折冲府来说，可能会更多地承担赴京城宿卫的职责。相对于府兵的分番宿卫，果毅和折冲的长上就应当是长期在京城宿卫。太宗时即有"北门长上"一说，薛仁贵便是凭借战功"擢授游击将军、云泉府果毅，仍令北门长上"，[②] 亦即在玄武门长期宿卫。《唐六典》讲到"应宿卫官"时，也列举有长上折冲·果毅。[③] 同时，《唐右龙武军翊府中郎高府君墓志》中的志主高德，与成公崇时代略同，且同是履任折冲府的果毅、折冲，其志文中有"府君虽官授外府，而身奉禁营"[④] 云云，便是外府官员在京城长期宿卫的例子。由此可以推测，成公崇自武定府右果毅都尉长上起，便长期担任京城宿卫武将，直至出任镮辕府折冲都尉（见表 2-1）。

表 2-1　成公崇折冲府任职履历情况

序号	府名	官职	所在道	所在府州	长上
1	丹川府	别将	河东	泽州	否
2	武定府	右果毅都尉长上	河南	河南府	是
3	函谷府	左果毅长上	河南	河南府	是
4	通谷府	左果毅都尉长上	河南	河南府	是
5	延僑府	折冲都尉长上	河东	沁州	是
6	武德府	折冲都尉长上	河南	怀州	是
7	镮辕府	折冲都尉	河南	河南府	否

二

成公崇任镮辕府折冲都尉后，远赴西州任职。志文载其："制授西州别驾，又擢左骁卫翊府右郎将员外置同正员，兼西州都督府别驾，赐紫金鱼袋、上柱国。"唐代都督府、州设有上佐，作为长官的副贰，通常有别

---

① 孟宪实：《唐代府兵"番上"新解》，《历史研究》2007 年第 2 期，第 69~77 页。
② 《旧唐书》卷八三《薛仁贵传》，第 2780 页。
③ 《唐六典》卷五，第 154 页。
④ 周绍良主编《唐代墓志汇编》，第 1536 页。

驾、长史、司马三员。别驾在上佐之中地位最高。然而别驾毕竟是文职官员，成公崇何以会离开长期任职的十六卫武官系统，而远赴西州任别驾呢？

唐代的府州上佐，通常会用来安置闲冗及贬谪的官员。严耕望先生曾认为上佐无具体职务，"然品位甚高，故俸禄甚厚"，因此上佐的选任会有优宗室、备贬谪、寄俸禄、位闲员的现象。①白居易在《江州司马厅记》中曾有感叹："凡内外文武官，左迁右移者，递居之。凡执役事上，与给事于省寺军府者，遥署之。凡仕久资高、耄昏软弱、不任事而时不忍弃者，实莅之。"②唐代上佐闲散之状，大致如此。唐代上佐的这种位高职闲的特点，在别驾身上体现得尤为明显。上佐之中，别驾的品秩是高于长史和司马的，却绝少见其有实际执掌的记载。李方先生根据吐鲁番出土文书，指出长史有负责催征逋悬、负责民族事务、差兵事等的执掌，司马亦掌军府装备、掌兵员配置等，别驾的具体职事却不多见。③

别驾优宗室的特点最为突出。《唐会要》载："武德元年六月，置别驾。贞观二十三年七月五日，改别驾为长史。上元二年十月十日，又置别驾，其长史如故……以诸王子为之。至永隆元年又废。至永淳元年七月八日，复置别驾官。至景云元年，始用庶姓为之。"④《唐六典》记载稍有不同，其文曰："永徽中，改别驾为长史。垂拱初，又置别驾员，多以皇家宗枝为之。神龙初罢，开元初复置，始通用庶姓焉。"⑤大致自高宗、武后时起，诸州别驾一职便多由"诸王子""皇家宗枝"来担任，至睿宗景云或玄宗开元初年才更多地启用庶姓任别驾。《唐会要》载："至开元六年二月十二日敕：'旧例，别驾皆是诸亲。近年已来，颇多诸色。先授者未能顿辍，已后者自循旧章。去冬，有因计入朝，不可更令却往。宜并量材叙用。'"⑥可见，即使是在通用庶姓的开元时代，皇亲任别驾是被认作旧例

① 严耕望：《唐代府州僚佐考》，《严耕望史学论文集》（上），上海古籍出版社，2009，第344~348页。
② 《全唐文》卷六七六，中华书局，1983，第6899页。
③ 李方：《唐西州行政体制考论》，第76~98页。
④ 《唐会要》卷六九，第1214~1215页。
⑤ 《唐六典》卷三〇，第743~744页。
⑥ 《唐会要》卷六九，第1215页。

而受到重视的。正是因为尤为闲冗的特点，别驾一职一直废置不常。①《旧唐书·韦处厚传》中有："初，贞元中宰相齐抗奏减冗员，罢诸州别驾。"②足见中唐之时，别驾便已被视为冗员。

成公崇离开十六卫武官系统而专任西州别驾，也与别驾这一职位的特点有关。如白居易所言，"内外文武官，左迁右移者"递居此职，上佐成为官员迁转的重要中间环节。尤其是武官亦可直接迁转为府州上佐，例如《唐故左金吾将军范阳张公墓志铭》中，志主张嘉即是自伊川府折冲，"除鄯州别驾，未之，擢拜忻州刺史"。③则成公崇自镮辕府折冲都尉转为西州别驾也算是有例可了。《成公崇墓志》载："君春秋六十有二，去开元廿四年四月廿一日，终于伊部。"根据墓志前后文意，伊部自当指西州。则成公崇是以六十二岁高龄卒于西州任上。他之前已经历了多次迁转，想来任西州别驾之时已年岁较大，甚至可能已近六十。且成公崇已官至折冲都尉，品秩已然很高，如无特殊功劳或机缘在十六卫系统内恐怕很难继续升迁。这便有些符合白居易所谓"仕久资高""不任事而时不忍弃"之人了。位高职闲的别驾一职，对成公崇来说应当是一个比较好的安置。

吐鲁番出土文书中，有五件有"崇"字签署，分别是《唐开元二十一年（733）唐益谦、薛光泚、康大之请给过所案卷》《唐开元二十一年染勿等保石染典往伊州市易辩辞》《唐开元二十一年西州都督府案卷为勘给过所事》《唐开元二十二年杨景璇牒为父赤亭镇将杨嘉麟职田出租请给公验事》《唐开元二十二年西州下高昌县符》。时间集中在开元二十一年、二十二年这两年。前三件文书同出土于阿斯塔那 509 号墓，皆与申请过所相关，其上的通判官与长官的签署又完全相同，可以据之判断出"崇"的身份。如《唐开元二十一年染勿等保石染典往伊州市易辩辞》中有：

7　石染典人肆，马壹，騾、驴拾壹。

8　请往伊州市易，责保

9　可凭，牒知任去。诺。元

---

① 参见夏炎《从州级官员设置的变动看唐代中央与地方的关系》，《中国社会历史评论》第 9 卷，天津古籍出版社，2008，第 330~342 页。

② 《旧唐书》卷一五九《韦处厚传》，第 4186 页。

③ 周绍良主编《唐代墓志汇编》，第 1532~1533 页。

10　璟白。

11　　　　　廿三日

12　依判，谘。延祯示。

13　　　　　廿三日

14　依判，谘。齐晏示。

15　　　　　廿三日

16　依判，谘。崇示。

17　　　　　廿三日

18　依判。斛斯示。

19　　　　　廿三日①

根据判案的程序，若以四等官论，这件文书中的"璟"为判官，"延祯""齐晏""崇"为通判官，"斛斯"则为长官。"斛斯"显然便是西州都督王斛斯。《1973年吐鲁番阿斯塔那古墓群发掘简报》即将"延祯""齐晏""崇"按签署顺序依次判定为西州都督府司马、长史、别驾。②李方赞同此说，并将别驾"崇"的在任时间定在开元二十一年至二十二年。③本文讨论的墓志主人成公崇，开元二十四年死于西州都督府别驾任上，其与文书中的别驾"崇"职位相同、任职时间略合，名中又都有一"崇"字，应是同一人无疑。

既知《唐成公崇墓志》与出土文书的关联性，二者便可互相参看。从文书上看，如《唐开元二十一年唐益谦、薛光泚、康大之请给过所案卷》所示，成公崇最晚在开元二十一年正月之时，便已是西州都督府别驾。④又据墓志，成公崇开元二十四年四月卒于西州。这样，我们除了可以得知吐鲁番文书里的别驾"崇"名为成公崇外，还可以进一步确认其至少在开元二十一年至二十四年间在任西州都督府别驾。

若再向前追溯，与开元二十一年成公崇签署文书时间最接近、最可能

① 唐长孺主编《吐鲁番出土文书》（图录本）肆，第277~278页。

② 新疆维吾尔自治区博物馆、西北大学历史系考古专业：《1973年吐鲁番阿斯塔那古墓群发掘简报》，《文物》1975年第7期，第14页。

③ 李方：《唐西州官吏编年考证》，第43~44页。

④ 该文书中成公崇的签署日期是正月十四日，见唐长孺主编《吐鲁番出土文书》（图录本）肆，第273页。

与别驾相关的资料，便是开元十六年的三件同署有西州上佐"希望""球之"之名的文书。① 这四件文书判案部分的判官、通判官、长官署名皆相同，如黄文弼所获之《唐开元十六年西州都督府请纸案卷》之判案部分：

15　法曹司请黄纸，准数分
16　付取领，咨，沙安白。
17　　　　　　　　九日
18　依判，咨，希望示。
19　　　　　　　　九日
20　依判，咨，球之示。
21　　　　　　　　九日
22　依判，楚珪示。
23　　　　　　　　九日

李方先生对这几件文书亦有考证，认为"希望"即杜佑之父杜希望，并推定杜希望开元十六年为西州都督府司马或长史、"球之"为长史或别驾。② 值得注意的是，虽然开元十六年西州都督府应当同时存在司马、长史、别驾三个职位，然而在这四件文书中，却都只有两位上佐作为通判官署名。这与上文提及的与成公崇相关的几件文书中三位上佐同时署名的情况不同。最可能的情况是，开元十六年西州司马、长史、别驾三个职位中，有一职空缺，无官员在任。那么别驾一职在当时就有两种可能，一是"球之"便是别驾，二是别驾空缺，但肯定不会是成公崇。也就是说，成公崇在开元十六年时尚未任西州都督府别驾。

总之，从文书和墓志的信息看，成公崇在开元十六年以后才任西州都督府别驾，可以确定的在任时间是开元二十一年正月至二十四年四月。

————————

① 分别为大谷 5839 号［小田義久主編『大谷文書集成』（叁）、207-209 頁］、大谷 5840 号［『大谷文書集成』（叁）、209-210 頁］、黄文弼所获 H31 文书［黄文弼：《吐鲁番考古记》，第 38~39 页；荣新江、朱玉麒主编《黄文弼所获西域文书》（上），第 56 页；《黄文弼所获西域文书》（下），第 305 页］。其中，大谷 5840 号由两件文书粘连而成，分别都有"希望""球之"的署名，故称总共有四件文书亦可。参见李方《唐西州官吏编年考证》，第 42 页。
② 李方：《唐西州官吏编年考证》，第 42~43 页。

三

《成公崇墓志》对于成公崇任"西州别驾""西州都督府别驾"的记载，值得特别关注。目前来看，成公崇应该说是唯一一位可以确知其身份的西州别驾。在此以前，传世史料和出土文献中所见的西州之上佐，多是长史和司马。而能够确知其姓名身份的实际上也并不多，其中长史有裴行俭、袁公瑜①、衡义整②，司马有吴信③，刘玄意曾任"皇朝西州都督府司马，西州长史"，④ 杜希望可能是司马或长史。⑤ 在一组大谷文书中有"别驾职田地子"，⑥ 这是除了成公崇以外，吐鲁番出土唐代文书中难得一见的关于别驾的记载，可惜其中并未出现别驾的姓名。西州上佐中别驾的少见，或许正是与上文所述别驾的不常设和闲职性有关。

墓志文中关于"西州别驾""西州都督府别驾"的记载，也是我们理解西州行政体制的一条重要线索。按，唐于显庆三年置西州都督府，治西州。李方先生认为，西州政府在置西州都督府后依然存在，西州政府与西州都督府是合署办公的关系。李方同时认为西州政府没有判官、主典等低级官吏，其存在的证据是西州有长官和上佐。⑦ 然而限于资料，要论证西州政府存在上佐并不容易。至若长官，西州都督府称都督，西州称刺史，二者很容易区分开来。然而无论是都督府还是州政府，上佐的官称都是别驾、长史、司马，并无差异。很难清楚判明孰是都督府上佐、孰是州上佐。

吐鲁番出土西州文书中，确实出现有"西州长史"和"西州司马"。《唐西州高昌县上安西都护府牒稿为录上讯问曹禄山诉李绍谨两造辩辞事》

---

① 《唐袁公瑜墓志》，周绍良主编《唐代墓志汇编》，第 975~976 页。

② 《唐衡义整墓志》，周绍良主编《唐代墓志汇编》，第 802 页。

③ 王其祎、周晓薇：《澄城新见唐文明元年〈西州司马吴信碑〉考略》，《考古与文物》2009 年第 6 期，第 49~55 页。

④ 西安碑林博物馆藏《唐刘僧墓志》，见王翰章、尹夏清《新出唐刘僧墓志考释》，《碑林集刊》第 4 辑，陕西人民美术出版社，1996，第 88~89 页。

⑤ 关于杜希望的考证，参见李方《唐西州官吏编年考证》，第 42~43 页。

⑥ 大谷 5807、5808、5809、5810、5834、5835、5836 号文书，见『大谷文书集成』（叁）、200、206 页。

⑦ 李方：《唐西州行政体制考论》，第 1~31 页。

中有"上件人辞称向西州长史"云云。① 《西域考古图谱》下所载《大智度论卷廿一》题记中有"西州司马麹□"。② 日本京都藤井有邻馆藏42号文书中有"今月内送西州司马裴至西州"。③ 年代稍晚的P.3918号《佛说金刚坛广大清净陀罗尼经》题记中,记比丘僧利贞"俗姓李,字日孚,顷在西州长史兼判前庭县事日"云云。④ 《唐袁公瑜墓志》有"寻出君为代州长史,又除西州长史",⑤ 《西州司马吴信碑》中有"又去麟德元年,转授西州司马"。⑥ 同时也有"西州都督府长史",如《唐衡义整墓志》中有:"以公勤恪凤著,课最尤高,特加朝散大夫行普州长史,胜州都督府司马,西州都督府长史。"⑦

然而就此论定同时存在西州都督府上佐和西州政府上佐未必妥当。因为要考虑到文献中出现的"西州长史"或"西州司马",有可能是西州都督府长史、西州都督府司马的简称。而且,如果坚持认为西州上佐独立存在的话,对个别材料的解释就会颇费思量。如,高宗、武后时代的名臣裴行俭在西州之任职,《新唐书》《旧唐书》记为"西州都督府长史",⑧ 而张说《赠太尉裴公神道碑》则记为"西州长史"。⑨ 似只能以裴行俭到任之前西州尚未改称都督府勉强作解。⑩ 西安碑林博物馆藏《唐刘僧墓志》谓:"子玄意,唐左鹰扬卫郎将,皇朝西州都督府司马,西州长史,肃州刺史。"⑪ 如果认为"西州长史"不是指西州都督府长史的话,志文中先述西州都督府司马、再述西州长史的顺序就不合适,因为西州都督府司马品位应该高于西州长史;认为刘玄意以西州都督府司马兼西州长史,也似不妥,因为参考都督兼刺史的模式,都督府司马兼州司马更加合适。这些抵牾都是认为西州政府存在上佐所不易解释的。

① 唐长孺主编《吐鲁番出土文书》(图录本)叁,第242页。
② 香川默识编『西域考古图谱』佛典附录4-2、国华社、1915。
③ 图版见藤枝晃「長行馬」『墨美』第60号、1956、33页。
④ 《法藏敦煌西域文献》(30),第38页。
⑤ 周绍良主编《唐代墓志汇编》,第975~976页。
⑥ 王其祎、周晓薇:《澄城新见唐文明元年〈西州司马吴信碑〉考略》,第51页。
⑦ 周绍良主编《唐代墓志汇编》,第802页。
⑧ 《旧唐书》卷八四《裴行俭传》,第2801页;《新唐书》卷一〇八《裴行俭传》,第4086页。
⑨ 《全唐文》卷二二八,第2305页。
⑩ 伊濑仙太郎『中国西域经营史研究』、224页。
⑪ 王翰章、尹夏清:《新出唐刘僧墓志考释》,第88~89页。

　　《唐成公崇墓志》为我们理解这一问题提供了新的材料。志文载其
"制授西州别驾，又擢左骁卫翊府右郎将员外置同正员，兼西州都督府别
驾，赐紫金鱼袋、上柱国"。这一先授西州别驾、再擢为员外官兼西州都
督府别驾等的叙述，颇值得寻味。重点在于前后官称的变化。按，员外官
是唐代的一种额外之官，即所谓"正缺不足，加以员外"。① 而员外再加同
正员，表示俸禄等待遇标准与正员官相同。② 员外官常因恩泽、军功等酬
赏授官，③ 而赐紫金鱼袋为常见的封赏，上柱国为第一等之勋官。由此可
见，成公崇自西州别驾所擢之官，主要是增加了酬勋封赐的头衔，而别驾
的实际职务应该并未改变。这里的西州别驾，应当就是后文西州都督府别
驾的省称。

　　如果认为西州别驾是西州政府的上佐的话，我们很难解释成公崇为什
么要经历从州别驾到都督府别驾的晋升过程。如上文所述，府州之上佐本
身就是冗闲的官职，别驾更是因此废置不常。在这种背景下，都督府及其
所治州同时分别置上佐，且任命不同的人担任，则是冗而又冗。由都督府
上佐兼任州上佐看起来更加合理，但这样一来，成公崇由州别驾擢为都督
府别驾就没有道理了。况且我们还没有在任何史料中看到明确的如都督兼
刺史那样由都督府上佐兼州上佐的例证。

　　如此看来，认为《成公崇墓志》中出现的西州别驾是后文西州都督
府别驾的简称，应当更加合理。这也说明，在同一墓志文中，同时出现
都督府上佐的全称和简称是可能的。再回过头看上文所引《唐刘僧墓志》
中关于刘玄意"西州都督府司马，西州长史"的记载，将西州长史认作
西州都督府长史的简称也是可以的。这样志文中刘玄意的历官顺序就通
顺了。

　　实际上，将某州都督府上佐简称为某州上佐，非但在西州相关史料中
如此，在其他唐代史料中也很常见。最能说明问题的是同一个人所任相同
官职，在不同史料里的称呼不同。例如许敬宗，《旧唐书·许敬宗传》载：

① 李峤：《请减员外官疏》，《全唐文》卷二四七，第 2496 页。
② "其加同正员者，唯不给职田耳，其禄俸赐与正员同。"《通典》卷一九《职官一》，第
　472 页。
③ 参见杜文玉《论唐代员外官与试官》，《陕西师范大学学报》1993 年第 3 期，第 90～
　97 页。

十年，文德皇后崩。百官缞绖。率更令欧阳询状貌丑异，众或指
之，敬宗见而大笑，为御史所劾，左授洪州都督府司马。①

　　而对于同一件事，《新唐书·许敬宗传》则载："敬宗侮笑自如，贬洪州司
马。"②《太平广记》亦载许敬宗因此事"左授洪州司马"。③ 同样的例子还
有刘知几，《旧唐书·刘子玄传》记其曾"贬授安州都督府别驾"，④ 同是
此事，《新唐书·刘子玄传》载其贬"安州别驾"。⑤

　　从《成公崇墓志》及以上分析来看，文书和墓志中出现的西州别驾、
西州长史、西州司马，更有可能分别是西州都督府别驾、长史、司马的省
称。如此，西州政府上佐的存在也就产生了疑问。就西州来说，西州政府
处理日常事务的证据还未发现，又无判官和主典，若上佐也无法确证的
话，就很难讲西州政府是存在的。那么西州都督府与西州政府合署办公也
就无从谈起。看来，既然作为只治一州的西州都督府完全承担起了地方政
府的行政职能，西州政府就连保留一个空名也是没有必要了。

四

　　《成公崇墓志》载："君春秋六十有二，去开元廿四年四月廿一日，终
于伊部。哀缠乡族，悼感飞沉。粤以开元廿五年岁次丁丑九月壬申朔一日
壬申，君权葬于河南府洛阳县北部乡邙山膏腴之原，礼也。"如引文所述，
成公崇是开元二十四年卒于西州别驾任上，其死后的次年才得以归葬洛
阳。实际上成公崇任西州都督府别驾的这段时间，恰是西域政局异常动荡
之时。与上述几件成公崇文书相关，在开元二十一年，西州都督王斛斯赴
任安西四镇节度使，张待宾则接任西州都督。我们上文提到的几件文书，
便恰好显示了这次人事变动。在前述三件开元二十一年文书中，在长官位
置签署的皆是"斛斯"。而在后两件开元二十二年文书里，署名的长官已
经换成了"宾"。⑥ 如《唐开元二十二年杨景璇牒为父赤亭镇将杨嘉麟职田

---

① 《旧唐书》卷八二《许敬宗传》，第 2761 页。
② 《新唐书》卷二二三上《许敬宗传》，第 6335 页。
③ 《太平广记》卷四九三《欧阳询》，中华书局，1961，第 4049 页。
④ 《旧唐书》卷一〇二《刘子玄传》，第 3173 页。
⑤ 《新唐书》卷一三二《刘子玄传》，第 4522 页。
⑥ 李方：《唐西州官吏编年考证》，第 18~21 页。

出租请给公验事》：

1 依判，[谍]。[
2 依判，谍。崇[示]。
3   廿八[日]
4 依判。宾示。
5   廿八日
6   ] [准]状，符到奉行。①

成公崇依旧排在长官之前署名，应当还是西州都督府别驾，只是西州都督人选发生了变化。然而王斛斯调任安西，确实是具有一定标志性意义的大事。《唐会要》卷七八有："安西四镇节度使。开元六年三月，杨（汤）嘉惠除四镇节度经略使，自此始有节度之号。十二年以后，或称碛西节度，或称四镇节度。至二十一年十二月，王斛斯除安西四镇节度，遂为定额。"② 则王斛斯移镇安西四镇在开元二十一年十二月，自其始，安西四镇节度使方为定额。西州都督调整的同时，安西四镇与伊、西、北庭的关系数年之内也频繁转换。虽然开元十八年到二十一年间，唐朝与吐蕃保持了相对缓和的关系，但与突骑施冲突的升级，迫使唐朝需要联络大食经营突骑施。③

突骑施对北庭、四镇的进攻，应当是这一阶段西域最大的战事。《旧唐书》载，开元二十三年冬十月，"突骑施寇北庭及安西拨换城"。④ 然而据张九龄文集中保存的几封写给安西、北庭将领的敕书来看，在开元二十二年刘涣被诛之后不久的当年秋季，突骑施便发动了攻势。⑤ 成公崇所在的西州，无疑也被卷入这场战争。《敕西州都督张待宾书》中有：

---

① 唐长孺主编《吐鲁番出土文书》（图录本）肆，第 314 页。
② 《唐会要》卷七八，第 1429 页。
③ 王小甫：《唐、吐蕃、大食政治关系史》，中国人民大学出版社，2009，第 155~160 页。
④ 《旧唐书》卷八《玄宗本纪上》，第 203 页。
⑤ 郭平梁：《突骑施苏禄传补阙》，《新疆社会科学》1988 年第 4 期，第 47~60 页。

　　敕西州都督张待宾及官吏百姓以下：不虞狂贼，拥众多时，彼州军人，素乏器械，闻其悉力，能不悬心？卿等坚守孤城，敌此凶寇，亦既久拒，终然万全。……其龙泉寺、小堡被其残破，虽已收拾，犹虑损伤，各宜宣慰，令得存活。秋气已冷，卿及察吏百姓已下，并平安好。今赐卿衣一副，至宜领取。遣书指不多及。①

从诏书中可见，西州确实曾受到敌军围困，在缺乏"器械"的情况下，在都督张待宾的带领下守得孤城，逼退敌军。但从龙泉寺、小堡被敌军毁破的情况看，当时的情势已然十分危急。又，敦煌文书 P.3885 号《前北庭节度使盖嘉运判副使符言事》中提到北庭瀚海军一部"差回耶勒，专辄轮台，救援天山，便过西府"② 之事。"西府"自然便是西州都督府，"天山"则可能是指西州天山军。这一文书所记之事，很可能正是发生在前述开元二十二年后与突骑施战斗之时。③ 可见，西州一直与战事密切相关。我们可以想见，身为西州别驾的成公崇，必然也摆脱不了战争的阴影。

　　根据墓志，成公崇卒于开元二十四年四月。至于唐朝与突骑施的战事，虽然开元二十四年正月"北庭都护盖嘉运率兵击突骑施，破之"，④ 但直到当年八月突骑施遣使求和的时候，才算告一段落。⑤ 甚至在求和之后，突骑施仍未完全撤兵，《敕四镇节度王斛斯书》中便有"所云贼等请和，仍尚顿兵北岭"⑥ 之语。也就是说，成公崇去世之时，与突骑施的战事尚未结束，西州仍然在敌军的威胁之下。我们注意到，成公崇在开元二十五年九月归葬洛阳，似应是在突骑施战事了结之后，才得以归葬。

　　从洛阳到西州，成公崇一生的经历，折射出的是唐代制度的各个侧面。按唐制，文、武官员有各自的升迁途径。学者们对于文官的铨选、考课、升迁途径等问题已经进行了十分深入的探讨，但对于武官的问题似乎

① 张九龄撰，熊飞校注《张九龄集校注》卷八，中华书局，2008，第532页。
② 《法藏敦煌西域文献》（29），上海古籍出版社，2003，第89页。
③ 姜伯勤：《"天可汗"西方屏障的失落与丝路形势的变迁》，《敦煌吐鲁番文书与丝绸之路》，第125~128页。
④ 《旧唐书》卷八《玄宗本纪上》，第203页。
⑤ 《资治通鉴》卷二一四载，开元二十四年八月甲寅"突骑施遣其大臣胡禄达干来请降，许之"（第6821页）。
⑥ 《张九龄集校注》卷一〇，第614页。

关注较少。本节探讨的《唐成公崇墓志》中记载，成公崇出身武功世家，起初在洛阳等地的折冲府任职，自别将升任折冲都尉，再转边州上佐。成公崇是自府兵系统中的武官转任边州的文官，在取得折冲都尉的职位后，成公崇远赴西域，出任西州都督府别驾。这为我们提供了一个很好的武官迁转的范例。更值得注意的是，墓志中所载成公崇任西州别驾的经历，正可与吐鲁番出土文书相印证，使我们又确认了一位西州上佐的姓名。而且墓志中关于西州别驾的记载，提示我们西州可能只有都督府上佐，而不存在州一级的上佐，由此可以看出西州并没有州府存在。这为我们研究西州的行政体制提供了新的线索。

第三章　将吏与西北边防

　　将士与胥吏是维系唐朝西北边疆统治的基层力量。唐初只在边疆保持数量有限的镇兵，来自西州等西北地区本土的兵士和胥吏，在西北经营中发挥了重要作用。节度使时代到来后，唐朝在西北边疆大规模驻军，但随后安史之乱爆发，西北边军大部入关勤王，最终导致唐朝失去了西北的大片土地。出土文献中所见西北将士与胥吏，既反映了他们个人的生命际遇，也折射出唐代西北边防的进退。

第一节　北庭的西州兵士和胥吏

　　贞观十四年，唐朝平高昌，设置西州、庭州，建立了同于内地的州县体制，自此西州和庭州便成为唐朝经营西域的重要据点。长安二年（702），庭州设北庭都督府，庭州改称北庭。直至唐朝势力退出西域，西州与北庭共同构成了唐朝统治西域的重要力量。隔天山而立的西州与北庭，在行政和军事上一直存在十分紧密的联系。从吐鲁番出土文书看，西州为北庭提供了大量的兵士和胥吏，从而为北庭的军事、行政活动提供了重要的支持。张广达先生曾提到，西州向安西四镇地区提供某些流外官和胥吏，在唐代经营西域中起了作用。[①] 具体到西州和北庭来说，西州对北庭具有同样重要的意义，此点恐为先前研究未及详论之处。以下即以西州对北庭的兵士和胥吏输送为重点，探讨唐朝经营西域历史过程中西州与北庭的相互关系。

---

① 张广达：《唐灭高昌国后的西州形势》，原载《东洋文化》第68号，1988，此据氏著《文书、典籍与西域史地》，广西师范大学出版社，2008，第150页。

一 北庭征镇的西州兵士

西州建立之初便设有折冲府，现在已知的四个折冲府分别为前庭府、岸头府、蒲昌府和天山府。当地百姓有不少被检点成为卫士，西州的镇戍防卫任务便多是由卫士来承担。① 从现有的资料看，庭州并没有设折冲府，却也有大量镇、戍需要镇防。《通典》卷一九一《边防七·西戎三》便载，贞观十四年唐朝讨平高昌，"太宗以其地为西州……初，西突厥遣其叶护屯兵于可汗浮图城，与高昌为影响，至是惧而来降，以其地为庭州，并置蒲类县。每岁调内地更发千人镇遏焉"。② 可见在西州、庭州设立之初，唐朝便从内地征发大量人力来镇守。实际上，除了这些来自内地的镇兵外，从吐鲁番出土的一些高宗、武后时期的文书中可以看到，西州的卫士、百姓也曾被大量征发赴庭州镇守。

吐鲁番出土《唐永隆元年（680）军团牒为记注所属卫士征镇样人及勋官签符诸色事》（以下简称《军团牒》）文书，便记有赴庭州镇守的西州府兵。这件文书由13件断片组成，其中前12件为卫士名籍，卫士名下大多用小字标注有"送波斯王""庭州镇""安西镇""捉道""在州授囚"等事项，不在州的卫士名下，更有样人的记注。第13片，亦即文书末尾，有属于不同团的旅帅、队正、队副的签署。值得注意的是，文书中两次出现了"庭州镇"的注记。第3片中有：

1　[向]住海年卅一 □州授囚。

2　冯石师年卅四 孝假。

3　翟腰（姚）子年卅三

4　康祐住年卅三 庭州镇。样人康妙达，授囚。

5　翟阿达年卅八 孝假。

6　左隆贞卌 捉道。样人杜嘉住。③

第8片中又有：

① 唐长孺：《吐鲁番文书中所见的西州府兵》，第29~103页。
② 《通典》卷一九一《边防七·西戎三》，第5205~5206页。
③ 唐长孺主编《吐鲁番出土文书》（图录本）叁，第280页。

1 □□□年卅一_{孝假。}

2 范寅贞年 [

3 赵秃□ [

4 [王隆] [

5 赵 [

6 [苏] [   ] [二]_{庭州镇,[样]人张善趣。}

7 □俾头年廿九_{送波斯□,样人范埵□。}

8 李 [

9 左 [

10 [   ] [   ], 样人赵[^①

第 3 片文书中康祐住和第 8 片中的苏某名下，都注有"庭州镇"。关于文书的性质，吴丽娱先生指出这件文书与同墓所出《唐史卫智牒为军团点兵事》属于同一案卷，^② 前者是西州某府五团向西州都督府申报的府兵简点名籍，后者则是西州都督府兵曹的批示。^③ 按唐代的府兵制度，折冲府下设有团、旅、队，分别由校尉、旅帅、队正统领。^④《军团牒》文书中有旅帅、队正的署名，无疑是府兵性质，名籍中列举的自然也都是折冲府的卫士。《唐史卫智牒为军团点兵事》中有"问五团"云云，可知名籍中列举的卫士来自五个不同的团。根据唐长孺先生考证，这五团属前庭府。^⑤ 那么就可以知道，注有"庭州镇"的康祐住和苏某，都是西州前庭府的卫士。唐代府兵卫士要承担上番宿卫和征镇防戍的任务，从出土文书看，征镇确是西州卫士主要任务之一。^⑥ 征镇又有征行和镇戍两种，在文书中，征行常被称为"行"，而镇戍则多称"镇"。所谓"庭州镇"自然就是赴

---

① 唐长孺主编《吐鲁番出土文书》（图录本）叁，第 282 页。

② 唐长孺主编《吐鲁番出土文书》（图录本）叁，第 286 页。

③ 吴丽娱：《唐高宗永隆元年（公元六八〇年）府兵卫士简点文书的研究》，《敦煌吐鲁番学研究论文集》，汉语大词典出版社，1990，第 672~692 页。

④《唐律疏议》卷一六《擅兴律》"征人冒名相代"条下有："依《军防令》：'每一旅帅管两队正，每一校尉管二旅帅。'"（长孙无忌等撰，刘俊文点校，中华书局，1983，第 304 页）

⑤ 唐长孺：《吐鲁番文书中所见的西州府兵》，第 32~33 页。

⑥ 唐长孺：《吐鲁番文书中所见的西州府兵》，第 64 页。

庭州镇戍。

实际上，文书所成之永隆元年（680），唐朝刚刚在西域进行了一系列重要的军事行动。仪凤年间，西突厥阿史那都支及李遮匐联合吐蕃，侵逼安西。[1] 仪凤四年，裴行俭设策，以送泥涅师师往波斯册立为名，智擒阿史那都支及李遮匐。[2]《新唐书·西域传·波斯》云："始，其子泥涅师为质，调露元年，诏裴行俭将兵护还，将复王其国，以道远，至安西碎叶，行俭还，泥涅师因客吐火罗二十年，部落益离散。"[3] 则裴行俭擒阿史那都支及李遮匐之后，便已回朝，泥涅师师则继续前行至吐火罗。《军团牒》中多人名下注有"送波斯王"，他们便应是护送泥涅师师至吐火罗的西州府兵。除府兵卫士外，西州白丁也被大量检点充行。[4] 但在众多兵士被抽调去参与这次军事行动的情势下，仍然要有前庭府卫士赴庭州镇戍。这也从侧面反映出西州卫士是庭州防戍的重要兵源。

吐鲁番阿斯塔那 501 号墓中出土有一组与征镇相关的文书，其中有两件涉及"庭州镇"。一为《唐高宗某年西州高昌县贾致奴等征镇及诸色人等名籍》（以下简称《贾致奴名籍》）：

1	贾致奴	张令洛	张胜君	史欢达	张弥达
2	竹父师	康善牛	竹宅达	赵之旧	竹善德
3	一十二	人	庭	州	镇
4	董海绪	康埱子	孙住胜	王相才	李力相
5	郭末德	卫君静	康辰君	王默婢	张奚默
6	匡德隆	辛瓶仁			
7	一	人	先任焉耆佐史不还		
8	白孤易奴				
9	□	□	先替人庭州镇		
10	□□富				

───────────

[1] 参见王小甫《唐、吐蕃、大食政治关系史》，第 70 页。

[2] 《旧唐书》卷八四《裴行俭传》，第 2802~2803 页。

[3] 《新唐书》卷二二一下《西域下》，第 6259 页。

[4] 关于裴行俭送波斯王事，参见姜伯勤《吐鲁番文书所见的"波斯军"》，《中国史研究》1986 年第 1 期，第 128~135 页。

11　□　[人]　疏　[勒]　[①

另一件为《唐高宗某年西州高昌县左君定等征镇及诸色人等名籍》（以下简称《左君定名籍》）：

1　　　　　　　　　　　　　　　]□　　注

2　□人金山道行，未还：左君定　何善智　范和定

3　　冯住々　翟武通　张海欢

4　四人救援龟兹，未还：左运达　宋令智　张定□

5　　康隆欢

6　三人八百人数行，未还：何父师　鞠孝实　赵□□

7　一十三人逃走　郭子生　白居住　李住隆　康[恶]　[

8　　张智运　张奚默　马法住　康石仁　支惠义　　[

9　　翟丰[海]　侯弥达

10　一十二人疎勒道行，未还：令狐安定　刘守怀　[贾]　[

11　　张文才　马君子　吴宝申　杜安德　白欢达　辛静□

12　　鞠德通　田君褚　赵仕峻

13　二人安西镇：□□塠　张神力

14　□人孝假：竹石住　王默婢　石伯隆　王远达

15　□人昆丘道行：史德义　康善生　支隆德　翟胡々

16　　目君住　张君々　赵富海　王石德

17　五人狼子城行：白胡仁　张尾住　苏真信　郭定君　康祐欢

18　一人庭州镇，今年正月一日　[　　　　]勘当：康憧海

19　一人金牙道行，未还：曹□□

20　一人待：白卑子　一[人]大角手：沮渠足住

21　二　人　虞　候：魏辰欢　尉屯爽

22　一[人疎勒]道　[②

---

①　唐长孺主编《吐鲁番出土文书》（图录本）叁，第385页。
②　唐长孺主编《吐鲁番出土文书》（图录本）叁，第386~387页。

《贾致奴名籍》中记有"一十二人庭州镇""先替人庭州镇",《左君定名籍》中记有"一人庭州镇",并皆列举了镇人的姓名。黄惠贤先生认为,这组文书是武后垂拱年间西州高昌县发遣兵募文书,其中所列被征点的人是白丁。① 然而文欣先生并不同意这种观点,他列举了大量证据证明名籍中的人很多可以确定是卫士,并进一步判定这组文书为前庭府某团文书。② 诚如文欣所言,黄惠贤列举的几个在其他文书中出现的名籍中的人,并不能确定身份就是白丁,而文欣列举的确定为卫士身份的就多达十数人。因此这里暂取文欣的观点,可以据此将《贾致奴名籍》和《左君定名籍》中列举的"庭州镇"之人判定为西州前庭府的卫士。

关于上引两件名籍的时间,黄惠贤将其推断为垂拱年间,无疑是正确的。《左君定名籍》中同时出现了金山道、疏勒道和金牙道行军,金山道行军虽然有多次,但参考《唐开元二年帐后西州柳中县康安住等户籍》,这三次行军同时出现,应该是在垂拱年间③:

6　　□主康安住年柒拾贰岁　老男垂拱贰年疏勒道行□落
7　　　弟安定年伍拾肆岁　白丁垂拱元年金山道行没□
8　　　弟安义年肆拾玖岁　白丁垂拱贰年疏 勒道 [④

《贾致奴名籍》中"庭州镇"的张奚默,赫然出现在了《左君定名籍》的"一十三人逃走"名单中。由此可知,《贾致奴名籍》的时间应略早于《左君定名籍》,但不会相差太远。垂拱年间,西域遭逢大战。垂拱元年的金山道行军,为金山都护田扬名统率的针对东突厥的军事行动。⑤ 吐蕃趁

① 黄惠贤:《从西州高昌县征镇名籍看垂拱年间西域政局之变化》,唐长孺主编《敦煌吐鲁番文书初探》,第396~438页。
② 文欣:《府兵番代文书的运行及垂拱战时的西州前庭府——以吐鲁番阿斯塔那501号墓所出军事文书的整理为中心》,原载《敦煌吐鲁番研究》第10卷,此据孟宪实、荣新江、李肖主编《秩序与生活:中古时期的吐鲁番社会》,第40~62页。孙继民先生也认为左君定属前庭府,见《吐鲁番文书所见唐代府兵装备》,唐长孺主编《敦煌吐鲁番文书初探二编》,第141页注30。
③ 黄惠贤:《从西州高昌县征镇名籍看垂拱年间西域政局之变化》,400~401页。
④ 唐长孺主编《吐鲁番出土文书》(图录本)肆,第127页。
⑤ 王小甫:《唐、吐蕃、大食政治关系史》,第254~255页。

此时机侵蚀四镇，致使唐朝改变攻击方向，开始向四镇用兵。① 由此便有了《左君定名籍》中所记的"救援龟兹""八百人数行""疎勒道行""昆丘道行""狼子城行""金牙道行"等一系列的征行。垂拱年间的作战规模很大，不仅征行名目多，而且征发人数多，以致打破检点准则而滥行征发。② 如上文所引《唐开元二年帐后西州柳中县康安住等户籍》，康安住一户三丁尽皆没落，以致绝户，足见战事之惨烈。

《左君定名籍》中大量前庭府卫士征行、逃走的记载，无疑就是对垂拱惨烈战局的反映。在《贾致奴名籍》中，尚且有"一十二人庭州镇"，到了《左君定名籍》中，就仅有一人了，这个变化是相当明显的。如果从另一角度来说，《贾致奴名籍》相对于《左君定名籍》，反映的应当是大战之前卫士的日常征镇情况。从《贾致奴名籍》看，正常情况下，西州前庭府某团在庭州镇戍的卫士数量还是很多的，只是到了垂拱大战兵员大量消耗之时，庭州镇的卫士数量才减少。结合前文讨论的永隆元年《军团牒》，我们大致可以根据这一组府兵征镇文书推断，高宗、武后年间西州卫士的庭州镇，应当是具有一定规模的持续性的镇戍。

镇戍以外，以庭州为核心的军事行动，也有大量西州卫士、兵募参与征行。如上文所引《左君定名籍》中的金山道行军，便是以庭州为核心的军事行动。前文已经提及，此次金山道行军发生在垂拱元年。《陈子昂集》卷八《上西蕃边州安危事》中有："臣伏见国家顷以北蕃、九姓亡叛，有诏出师讨之，遣田扬名发金山道十姓诸兵自西边入。"③ 九姓是指铁勒诸部，而十姓则指西突厥诸部。《资治通鉴》卷二○三"则天后垂拱元年"载："六月……同罗、仆固等诸部叛，遣左豹韬卫将军刘敬同发河西骑士出居延海以讨之，同罗、仆固等皆败散。"④ 同罗、仆固皆是铁勒，则陈子昂所谓九姓亡叛，恐怕就是指六月同罗、仆固等部的叛亡。那么田扬名"自西边入"和刘敬同"出居延海以讨之"便应当是从两个方向夹击同罗、仆固等部。其时庭州设有金山都护府，此次行军又以金山为名，这次军事

① 文欣：《吐鲁番新出唐西州征钱文书与垂拱年间的西域形势》，原载《敦煌吐鲁番研究》第10卷，此据《新获吐鲁番出土文献研究论集》，第491~497页。
② 唐长孺：《吐鲁番文书中所见的西州府兵》，原载唐长孺主编《敦煌吐鲁番文书初探二编》，此据氏著《山居存稿三编》，中华书局，2011，第264~266页。
③ 陈子昂：《陈子昂集》卷八，中华书局，1960，第190页。
④ 《资治通鉴》卷二○三，第6435页。

行动很可能便是自庭州发起的。西州有很多卫士参与了此次征行，《左君定名籍》中便记有 6 人"金山道行，未还"。而前引《唐开元二年帐后西州柳中县康安住等户籍》中，户主康安住的弟弟康安定"垂拱元年金山道行没□"，他的身份是白丁，可知亦有西州百姓以兵募的形式参与征行。此外，2004 年出土的《唐垂拱二年（686）西州高昌县征钱名籍》是按户等统计应征钱户具体缴纳情况的文书，范围为西州高昌县武城乡。① 其中在下中户中记有"一十九户金山道行"，下下户中记有"一户金山道行"，② 可见西州参与此次征行的人数还是很多的。

《武周天山府下张父团帖为新兵造幕事一》文书中有：

1　　当团新兵 壹 佰壹拾玖人，合造幕壹拾壹口 玖 [

2　　校尉张父团主者，被州帖称：被瀚海军牒，准

3　　□□西州诸府兵幕回日却内。帖至，准人据

4　　　] □造，先申大数，不得迟晚。□ [

5　　　　　　] 下三团速造，限来 [③

这是西州天山府要求张父团为新兵造幕的帖。据孙继民先生考证，文书的时间大致在载初元年（689）至长寿二年（693）间。④ 大致是西州都督府得到了瀚海军的牒，要求在西州诸府兵回日，缴纳新造的幕；于是西州都督府帖天山府，要求其先申报大致的数字，不得迟晚；天山府再帖属下包括张父团在内的三团，令其速造。具体到张父团，就要为新兵 119 人造幕11 口。对于通常只有二三百人规模的团来说，119 名新兵的数额无疑是相当巨大的。⑤ 更值得我们注意的是，瀚海军在造幕一事中扮演的角色。按瀚海军为唐朝设于庭州之军镇，《元和郡县图志》载："瀚海军，北庭都护府城中。长安二年初置烛龙军，三年，郭元振改为瀚海军，开元中盖嘉运

---

① 文欣：《吐鲁番新出唐西州征钱文书与垂拱年间的西域形势》，第 466～474 页。
② 荣新江、李肖、孟宪实主编《新获吐鲁番出土文献》，第 3～7 页。
③ 唐长孺主编《吐鲁番出土文书》（图录本）肆，第 252 页。
④ 孙继民：《唐代瀚海军文书研究》，第 87～88 页。
⑤ 唐长孺：《吐鲁番文书中所见的西州府兵》，第 97～98 页。

重加修筑。管兵一万二千人，马四千二百匹焉"。① 然而，笔者曾考证北庭瀚海军的始置时间最早可追溯到长安二年，此文书中出现的瀚海军应是具有征行性质的瀚海道行军。② 这些新兵可能都是要赴庭州执行征镇任务的。仅张父团一个团便有 119 人，这个数量是相当巨大的，不像是日常镇戍，更可能是参与征行。可惜我们无法确知这是哪次征行。这一时间段内较大规模的军事行动，有载初元年韦待价的安息道行军和长寿元年王孝杰收复四镇的行军。文书中所记的紧急造幕和大规模补充新兵的情况，或许更像韦待价兵败后的处置措施。

长寿元年王孝杰收复四镇，武则天决定调兵三万镇守，开启了四镇大规模驻军的时代，大量从内地征调来的兵士无疑就成了安西四镇镇守的主力。长安二年，唐朝于庭州置北庭都护府，③ 庭州亦改称北庭。借助吐鲁番所出开元四年《唐李慈艺受勋告身》（以下简称《李慈艺告身》），我们可以大致窥探这一时期北庭瀚海军的兵源构成：

1　瀚海军破河西阵、白涧阵、土山阵、双胡丘阵、伍里墺阵、东胡袄阵等总陆阵，

2　准开元三年三月廿二日　敕，并于凭洛城与贼斗战，前后总叙陆阵，比

3　类府城及论台等功人叙勋则令递减，望各酬勋拾转。

4　　白丁西州李慈艺高昌县

5　　　　右　可　上　护　军

6　黄门：泾州梁大钦等壹拾肆人，庆州李远

7　讬等伍拾漆人，绛州张忠等捌人，鄜州杨元

8　暕壹人，延州王守琳等壹拾贰人，瓜州郭无

9　惑壹人，坊州王阿婢等壹拾陆人，晋州郭

10　敏子壹人，蒲州程崇宪等壹伯参拾伍人，

11　北庭府任慈福等壹拾肆人，陇州强怀贞

12　等玖人，甘州王怀义等参人，岐州霍玄庆

---

① 《元和郡县图志》卷四○，中华书局，1983，第 1033 页。

② 刘子凡：《瀚海天山——唐代伊、西、庭三州军政体制研究》，第 224~229 页。

③ 《资治通鉴》卷二○七"长安二年"载其事在十二月戊申，第 6561 页。

13　等壹伯伍拾人，宁州王思智等壹拾玖人，西州

14　石定君等壹拾壹人，虢州蔡大悦等贰人，

15　齹州陈思香等贰人，总肆伯捌拾伍人，并战

16　若风驰，捷如河决，宜加朝奖，俾峻戎班，

17　可依前件，主者施行。

18　　　　　　　　　　开元四年正月六日①

这件文书的第 15 行称其总共列举了 485 人，若以列举的各州人数相加，实际只有 455 人，这可能是因为漏抄了某州 30 人。② 可以肯定的是，这些人都是瀚海军的兵士。他们经历了河西阵、白涧阵等六个战阵，以及凭洛城的战斗，得以酬勋十转。王国维、小田义久、刘安志等先生都认为，《李慈艺告身》中所记的战阵，反映的是开元二年突厥围攻北庭的战斗。③ 据《资治通鉴》卷二一一所载，开元二年二月突厥默啜可汗遣同俄特勤等人围北庭，都护郭虔瓘计斩同俄，突厥败走。④ 从日本宁乐美术馆等处所藏的蒲昌府文书看，开元二年突厥围北庭的战斗，同样波及西州，足见战事之激烈。⑤ 李慈艺等人应当便是随郭虔瓘与突厥苦战的瀚海军部队。

　　这里需要关注的是文书中所见瀚海军兵士来源及其中的西州籍兵士。这份告身中列举的 455 名兵士，显然只是瀚海军上万兵士中很小的一部分。但作为一个难得的样本，其所展示的不同籍贯兵士数量的差别，应当还是具有一定代表性的。从分布情况看，这些受勋兵士来自关内、河东、陇右、河南四道。其中来自关内道和河东道的最多，分别达到了 280 人和 144 人，说明瀚海军的兵士大多来自内地的关内道和河东道。如前文所述，长寿元年武则天从内地征调三万兵士镇守四镇。从《李慈艺告身》所反映的情况看，瀚海军的兵士绝大部分是来自中原，这应当是武周以来在西域

① 录文据陈国灿《〈唐李慈艺告身〉及其补阙》，《西域研究》2003 年第 2 期，第 41~42 页。
② 陈国灿：《〈唐李慈艺告身〉及其补阙》，第 43 页。
③ 王国维：《唐李慈艺授勋告身跋》，《观堂集林》卷一七，中华书局，1959，第 877 页；小田义久「徳富蘇峰記念館藏『李慈藝告身』の写真について」『龍谷大学論集』第 456 号、2000 年 7 月、135 頁；刘安志：《伊西与北庭——唐先天、开元年间西域边防体制考论》，《魏晋南北朝隋唐史资料》第 26 辑，武汉大学文科学报编辑部，2010，第 160 页。
④ 《资治通鉴》卷二一一，第 6696 页。
⑤ 参见日比野丈夫「唐代蒲昌府文書の研究」『東方學報』第 33 号、269 頁；陈国灿：《辽宁省档案馆藏吐鲁番文书考释》，《魏晋南北朝隋唐史资料》第 18 辑，第 89~92 页。

大规模驻军的体现。值得注意的是，即便来自中原的兵士占据了多数，我们仍可以看到有多达 11 人的西州兵士。来自北庭的本地兵士也仅有 14 人。而北庭都护府所属的陇右道，除了北庭和西州外，受勋的仅有瓜州 1 人、甘州 3 人。况且，《李慈艺告身》中所列举的只是受勋人员，瀚海军中服役的西州兵士实际上应当更多。可以推测，西州兵士也是构成瀚海军的一支重要力量。

除了李慈艺等授勋兵士外，我们还可以找到西州人在北庭军中服役的实例。吐鲁番出土《唐西州天山县申西州户曹状为张无场请往北庭请兄禄事》文书中有：

1　天山县　　　　　　　为申张无场请往北庭请兄禄具上事
2　　前安西流外张无场　奴胡子年廿五　马壹匹骏草肆岁　驴贰头，并青黄父各陆岁。
3　　右得上件流外张无场牒称：兄无价任北庭乾坑戍主，被吕将军
4　奏充四镇要籍驱使，其禄及地子合于本任请授。今四镇封牒到，欲
5　将前件人畜往北庭请禄，恐所在不练行由，请处分者。责问上者，得
6　里正张仁彦、保头高义感等状称：前件人所将奴畜，并是当家家生奴畜，亦
7　不是诙诱影他等色。如后有人纠告，称是诙诱等色，义感等连保各求
8　受重罪者。具状录申州户曹听裁者。今以状申。
9　令停务。
10　　　　　　　　　　　　丞，使。①

这是一件西州天山县处理张无场申请过所事务的文书。安西流外张无场要

①　唐长孺主编《吐鲁番出土文书》（图录本）肆，第 334 页。

赶赴北庭，为他的兄长张无价请受俸禄和地子。① 从文书内容看，张无价原本是北庭乾坑戍主，其后被"吕将军奏充四镇要籍"。吕将军应为开元十七年任安西四镇节度使的吕休琳。② 则张无价当是在吕休琳在任期间由北庭赴四镇效力。另据《唐天宝十载（751）制授张无价游击将军官告》，张无价参与了四镇节度使"平石国，及破九国胡、并背叛突骑施"等战役，因军功由"昭武校尉行左领军卫敦煌郡龙勒府右果毅都尉员外置同正员"改任"游击将军守左威卫同谷郡夏集府折冲都尉员外置同正员"，③ 但这只是张无价的员外官。根据前引文书，张无价的俸禄及地子，还是要在本任，即北庭乾坑戍请授。也就是说，张无价即使已经身在四镇军中效力，他的本任仍然是在北庭。不过无法确知乾坑戍的具体情况，只知其隶属于北庭。从张无价的情况看，至少可以肯定，当时有西州人在北庭的镇戍中服役。④

西州方面，随着折冲府作用的衰落，自"诸色征行人内及客户中"招募的健儿，⑤ 以及征自当地民丁的镇兵、土镇兵等，更多地承担起了镇防的任务。⑥ 但即使是来自内地的镇兵，在西州驻防期间，仍然可能会赴北庭征镇。《唐开元七年（719）洪奕家书》中有：

> 洪奕发家已来，至于西州，经今二哉（载），随身衣勿（物），并得充身用足，亦不乏少。右（又）开元七年被节度使简充行，限五月一日发向北庭征役，儿今叶（业）薄，种果无因。⑦

洪奕自称"发家已来"，到达西州已经两年，则洪奕并非西州当地人。据

---

① "禄"是指俸禄，而"地子"是指职田地租。见陈国灿《从敦煌吐鲁番文书看唐五代地子的演变》，《敦煌学史事新证》，甘肃教育出版社，2002，第286页。

② 荣新江：《唐代西州的道教》，《敦煌吐鲁番研究》第4卷，北京大学出版社，1999，第135～136页。

③ 唐长孺主编《吐鲁番出土文书》（图录本）肆，第392～394页。

④ 据《唐大历四年（769）张无价买阴宅地契》文书，张无价是西州天山县人，见唐长孺主编《吐鲁番出土文书》（图录本）肆，第395页。

⑤ 《唐六典》卷五，第156～157页。

⑥ 唐长孺：《吐鲁番文书中所见的西州府兵》，第91～92页。

⑦ 荣新江、李肖、孟宪实主编《新获吐鲁番出土文献》，第16页。

韩香先生研究，洪奕是以镇兵的身份来到西州进行征戍镇防。① 值得注意的是，作为西州镇兵的洪奕，在开元七年"被节度使简充行，限五月一日发向北庭征役"。韩香认为，洪奕开元七年赴北庭征役，与北庭面对东突厥的侵逼战事吃紧相关。开元六年二月，唐玄宗便下诏计划大举蕃、汉兵从三个方向讨击东突厥，可惜开元八年秋只有拔悉密孤军深入，并在退回北庭途中被突厥击破。② 虽然洪奕只是在西州镇防的镇兵，但在北庭方面有重要征行防戍任务时，仍然要被简点充行。我们看到在开元初年西州折冲府衰弱的情况下，来自内地的镇兵，不仅要承担在西州镇防的任务，而且与前文讨论的高宗、武后朝的卫士一样，也要参与和北庭相关的征行。

总之，高宗、武后朝西州折冲府的卫士一度会例行在庭州镇戍，与庭州相关的重要军事行动，西州卫士也会参与征行。开元以后，折冲府衰弱，但北庭瀚海军中仍然有不少来自西州的兵士；内地驻防西州的镇兵，甚至也会被临时简点赴北庭征役。

二 北庭的西州籍胥吏

这里所说的胥吏是指官府中的主典。唐代官府有四等官之制，这四等官分别为长官、通判官、判官、主典。其中，主典虽然级别最低，但是人数最多，并承担起了事务性工作，尤其是文案的勘造。③ 我们知道，文书的运作是唐代官府行政运行的重要体现，虽然文书的判案和裁定工作是由判官、长官等来执行，但文书的勘造等辅助性工作都是由主典来完成的，这体现出主典在官府行政运作中的基础性作用。庭州为州，其主典胥吏当为佐、史；北庭为都护府建制，其主典胥吏为府、史。在为数不多的与庭州（北庭）相关的文书中，还是能够看到有西州籍的胥吏。

吐鲁番阿斯塔那 376 号墓出土的《唐欠田簿》文书中有：

　　1　六等

---

① 韩香：《吐鲁番新出〈洪奕家书〉研究》，《西域文史》第 2 辑，科学出版社，2007，第 105~107 页。
② 参见韩香《吐鲁番新出〈洪奕家书〉研究》，第 109~111 页。
③ 刘俊文先生指出："主典受判官以上处分，勘造文案，并检出判官以上行为之稽失。"见氏著《敦煌吐鲁番唐代法制文书考释》所载《开元公令式残卷》之"笺释"（第 234 页）。

2　贾行通卅二_{卫士}　户内欠常田四亩　部田六亩

3　弟孝通十八_中　欠常田四亩　部田六亩

4　令狐高贞廿三_{庭州佐史}　户内欠常田三亩　部田三亩

5　安妙何卅五_{卫士}　户内欠常田二亩　部田六亩

6　白神宝廿一_{白丁}　户内欠常田四亩　部田六亩

7　□□□廿一_{白丁}　□ 内欠 常田二亩　部田二亩①

这是一件根据户等分别记载欠田数额的文书。根据"户内"字样看，文书中列举的男丁当是各户的户主，其名下分别标注卫士、勋官、品子、白丁等。这里的令狐高贞名下注有"庭州佐史"，说明其为庭州胥吏。同时令狐高贞又出现在西州的欠田簿中，证明他是西州籍贯。文书在令狐高贞等户前记有"六等"，说明令狐高贞等人为西州的六等户，即中下户。本件文书的背面为《唐开耀二年（682）宁戎驿长康才艺牒为请追勘违番不到驿丁事》，本件的年代应亦相当。此时庭州尚未改为北庭都护府，其主典胥吏确为佐、史，而非府、史。

长安二年，唐朝于庭州置北庭都护府。自此以后，文书中之庭州全部改称北庭。《唐景龙三年十二月至景龙四年正月西州高昌县处分田亩案卷》文书中又出现有北庭府史。文书中有：

68　内北庭府史匡君感与堂兄妻阿白钱一千文，

69　充匡感弟迦吕□价见付人康伏生、匡君政母

70　□□知。被问依实谨牒。②

此段内容出自严住君的辩辞，大致是在举证说匡君感付出了一千文，作为迦吕的某种价钱。严住君同时指出了交易的见付人，似乎说明见付人也是本地人士。这里的北庭府史匡君感，又是一名北庭都护府的主典胥吏。他以钱主的身份，在西州进行某种可能与田亩相关的交易，还有当地人见付。由此猜测，匡君感是西州人的可能性很大。

①　唐长孺主编《吐鲁番出土文书》（图录本）叁，第293页。
②　唐长孺主编《吐鲁番出土文书》（图录本）叁，第559页。

国家图书馆收藏有一组编号为 BD9337、BD9342、BD9347 的文书，根据纸张的纸色、宽幅等信息判断，当属同一案卷；第二、三件文书上又各钤有半方"瀚海军之印"，可以判断其为瀚海军文书。① 其中第一件文书池田温《中国古代籍帐研究》亦有著录，命名为《唐年次未详（八世纪前半?）西州康思旾等申功状》。② 池田温另著录有一件《唐开元年代（八世纪前期）北庭都护府流外官名簿（有关考课）》，该文书为罗振玉旧藏，现收藏于中国国家博物馆。③ 孙继民先生将池田温著录的这两件考证为同一件文书，命名为《唐开元中期瀚海军状为孝方等漏申蒙赏绯鱼袋事》。其中所见蒙赏之人，俱是西州户籍，颇为关键。现引录文如下：

1　北庭都护府功曹府流外四品、云骑尉营田第一等赏绯鱼袋王
　　孝 方 ［

2　　　经考十　西州　高昌县　顺义乡　顺义里　身为户

3　北庭都护府仓曹府流外四品、上柱国赏绯鱼袋康处忠年卌一

4　　　西州　交河县　安乐乡　高泉里　身为户

5　北庭都护府录事史流外五品、骑都尉营田第一等赏绯鱼袋曹
　　怀巘卌六

6　　　西州　高昌县　崇化乡　净泰里　身为户

7　北庭都护府户曹史流外五品、武骑尉营田第一等赏绯鱼袋张
　　虔礼年卌八

8　　　西州　柳中县　承礼乡　依贤里　父进为户

9　左威卫翊府翊卫赏绯鱼袋康思旾年廿三^{西州　交河县　安乐乡
高泉里　父忠为户}

10　　　右孝方等破贼立功，并蒙赏绯鱼袋，前通头□，

11　　　遂漏不申，今表次，望依此状申上。

　　（后缺）④

---

① 孙继民：《国家图书馆藏一组瀚海军文书的考释》，《唐代瀚海军文书研究》，第 29~38 页。

② 池田温：《中国古代籍帐研究》，第 235 页。

③ 池田温：《中国古代籍帐研究》，第 236 页。另见杨文和主编《中国历史博物馆藏法书大观》第 11 卷《晋唐写经·晋唐文书》，东京柳原书店、上海教育出版社，1999，第 183 页。

④ 孙继民：《唐代瀚海军文书研究》，第 39~50 页。

这是一件为申报立功人员蒙赏绯鱼袋情况的文书。据孙继民先生考证，本件文书的年代似在开元十五年至开元二十年间。① 因为文书残缺，现在能看到的申请蒙赏人员有 5 人，分别是北庭都护府的功曹府王孝方、仓曹府康处忠、录事史曹怀嶷、户曹史张虔礼和左威卫翊府翊卫康思奢。其中前 4 人分别为府、史，显然就是北庭都护府的主典胥吏了。最后 1 人康思奢并不是胥吏，其具有"左威卫翊府翊卫"的身份，属于府兵系统中的三卫。由此判断，他很可能是瀚海军的兵士。这件文书在每位蒙赏人员之后，都清晰地标注了籍贯。这与上文所引《李慈艺告身》中在李慈艺名下注"高昌县"的做法一致。值得注意的是，这几位被标注籍贯的蒙赏人员，都是来自西州。功曹府王孝方的籍贯为高昌县顺义乡顺义里，仓曹府康处忠为交河县安乐乡高泉里，录事史曹怀嶷为高昌县崇化乡净泰里。翊卫康思奢也同样来自西州，他的籍贯与康处忠相同，都是交河县安乐乡高泉里。可惜我们不知道户曹史张虔礼的籍贯，看起来同是西州的可能性也不小。

文书中出现了北庭都护府，而不称大都护府，似乎表明此时北庭的级别仅为都护府。② 《元和郡县图志》记其为下都督府，未知是否指开元时代。③《唐六典》仅记载有上都护府的建制，其下诸曹有录事、功曹、仓曹、户曹、兵曹。④ 从这件文书看，北庭都护府录事、功曹、仓曹、户曹各有府史出现，证明了北庭都护府这几曹的存在。此处虽然不见兵曹，但作为重要军事中心的北庭，大概是会有兵曹设置的。根据文书，北庭都护府至少有三曹都出现了西州籍的主典胥吏，说明西州籍的胥吏广泛任职于北庭都护府各部门。又据《唐六典》，上都护府共有府、史 24 人。⑤ 就北庭都护府而言，在至多 24 名府、史中，西州籍的胥吏就至少有 3~4 人，比例已经不小。况且这件文书中出现的只是部分蒙赏人员，北庭都护府内西州胥吏的实际人数可能会更多。

根据文书内容，这里列举的胥吏等人实际上已经蒙赏绯鱼袋，只是先

① 孙继民：《唐代瀚海军文书研究》，第 47~48 页。
② 薛宗正先生认为北庭在景龙至开元年间，有晋级大都护府、后又还原为都护府的过程。参见氏著《庭州、北庭建置新考》，《中国边疆史地研究》1994 年第 1 期，第 1~12 页。
③ 《元和郡县图志》卷四〇，第 1033 页。
④ 《唐六典》卷三〇，第 754 页。
⑤ 《唐六典》卷三〇，第 754 页。

前因为某种原因漏申，这里一并申上。可惜此件文书并无确切纪年，我们无法确定王孝方等人是在哪次战役中"破贼立功"。开元时期与北庭相关的最重要的战斗应当是与突骑施苏禄之战，恐怕只有这种大战才会有较大规模的军功赏赐。突骑施之战大约在开元二十二年至二十五年间，[①] 如果文书的时间在此时，则要比孙继民推测的时间略晚一些。文书中所列蒙赏绯鱼袋的 4 名胥吏，显然不会真正参加"破贼"的军事行动，他们应该是通过其他途径立功。我们注意到，功曹府王孝方、录事史曹怀巂、户曹史张虔礼都有"营田第一等"之称。那么这几人很可能就是因营田而立功，即使没有直接参战，成功的粮食生产或也是"破贼"的关键。无论如何，西州籍的胥吏不仅在北庭都护府中存在，而且还发挥了积极的作用。

三　作为北庭战略后方的西州

唐代西州与北庭仅有一山之隔，地理上十分近便，同时两者在行政和军事上也有着异常紧密的联系。但在唐朝经营西域的过程中，西州与北庭承担的历史角色有所不同。

唐朝西州是在贞观十四年灭高昌国后建立的，其地为天山之间的盆地，三面环山，东有大漠，易守难攻，但同时又有较便捷的道路连通天山南北，可以说是正当丝绸之路的孔道。[②] 早在汉武帝时代，中原王朝便在高昌设立据点，并置戊己校尉以屯田防戍。此后，高昌更是经历高昌郡和高昌国时期，逐渐发展成为丝绸之路上的重要王国。中古时期的高昌本身就是一个以汉人移民为主体的社会，尤其是汉魏以来中原战乱，大量的汉人避难河西，其中就有很多人移居高昌。《魏书·高昌传》所载北魏孝明帝下高昌王麴嘉的诏书中便云："彼之甿庶，是汉魏遗黎，自晋氏不纲，因难播越，成家立国，世积已久。"[③] 同时，高昌国在很大程度上保持了汉文化传统，当地居民对中原王朝也有着强烈的认同感。[④] 正是基于这几个

---

① 郭平梁：《突骑施苏禄传补阙》，第 47~60 页。

② P. 2009《西州图经》记有唐代西州通达各地的 11 条道路，其中有 1 道通沙州、1 道通处月以西、1 道通焉耆，另 6 道通庭州。见《法藏敦煌西域文献》（1），上海古籍出版社，1995，第 76~77 页。

③ 《魏书》卷一〇一《高昌传》，中华书局，1974，第 2244 页。

④ 孟宪实：《唐统一后西州人故乡观念的转变——以吐鲁番出土墓砖资料为中心》，《新疆师范大学学报》1994 年第 2 期，第 39~51 页。

方面，再加上高昌国原有的具有汉文化特征的政治体制基础，唐朝在贞观十四年灭高昌后，得以迅速建立西州，并将同于内地州县的乡里、均田、赋役、府兵等一系列制度顺利推行。尤其是前庭府、岸头府等折冲府的先后设置，及府兵制的实行，使得唐朝可以直接在当地居民中检点府兵卫士。①

唐朝经营西域之初，西州成为在西域最重要的基地。唐朝在贞观十四年正式设立西州，几乎同时又置安西都护府于西州。安西都护府很可能在设立之初，即开始统管伊、西、庭三州的军事。② 这就在天山东部形成了以伊、西、庭三州为核心的军事整体，而这一军事体系无疑是以安西都护的驻地西州为核心。平定阿史那贺鲁之后，西域形势发生了新的变化。安西都护府于显庆三年移治龟兹。③ 西州升级为西州都督府。至龙朔元年，瀚海道总管苏海政错杀兴昔亡可汗阿史那弥射，致使西突厥五咄陆部落离叛，龙朔二年庭州刺史来济战殁。位于天山北麓的庭州在地缘上的重要性就在此时凸显出来。为了稳定天山以北的局势，加强庭州防务，唐朝于龙朔二年以后在庭州设立了金山都护府。④ 张说《唐故夏州都督太原王公神道碑》载有："无何，诏公（王方翼）为庭州刺史、以波斯使领金山都护。前使杜怀宝更统安西，镇守碎叶。朝廷始以镇不宁蕃，故授公代宝；又以求不失镇，复命宝代公。"⑤ 杜怀宝、王方翼曾先后以庭州刺史兼领金山都护，时间大致为仪凤二年至永淳元年（682）。⑥ 他们在金山都护和安西都护间的换防，似乎也标志着这一时期庭州军政地位的提升，庭州开始逐渐在唐朝的西域经营中承担起更重要的角色。可能正是在这样一种背景下，西州府兵开始大量赴庭州征役，参与庭州的镇戍或征行任务。上文讨论的永隆元年《军团牒》，大致就是在此时。

① 参见唐长孺《吐鲁番文书中所见的西州府兵》，《山居存稿三编》，第226~237页。
② 治西州的安西都护柴哲威、郭孝恪，都是领"西、伊、庭三州诸军事"的头衔。郭孝恪的职衔见《册府元龟》卷三九八，"郭孝恪为安西都护，督西、伊、庭三州诸军事"。柴哲威的职衔见于《唐永徽五年天山县南平乡令狐氏墓志》："敕使持节西伊庭三州诸军事、兼安（西）都护、西州刺史。"参见柳洪亮《唐天山县南平乡令狐氏墓志考释》，第78~80页。
③ 关于安西都护府迁龟兹的时间，参见张广达《唐灭高昌国后的西州形势》，第136~139页。
④ 伊濑仙太郎『中国西域经营史研究』、217-242页。
⑤ 《张说集校注》卷一六，第774~775页。
⑥ 伊濑仙太郎『中国西域经营史研究』、220-222页。

　　长寿元年四镇大规模驻军后，四镇的局势得到稳定。长安二年十二月，唐朝又在庭州设北庭都护府，再加上设于北庭的瀚海军，北庭的政治、军事地位得到了进一步提升。可以说，从武周时代起，在西、北两个方向分别屯兵驻防的军事格局开始形成，北庭与四镇开始稳固地承担起唐朝经营西域的责任，成为对抗吐蕃、突厥、突骑施等各种势力的最前线，而西州面对的直接压力大大减轻。①　此后，因政局需要，北庭都护时而会被赋予更大的职权。据《唐大诏令集》卷一三〇《命吕休璟等北伐制》所载，景龙四年北庭都护吕休璟头衔为"右领军卫将军、兼检校北庭都护、碎叶镇守使、安抚十姓"。②　说明是年北庭都护一度兼领碎叶镇守使。③　又据《文苑英华》卷四一七《授阿史那献特进制》，北庭都护阿史那献头衔为"招慰十姓、兼四镇经略大使、定远道行军大总管、北庭大都护、瀚海军使、节度巴（已）西诸蕃国、左骁卫大将军、摄鸿胪卿、上柱国、兴昔可汗"。④　刘安志先生认为，这反映的是北庭都护阿史那献在先天元年（712）领伊西节度使兼瀚海军使之事，阿史那献借此统有伊、西、北庭、四镇之军，以应对西突厥娑葛败亡后西域的紧张形势。⑤　开元年间，北庭开始设置节度使，此后北庭与安西四镇数度分合，至开元二十九年伊、西、北庭成为一个固定的节度使。大致形成了如《资治通鉴》卷二一五"天宝元年正月"所载的"安西节度抚宁西域"而"北庭节度防制突骑施、坚昆"的军事格局。⑥

　　总体来看，高宗朝以降，北庭的政治、军事地位在不断提升，逐渐成为唐朝经营天山以北的政治军事核心。西州则从唐初经营西域的前沿，转而成为北庭与安西四镇的后方基地。随着战略地位的提升，北庭需要有更多的人力资源来保证其日常防务。如《元和郡县图志》所载，瀚海军"管兵一万二千人，马四千二百匹焉"。⑦　瀚海军军额庞大，需要有大量的兵士

①　文欣：《吐鲁番新出唐西州征钱文书与垂拱年间的西域形势》，第498~499页。
②　《唐大诏令集》卷一三〇《命吕休璟等北伐制》，第705页。
③　王小甫先生认为，碎叶改隶北庭，与联合西突厥诸部抵御东突厥西侵有关，见《唐、吐蕃、大食政治关系史》，第253~258页。
④　《文苑英华》卷四一七，第2112页。
⑤　刘安志：《伊西与北庭——唐先天、开元年间西域边防体制考论》，第159~160页。
⑥　《资治通鉴》卷二一五，第6847~6848页。
⑦　《元和郡县图志》卷四〇，第1033页。

来满足征镇需求。通过前文的讨论我们可以知道，从高宗朝至玄宗朝，西州为北庭提供了大量的兵士和胥吏，参与到北庭的军事和行政事务中。虽然我们能够找到的例证是有限的，但在数量本就极少的北庭相关文书中，居然看到如此多的西州兵士和胥吏，吉光片羽之间已经足以看出，西州为北庭的行政和军事运作做出了不可估量的贡献。可以说，在唐朝经营西域的大部分历史时期，北庭承担起了战略前线的角色，而西州则在兵士和胥吏输送方面起到了北庭战略后方的重要作用，二者分工协作，共同构筑起唐朝统治西域的基石。

第二节 从西北援军到京西北藩镇

安史之乱爆发后，唐朝调集河西、陇右、安西、北庭等西北各节度的兵士赴中原靖难，这些西北援军也就成为唐朝对抗安史叛军的重要力量。然而这造成了西北边疆兵力的空虚，吐蕃趁机自东向西攻掠河陇诸州，就在安史之乱平定的广德元年，吐蕃一度攻入长安，次年又占领凉州，隔绝了凉州以西诸军。很多参与平定安史之乱的军队，被安置在长安西北的泾州—凤翔一线，以防御吐蕃、拱卫京师。关于入援的西北诸军，学者们较为关注四镇北庭行营的事迹。① 另外，齐勇锋先生指出神策军在陕州也收编了一部分河西、陇右军和安西、北庭军。② 吴玉贵先生更是明确指出西域军队曾分两批内调勤王，第一批演变成了后来的安西北庭行营，而卫伯玉率领的第二批安西、北庭兵与陇右神策军一起屯驻陕州，形成了后来新赐名的神策军。③ 这为我们理解西北援军在中晚唐历史中的地位和作用提供了新的思路，不过关于在神策军壮大之后原西北边军在其中的地位和作用，我们却知之甚少。笔者近来得见《唐康忠信墓志》拓本，志主出身河西，又长期效力于凤翔军中，根据其本人及父祖的履历大致可以勾勒出康氏从西北边军到神策行营的路径，这就为认识西北援军的去向以及京西北

---

① 薛宗正：《唐安西、北庭行营建置述略》，《西域研究》1993 年第 3 期；刘玉峰：《论安西北庭行营军》，《陕西师范大学学报》1997 年第 1 期；胡耀飞：《行营之始：安西、北庭行营的分期、建置及其意义》，《新疆大学学报》2019 年第 1 期。

② 齐勇锋：《说神策军》，《陕西师范大学学报》1983 年第 2 期，第 94~95 页。

③ 吴玉贵：《杜甫"观兵"诗新解——唐乾元二年西域援军再次入关史实钩沉》，《西域文史》第 12 辑，科学出版社，2018，第 33~48 页。

神策行营的兵源构成提供了珍贵的例证。以下即略考墓志内容，兼而管窥西北援军在神策军中之实况。

一　康忠信的出身及履历

根据拓本情况，《康忠信墓志》高 46.5 厘米、宽 46 厘米，行书，共有 23 行。志文并未严格按照行格书写，各行字数多少不一，满行最多为 26 字，左下角略有残缺，志盖阙。为便于研究，谨录志文如下：

唐故凤翔蕃落十将云麾将军左金吾卫大将军试殿中监上柱国蓟县开国公会稽康府君墓志铭并序

府君讳忠信，其先西凉府人也。曾祖逑，皇岷州都督。祖令直，皇洮州司马。考缄，皇赤水军使、安西·北庭·河西等军节度留后兼御史大夫。府君即大夫之元子也，建中四年，来兹岐陇，天资勇锐，劲节高标，星剑含霜，长怀报国。贞元八年，原州狂寇，侵掠为虞，府君环甲从征，戎夷丧败。原州既定，旋讨秦州，余勇方兴，妖氛顿灭，塞垣独步，往复如飞，捕逐擒生，无非深入，每获戎口，皆献王庭，几对天颜，策勋累转，自云麾将军守左金吾卫大将军、试殿中监，封蓟县开国公，充当军蕃落十将。贞元十七年，原州烟埃又起，府君提戈再举，异域尘销。方期巨振雄名，将登上列，何图神明未祐，寝疾于躬，医术徒施，竟无瘳退。开成元年七月二十一日倾于凤翔府布泽里私第，享龄七十五。令弟忠义，守左内率府率。夫人杨氏、陈氏，皆已先殁。有三子，长重瑛，充节度子弟。次重琼，右门枪散子将。季重珪，充雄毅官。女子三人，长适陈氏，次适蒋氏，幼适寇氏。至孝等卜宅兆，问良辰，以其年丙辰岁十月丁酉朔十三日己酉安厝于天兴县里仁乡之原，礼也。于是追攀罔极，命载前修，呜呼哀哉！乃为铭曰：

府君雄洌，河岳挺生。从戎历官，八事旗旌。秦原二地，几定挽枪。于今塞上，烽烟罢警。功闻　天阙，身贵门囗。代承勋绪，献猷永清。剑沉幽壑，太华将倾。宏谋未囗，旋弃遐龄。高岗既择，俄掩松扃。云深陇陌，月暗塞囗。今德更传千载后，悲风长此韵芳声。

志文言康忠信为"西凉府人"，即凉州人。凉州历来是粟特人重要的聚居地，从康忠信的姓氏看，他的祖上很可能是来自康国的粟特人。安史之乱以后，康姓粟特人普遍将其郡望改为"会稽"，使自己看起来更像是中原人。① 标题中称"会稽康府君"，看似与志文的"其先西凉府人"矛盾，但实际上是印证了其粟特人的身份。康忠信能够出任凤翔节度的蕃落十将，或许便是与其粟特背景有一定关系。不过康忠信的两位夫人杨氏、陈氏从姓氏看应该都是汉人，其兄弟子嗣也都取汉式姓名，这也显示出康氏家族具有一定的汉化特点。

从康忠信父祖的历官来看，其家族一直在河西、陇右一带活动。康忠信的曾祖康逯曾为岷州都督，祖父康令直为洮州司马，都是在陇右任职。其父康缄曾任"赤水军使，安西、北庭、河西等军节度留后"，这里的节度留后颇为特殊，容待稍后详论。至于赤水军使，该军为河西节度使最大的军镇，史称"幅员五千一百八十里，军之最大也"，② 通常是由河西节度使或副使兼领赤水军使，③ 可知康缄为河西节度的重要将领。

志文载康忠信本人在德宗建中四年（783）来到凤翔效力，凤翔节度领有岐、陇二州，志文中的"来兹岐陇"即是指此。直到文宗开成元年（836）去世，康忠信在凤翔军中五十余载，并曾在贞元八年、十七年支援原州、秦州的战役中立有战功。《旧唐书·德宗本纪》载，贞元八年"六月，吐蕃寇泾州"，贞元十七年"秋七月戊寅，吐蕃寇盐州"。④ 灵州、原州、泾州、秦州都是长安西北抵御吐蕃的最前线，康忠信参与的应当就是这两次战斗。值得注意的是，康忠信之弟康忠义，以及三个儿子康重瑛、康重琼、康重珪都在凤翔军中任职，可知康忠信一系家族都已迁居凤翔。安史之乱以后唐朝的西北边疆格局发生了巨大的变化，尤其是京西北诸藩镇经历了一个重新构建的过程，在这样一种历史背景下，康氏家族从河西到凤翔的迁徙历程显然具有很强的代表性，其中的关键点就在于从康缄到康忠信的经历。

---

① 荣新江：《安史之乱后粟特胡人的动向》，原载《暨南史学》第 2 辑，暨南大学出版社，2003，此据氏著《中古中国与粟特文明》，第 97~98 页。

② 《新唐书》卷四〇《地理志》，第 1044 页。

③ 李文才：《试论唐代赤水军指挥系统之构成及其特点——兼对〈试论赤水军的军事地位及其成因〉一文的补正》，《乾陵文化研究》第 8 辑，三秦出版社，2014，第 211~221 页。

④ 《旧唐书》卷一三《德宗本纪下》，第 374、395 页。

二　兵出河西：康缄之"安西、北庭、河西等军节度留后"

康忠信之父康缄的官职中，"安西、北庭、河西等军节度留后"颇为引人注目。唐代节度使出征或暂缺时，通常会设置留后以代行其职责，此为常见之官称，自不待言。然而，同时兼任"安西、北庭、河西"三节度的留后，却是此前所未见。无法确知康缄任留后的具体时间，只能根据康忠信的年龄略作推算。康忠信开成元年去世时为 75 岁，可知其生于唐代宗宝应元年前后，上距天宝十四载安史之乱爆发已有 7 年。而康忠信又是康缄长子，出生时想必其父年龄不会太大。考虑到这一情况，康缄出任节度留后的时间应该不会早过安史之乱前后。

安西四镇节度使、伊西北庭节度使、河西节度使是唐朝在西北边疆设立的三个节度使，安西、北庭两节度自唐玄宗初年设立后分合不常，直到开元二十九年后才确定分为两节度，虽然有如天宝十三载封常清兼领安西、北庭节度使的情况，但多数情况下两道各有节度使，且安西、北庭与河西各自为政，在安史之乱前并未出现河西节度兼领北庭或安西节度的情况。① 值得注意的是，永泰元年前后河西节度使杨志烈曾有"河已西副元帅"的头衔，似是兼统安西、北庭的军务，但当时河西与安西、北庭并未合并为一个节度使，从法藏敦煌 P.2942 文书看，当时北庭还有节度留后周逸，说明北庭还保留了节度使的建置。② 杨志烈的继任者杨休明曾任"河西兼伊西北庭节度观察使"，③ 不过仍然没有实现兼统三节度。很快周鼎又接任河西节度使，据《喻安西北庭诸将制》，与周鼎同时的安西、北庭都护分别是尔朱某和曹令忠。④ 曹令忠此后被赐名为李元忠，长期任北庭一道的节度使。⑤ 建中二年朝廷与安西、北庭通使时，安西四镇节度留后为郭子仪之子郭昕，北庭节度使为李元忠，而此时河西已经彻底陷落于

---

①　郁贤皓：《唐刺史考全编》，第 515~538 页；刘子凡：《瀚海天山——唐代伊、西、庭三州军政体制研究》，第 254~297 页。

②　刘子凡：《瀚海天山——唐代伊、西、庭三州军政体制研究》，第 334 页。

③　《册府元龟》卷一三九《帝王部·旌表三》，第 1553 页。

④　《唐大诏令集》卷一一六《喻安西北庭诸将制》，第 605~606 页。

⑤　刘子凡：《北庭的李元忠时代——胡广记〈唐李元忠神道碑〉研究》，《文史》2017 年第 2 辑，第 121~134 页。

吐蕃。① 据《悟空行纪》，贞元五年悟空到达安西、北庭时，郭昕已为安西四镇节度使，北庭节度使则为杨袭古。② 此后安西、北庭便先后陷落了。故就目前所知，在唐朝西域从未出现过同时兼任安西、北庭、河西三道节度使的情况。虽然康缄曾任河西的赤水军使，但其任节度留后似不在河西本土。

康缄之所谓某某"等军节度"之称，本身就值得寻味。实质上的兼统两节度，称谓通常是某节度"兼"某节度，如上述杨休明"河西兼伊西北庭节度"，又如德宗时李晟也曾以神策节度"兼京畿渭北鄜坊丹延节度"。③而"等军节度"或"诸军节度"，通常是指节制某节度使管辖内的诸军镇，如郭知运曾任"陇右诸军节度大使"等。不过"安西、北庭、河西等军节度"显然又与此不同，这很可能是安史之乱平叛中形成的特殊情况。肃宗至德二载（757）准备收复两京时，由于勤王军队甚多，号令不一，曾任命王思礼为"关内节度、河西·陇右·伊西·四郡行营兵马使"以协调各路兵马，李嗣业同时被任命为"四镇·伊西北庭行军兵马使"，专典安西、北庭兵马。④ 随后李嗣业被任命为节度使，安西、北庭行营（或称四镇、北庭行营）节度就固定下来，成为一支重要的军事力量。康缄之"安西、北庭、河西等军节度"应即类似于李嗣业等之"安西、北庭行营节度"，然而二者又不尽相同。

首先，第一批入援的河西军队可能一开始就与安西、北庭分属不同的节度。《册府元龟》卷二〇载至德二载出兵收复长安时，"以安西、北庭行营节度使李嗣业为前军，朔方、河西、陇右行营节度使郭子仪为中军，关内行营节度使王思礼为后军"。⑤ 此后的安西、北庭行营节度还是以安西、北庭兵为主。其次，即便安西、北庭行营节度使中仍有部分河西军队，但其历任节度使自李嗣业至荔非元礼、白孝德、马璘传承有序，史书记载明确。且自该节度驻扎怀州起，节度使出征便以段秀实为留后，改镇泾州后

① 《旧唐书》卷一二《德宗本纪上》，第 329 页。
② 圆照：《大唐贞元新译十地等经记》，《大正新修大藏经》0780《佛说十地经》，大正一切经刊行会，1934，第 716~717 页。
③ 《旧唐书》卷一二《德宗本纪上》，第 341 页。
④ 《册府元龟》卷八七《帝王部·赦宥六》，第 960~961 页。
⑤ 《册府元龟》卷二〇《帝王部·功业二》，第 200 页。

段秀实又曾为留后。① 讫至德宗初年，并未见有康缄出任留后的可能位序。

这里可以提出另外一种可能，康缄所任"安西、北庭、河西等军节度留后"或许与第二批入援的西北边军有关。吴玉贵已经指明，乾元二年相州战役失败后，朝廷紧急征召第二批西北援军，以安西、北庭军队和陇右神策军为主体，由卫伯玉率领屯驻陕州，拱卫长安；此后卫伯玉被任命为四镇、北庭行营节度使，但由于与第一批援军的行营节度重名，便又改为神策军节度使，② 此为神策军节度之来源。值得注意的是，与第一批援军的安西、北庭行营不同，由于陕州屯驻了多支军队，神策军节度的兵源也呈现出多样性，可能涵盖了安西、北庭、河西、陇右的兵员。③ 上元二年二月，卫伯玉曾随李光弼出征洛阳，年末又曾出击史朝义，史书未载其留后为谁，康缄或正当其任。大致当时留守陕州的部队来源甚多，故以"安西、北庭、河西等军"为名。

综合以上信息来看，康缄所任之"安西、北庭、河西等军节度留后"，有可能是肃宗时期屯驻陕州的第二批西北援军的节度留后，亦即神策军节度使卫伯玉之留后。当时卫伯玉的节度使号刚由四镇、北庭节度使改为神策军节度使，康缄或是沿用了旧称。这样一种推论也可以与其子嗣康忠信等人和神策军的密切关联来互证，康忠信所在之凤翔节度在德宗以后一直是隶属于神策军。

三　来兹岐陇：康忠信至凤翔之背景

如前所述，志文载康忠信建中四年来到凤翔，而且康氏一门此后便久居于此。值得注意的是，对德宗朝产生重大影响的泾原兵变就是发生在建中四年，而凤翔正是事变的中心之一，康氏在此时徙居凤翔，无论如何都会与泾原兵变有极为密切的关联。

泾源兵变正是源自安西、北庭行营。安史之乱平定后，入援的西北边军由于吐蕃已然侵吞河西、陇右，西归路绝，转而驻屯于长安西北以抵御吐蕃。由第一批西北援军组成的安西、北庭行营，先驻扎于邠州（今陕西

① 《资治通鉴》卷二二一，第 7067 页。《旧唐书》卷一二八《段秀实传》，第 3585 页。
② 吴玉贵：《杜甫"观兵"诗新解——唐乾元二年西域援军再次入关史实钩沉》，第 41～47 页。
③ 齐勇锋：《说神策军》，第 94～95 页。

彬州市），代宗大历三年（768）西徙泾州（今甘肃泾川县），自此安西、北庭行营又有了泾原节度的称号。德宗建中元年又命全军西移至原州（今宁夏固原），兵士不堪疲敝，裨将刘文喜发动兵变，虽然旋即平息，但德宗被迫放弃了筑原州城的计划。建中四年，为应对淮西战事，德宗调动泾原节度兵马支援襄城前线。泾原兵马至长安时哗变，德宗仓促出逃至奉天。叛军推举朱泚为帅，围攻奉天月余。随后，朔方节度使李怀光、神策行营节度使李晟入关勤王，解奉天之围。此后李怀光又叛，德宗逃至山南，直到兴元元年（784）李晟收复长安才平定叛乱。

如前文所述，陇右、河西兵及第二批入援的安西、北庭兵实际上构成了早期神策军的主体，而平息泾源兵变的正是李晟率领的神策行营。可以说，由安史之乱时入关的西北援军演化而来的两大节度泾源与神策军，在泾源兵变中实际上是站在了完全不同的立场。《康忠信墓志》载其"建中四年，来兹岐陇，天资勇锐，劲节高标，星剑含霜，长怀报国"。这里虽然没有明确记载康忠信在建中四年泾原兵变中的具体作为，但从"劲节高标""长怀报国"等用语来看，河西出身的康忠信显然更接近神策军的政治立场。

更值得注意的是凤翔在泾原兵变中的动向。作为泾源叛军首领的朱泚，此前曾长期担仟凤翔节度使。按朱泚原为幽州节度使，大历九年亲率步骑五千入京防秋，① 并自请留居长安。大历十二年，朱泚代李抱玉出任陇右节度使，出镇凤翔。② 德宗初年又加凤翔尹，在参与平定泾州刘文喜之乱后，又兼泾源节度使。直到建中三年其弟朱滔在幽州反叛，德宗才将朱泚留在长安，并任命宰相张镒为凤翔尹、陇右节度使以镇抚朱泚留在凤翔的幽州兵。③ 随着建中四年泾源乱兵将朱泚推举为主帅，凤翔的朱泚旧部果然立即与之响应，先是原计划救援襄城的凤翔、泾州兵自潼关溃散，投奔朱泚；继而朱泚旧部李楚琳在凤翔发动军乱，杀死节度使张镒；与此同时，率领五百幽州兵戍陇州的牛云光也想起事，被留后韦皋用计制服。④

---

① 此据《资治通鉴》卷二二五，第 7226 页。《旧唐书·朱泚传》（第 5386 页）、《新唐书·朱泚传》（第 6441 页）皆载其所率兵为三千。

② 肃代以后，陇右之地尽失，陇右节度使的头衔转由凤翔节帅遥领。其具体变化参见李晓奇《唐代凤翔镇研究》，硕士学位论文，陕西师范大学，2014。

③ 参见《旧唐书》卷二○○下《朱泚传》，第 5385~5387 页。

④ 《资治通鉴》卷二二八，第 7356、7359~7360 页。

德宗最初从长安逃至奉天时，曾计划再逃往凤翔，萧复即谏曰："凤翔将卒皆朱泚故部曲，其中必有与之同恶者。"① 果然被其言中。奉天之围解除后，德宗虽然勉强任命李楚琳为凤翔节度使，但一直对其心存防备，兴元元年八月便命李晟出镇凤翔，替代李楚琳。可见，凤翔是当时积极响应泾源兵变的藩镇，可以说是事变的乱源之一。

根据凤翔的情况来看，康忠信"建中四年，来兹岐陇"的说法就很值得推敲。如前所述，康忠信的立场看来并不像是叛军。在泾源兵变发生的建中四年，岐州是在朱泚旧部李楚琳的把持之下，虽然陇州有韦皋为唐朝坚守，但并未见有勤王军队进入岐陇的记载，只见有朱泚使者往来。直到兴元元年七月德宗自汉中返回，途径凤翔，各路勤王兵马才云集凤翔迎驾，德宗也就是在这个时候有了替换李楚琳的念头。② 由此来看，康忠信来凤翔，很可能不是在建中四年，而是在次年的兴元元年七、八月间。这是诸军云集凤翔以及神策军行营节度使李晟出任凤翔节度使的时间。考虑到前文提到的康缄与神策军的关系，康忠信此时随李晟进驻凤翔的可能性显然是非常大的。

自李晟兴元元年出镇凤翔起，神策军实际上与凤翔建立起密切的联系。按李晟出身陇右，很可能也是安史之乱时随援军入关，大致在肃代之际被节度使高升招至凤翔效力，③ 历仕凤翔节度使孙志直、李抱玉，后又官至泾源（即四镇、北庭行营）都知兵马使，因与节度使马璘不合才入京加入神策军。德宗建中二年，李晟以神策先锋都知兵马使的身份率领神策军主力出征河北，建中四年回师勤王时才被临时任命为神策行营节度使。④ 由此可知，一方面李晟与凤翔、泾源诸军有着深厚的渊源，另一方面李晟在泾源兵变之前并非节度使，正是在泾源兵变中的卓越表现使其地位得到巨大提升。《陆贽集》卷八所载兴元元年八月《李晟凤翔陇右节度兼泾原副元帅制》有：

　　奉天定难功臣，司徒，兼中书令，充神策军节度，鄜坊、丹延等

---

① 《资治通鉴》卷二二八，第7356页。
② 《资治通鉴》卷二三一，第7439页。
③ 高升任凤翔节度使时间大致在肃宗上元二年至代宗广德元年间。参见郁贤皓《唐刺史考全编》，第159～160页。
④ 《旧唐书》卷一三三《李晟传》，第3661～3663页。

州观察、处置等使，仍充京畿、渭北、鄜州、华州兵马副元帅，上柱国，合川郡王李晟……可兼凤翔尹，充凤翔、陇右节度、营田、观察、处置等使，仍充凤翔、陇右、泾原节度管内诸军及四镇、北庭行营兵马副元帅，改封西平郡王。[1]

在平定叛乱过程中，李晟已经有了兵马副元帅之职，统领神策军及京畿附近诸军。出镇凤翔后，李晟更是以副元帅的身份统领凤翔、泾源诸军。虽然黄永年先生指出李晟出镇凤翔是德宗解除其神策军统帅权之举，[2] 但还是应该认识到，李晟因其特殊的出身背景和当时的威望，正是镇抚卷入叛乱的凤翔、泾源两镇的最佳人选。而且在出任凤翔节度使之后，李晟仍然有很大的影响力。贞元元年德宗曾想任用张嘉贞为宰相，但因李晟上表强烈反对，德宗只得被迫放弃。[3] 考虑到中晚唐藩镇的情况，李晟能够镇抚凤翔、泾源并保持强势话语权，很可能是带了大量神策军兵士出镇凤翔。贞元三年李晟离开凤翔，之后的连续两任凤翔节度使邢军牙、张敬则都是出身神策军，头衔皆为"右神策行营节度使、凤翔陇右节度使"，[4] 可知凤翔已经成为神策军地方驻防体系的一部分。[5] 而"神策行营"的出现，也印证了凤翔有神策军长期屯驻。

墓志中记载康忠信"建中四年"来到凤翔后，其兄弟、子嗣都在凤翔长期效力，刚好与平定泾源兵变后李晟自神策军节度使出镇凤翔，以及凤翔节度使长期兼任"右神策行营节度使"的情况相符合。如果这一推测不误的话，康忠信家族应当一直是在神策军体系之内。只不过康忠信来到凤翔的时间可能不是建中四年，而是在次年的兴元元年。

余论：从西北援军到京西北藩镇

《康忠信墓志》描绘了凉州康氏家族迁徙的历史图景，作为河西的粟特人，可知至少从康忠信的曾祖辈开始，康氏就在河西、陇右任职，而在

[1] 陆贽：《陆贽集》卷八，王素点校，中华书局，2006，第257~259页。
[2] 黄永年：《"泾师之变"发微》，《唐史论丛》第2辑，陕西人民出版社，1987，第198页。
[3] 参见胡平《未完成的中兴：中唐前期的长安政局》，商务印书馆，2018，第293~294页。
[4] 郁贤皓：《唐刺史考全编》，第163页。
[5] 何永成：《唐代神策军研究——兼论神策军与中晚唐政局》，台湾商务印书馆，1990，第49页。

经历了安史之乱后，康氏就转而在新兴的凤翔军中效力了。在家族迁徙的背后有着安史之乱前后错综复杂的政治、军事背景，康氏家族的经历为我们认识西北援军的分流以及新兴藩镇的建构提供了一个非常具体的实例。

首先，以康氏家族为例，我们可以更好地理解安西、北庭入援军队的分化过程和流向。如果按上文推测康缄、康忠信父子皆与神策军有关的话，康氏很可能是经历了河西—陕州—（长安）—凤翔的迁徙路径。有趣的是，《资治通鉴》记载了安西、北庭兵的迁徙路线：

> 初，四镇、北庭兵远赴中原之难，久羁旅，数迁徙，四镇历汴、虢、凤翔，北庭历怀、绛、鄜然后至邠，颇积劳弊。及徙泾州，众皆怨诽。①

这一记载非常重要，但或许是由于其过于突兀且不易考实，此前未见有学者能详述其来龙去脉。不过我们知道司马光所撰《通鉴》每一事必有所本，这里说到西北援军迁徙的详细路线也绝不是空穴来风。《康忠信墓志》的内容刚好可以补齐其中的"凤翔"一环，以其证"四镇"这一线，《通鉴》的路线也就豁然开朗了。

"四镇""北庭"两条线，实际上刚好可以对应吴玉贵提出的安西、北庭兵士分两批入援的情况。"北庭"一线，就是以第一批入援兵士为主体的安西、北庭行营的迁徙路线，先是在出潼关作战之后就屯驻怀州，平定安史之后驻邠州，又西迁泾州。② 此线相对清晰，自不待言。至于"四镇"一线，如果以《康忠信墓志》来对照，刚好是神策军的迁徙路线。关于"四镇历汴、虢、凤翔"中的"虢"，按唐代虢州与陕州紧邻，都在今陕西、河南交界处，中晚唐有陕虢观察使，足见陕、虢关系之密切。而神策军最初驻屯之地正是在陕州。至于"汴"，《新唐书·鱼朝恩传》载：

> 朝恩按兵陕东，使神策将卫伯玉与贼将康文景等战，败之。洛阳平，徙屯汴州，加开府仪同三司，封冯翊郡公。宝应中，还屯陕。③

---

① 《资治通鉴》卷二二四，第7205页。
② 胡耀飞：《行营之始：安西、北庭行营的分期、建置及其意义》，第87~89页。
③ 《新唐书》卷二〇七《鱼朝恩传》，第5863页。

在神策军节度形成之初，鱼朝恩一直是其实际统帅。可以看到，再次收复洛阳后，鱼朝恩一度率神策军徙屯汴州，随后又退回陕州，便有了代宗幸陕后神策军入为禁军之事。至于"凤翔"，《康忠信墓志》则显示出泾源兵变后很可能有相当数量的神策军屯驻凤翔。至此我们可以说《通鉴》所载"四镇""北庭"两条迁徙路线，实际上分别是神策军与安西、北庭行营的两条线。大致可能神策军最初由出自安西的卫伯玉率领，① 故将其径称为"四镇"了。《康忠信墓志》提供了一个重要环节，据此可以厘清安西、北庭援军几经辗转，最终构成泾源和凤翔两大藩镇的重要组成部分的历程。

其次，可以管窥凤翔镇建构的特点。按凤翔原为岐州，地处关中，在唐前期并不在边州之列，安史之乱以后唐朝西北藩屏渐失，吐蕃、党项频繁袭扰，其军事地位才愈发重要，肃宗以后升为凤翔府并设节度使。② 永泰元年（765），泽潞节度使李抱玉兼任凤翔、陇右节度使，③ 此后凤翔出现了"河西、泽潞行营"，④ 说明李抱玉将其麾下的河西、泽潞兵带到了凤翔。如前所述，朱泚大历年间出镇凤翔时，又带来了数千幽州兵。而泾源兵变以后李晟很可能又带了一批神策军屯驻。所以凤翔节度是在不断吸收容纳各地军队过程中逐步壮大的，兵士的多源性是一个鲜明的特点。《康忠信墓志》刚好展示了凤翔藩镇建构过程的一个侧面，来自河西的粟特康氏家族最终融入凤翔军并实现了地着化。

总之，《康忠信墓志》所载康氏家族的迁徙正是动荡时代的缩影，唐玄宗时代达到鼎盛的河西、陇右节度使在安史之乱后相继失落，凤翔、泾源等京西北诸镇崛起为新的帝国西北藩屏，而在这些新兴藩镇的建构过程中，来自安西、北庭、河西、陇右的入援军队实际上又构成了重要的力量。诚如白居易所言"平时安西万里疆，今日边防在凤翔"⑤ 也。

---

① 吴玉贵：《杜甫"观兵"诗新解——唐乾元二年西域援军再次入关史实钩沉》，第42~43页。
② 《元和郡县图志》卷二，第40页。
③ 《旧唐书》卷一一《代宗本纪》，第276页。
④ 朱泚即曾"权知河西、泽潞行营兵马事"，见《旧唐书》卷一一《代宗本纪》，第313页。
⑤ 《西凉伎》，《白居易诗集校注》卷四，第367页。

第二编
抚宁西土：出土文献中的唐代西域社会治理

第四章　水利与基层管理

水利与中国的社会有莫大之联系。这一点，西方学者很早就已经注意到，马克思很早将水利与东方的专制政体联系起来。[①] 魏特夫的"东方专制主义"源于"水利文明"的理论，以及冀朝鼎对于中国的水利建设与基本经济区转移的关系的论述，都在学术界产生了深远影响。[②] 日本学者也对中国的水利进行了大量的研究。[③] 而中国学者近年来也十分关注水利之于中国社会的重要意义，清代晋南地区地方水利资料的挖掘整理，为这方面的研究提供了契机。[④] 敦煌、吐鲁番、和田等地出土的唐代文献中，也可以见到大量关于水利的文书，使我们可以透过水利的视角观察唐代西北边疆的基层管理。

第一节　西州高昌县水利管理

吐鲁番出土文书中保存下来了一些关于西州高昌县水利的文书。孙晓林早在 20 世纪 80 年代就对这批水利文书涉及的基本问题进行了探讨，为

---

① 《马克思恩格斯选集》第 2 卷，人民出版社，1972，第 64 页。

② K. A. Wittfogel, *Oriental Despostism*, Yale University Press, 1957；徐式谷等译《东方专制主义：对于极权力量的比较研究》，中国社会科学出版社，1989；冀朝鼎：《中国历史上的基本经济区与水利事业的发展》，朱诗鳌译，中国社会科学出版社，1981。

③ 日本 1965 年即成立中国水利史研究学会，研究成果颇多。可参见松田吉郎《日本的中国水利史研究会的历史和现状》，中国水利水电科学研究院水利史研究室编《历史的探索与研究——水利史研究文集》，黄河水利出版社，2006。

④ 中国学者对于明清水利的研究相当多，可参见刘文远《清代北方农田水利史研究综述》，《清史研究》2009 年第 2 期。

进一步研究提供了便利，王晓晖也对西州水利与社会进行了研究。① 但在细致分析文书的基础上，这一问题仍然有再探讨的必要。以下的研究，即是从这些西州高昌县水利文书入手，探寻唐代地方水利管理的面貌，尤其是官府与百姓参与水利管理的时代特点。

一　修渠

吐鲁番地区气候十分干燥，降雨量很小，水利灌溉对于当地的农业具有非同寻常的意义。时至今日，吐鲁番美丽的葡萄园依然在很大程度上要依靠遍布的"坎儿井"和水渠来灌溉。在唐代，对于治理吐鲁番地区的西州来说，农田用水也基本来自渠水。为了保证渠路畅通，对渠堰的疏浚与修理就必然十分重要。《唐开元二十二年（734）西州高昌县申西州都督府牒为差人夫修堤堰事》便是关于西州高昌县修理堤堰的材料：

1　　高昌县　　　　　　为申修堤堰人 [
2　　新兴谷内堤堰一十六所 修塞料单功六百人。
3　　城南草泽堤堰及箭干渠 料用单功八百五十人。
4　　右得知水官杨嘉恽、巩虔纯等状称：前件堤堰
5　　每年差人夫修塞。今既时至，请准往例处分
6　　者。准状，各责得状，料用人功如前者。依检案
7　　　　　　] 例取当县群牧、庄坞、底店及夷胡户
8　　　　　　] 日功 修 塞，件检如前者。修堤夫
（中缺）
9　　　　　　准去年 [
10　　　　　　司未敢辄裁 [
11　　宣 德郎行令上柱国处讷　　朝议 [
12　　□督府户曹件状如前，谨依录申，请裁。谨上。
13　　　　　　开元廿二年九月十三日登仕郎行尉白庆菊上

---

① 孙晓林：《唐西州高昌县的水渠及其使用、管理》，唐长孺主编《敦煌吐鲁番文书初探》；王晓晖：《西州水利利益圈与西州社会》，《西域研究》2009年第2期。

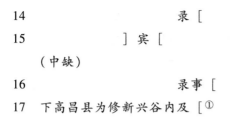

14　　　　　　　　　　录 [

15　　　　　　　] 宾 [

（中缺）

16　　　　　　　　　　录事 [

17　下高昌县为修新兴谷内及 [①

此件文书内容比较明确，高昌县的知水官杨嘉恽、巩虔纯等报告新兴谷内堤堰、城南草泽堤堰及箭干渠需要修理，但由于所需人功较多，高昌县计划按上年例征发当县的群牧、庄坞、底店及夷胡户为夫。但高昌县不敢轻易决断，故向西州都督府户曹上牒请示。关于其具体内容的研究，可以参考孙晓林的文章，不再赘述。② 这件文书说明西州官府确实承担了按时修理堤堰的责任。

　　然而，另一件文书却显示西州的百姓似乎也有修理、维护水渠的义务。见《唐勋官某诉辞为水破渠路事》：

1　　　　　　　　　　　　　　] 上口先溉，合修理

2　渠后，始合取水。不修渠取水，数以下口人，水破渠路，小 [

3　桃内过乘开水，渠破 墙 倒，重溉先盛桃水满逸 [

4　干不收，当日水 [　　] 检具知。比共前件人论理不伏，今请

5　追过处 [

6　　　　　　　　　] 日百姓 勋 [③

这是西州百姓关于渠水纠纷的诉词。可以看出，这是同一渠内上游百姓与下游百姓的争端，上口是指渠的上游渠口，即入水口；下口是渠的下游渠口，即出水口。灌溉之时，水会从上口流向下口。在这个案件中，上口附近的百姓没有修理渠路，导致水渠破损，渠水溢出。后溉田的百姓得不到足够的水溉田，就去找先溉田的百姓理论，没有得到理想的答复，就诉诸

① 唐长孺主编《吐鲁番出土文书》（图录本）肆，第317~318页。

② 孙晓林：《唐西州高昌县的水渠及其使用、管理》，第534~537页。

③ 唐长孺主编《吐鲁番出土文书》（图录本）叁，第48页。

官府。文书中清楚地提出"合修理渠后，始合取水"，就是说利用渠水灌溉的百姓同时也有修理渠路的义务，履行了修渠的义务，才能享受用水的权利。而且，西州的官府也是认可这种义务的，不然当上口人不履行维护渠路的义务时，利益受损的下口人便不会毫不犹豫地提起诉讼。除此以外，还可以在西州的田契中发现关于修渠义务的规定。田主在与佃田人签订契约的时候，通常都会写明"渠破水谪"由佃田人承担这样一条，如《唐永徽四年（653）傅阿欢夏田契》中便有"渠破水谪，仰耕田人了"。其他田契或文字有出入，但类似的条款一般都是有的。所谓"渠破水谪"是说渠破之后要接受处罚，而处罚的对象是佃田人，那么佃田人就必定是负有渠路维修的责任。

官府要兴修水利，百姓也要防止渠破，那这些渠堰究竟是谁来修呢？若想解决这个问题就必须借助唐代的律令材料。《唐律疏议》卷二七《杂律》"失时不修堤防"条有："诸不修堤防及修而失时者，主司杖七十。毁害人家、漂失财物者，坐赃论，减五等。以故杀伤人者，减斗杀伤罪三等。（谓水流漂害于人。即人自涉而死者，非。）即水雨过常非人力所防者，勿论。"[1] 是说官府的负责人，因不修或不及时修堤而造成损失的，依危害程度不同，要负不等的刑事责任。该条下疏议引《营缮令》曰："近河及人水有堤防之处，刺史、县令以时检校。若须修理，每秋收讫，量功多少，差人夫修理。若暴水泛溢、损坏堤防、交为人患者，先即修营，不拘时限。"[2] 其内容与《天圣令·营缮令》宋令 26 略同，其中"堤防"二字被改为"堤堰"。[3] 这是对官府修理堤堰的时间和行政流程的规定。其"每秋收讫，量功多少，差人夫修理"，正与《唐开元二十二年西州高昌县申西州都督府牒为差人夫修堤堰事》同。可见，《唐律》和《唐令》都

---

① 刘俊文：《唐律疏议笺解》卷二七《杂律》，中华书局，1996，第 1877 页。

② 刘俊文：《唐律疏议笺解》卷二七《杂律》，第 1877 页。可参考仁井田陞《唐令拾遗》营缮令第三十一、开元二十五年条，栗劲、霍存福、王占通、郭延德编译，长春出版社，1989，第 740 页。

③ 《天圣令·营缮令》宋令 26 全文为："诸近河及陂塘大水，有堤堰之处，州县长吏以时检行。若须修理，每秋收讫，劝募众力，官为总领。或古陂可溉田利民，及停水须疏决之处，亦准此。至春末使讫。其官自兴功，即从别敕。若暴水泛溢、毁坏堤防、交为人患者，先即修营，不拘时限。"见天一阁博物馆、中国社会科学院历史研究所天圣令整理课题组校证《天一阁藏明钞本天圣令校证（附唐令复原研究）》，中华书局，2006，第 422 页。

明确规定官府有修堤防的责任。至于渠堰,敦煌文书中的《开元水部式》
便有一些对于官府修理大型渠堰义务的界定。① 如"龙首、泾堰、五门、
六门、升原等堰……所有损坏,随即修理,如破多人少,任县申州,差夫
相助","蓝田新开渠……若渠堰破坏,即用随近人修理",这是官府对修
渠堰的规定。"扬州扬子津斗门二所,宜于所管三府兵及轻疾内量差,分
番守当,随须开闭。若有毁坏,便令两处并功修理",这是特殊的军队系
统修斗门的规定。总的来说,这里提到的一些大的渠、堰、斗门都是由官
府负责的,只是具体各个地方会有一些特殊的规定。

　　对于西州来说,前文所引的《唐开元二十二年西州高昌县申西州都督
府牒为差人夫修堤堰事》文书中提到高昌县要在两处动工,一是新兴谷内
堤堰,一是城南草泽堤堰和箭干渠。堤堰的称呼与《宋令》同,显然可以
把它认定为《唐律》《营缮令》中的"堤防"。借助孙晓林的研究可知,
新兴谷在高昌城北面,是整个高昌县的水源。② 城南的草泽也应该是高昌
县的水源地之一。这样,新兴谷内堤堰和城南草泽堤堰,便都是《营缮
令》中所说的靠近"大水"的堤堰。至于箭干渠,在目前已发现的田契及
各种籍帐文书中从未见过。此渠很可能不是直接用于农田浇灌的灌溉渠。
从它与城南草泽并举的情况看,箭干渠很可能是草泽的引水渠,是比较重
要的大型渠道。从高昌县水网及农田分布情况看,主要的农产区应该在城
东和城西,这些地方也密布各种灌溉农田用的水渠,应当是所谓的"灌溉
小渠"。城北、城南则是农田相对较少的地区,却恰恰是水源地,是需要
大型工程的地区,由高昌县负责。而城东、城西的小渠不在高昌县的修理
范围内。这样就可以知道,从高昌县在开元二十二年发动的这次水利工程
看,高昌县负责修理的是那些靠近水源的大型水利工程。值得注意的是,
知水官杨嘉恽、巩虔纯提到这些堤堰每年都差人夫修理,可以认为西州高
昌县每年发动水利工程的修理对象便是城北的新兴谷内堤堰和城南的草泽
堤堰、箭干渠。

　　其他那些靠近农田的灌溉小渠无疑都是由百姓来负责修理。《唐勋官
某诉辞为水破渠路事》文书中提到的渠,应当就是这种灌溉小渠。这个案

---

① 录文见刘俊文《敦煌吐鲁番唐代法制文书考释》,第 326～335 页。图版见《法藏敦煌西
　　域文献》(15),上海古籍出版社,2001,第 1～4 页。
② 孙晓林:《唐西州高昌县的水渠及其使用、管理》,第 520～521 页。

件，情节较为严重，上口百姓不修理渠路导致渠破墙倒，结果也很严重，导致下口人没有足够的水浇溉。然而非但官府没有及时出面干涉，而且在发生事故后下口人也并非直接告官，而是先与上口人论理，谈判破裂后才寻求官府的解决。可见，西州官府对于此类灌溉小渠的修理基本不介入，即使发生了严重的漏水事件，除非百姓告官，否则也不轻易参与。《水部式》中有"河西诸州用水溉田，其州县府镇官人公廨田及职田，计营顷亩，共百姓均出人功，同修渠堰"，[①] 河西干旱，大渠少、小渠多，而其公廨田与职田大概会分布于小渠旁的较多。这些田从道理上讲应是官府负责，但这里规定官府与百姓共同修渠，从侧面说明河西官府本身并不负责这些小渠的修理。至于百姓修渠的方式，从"渠破水谪，仰耕田人了"的地契表述看，修渠的义务是附着于土地的，应当是种田人各自负责自己田边的一段渠路，并不太像是百姓间组织起来共同修渠的情况。上引文书中，同渠的上口人与下口人的对抗，也清楚地显示这条渠上没有统一的百姓组织，而且上口与下口的划分也是很模糊的。所以，灌溉小渠上的百姓应该是非组织性的各修各渠。

二 灌溉

与水利工程中体现出的官民界限不同，在水权方面官府拥有绝对的控制权。2004 年出土于木纳尔 102 号墓的《唐龙朔三年（663）四月十日西州高昌县麹武贞等牒为请给水事》文书是一件难得的百姓向官府请水的材料，现移录文书内容如下：

1　□□□薄田六亩　刀海举五亩　索苻利三亩
2　□□祐六亩　林欢济六亩　永隆寺三亩　麹武贞十亩
3　□件地，前为旧地薄恶，并请移
4　□处，回水营种，当为不及加功，遂不得
5　□，兼复堰破，不敢取水。今地舍部田
6　□至，望请给水，其田正当水渠左侧，
7　牒陈，谨牒。

─────────

① 刘俊文：《敦煌吐鲁番唐代法制文书考释》，第 328~329 页。

8	龙朔三年四月十日麹武贞等牒
9	付知水、渠长，检
10	水次至，依给。素
11	示。　　十六日。①

这是一件百姓向官府申请给水的牒文，最后三行为高昌县长官的批示。大致是麹武贞等人因先前的田地贫瘠，无法耕种，在比较肥沃的地方申请了新的土地。但可能是刚刚接手土地，还没来得及开始耕作，又赶上附近的堰破了，就不敢私自取渠中的水来灌溉田地，于是他们便向官府提出了用水的申请。这说明百姓是不可以随意取水灌溉的，麹武贞等人之所以向高昌县官府提出给水的特别申请，原因有二：一是田地是新近获得的，二是分水的堰破待修理。可以想见，官府有一套严密的灌溉管理制度，日常的用水都要依此制度而行，若出现麹武贞等人遇到的特殊状况，则不能随意取水，一定要向地方官府提交申请。可见，高昌县官府对农田用水是进行了严格的控制。

　　然而官府是怎样主导农田水利灌溉的管理呢？首先，官府对于取水的顺序有严格的规定。《唐六典》卷七"水部郎中员外郎"条："凡用水自下始。"② 天一阁藏明钞本《天圣令》中也有相关记载，其《杂令》之宋令15曰："诸取水溉田，皆从下始，先稻后陆，依次而用。"③ 是说农田的灌溉，要从河渠下游的地段开始，按照顺序依次灌溉。敦煌所出 P. 3560《唐代沙州敦煌地区灌溉用水章程》，④ 对敦煌地区各河渠地段的浇溉顺序进行了详细的规定。宁欣先生认为此文书所载的浇溉顺序，完全符合上引两条中"自下始"的原则。⑤ 据那波利贞考证，此件文书的时间在永徽五年以降，但距永徽五年不久，⑥ 与前举麹武贞等人龙朔三年牒时代大致相

① 荣新江、李肖、孟宪实主编《新获吐鲁番出土文献》，第110~111页。
② 《唐六典》卷七，第226页。
③ 《天一阁藏明钞本天圣令校证（附唐令复原研究）》，第430页。
④ 释文可参考宁欣《唐代敦煌地区农业水利问题初探》，《敦煌吐鲁番文献研究论集》第3辑，北京大学出版社，1986，第467~480页。图版见《法藏敦煌西域文献》（25），第315页。
⑤ 宁欣：《唐代敦煌地区农业水利问题初探》，第473页。
⑥ 那波利贞「唐代の農田水利に關する規定に就きて」『史學雜志』第54卷第1・2・3号、1943年。

仿。西州与沙州地理、气候也有类似之处，可以推测西州的地方官府也会对浇溉的顺序进行管理，即便没有类似沙州的成文章程，至少也会遵守依次取水的原则。其次，官府会专门委派官吏对灌溉进行监督。敦煌文书P.2507《开元水部式》中记有："诸渠长及斗门长至浇田之时，专知节水多少。其州县每年各差一官检校。长官及都水官司时加巡察。若用水得所，田畴丰殖，及用水不平并虚弃水利者，年终录为功过附考。"① 《唐六典》卷二三"都水监"条下的记载与此相似："每渠及斗门置长各一人，至溉田时，乃令节其水之多少，均其灌溉焉。每岁，府县差官一人以督察之；岁终，录其功以为考课。"② 虽然具体负责浇溉的是渠长和斗门长等基层官吏，但州县一定会差官吏来进行监督，长官还要时时巡查。不但如此，对灌溉的管理是否得当，还会被当作这些官员考课的重要内容，足见官府对于灌溉管理的重视程度。前引《唐开元二十二年西州高昌县申西州都督府牒为差人夫修堤堰事》中的知水官杨嘉恽、巩虔纯显然便是类似的官员。

这很容易使人联想到白居易的《钱塘湖石记》。白居易任杭州刺史时，修筑钱塘湖堤，引水溉田，并于长庆四年作此记，这是十分难得的关于唐代水利灌溉的传世文献。其文曰："凡放水溉田，每减一寸，可溉十五余顷。每一复时，可溉五十余顷。先须别选公勤军吏二人，一人立于田次，一人立于湖次。与本所由田户据顷亩，定日时，量尺寸，节限而放之。若岁旱，百姓请水，须令经州陈状，刺史自便押帖，所由即日与水。"③ 对于新开发的钱塘湖水，白居易制定了严密的管理措施，即挑选强干的军吏分别在田间和湖边执勤，与用水的农户商量确定浇溉的时间和水量。在干旱的季节，百姓想要使用钱塘湖的水还必须向官府提出申请，由刺史批复才可。其文又曰："湖中有无税田，约十数顷。湖浅则田出，湖深则田没。田户多与所由计会，盗泄湖水，以利私田。其石函、南笕并诸小笕闼，非浇田时，并须封闭筑塞，数令巡检。小有漏泄，罪责所由，即无盗泄之弊矣。"④ 对于

① 录文见刘俊文《敦煌吐鲁番唐代法制文书考释》，第 327 页；图版见《法藏敦煌西域文献》(15)，第 1~4 页。

② 《唐六典》卷二三，第 599 页。

③ 白居易著，谢思炜校注《白居易文集校注》卷三一，中华书局，2011，第 1842 页。

④ 《白居易文集校注》卷三一，第 1843 页。

不交税的田户盗用湖水的行为，白居易也采取了严防死守的措施，坚决杜绝之。《钱塘湖石记》所反映的情况正与西州的状况相合，官府对于灌溉用水拥有绝对的控制权，百姓必须按照官府的规章、在官府的监督下使用水资源，一旦出现特殊状况，如《唐龙朔三年四月十日西州高昌县麹武贞等牒为请给水事》中的换田、堰破及《钱塘湖石记》中的岁旱，就必须向官府提交请水的报告。

然而在西州文书中却可以找到一个特例，即《唐城南营小水田家牒稿为举老人董思举检校取水事》，这是一件官府管理范围之外的百姓用水文书，其内容如下：

1　城南营小水田家　　　　状上

2　　　老人董思举

3　　　右件人等所营小水田，皆用当城四面豪（壕）

4　　　坑内水，中间亦有口分，亦有私种者，非是

5　　　三家五家。每欲浇溉之晨，漏并无准。

6　　　只如家有三人、两人者，重浇三回，

7　　　茕独之流，不蒙升合，富者因滋转赡，贫

8　　　者转复更穷。总缘无检校人，致使有

9　　　强欺弱。前件老人

10　　性直清平，谙识水利，望差检校，庶得无漏。立一牌榜，水次到，

11　　转牌看名用水，庶得无漏。如有不依次第取水用者。请罚车牛一道

12　　远使。如无车牛家，罚单功一月日驱使。

13　　即无漏并长安稳，请处分。

14　牒件如前，谨牒。①

该文书当是一件草稿，有多处涂改，以上录文仅照录其涂改后之文字。文书内容大致是靠近城南壕坑的百姓营种着一些规模很小的水田，取用壕坑

———————

① 唐长孺主编《吐鲁番出土文书》（图录本）肆，第339页。

内的水灌溉田地。也许壕坑内的水并不是很多，又没有官府的监管，人口多的田户在浇地时就会占用更多的水，造成了用水不均。这些小水田家经过商议，决定设立一个公平的用水原则，并推举老人董思举来进行管理，并向官府提交了报告。值得注意的是，官府自始至终都没有主动介入城南壕坑用水的管理，即使那里发生了强欺弱的严重的用水不均事件。而且这些依靠壕坑灌溉的小水田家在发生用水问题后，并没有直接提请官府出面解决，而是通过内部协商的方法达成了用水协议，并推选了管理者，最后才请官府对这一既定事实进行官方确认。由此看来，官府对于用壕坑内水灌溉采取了不干预、不介入的态度，这与上文所讨论的官府对于灌溉用水的绝对控制产生了矛盾。何以会产生这种现象呢？

解决问题的关键在于"豪坑"，从文意推测，"豪"当是"壕"的别字。而壕是指城下之池，[①] 亦即护城河。则文书中提到的"当城四面豪（壕）坑"便说的是护城河了。从出土文书来看，西州的农田水利灌溉几乎完全是依靠河渠系统，由此可以推测，官府对于灌溉用水的管理完全是以河渠为基础进行的，官府内的都水官司、官吏的管理对象也应是河渠。然而护城河却有些特殊，它并不是为了灌溉而挖的渠道，而是战争中以防御为目的的军事设施，是城防体系的一部分，这显然超出了都水官司的管辖范围。这类具有军事意义的设施应当由军队来把守，[②] 但百姓灌溉田地又不归军队管。因此，在小范围内取壕坑内水溉田就成了游离于官府管理之外的一种灌溉方法。

更值得注意的是，这些小水田家在维护用水秩序上体现出的自觉性。在面对因争夺水资源而出现的强欺弱现象时，这些小水田家选择通过协商建立用水秩序，保障用水公平。他们首先推举出老人董思举来主持灌溉管理。董思举为人正直公平，而且熟悉水利事务，他老人的身份也会让人觉得有权威性，因此他完全可以胜任这项任务。其次便是明确用水顺序，并在田间树立"转牌"，各家都要"看牌取水"。这与近代洪洞县的渠册及相

---

① 《玉篇》曰："壕，胡高切，城壕也。"（北京中国书店影印张氏泽存堂本，1984，第32页）《类篇》曰："壕，乎刀切，城下池。"（中华书局影印"姚刊三韵"本，1984，第509页）

② 例如军队对桥的把守，见《水部式》："洛水中桥、天津桥等，每令桥南北捉街卫士洒扫。所有穿穴，随即陪填，仍令巡街郎将等检校，勿使非理破损。"见刘俊文《敦煌吐鲁番唐代法制文书考释》，第329页。

关碑刻有几分相似。① 最后便是规定惩罚措施，不按照顺序取水的人家，便要"罚车牛一道远使"，没有车牛的人家，就要"罚单功一月日驱使"，这是很严厉的惩罚。然而这些惩罚显然不是董思举和任何田家能做到的，他们无疑是"请"官府来责罚。从这一点上看，他们还是希望通过官府权威来保障用水管理的。这些措施都是出于维护用水公平，文书中数次提到"庶得无漏""即无漏"，显然是针对贫者。无疑，这些小水田家很显然全部接受这个解决方案，那些"家有三人、两人"的强户也甘愿放弃他们的既得利益，做出让步，去按照约定的顺序取水，与那些"茕独之流"平等地共享水资源。这说明百姓具有公平用水意识，在缺乏官府管理的情况下，通过一段时间的磨合和努力，他们依然能够依照平等的原则制定规范、进行自我管理。

三　基层组织

上文的讨论尝试划出一条官府与百姓的界线，找到哪些是官府负责的，哪些又是百姓该承担的。然而官府与百姓毕竟不能完全地各行其是，他们之间需要有效的沟通，而沟通的渠道便是西州的基层水利管理者。

从出土文书看，西州县以下的水利管理者有知水人、知水、渠长和堰头。② 要想厘清基层组织的结构，就必须先辨明知水官、知水人和知水的关系。《武周天授二年（691）知水人康进感等牒尾及西州仓曹下天山县追送唐建进妻儿邻保牒》：

> 1　牒件状如前，谨牒
> 2　　　　　天授二年壹月十一日知水人康进感等牒③

此件文书为天山县主簿职田案的案卷之一。大致是天山县主簿高元祯被告

① 参见邓小南《追求用水秩序的努力——从前近代洪洞的水资源管理看"民间"与"官方"》，《暨南史学》第3辑，暨南大学出版社，2004，第75~91页。
② 西州曾出土很多与堰头密切相关的所谓"佃人文书"，周藤吉之曾对这些文书及堰头的性质进行深入研究，为我们的探讨提供了很多便利。参见周藤吉之《吐鲁番出土佃人文书的研究——唐代前期的佃人制》，中国敦煌吐鲁番学会主编《敦煌学译文集——敦煌吐鲁番出土社会经济文书研究》，姜镇庆、那向芹译，甘肃人民出版社，1985，第2~120页。
③ 唐长孺主编《吐鲁番出土文书》（图录本）肆，第70页。

发私占还公、逃死、户绝等田，西州都督府便追各种证人一一勘问，其中便有"知水""渠长"等人。此处残牒的主要内容当是知水人康进感的供词。关于此案，陈国灿先生有《对唐西州都督府勘检天山县主簿高元祯职田案卷的考察》① 一文，研究了与此案相关的二十余件文书，叙述了案件始末。此案相关文书中，出现"知水"的有四件，除上举牒尾外，尚有《武周天授二年安昌城知水李申相辩词》：

    1 安昌城知水李申相，年六十七

    2 申相辩：被问：主簿高祯 未知总经

    3 几年安昌营种还 ［②

又《武周天授二年李申相辩词》：

    1 相符抱者，但申相从知水 ［

    2 簿高祯元来安昌城不 ［③

又《武周天授二年康进感辩词》：

    1 康进感，年卅九 ［

    2 进感 辩 ［

      （中缺）

    3   ］谨审：但进感去年知水已④

以上数件文书，为康进感与李申相二人之辩词。"知水人"康进感在《康进感辩词》中，被称作"知水"，可知知水人也可称作知水。李申相是安

---

① 陈国灿：《对唐西州都督府勘检天山县主簿高元祯职田案卷的考察》，唐长孺主编《敦煌吐鲁番文书初探》，第 455~485 页。
② 唐长孺主编《吐鲁番出土文书》（图录本）肆，第 73 页。
③ 唐长孺主编《吐鲁番出土文书》（图录本）肆，第 73 页。
④ 唐长孺主编《吐鲁番出土文书》（图录本）肆，第 74 页。

昌城的知水，而康进感是何处之知水并不能确知。据案情，高元祯为天山县主簿，其家产则在天山县属下安昌、南平二乡，该案的证人也都是与二乡有关之人。既然李申相为安昌乡知水，而西州都督府在案发的一月传唤之知水只有此二人，则康进感很可能是南平乡的知水。可见，知水人或称知水，是乡一级的水利管理人员，是基层水利人员，而知水官是县的水利事务管理人员。

至于渠长，《武周君海辩辞为高祯南平职田事》：

5　　　]审，但君海补渠

6　　　] 高 祯在南平种

7　　　]北并是职田，其还

8　　　]不种必其不委

9　　　　　] 求受 ①

按陈国灿的解释，君海所补的职位当是渠长，应当没有问题。② 从文书内容看，君海是南平乡的渠长，其所管之渠应是高元祯问题田地所在的渠。值得注意的是，虽然同为乡内的水利人员，渠长的地位与知水显然不同。在案件刚被揭发出来的时候，南平乡的知水康进感首先被问询；而渠长君海则是因案件的进一步深入才得到作证的机会。从这一点上看，渠长的地位明显没有知水重要。

西州又有一最基层的水利管理人员——堰头。堰头因其呈报的统计田亩的文书与青苗簿有密切关系，而受到很大关注。周藤吉之在其长文《吐鲁番出土佃人文书的研究——唐代前期的佃人制》中对"堰头的性质"进行了专门的讨论，他认为西州的堰都设有堰头；这些堰头的身份可能是自佃者、自佃兼佃人甚至佃人，但一定是在当堰亲自耕作之人；堰头的管辖面积在三十亩到六十亩之间。③ 关于堰头在西州水利管理体系中的地位，周藤吉之在文中提到佃人文书中有"索渠第四堰""□渠第十三堰堰头康

---

① 唐长孺主编《吐鲁番出土文书》（图录本）叁，第 161 页。

② 陈国灿：《对唐西州都督府勘检天山县主簿高元祯职田案卷的考察》，第 475 页。

③ 周藤吉之：《吐鲁番出土佃人文书的研究——唐代前期的佃人制》，第 2~120 页。

力相"等语，① 可见一渠之上有若干个堰，如此推测渠长应当比堰头级别更高。

这样可以勾勒出西州高昌县基层水利组织的结构，即知水—渠长—堰头。知水是当乡的水利负责人，渠长是某一水渠的负责人，而堰头则是某一堰的负责人，他们共同协作维持基层水利管理。

关于这些人的身份，西州出土的《武周天授二年安昌合城老人等牒为勘问主簿职田虚实事》提供了一些资料：

1 行旅之徒，亦应具悉，当城渠长，必
2 是细谙知地，勋官灼然可委。问合
3 城老人、城主、渠长、知田人等，主簿
4 去年实种几亩麦，建进所注虚
5 实，连署状通者。谨审，但合城老人
6 等，去年主簿高祯元不于安昌种
7 田，建进所注并是虚妄，如后不依②

这件文书仍然是前引高元祯案的一部分，这里出现的证人是"合城老人等"，但他的证词却提到了渠长，他们认为当城（乡）的渠长是可以信任的，应该向他们调查取证。其中提到渠长"勋官灼然可委"，是说渠长由勋官担任。当然不能把"合城老人等"的供词看作制度性的规定，但它至少说明西州的渠长普遍由勋官来担任。

《唐六典》卷二三"都水监"条"每渠及斗门置长各一人"下有注文云："以庶人年五十已上并勋官及停家职资有干用者为之。"③ 是说作为基层的水利管理者，渠长和斗门长应该由年龄在五十岁以上的庶人、勋官和赋闲官员担任。这就与上引文书中"合城老人等"所说的"勋官灼然可委"相合。五十岁以上的庶人虽然没有官阶，但应当积累了相当的社会经验和威望。至于勋官和停家职资，《唐律疏议》卷二八有："疏义曰：即非

---

① 周藤吉之：《吐鲁番出土佃人文书的研究——唐代前期的佃人制》，第34~35页。
② 唐长孺主编《吐鲁番出土文书》（图录本）肆，第75页。
③ 《唐六典》卷二三，第599页。

将吏，谓非见任文武官，即停家职资及勋官之类……"① 刘俊文指出，停家职资是指停官但有前资的人。勋官又是一种没有实际执掌的荣誉称号。这两者都不是现任的文武官员，但是具有一定的官方性质。因此，具有勋官和停家职资身份的人，必定具有一定的社会影响力和社会地位。如前引《唐勋官某诉辞为水破渠路事》文书中，下口人便是以某勋官为代表向官府上牒投诉上口人的。渠长和斗门长就是由这些社会精英担任的。西州的堰头大致相当于《唐六典》中的斗门长，西州的知水在前述麹武贞案中与渠长一同被问询，其地位应与渠长相仿。因此，可以推测西州的知水、渠长、堰头这类基层水利管理者，很可能都是由上述三类人担任的，属于民间的精英阶层。

虽然如此，如果分析这些基层水利管理者日常工作的话，会很容易发现他们并没有过多地代表民间意愿，反而是具有很浓重的官府色彩。如前文所引的《唐六典》及《水部式》，这些基层水利人员的主要责任是在农田灌溉时控制水量、维护灌溉秩序。然而他们的工作会受到州县委派的专员的监督，同时他们还要遵守一些官方的用水规定，如敦煌的《唐代沙州敦煌地区灌溉用水章程》，不能按自己的意愿控制水量。在特殊状况下的给水，也不能由知水、渠长擅自做主，一定要百姓申请州县，州县长官确认后再责成知水、渠长去具体办理。前引《唐龙朔三年四月十日西州高昌县麹武贞等牒为请给水事》即是如此。

余　论

通过上文的考察可以发现，在西州的水利事务中官府的主导作用十分明显。在渠堰修理方面，官府承担了堤防、堰、灌溉大渠等的修理任务，百姓则是以户为单位对田边的灌溉小渠进行修理。在用水方面，官府对于河渠系统的水源具有绝对的控制力，对用水顺序有严格规定，并有专门官员负责监督；只有在极特殊的情况下，才会出现百姓自我管理。在基层水利人员方面，他们虽然来自民间，却在很大程度上为官府负责，而不能代表民间意愿。

对于清代的地方水利，通过众多学者的研究已经有了一个比较清楚的

---

① 刘俊文：《唐律疏议笺解》卷二八《捕亡》，第 1953 页。

认识。如果以本节所考察的唐代西州高昌县的水利管理与清代的情状进行比较，就会发现唐代与清代在地方水利管理模式上有很大的不同。清代的灌溉渠有"官渠"和"民渠"的区分，官渠由官府管理，而民渠则是由民间力量兴修、管理。① 在唐代是无法区分官渠与民渠的界限的，因为即使在修渠的范围方面官府与百姓存在界限，但官府对全部的渠堰系统都拥有管理权。从现有的资料中看不出有哪条渠完全是由民间出资修筑、进行自治管理的，只有游离于渠堰系统以外的个别地点才会存在自我管理的现象，如《唐城南营小水田家牒稿为举老人董思举检校取水事》，但这应当只是极个别的例子。清代的另一大特点是地方乡绅对于渠务的把持，渠的最高管理者为渠头，由以乡绅为首的民间精英担任，他们有制定《渠册》、分配资源的权力。② 而在唐代的基层水利组织中，知水、渠长、堰头三个级别的人员共同承担着水利管理任务，渠长并不是清代渠头一类的绝对领导者，例如《唐龙朔三年四月十日西州高昌县麴武贞等牒为请给水事》文书中，县官便是要求知水与渠长共同完成水利任务。而且从前引高元祯案中也可以看出，知水在乡里具有比渠长更重要的地位。这些基层人员之上又有县级的知水官监督。这些基层人员真正起到了官府与百姓之间的中间力量的作用。而清代的乡绅则是更多起主导、支配作用，因为清代地方官府在水利事务方面的介入程度是极低的。

实际上，如果粗略地考察一下唐以后的水利史料就可以发现，随着时代的推进，官府对水利事务的掌控是在逐渐减弱的。在唐末五代宋初的敦煌文书中，存在大量关于渠人组织、渠人社的文书。这些文书显示，敦煌当地的百姓以渠为单位结成了组织，共同修理渠堰。③ 虽然这些组织仍然具有官方色彩，但它们明显具有了一些渠务"民办"的性质。这已经与唐代西州的情形大有不同。因为在《唐勋官某诉辞为水破渠路事》文书中，在发生纠纷时，该渠的百姓分成了"上口人"与"下口人"两派，带头的

---

① 可参见郑振满《明清福建沿海农田水利制度与乡族组织》，《中国社会经济史研究》1987年第 4 期。

② 参见邓小南《追求用水秩序的努力——从前近代洪洞的水资源管理看"民间"与"官方"》；周亚、张俊峰《清末晋南乡村社会的水利管理与运行——以通利渠为例》，《中国农史》2005 年第 3 期。

③ 关于渠人、渠人社，可参见郝春文《敦煌的渠人与渠社》，《北京师范学院学报》1990年第 1 期；孟宪实《敦煌民间结社研究》，第 304~341 页。

也是以勋官而不是渠长的名义出面。这似乎说明当时并没有以渠为单位的
组织，而敦煌渠人组织的出现，则无疑是一个显著的变化。在宋代江南地
区的水利资料中，已经可以看到一些民间修筑大型渠堰、参与水利管理的
例子了，① 这与唐代完全由官府负责大型水利工程的情况有了很大不同。
至若明清，便大量出现前文提到的"民办"渠与乡绅掌控渠务的情况，并
存在由"官渠"向"民渠"过渡的局面。可见自唐朝以降，在水利管理方
面官府的力量呈现出逐渐减弱的趋势，而民间的力量在不断增强。此前学
者在研究明清水利的时候已经注意到了这个趋势，但很少关注明代以前的
变化。在谈到水利管理中的官府与民间问题时，可以借用日本学者森田明
在研究清代道光年间的西湖管理时说到的："长期以来一直处于行政管理
下的西湖浚治事业，到了清代道光年间，作为'地方公务'的一环被委让
给地方社会自行管理，从而最终转变成了以当地商人和绅宦阶层为核心人
物的自主性管理体系。"② 只不过这一历史过程并非只发生在明清时期，也
不只发生在西湖的管理上。如果把这段话应用于本节的观点，就可以说成
是，自唐以降，官府便将其行政管理下的水利事业逐步地委让给地方社会
自行管理，最终转变为清代以地方精英为核心的自主管理体系。

第二节　于阗的杰谢营田与水利

和田出土汉文文书，大多是唐朝镇守军的遗留物，故其中多军事文
书，而少见有关民政者。关于四镇地区的羁縻制度，张广达先生曾指出，
长寿以后，四镇一些地方出现了"一种胡汉结合的军政体制"。③ 这种特殊
军政体制下的军民关系，自然是值得重视的问题，然而能够借以深入探讨
这一问题的汉文文书资料却并不多。幸运的是，中国人民大学博物馆收藏

---

① 关于宋代江南地区的水利资料，可参见斯波义信《宋代江南经济史研究》，方健、何忠礼
译，江苏人民出版社，2001。
② 森田明：《清代水利与区域社会》，雷国山译，叶琳审校，山东画报出版社，2008，第
56页。
③ "唐朝在天山南北、葱岭东西设立羁縻州府，并立原来首领或国王为刺史或都督，目的显
然在于使各民族首领处理各自的民政。然而，自长寿以来，在各羁縻州府所在地又设
统率汉军兵马的镇守使。这就在设有当地民族的都督或刺史的地方，又有节度使派来的
节度副使、镇守使的存在。这样，一些地方就出现了一种胡汉结合的军政体制。"见张广
达《唐灭高昌国后的西州形势》，第149~150页。

的一批和田文书中，有一件《杰谢作状为庥和田作等用水浇溉事》，提到杰谢作与杰谢乡百姓分水灌溉之事，亦与镇军相关。其中涉及的杰谢水利管理、营田等重要信息，都是首次在和田地区出土文书中出现。故此刊布该文书如下，并略作考释。

一　文书概况及录文

此件《杰谢作状为庥和田作等用水浇溉事》（以下简称《杰谢作状》），人大博物馆编号 GXW0167，长 39.5 厘米、宽 28.5 厘米。共 8 行，有多处涂抹痕迹，行间有若干小字，应为补入正文之漏字。该文书只占据纸张的一半，后半空白处有一书信残稿，存 4 行，反方向书写。《杰谢作状》及书信下部均残去一部分文字。纸张中部有明显十字折痕。录文如下：

1　杰谢作　　　　状上
2　　床和田苗等
3　　　右件田作先奉军牒供百姓同用　〔
4　　　后其水渐小，共合乡⑲⑳分用，百姓卌丁用十日，作
　　　家一⌈十⌉□
5　　　用五日浇青、小麦即遍已后，自从浇床和作上，
6　　　　每巡用七日，浇不遍，今见干燋。词诉百姓，秋
7　　　田亦干燋。其水前后破人修捺渠道，更亦不
8　　　　加，田苗见损，近恐年终课不充，为与申上镇军，请
　　　处分。

文书第 3 行第 4 字有涂改，似是由"苗"字改为"作"字；该行第 9 字亦有涂改，似是改"共"为"供"；行末残缺处之上有一小字"用"，当时补在"同"字后。第 4 行起始几字旁有小字"其水渐小"，应是补在第 1 字"后"字后；该行正文第 5、6 字"百姓"二字有涂抹，应是删除之意。第 8 行第 1 字"加"字旁有小字"田苗见损"，应补在此字后；该行"与"字与"镇"字旁有小字"申上"，当补在两字间。此件文书修改、涂抹之处如此之多，语句亦不甚通顺，且没有官府文书结尾常见的日期和发件人

署名，明显不是正式上行的文书，而是一份草稿。

残书信录文为：

1　仲秋渐凉，比惟

2　□来五郎动用清胜 [

3　皇皇，近有文牒征男□ [

4　有驱驰，不敢有辞。

纸张的另外一面为《唐某年杰谢镇仓粮入破历》，其中有"李奉珎"等一组人名。这些人名很多可与国家图书馆藏和田文书 BH1-2 文书中的人名对应，而其纸背 BH1-1 文书的时间为建中六年（785）。"李奉珎"亦为和田文书中较常见之人。人大博物馆藏 GXW0169 号文书便有"判官李珎"，当即李奉珎，该文书有贞元六年纪年。又，人大博物馆藏 GXW0100 号建中四年文书中，亦有"李奉珎"。则《唐某年杰谢镇仓粮入破历》的时代大致可判定为唐代建中、贞元年间。

此纸登载了三种不同性质的文书。《唐某年杰谢镇仓粮入破历》书写十分工整，应当是正式的官府文书，在制作时应是用新纸书写。如此看来，这件文书最先是《唐某年杰谢镇仓粮入破历》，废弃后背面被用作信纸及书写《杰谢作状》草稿。可以推测《杰谢作状》文书的年代，应当在粮帐制作之后，很可能也在建中、贞元年间。

二　杰谢作及其性质

大致可以看出，此件文书是杰谢作因"床和田苗"用水之事上给"镇军"的状。其中提及"田作"奉"军牒"与百姓共同用水，但后来因为水量减少，在完成了青、小麦的浇溉之后，再浇床和时便出现了用水不足的情况，百姓田地也同时出现"干燋"的情况。修理渠道之后，水量也并没有增加。杰谢作怕年终"课不充"，便申上"镇军"请求处分。文书内容看似明白，但其中仍有若干处不易解读。最关键的是，作为文书发文主体的杰谢作的性质，便不甚清晰。

从文书内容看，杰谢作既是一个田地营种机构，同时也是当地水利事务的管理者。然而，在此前出土的和田文书中，从未出现过"某作"的说

图 4-1　沙漠中的丹丹乌里克遗址（局部）

（采自《丹丹乌里克遗址——中日共同考察研究报告》，文物出版
社，2009）

法。从"申上镇军，请处分"之语来看，杰谢作与"镇军"有隶属关系。
给杰谢作"先奉军牒"中的"军"，应当就是后文的"镇军"，是"杰谢
作"的上级机构。按长寿元年以后唐朝在四镇大规模驻军，建立起军镇体
制，于阗镇守军以下形成了多级军事机构，位于杰谢当地的杰谢镇便是于
阗镇守军下的次一级的镇。① 这里的"镇军"应即"镇守军"的省称。在
著名的和田出土《唐大历三年三月典成铣牒》中，又有"被镇守军牒"，②
据此可知，"军牒"应是"镇守军牒"的简称。这样，杰谢作应当是隶属
于于阗镇守军的，是具有军事色彩的营种机构。

这很容易联想到唐代广设于西北边地的屯田。《唐六典》卷七"屯田
员外郎"条有："凡军、州边防镇守转运不给，则设屯田以益军储。"③ 然
而，在各种史料中所见之屯田，多是以"某屯"称。例如，在吐鲁番出土
西州文书中，便有所谓"白水屯"，④ 或称"白涧屯"。⑤ 史籍中亦有称

---

① 荣新江：《于阗在唐朝安西四镇中的地位》，《西域研究》1992 年第 3 期，第 57 页；陈国
　灿：《唐安西四镇中"镇"的变化》，《西域研究》2008 年第 4 期，第 16~22 页。
② 张广达、荣新江：《〈唐大历三年三月典成铣牒〉跋》，第 61 页。
③ 《唐六典》卷七，第 222 页。
④ 唐长孺主编《吐鲁番出土文书》（图录本）叁，第 464 页。
⑤ 唐长孺主编《吐鲁番出土文书》（图录本）叁，第 477 页。

"玉山屯"① "太和屯"② 者。从名称上看，"作"显然不能直接等同于"屯"。又，唐代对每一单位屯田的面积有具体的规定，《唐六典》同卷有："大者五十顷，小者二十顷。"③ 而《天圣令·田令》中则有更加详细的规定："诸屯隶司农寺者，每地三十顷以下、二十顷以上为一屯。隶州、镇诸军者，每五十顷为一屯。"④《通典》亦载此条，并言其为开元二十五年令。⑤ 由此可知，正规的屯田每屯的规模至少会达到二十顷。西州、于阗这类的边州、镇军的屯田，按照规定应是以五十顷为基本编制单位的。而《杰谢作状》中"作家一 ⊟ "，很可能是指杰谢作的作家有一十丁。若按一丁耕作十亩计算的话，⑥ 一十丁仅能作得百亩，即一顷。这与五十顷的规模相去甚远。关于这一点，《唐六典》所记天下军、州所管屯田数量也很值得注意。据《唐六典》："河西道……安西二十屯，疏勒七屯，焉耆七屯，北庭二十屯，伊吾一屯，天山一屯。"⑦ 其中提到了安西、疏勒、焉耆都有屯田，四镇之中唯独于阗无屯，这是一个十分有趣的现象。于阗绿洲应当是具备大规模耕作条件的，没有屯田或与其他特殊政治、经济因素有关，但无论何种原因，在《唐六典》编成的开元时代于阗没有屯田。安史乱后，全国屯田数目都在上升，⑧ 不能排除于阗在大历至贞元时代已有屯田的可能，但相比于其余三镇以及北庭等处，于阗屯田可能是非常少的。从以上几点来看，杰谢作不太可能是具有一定规模的正规屯田。

除了屯田以外，唐代在边疆地区还常设有一些规模相对较小的营田。《新唐书·食货志》有："开元二十五年，诏屯官叙功以岁丰凶为上下。镇戍地可耕者，人给十亩以供粮。方春，屯官巡行，谪作不时者。"⑨ 大致自开元时起，朝廷大量招募长征健儿长期驻守边军，有些健儿又会自带家

---

① 《旧唐书》卷七五《苏世长传》，第 2628 页。
② 《太平广记》卷三三一《刘洪》，第 2633 页。
③ 《唐六典》卷七，第 222 页。
④ 《天一阁藏明钞本天圣令校证（附唐令复原研究）》，第 389 页。
⑤ 《通典》卷二《食货二》，第 44 页。
⑥ 《新唐书》卷五三《食货志》有"开元二十五年，诏……镇戍地可耕者，人给十亩以供粮"的记载，可资参考（第 1372 页）。
⑦ 《唐六典》卷七，第 223 页。
⑧ 黄正建：《唐代后期的屯田》，《中国社会经济史研究》1986 年第 4 期，第 42~51 页。
⑨ 《新唐书》卷五三《食货志》，第 1372 页。

口，粮食转运压力很大。也许是因为如此，上引开元二十五年令中才会提出鼓励镇戍发展小规模田地营种的政策，以保障军粮。这应该也是对成规模的屯田的一种补充。与此相关，在西域出土文书中，常有记载烽铺兵士在周边进行小规模营种者，便是此类。此种营作，少则数亩，多则数十亩，规模都不大，且亦有"营种不济"的情形。[①] 如前文所述，杰谢作的作家只有十一丁，营种规模十分有限，从性质上看，更像是这种小规模营田。

另外，与杰谢作名称相近者，又有见于吐鲁番文书的"长行小作"。《唐上元二年（761）蒲昌县界长行小作具收支饲草数请处分状》中，便记"蒲昌县界长行小作"有"县城作""山北作""三城作"，[②] 都与杰谢作的名称类似。按长行小作隶属于长行坊，以种粟为主，但收获的主要是草，应当是为长行坊中饲养的牲畜提供草料的。[③] 根据文书内容，蒲昌县长行小作营种的田地总共不过两顷。从另一件《唐上元二年柳中县界长行小作具元收、破用粟草束数请处分状》看，柳中县的长行小作也只有数顷的规模。[④] 或许可以依此推测，以作为名的田地耕种，规模都不甚大。此外，人大博物馆藏 GXW0068 号文书也提到了"作"：

（前缺）

1　　] 十月　日典孙庭宾牒
2　　] 请克诸人月粮，内冯进等叁拾
3　　　　　　　] 右四作支付
（后缺）

这件文书涉及给"诸人月粮"，由"右四作支付"。既然与粮食相关，此四作很可能是与杰谢作相同的营田机构。说明在于阗地区，杰谢作一类的作还有不少，这种小规模营田可能是一种普遍的形式，而且此类作可能还有

---

① 程喜霖：《从吐鲁番出土文书中所见的唐代烽燧制度之三——唐代的烽铺剬田》，《武汉大学学报》1985 年第 6 期，第 72~80 页。
② 唐长孺主编《吐鲁番出土文书》（图录本）肆，第 556~557 页。
③ 钮小红：《吐鲁番所出唐代文书中的官营畜牧业》，《吐鲁番学研究：第二届吐鲁番学国际学术研讨会论文集》，上海辞书出版社，2006，第 114~115 页。
④ 唐长孺主编《吐鲁番出土文书》（图录本）肆，第 554 页。

储存和支给粮食的功能。

此外，从文书上看，杰谢作在田苗干燋的情况下，也有"近恐年终课不充"的压力。说明杰谢作需要承担"课"的义务。这里的"课"，应当指的是一种考课。《天圣令·田令》唐49条有：

> 诸屯课帐，每年与计帐同限申尚书省。①

可见，唐代的屯田机构每年是要制作课帐的，并要向尚书省申报。关于课的内容，或许可以参看《天圣令·厩牧令》唐7条，该条令文规定，诸牧每年要根据饲养牲畜的种类和数量，按一定比例课驹，规定十分详细。② 每年上缴牲畜的驹就应当是诸牧的课，既然诸屯也有课，那么便应是每年上缴一定比例的粮食。虽然不见诸屯之课的具体数额规定，但可以想见，根据每屯的规模，还是应该会有一定的考核标准。因为《天圣令·田令》唐47条提到了"考校屯官"，③ 而在接下来的48条中，又提到了"诸屯官欠负，皆依本色本处征填"。④ 这种考校的标准，便应是课的完成情况。同样，杰谢作承担的课也应是这种情况。具体来说，杰谢作是镇守军下属的营田机构，其课很可能是按照耕作规模上缴一定比例的粮食。田苗干燋必然会导致课不充，官员的考课会受到影响，但更主要的是营田的任务不能完成。

由此也可以看出，于阗镇军在杰谢绿洲采取了小规模营田的形式来增加粮食供给，这对于地处偏远、物资转运不便的杰谢镇来说，应当具有重要意义。这也是首次发现于阗地区进行军事营田的证据。根据前引人大博物馆藏 GXW0068 号文书，或可推测于阗的其他地方可能也有类似的营田存在，以作为补充军队粮食供给的方式。

———————————

① 《天一阁藏明钞本天圣令校证（附唐令复原研究）》，第389页。
② 令文为："诸牧，牝马一百匹，牝牛、驴各一百头，每年课驹、犊各六十，（其二十岁以上，不在课限。三岁游牝而生驹者，仍别簿申省。）骡驹减半。马从外蕃新来者，课驹四十，第二年五十，第三年同旧课。牝驼一百头，三年内课驹七十。白羊一百口，每年课羔七十口。羖羊一百口，课羔八十口。"《天一阁藏明钞本天圣令校证（附唐令复原研究）》，第400页。
③ 《天一阁藏明钞本天圣令校证（附唐令复原研究）》，第389页。
④ 《天一阁藏明钞本天圣令校证（附唐令复原研究）》，第389页。

图 4-2　丹丹乌里克遗址的果园遗迹

（采自《丹丹乌里克遗址——中日共同考察研究报告》）

三　杰谢的百姓与作家

《杰谢作状》中具体从事水利灌溉劳作的有两类人，一为百姓，一为作家。唐代的百姓，通常是指良人。[①] 从和田出土于阗文文书记载的情况看，于阗地区的普通民众有自由人和半隶属人（paśā avaśāna）的区别。[②] 二者在赋税等方面略有不同。很显然，百姓应当是对应于自由人的。从《杰谢作状》中反映的情况来看，百姓只是在水源上需要杰谢作供给，田地则是独立耕作，与杰谢作无关。文书中所谓"词诉百姓"，便是杰谢作在自己作上田苗干燋的情况下，需要问询得知百姓田苗的生长状况，来判断旱情。这也说明百姓的田地是与杰谢作分别耕种的。

值得注意的是，文书中又提到了"百姓卅丁"。丁，指丁男，亦是唐代一常用名词。唐前期普通百姓的赋役，通常都是以丁为单位来征发的。然而，在此前所见和田地区出土汉文文书中，有关"丁"的记录还是很少的，仅《唐大历十六年（781）二月六城杰谢百姓思略牒为典驴换丁不得

---

① 张广达、荣新江：《〈唐大历三年三月典成铣牒〉跋》，第 63 页。

② 吉田豊『コータン出土 8~9 世紀のコータン語世俗文書に関する覚え書き』神戸市外国語大学外国学研究所、2006、121、122 頁。

乞追征处分事》中记有：

> 3　思略放丁。经今十个月，丁不得，驴不还，伏望 [　①

"放丁"似是换丁，② 文书中的思略，很可能是想用驴换得与丁的赋役相关的某种优惠。这也提示，杰谢百姓在汉文文书中也有以丁的身份出现的情况。而《杰谢作状》中提到的"百姓卌丁"，则更明确地说明杰谢地区有详细而准确的丁数统计。如果按照唐代制度来说，丁有非常严格的认定方法，而且丁是计算税赋量和制订年度徭役征发计划的基本单位。在《杰谢作状》背面书写的《唐某年杰谢镇仓粮入破历》中，有"准当界卌丁新税并加壹耗附"句。说明杰谢镇也是掌握杰谢百姓丁数的统计数字的，而且会据此采取征税的活动。人大博物馆藏 GXW0065 号和田文书，十分接近"户籍"，其中不仅罗列了户主姓名、年龄，更是记录了户中的其他男丁，又有定验的标记。由此可见，于阗虽然可能没有对家庭成员的完整统计，但对丁男的统计一定是精确的。而且从国家图书馆藏和田出土 BH1-15 文书看，征税者对"半丁"（即残疾人）的情况也是有精确统计的。③ 说明唐朝对丁口详细掌控的制度，在于阗同样有所体现。

关于人数问题，应注意到文书作者在拟稿时，特意涂抹去了句中的"百姓"二字，并在其后追加了"百姓卌丁用"句，或许作者在这里要表达的意思是"共合乡百姓卌丁用"。则在文书书写年代，杰谢百姓总丁数便是四十。吉田丰根据于阗语文书，对杰谢地区纳税人数进行了统计，认为除了半隶属人以外，作为课税对象的百姓的数量在 40~60 人之间。④ 正与《杰谢作状》中记载之卌丁的数目相符。

作家，从名称判断应当与杰谢作有关。这个名称也很容易让人联想到吐鲁番、和田出土文书中常见的寺院家人，唐代前期常把寺院依附人口称为家人。⑤ 人大博物馆藏 GXW0090 号和田文书中有：

① 沙知、吴芳思编著《斯坦因第三次中亚考古所获汉文文献（非佛经部分）》，第 313 页。
② 陈国灿：《斯坦因所获吐鲁番文书研究》，第 540 页。
③ 段晴：《关于古代于阗的"村"》，第 581~604 页。
④ 吉田豊『コータン出土 8~9 世紀のコータン語世俗文書に関する覚え書き』、123 頁。
⑤ 姜伯勤：《唐五代敦煌寺户制度》，中国人民大学出版社，2011，第 272~276 页。

1] □野分付长史差人送来，如彼要乘骑

2] 如不要，亦请差一镇家人勾当将来

所谓"一镇家人"，当是指一位来自镇家的人。镇家很可能是依附于军镇的人户。因为人大博物馆藏 GXW0166 号文书中提到有"在军寄住百姓"，说明当时有一些人口是依附于军队的。该文书中列举的碛外百姓，也全部注明"某人在某家"，恐怕表述的也是一种隶属关系。如此，作家很可能也与依附人口有关。从《杰谢作状》看，文中的"作家一十"显然是与上句"百姓卅丁"相对的，可以想见，作家与身为自由人的百姓在身份上会有一些不同。联想到上文所述于阗的纳税者有自由人和半隶属人的区别，或许可以将作家认作某种半隶属人，他们是隶属于杰谢作的。

这样一种隶属关系，很像唐代的营田户。按唐前期屯田的营种方法，有军卒营种、租佃、屯丁、户奴与丁夫等几种，后期又见有和雇、营田户。① 首先，如果不考虑家属的因素，屯田的军卒通常不会以"家"相称，作家不可能直接对应于戍边健儿。而屯田上的佃户，除了租佃屯田地以外，可能还另外拥有自己的土地。② 这是一种契约关系，而非依附或隶属关系。屯丁更是以赋役的形式从百姓中征发而来，和雇亦大致如此，户奴则多限于苑内营田，唯有营田户最与作家相近。关于营田户，《资治通鉴》卷二四八"大中三年八月己丑"条之胡三省注中有："宋白曰：史臣曰：……名曰营田。行之岁久，不以兵，乃招致农民强户，谓之营田户。复有主务败阙犯法之家，没纳田宅，亦系于此。"③ 可见，营田户是官府招募来的农户，他们会替代军卒从事营田劳作，这些营田户中也会夹杂一些犯法之家。营田户依附于屯田机构，与普通百姓不同。李翰所作《苏州嘉兴屯田纪绩颂》，便描述了与州县系统并立的屯田机构，其中多有"屯人熙熙，邑人怡怡"等语，有屯人、邑人互不相扰之意。④ 从敦煌文书反映的情况看，营田户在西北军州也是存在的。著名的《河西支度营田使户口

---

① 王永兴：《唐田令研究——从田令和敦煌文书看唐代土地制度中几个问题》，《纪念陈垣诞辰百周年史学论文集》，北京师范大学出版社，1981，第 194~204 页。

② 周藤吉之：《吐鲁番出土佃人文书的研究——唐代前期的佃人制》，第 2~120 页。

③ 《资治通鉴》卷二四八，第 8040 页。

④ 《全唐文》卷四三〇，第 4376 页。

给粮簿》① 中列举的人户，很可能便是营田户，他们隶属于河西支度营田使。② 由此看来，作家应当是一种类似于营田户，但又具有于阗半隶属人性质的人户。

四　杰谢绿洲水利秩序的建立

唐代的杰谢，即位于今和田地区策勒县以北 90 公里处的丹丹乌里克遗址。③ 今日的丹丹乌里克已经是淹没在沙漠里的一处废墟，仅仅是凭借探险家和考古工作者的考察记录，才得以窥见遗址的保存状况。④ 关于杰谢的水源，斯文·赫定（Sven Hedin）认为是来自克里雅河的故道，⑤ 而斯坦因则认为是引自乌尊塔提的运河。⑥ 据《杰谢作状》文书，当杰谢作与当地百姓共同面临水源紧张的状况时，首先采取的措施便是修理渠道，说明杰谢地方的用水应是由一条主干渠道引入的。

要言之，杰谢绿洲水源单一，又孤悬于沙漠之中，引水相对困难，但却拥有相当规模的灌溉区。在艰苦的环境下，为了保证农田灌溉的顺利进行，必须要构建起一套行之有效的水利秩序，才能确保水利灌溉区的相对稳定。从《杰谢作状》反映的内容看，当时杰谢地区的主要生产者是百姓和作家。如前所述，杰谢作隶属于镇守军，那么百姓和作家就应当分别属于民、军两套不同的系统管辖。在特殊的军民、胡汉关系下，杰谢绿洲上

---

① 此件文书池田温、唐耕耦等先生研究之时，尚收藏于上海博物馆，后入藏中国历史博物馆，即今之中国国家博物馆。该文书上海博物馆定名为《敦煌出唐写本河西户籍》，中国国家博物馆定名为《唐纳粮户籍及曹先玉借麦契》。文书图版见《中国历史博物馆藏法书大观》第 11 卷《晋唐写经·晋唐文书》，第 186~190 页。录文可参见池田温《中国古代籍帐研究》，第 355~356 页；唐耕耦《敦煌所出唐河西支度营田使户口给粮计簿残卷》，《中国历史文物》，1987，第 60~66 页。

② 姜伯勤：《上海藏本敦煌所出河西支度营田使文书研究》，《敦煌吐鲁番文献研究论集》第 2 辑，北京大学出版社，1983，第 329~360 页。

③ 霍恩雷最早将杰谢比定为丹丹乌里克 [A. Hoernle, "A Report on the British Collection of Antiquities from Central Asia, Part Ⅱ", *Journal of the Asiatic Society of Bengal*, LXX‐1 (1901), Extra‐No.1, pp. 22‐24, pl. Ⅲ]，斯坦因的考古发掘也支持了这一观点（A. Stein, *Ancient Khotan*, Oxford: Clarendon Press, 1907, pp. 266‐268）。随着更多文书的发现，杰谢即丹丹乌里克已经没有太多疑问。

④ 荣新江：《丹丹乌里克的考古调查与唐代于阗杰谢镇》，《新疆文物》2005 年第 3 期，第 31~33 页。

⑤ S. Hedin, *Through Asia*, Vol. Ⅱ, London, 1898, pp. 792‐793.

⑥ A. Stein, *Ancient Khotan*, Oxford: Clarendon Press, 1907, pp. 285‐288.

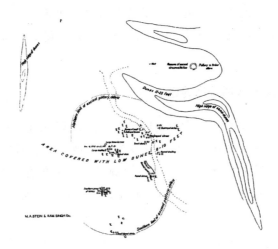

图 4-3 斯坦因所绘丹丹乌里克遗址平面图

（采自 A. Stein, *Ancient Khotan*, plan. XXIV）

的水利秩序是如何构建的，就十分值得关注。

实际上，在唐朝势力大规模进入于阗之前，当地应当有其固有的用水规则。例如 Or. 8211/1473 号文书：

正面：1. | tta buri hvaṃdä cu ṣau aśaukä hīvya ūtca nāṃdä | branaṃdä dayaṃ ganaṃ kūsa 30……

译文：以下人丁收 ṣau 官 Aśauka 之水：Branaṃdä dayaṃ 小麦 60 石……（后略）

背面：1. | tti vā ṣau ysākada hīvya ūtca nāṃdä | saṃganaṃdä ganaṃ kūsa 10 5……

译文：以下人丁收 ṣau 官 Ysākada 之水：Saṃganaṃdä 小麦 15 石……（后略）①

---

① P. O. Skjærvø, *Khotanese Manuscripts from Chinese Turkestan in the British Library. A Complete Catalogue with Texts and Translations*, London：British Library Publishing, 2002, pp. 40-41；文欣：《于阗国官号考》，第 132 页。

文欣先生判断此件文书的时代，当在唐朝影响力大规模进入之前。① 文书列举了使用șșau 官 Aśauka 和 Ysākada 之水的人丁所应缴纳的粮食数量。șșau 官应是于阗国官号，或可对应于汉文的"知事"。② 说明在于阗王国的行政系统中，șșau 官拥有水资源的管理权和分配权，这应当可以视作于阗当地的传统秩序。

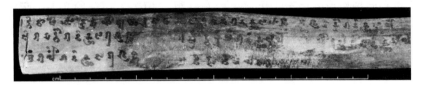

图 4-4　Or. 8211/1473 于阗文木简

（采自 IDP 网站）

然而，从《杰谢作状》来看，随着镇守军势力的进入和杰谢作这种营田机构的设立，原有的用水秩序发生了微妙的变化，可以看到一种新的以杰谢作为核心的秩序。这种新的用水秩序有两个重要特征。首先，杰谢作控制着水源，或者至少是绝大多数水源，并拥有这部分水源的分配权。《杰谢作状》中提到，杰谢作奉镇守军牒将一部分水资源分给百姓同用。即便如此，百姓的秋田依然出现了干燋的情况。可见，百姓原本能支配的水源并不多，甚或是根本没有，他们需要在极大程度上仰仗杰谢作的慷慨供应。其次，渠道的修理也是以杰谢作为主导。《杰谢作状》中有"其水前后破人修捺渠道，更亦不加"之语。"破"，除破损外，还有支出、耗费的意思。敦煌吐鲁番文书中，便常见各种破用历，便是支出各种财物的帐历。那么"破人"，应是支用人力的意思。而此处的"修捺"，当是指对渠道的修整。《宋史》卷九七有："招收土军五十人，巡逻堤堰，专一禁戢，将卑薄处时加修捺。"③ "破人修捺"，即是差人修整渠道。值得注意的是，这条最主要的引水渠道，是由杰谢作来负责调动人力修理的。于阗文 SIP 103.53 号文书也提到了修渠，其中有"tt ［ä］burä hvaṃ ḍä ci ūci ba śtä

———————

① 文欣：《于阗国官号考》，第 132 页；荣新江、文欣：《和田新出汉语—于阗语双语木简考释》，《敦煌吐鲁番研究》第 11 卷，第 64～67 页。

② 文欣：《于阗国官号考》，第 127～133 页。

③ 《宋史》卷九七《河渠志》，中华书局，1977，第 2415 页。

tsīṃdi（以下为去修建拦水堤坝者）"，其下便是征发人夫的名单。① 吉田
丰认为这件文书属于萨波 Sī ḍaka 时代的 Archive 2 组。② 如此看来，这件文
书极有可能也出自丹丹乌里克遗址，反映的是唐朝统治时期之事。这说明
杰谢当地百姓，很可能是以差科形式征发来修理水利设施。这样，《杰谢
作状》中杰谢作"破人修捡渠道"的"人"，很可能也包括这些百姓。龟
兹或也有此种情形，库车出土文书中有一组"掏拓"相关的文书，记录有
唐代安西的"陶拓使"及"陶拓所"，便是与渠堰修理有关，其中多次提
到了差普通百姓从事修理渠道的掏拓工作。③

这显然是于阗特殊军政体制下的特殊秩序，如果对照唐代一般州县的
情况，就可以发现这种水利管理方法的特色。对于一般州县来说，地方官
府完全掌握着水资源及分配。官府对于取水的顺序有严格的规定，如《唐
六典》卷七"水部郎中员外郎"条有："凡用水自下始。"④《天圣令·杂
令》宋令 15 有："诸取水溉田，皆从下始，先稻后陆，依次而用。"⑤ 同时
又有知水、渠长、堰头等水利管理者。前文所论敦煌出土《用水章程》，
更是体现出官府水资源掌控和管理的严密。吐鲁番出土《唐龙朔三年四月
十日西州高昌县麴武贞等牒为请给水事》⑥ 中，百姓自陈"不敢取水"，也
体现出地方官府在水权方面的权威。在渠堰修理方面，地方官府通常是起
着主导作用。《唐律疏议》卷二七《杂律》"失时不修堤防"条下疏议引
《营缮令》曰："近河及大水有堤防之处，刺史、县令以时检校。若须修
理，每秋收讫，量功多少，差人夫修理。若暴水泛溢、损坏堤防、交为人
患者，先即修营，不拘时限。"说明地方官府有修理渠堰的责任。吐鲁番
出土《唐开元二十二年西州高昌县申西州都督府牒为差人夫修堤堰事》⑦，
便是西州官府征调人夫修理堤堰的事例。

可以清楚地看到在唐代一般州县，地方官府是水利秩序的主导者。然

① R. E. Emmerick and M. I. Vorob'ëva – Desjatovskaja, *Saka Documents*, Text volume Ⅲ,
　London, 1995, pp. 159–160.
② 吉田豊『コータン出土 8~9 世紀のコータン語世俗文書に関する覚え書き』、113 頁。
③ 张广达：《唐代龟兹地区水利》，《文书、典籍与西域史地》，第 71~79 页。
④《唐六典》卷七，第 226 页。
⑤《天一阁藏明钞本天圣令校证（附唐令复原研究）》，第 430 页。
⑥ 荣新江、李肖、孟宪实主编《新获吐鲁番出土文献》，第 111 页。
⑦ 唐长孺主编《吐鲁番出土文书》（图录本）肆，第 317~318 页。

而在杰谢的水利事务中，杰谢作实际上扮演了地方官府的角色。在《杰谢作状》中，也看不到于阗王国系统内原来与水利管理相关的ṣṣau官或其他官吏的作用。既然杰谢作是隶属于于阗镇守军的，可以认为在杰谢地方水利管理这种民政事务中，镇守军势力起着决定性的作用。

这应与唐朝军队在杰谢大量驻军有关。杰谢绿洲虽然孤悬于沙漠之中，却在于阗乃至整个安西四镇的军事防御体系中占据着十分重要的地位。[①] 杰谢镇有相当数量的驻军，并且从《杰谢作状》看，军队在当地还有一些营田，很可能会有粮食的储备和支给。这样，驻军就会与当地百姓发生关系，而这种关系从水利的例子来看，应当是镇守军势力参与到部分民政事务管理中。此外，我们在人大博物馆藏GXW0166号和田文书中，还看到了杰谢镇收取碛外百姓税粮的记录，于阗语文书中也有唐朝军将张顺向杰谢auva-haṃdasta（乡头？）Sī ḍaka下达命令、征收兔子的例子。这似乎能够说明，杰谢驻军在一定程度上介入当地民政事务管理，是一种普遍的现象。其甚至在某些方面具有唐朝一般州县乡里机构的职能和作用，这是四镇特殊的胡汉结合军政体制在杰谢地方的反映。于阗其他镇、守捉是否也具有相同的特点是很值得继续探讨的问题。

① 荣新江：《于阗在唐朝安西四镇中的地位》，第58~59页。

第五章　民间工匠与四民生业

　　中国古代有"士、农、工、商"四民之说，《唐六典》载："辨天下之四人，使各专其业：凡习学文武者为士，肆力耕桑者为农，功作贸易者为工，屠沽兴贩者为商。工、商之家不得预于士，食禄之人不得夺下人之利。"① 所谓"工"即是指工匠。唐长孺、魏明孔等先生搜罗传世史料，对唐代工匠的大致面貌进行了勾稽，使学界对唐代工匠有了基本认识。② 然而受资料内容所限，前人的成果大多着力于对官府工匠的研究，对民间工匠的研究则相对较少。尤其对于民间工匠的日常生活情况，我们的了解还是很有限。幸运的是，吐鲁番出土西州文书中保存了大量与西州民间工匠相关的珍贵材料，提供了传世史书记载以外反映民间工匠生存状态的重要信息。冻国栋、苏玉敏先生专门利用吐鲁番文书进行了工匠研究，③ 此外，魏明孔、殷晴等先生在探讨唐代工商业时也运用了吐鲁番文书，④ 但相关

① 《唐六典》卷三，第74页。
② 关于唐代工匠研究，比较重要的论著有唐长孺《魏、晋至唐官府作场及官府工程的工匠》，《魏晋南北朝史论丛续编》，三联书店，1959，第29～92页；张泽咸《唐代工商业》，中国社会科学出版社，1995；魏明孔《浅论唐代官府工匠的身份变化》，《中国经济史研究》1991年第4期，第121～127页；魏明孔《唐代工匠与农民家庭规模比较》，《西北师大学报》2004年第1期，第12～16页；李鸿宾《唐代四种官类工匠考实》，《文史》第42辑，中华书局，1997，第105～111页；李鸿宾《唐代和雇及对官私手工业的影响》，《隋唐五代诸问题研究》，中央民族大学出版社，2006，第315～327页；李志生《唐代工商业者婚姻状况初探》，《人文杂志》1997年第3期，第76～81页；等等。
③ 冻国栋：《吐鲁番出土文书所见唐代前期的工匠》，唐长孺主编《敦煌吐鲁番文书初探二编》，第305～334页；苏玉敏：《西域的供养人、工匠与窟寺营造》，《西域研究》2007年第4期，第74～83页。
④ 魏明孔：《中国手工业经济通史·魏晋南北朝隋唐五代卷》，福建人民出版社，2004；殷晴：《丝绸之路与西域经济——十二世纪前新疆开发史稿》，中华书局，2007。

研究仍有可推进之处。借助出土文献对西州民间工匠进行具体分析，可以
更清晰地勾勒出唐代民间工匠的实态，进而由"工"的角度管窥唐代四民
生业的历史面貌。

第一节　唐前期西州民间工匠的赋役

西州虽然偏处唐朝疆域之西北隅，但作为正式的地方州府，理应是贯
彻了唐朝的各种制度。吐鲁番出土的西州文书，一般也可以看作唐前期社
会、经济面貌的反映。就唐代的赋役制度来说，《唐六典》卷三"户部郎
中员外郎"条有如下之概述：

> 凡赋役之制有四：一曰租，二曰调，三曰役，四曰杂徭。[1]

也就是说，唐代百姓要承担的赋役，一般可以分为租、调、役、杂徭四
类。虽然有学者已经提出，西州民间工匠有兼营农业的迹象，[2] 但似未见
到他们缴纳租、调的任何线索。如此看来，工匠的主要赋役还应当是役和
杂徭两种。因此，以下对西州民间工匠服役的研究，也依照《唐六典》之
分类，主要围绕役和杂徭两方面进行讨论。

一　西州民间工匠的役

关于工匠的役，《天圣令·赋役令》唐22条有如下之记载：

> 诸丁匠岁役功二十日，有闰之年加二日。须留役者，满十五日免
> 调，三十日租、调俱免。（役日少者，计见役日折免。）通正役并不得
> 过五十日。其在路远之处须相资者，听临时处分。其丁赴役之日，长
> 官亲自点检，并阅衣粮周备，然后发遣。若欲雇当州县人及遣部曲代
> 役者，听之，劣弱者不合。即于送簿名下各注代人贯属、姓名。其匠
> 欲当色雇巧人代役者，亦听之。[3]

---

① 《唐六典》卷三，第74页。
② 张泽咸：《唐代阶级结构研究》，中州古籍出版社，1996，第191页。
③ 《天一阁藏明钞本天圣令校证（附唐令复原研究）》，第393页。

此条唐令是针对丁匠每年服役的工作量和上役、代役方法的规定，可以说是关于唐代役制最重要的令文之一。彭丽华指出，所谓丁匠是指从事农业、承担普通力役的丁与已成丁并拥有专业技艺的匠。[①] 可以看到在一般情况下，工匠每年上役的工作量和丁一样，都是常年二十日功，闰年二十二日功。因为工程的需要，超出这个工作量的，就可以按量折免租、调，即便如此总数也不得超过五十日功。但是，既然工匠一般不输租、调，令文中留役免租、调的规定，就不适用于工匠。那工匠留役会如何呢？据《贞观政要》卷一〇所载贞观十三年魏徵之上疏曰：

> 顷年已来，疲于徭役，关中之人，劳弊尤甚。杂匠之徒，下番悉留和雇；正兵之辈，上番多别驱使。[②]

据此可知，工匠的留役是以和雇的形式进行的。也就是说，官府按工匠留役的工作量，支付报酬。总之，唐代工匠的正役，与普通之"丁"一样，是有严格的工作量规定的。

在此基础上，唐前期工匠正役的另一个重要特征，就是提前制作帐簿、分配役作。《天圣令》唐 23 条有：

> 诸丁匠赴役者，皆具造簿，于未到前三日内，豫送簿尚书省分配。其外配者，送配处，任当州与作所相知追役。皆以近及远，依名分配。[③]

这种规定，强调工匠征发的计划性，其过程明显可以分为几个步骤，首先是主管工匠的官吏预先制作需要赴役的工匠的名簿，然后尚书省根据帐簿将工匠分配到各个作所，外配的情况下，还要保证工匠到达作所服役。虽然此条令文是针对中央官府制定的，地方官府征发工匠的情形应当也不会相差太多。州县官府大致也会与尚书省一样，依照提前造好之簿来分配工

---

① 彭丽华：《唐代丁匠的征发与上役管理——以〈赋役令〉为中心》，《史学月刊》2015 年第 4 期，第 92~94 页。
② 吴兢著，谢保成集校《贞观政要集校》卷一〇，中华书局，2009，第 540 页。
③ 《天一阁藏明钞本天圣令校证（附唐令复原研究）》，第 393 页。

匠赴役。其重点，无疑便是"簿"的制作。

以上简单介绍了涉及工匠之役的法令性规定，西州民间工匠的服役状况又是如何呢？以下便以吐鲁番出土文书为中心，探讨一下西州民间工匠的役的征发过程与种类。

（一）役的征发

吐鲁番出土西州文书中，恰好保存了反映西州民间工匠的正役征发的珍贵材料。首先来看两件工匠名籍。一是《唐何好忍等匠人名籍》：

```
1                     ] □延海   白祐仁
2   □□一人缝匠
3         ] 了   曹阿□   曹提拖   曹□□
4   □□龙   何好忍   康失延
5         右件人韦匠
6   焦守相   翟守仁
7         右件人皮匠
8   阳资胡   阳海隆   严处欢
9         右件人木匠
10  石□才   廉毛思   索善守
11        右件人画匠
12  令狐符利
13    右件人油 匠
14  姜海相   姜尾 [
15    右件人杀猪匠
16  郭海相
17    右件人景 匠
18  □智人①
```

二是《唐憙安等匠人名籍》：

---

① 唐长孺主编《吐鲁番出土文书》（图录本）贰，文物出版社，1994，第11页。

（一）

1 □ □ 木 匠

2 [ ] 弟憙安 李之功 李阿苟仁 李 [

3 □□鼠 严六仁

4 □ □ 缝 匠

5 申屠英□ 曹居记 田洛德 高欢住

6 雷犊子 吴绍进 曹阿住 范焉耆 员小□

7 □ □ 铁 匠

8 白住德 弟住□ □养富 弟隆绪 刘阿父□

9 朱憧海 曹秃子

10 二 人 算 匠

11 吴文护 吴进军

12 □ □ 泥 匠

（二）+（三）

1] 婢

2] 连甲 匠

3 申屠君达 樊守洛 弟绪仁

4 □ 人 庄 潢 匠

5 刘建□

6 □ 人 石 匠①

从内容上说，两件文书虽然都是以职业分类登载工匠姓名，但在具体的书写方式上却有一些不同。第一件《唐何好忍等匠人名籍》主体是以"右件人某匠"的方式书写职业，工匠的名字在此句之前（右侧）。而第二件《唐憙安等匠人名籍》则是"某人某匠"的记载形式，工匠的姓名在此句之后（左侧）。《唐何好忍等匠人名籍》的时代为贞观，而《唐憙安等匠人名籍》则在麟德、咸亨间。两件文书形式的细微差别，或许是因为时代的不同。不过从性质上说，两件文书无疑是一致的，都是各色工匠的

---

① 唐长孺主编《吐鲁番出土文书》（图录本）叁，第 240~241 页。据图版，该文书（二）（三）似可缀合。

名录。

　　虽然这两件工匠名籍只是登录了工匠姓名，并没有直接反映工匠配役，但是这种名籍只记姓名，显然与以户为单位，详细记录户主、人口、丁中、土地等情况的户籍不同，其以工匠职业为核心的分类方式，还是显示其与按职业分配的役有关。如前所述，工匠的配役是由尚书省或州县官府来完成的，预先缴送的"簿"就不应该直接包含分配工匠作所的内容，而应当只有需要赴役的工匠的基本信息。因此从性质上说，《唐何好忍等匠人名籍》及《唐憙安等匠人名籍》很可能便是预先制作的、送往有关官司以备配役的"簿"。

　　在赴役工匠名簿送达之后，主管官司便要对工匠进行配役。据《唐西州都督府诸司厅、仓、库等配役名籍》：

（一）

1　□□洛

2　□□欢

3　曹欢相

4　□在天_{已上木匠。}

（二）

1　□塞子_{铜匠}，以上并配本司。

2　□海惠_{弓匠}

3　□□海_{画匠}，以上 亦 见定。

（三）

1　牛怀愿

2　魏海伯　以上仓子

3　□默仁　〔　　〕 子

（四）

1　右 件人等并门夫

2　范智洛

3　宁白积

4　□□ 德

（五）

1　□□□　以上都督 厅

2　□□志　长史厅

3　□□欢　司马厅

4　□□仁　录事□

5　□□和　功〔

6　□□海　仓〔

7　□□始　〔

（六）

1　□□仁　　　　〔

2　□□德　　　　〔

3　□□住　　功 曹 库

4　□□欢　　仓曹库

5　□□仁　　桃　库

6　□□□　　油　库

（七）

1　　　　」上馆

（八）

1　　　　〕官人共匠〔

（九）

1　　　依注，余 〔

2　　　行。望示。〔①

冻国栋对这件文书进行了研究，认为（一）至（四）为第一部分，为诸种应役人名籍，（五）至（九）为第二部分，为据前配役部门，并认为文书中提及的工匠是被分配到各官厅和仓库中。② 不过这种说法有可商榷之处，例如第（二）片行1中的"□塞子（铜匠），以上并配本司"，工匠"□

---

① 唐长孺主编《吐鲁番出土文书》（图录本）叁，第45~48页。

② 冻国栋：《吐鲁番出土文书所见唐代前期的工匠》，第325~327页。

塞子"已经被标明身份为铜匠，其后注明的"并配本司"无疑便是对"□
塞子"及以上若干人配役部门的规定。同样，行 3 有"□□海（画匠），
以上 亦 见定"。"见定"虽然是指暂未配役，但这也依然是对画匠"□□
海"配役状态的标识。因此，这件文书并不能说明工匠被分配到官司与仓
库服役，同时（一）至（九）也应该都是某人配某处的相同格式。

　　工匠的名字出现在（一）和（二）中，如果推测两片文书在内容上是
连续的话，就可以认为（一）中的四名木匠和（二）行 1 的一名铜匠，都
被分配到"本司"服役了。"本司"，从字面意思上理解，就是本当赴役之
司，也就是能发挥其本色作用的部门。对于工匠这种具有特殊职业的人来
说，其"本司"应当是指隶属于官府的各种手工作坊。[1] 唐代西州无疑是
有各色作坊存在的，见于吐鲁番文书的就有"酒坊"和"纸坊"。上述工
匠很可能就被分配到木器和铜器作坊中。（二）行 2、3 中的弓匠、画匠，
只是"见定"，没有正式分配赴役，很可能是因为官府作坊暂时并不需要
他们。这些见定的工匠，很可能最后被分配从事与本色无关的其他役。

　　另外，（三）和（四）中还出现了仓子、门夫等在官府中充当色役的
人，则西州的民间工匠是与普通百姓服色役者出现在同一件配役文书中，
他们虽然身份不同，但却是同时参与配役的。总之，这是一件地方官府分
配上役之人往各个作所的文书，它反映的正是上引《天圣令·赋役令》唐
23 条中官府配役的环节，说明不只在工匠上役之前要具造名簿，官府在配
役过程中也要制作帐簿。

　　配役之后，工匠自然要赴作所服役。而被追征的工匠很可能是有专人
负责接送的，《唐西州某县事目》中便有：

43　□曹帖为追木匠赵 海 相等 差 人领送事 十七日 付刘 □ [2]

西州某县某曹要追征木匠赵海相等人役作，就特意提出要另外差人负责带
领、护送这批工匠。工匠被征召到作所之后，作所也要核查工匠的到役情

---

①　关于地方官营手工业情况，可参考魏明孔《唐代官府手工业的类型及其管理体制的特
　　点》，《西北师大学报》1993 年第 2 期，第 3～10 页。

②　唐长孺主编《吐鲁番出土文书》（图录本）叁，第 459 页。

况。如《唐阴安师等上番人名籍》：

1　　　　] 阴安师　田秃堆　张□信
2　　　　] 张小苟　康申海　贾力子　张君洛_{终制}
3　　　　] 杨欢德　田拽多　范默奴　张海堆
4　□□堆　田默々　李园富_{马夫}　张洛丰　王安住
5　□父师_{□直}　[　　　]　康延守　张酉堆　袁欢庆
6　□□住_{白直}　[　　　] 仁_{白直}
7　　　右件人正月一日上番。

8　□□海 [　　　　]　赵伯欢　袁住欢　鞠延亮_{白直}
9　　　　] 君　张堆子_{白直}　张富抓_{白直}　张白抓_{马夫}
10　　　] 王祐住　杜阿绪_侍　阚隆々
11　　] 康德　[　　　] 夏伯住　翟姚子_{马夫}
12　　] 寅得　白石生　杨汉贞　白住德
13　　□□□正月十五日番。①

这件文书第 12 行出现了"白住德"的名字，据前引《唐憙安等匠人名籍》，
白住德为铁匠。按《唐憙安等匠人名籍》与另外一件《唐麟德二年张玄逸辩
辞》文书粘合，其时代与麟德二年也不会相差太远。而根据文欣对这件《唐
阴安师等上番人名籍》及一组相关文书的考证，其年代应在咸亨四年（673）
之前。② 如此，两件文书时代相仿，其中的白住德当是一人。

　　文欣已经对这件文书的性质进行了研究，认为它是差科簿制作过程中
与配差役相关的文书，但他同时也没有排除其在差科簿基础上制作的可能
性。③ 从形式上看，这件文书记录了正月一日、十五日两次上番的人名。
上文已经提到，对于民间工匠的征发来说，在配役之前制作的名籍应当是

① 唐长孺主编《吐鲁番出土文书》（图录本）叁，第 255 页。
② 文欣：《吐鲁番新出唐西州征钱文书与垂拱年间的西域形势》，《敦煌吐鲁番研究》第 10
　卷，第 131~163 页。
③ 文欣：《唐代差科簿制作过程——从阿斯塔那 61 号墓所出役制文书谈起》，孟宪实、荣新
　江、李肖主编《秩序与生活：中古时期的吐鲁番社会》，第 104~105 页。

按职业划分的，这样才能便于主管官司分配役作。而这件《唐阴安师等上番人名籍》，只以番次为类，不分身份职业。这种形式的帐簿的主体更像是作所，因为他们只要掌握被分配来役作的每一番的人名，并用以检查是否到役即可。上件文书中，每个名字旁边都有墨笔点迹，很可能就是用来检点名单中的人是否到役的。

此外，白住德还出现在了《唐白住德等到役名籍》中：

```
1   白住德　李愿守　周君贞 己上到二月廿八日
2   汜　才　同日木匠王住欢到。汜才①
```

本件文书亦无纪年，但同纸有永淳二年（683）文书，本件时间应大致相当。如此也就可以认定此处的白住德，亦是《唐憙安等匠人名籍》中的铁匠白住德。这件文书从形式上看，两条都有汜才的签名，应是记录某人到达时间的文书。实际上，文书中出现的四个人是同日到，而且有一个木匠、一个铁匠，基本可以认为这几人是去赴役的。而汜才应当是作为作所的负责人来签字。这说明工匠赴役的作所，不仅掌握每一番的服役人的名字，而且对每个人到役的时间都要有详细的记录。在作所确认工匠到役之后，整个西州民间工匠征发服役的过程也就告一段落。

还需要提及的是，工匠之役的征发，还存在一种变通模式。见敦煌所出《开元水部式》：

> 其供桥杂匠，料须多少，预申所司量配，先取近桥人充，若无巧手，听以次差配，依番追上。若须并使，亦任津司与管匠州相知，量事折番，随须追役。如当年无役，准式征课。②

这里讲了所谓"供桥杂匠"的征发方法，虽然具体，但也应具有一定的普遍性。其中，前半部分所讲"以次差配，依番追上"的方法，无疑与上述西州民间工匠的常规征发办法是一致的。关键在于其后半部分提出的一种

---

① 唐长孺主编《吐鲁番出土文书》（图录本）叁，第491页。
② 录文见刘俊文《敦煌吐鲁番唐代法制文书考释》，第334页；图版见《法藏敦煌西域文献》（15），第3页。

特殊情况，即所谓"若须并使"。并使是同时使用的意思，这里应当指的是，在某一番的工匠不能满足工作需求时，追其他不当番的工匠一同劳作。也就是说，那些本不该上番的工匠，被提前追役了。在这种情况下，对工匠的补偿就是"量事折番"。"折"，即折除。"量事折番"，即是根据具体的工作量，折除日后需要服的番役。前面已经提到，工匠每年的工作量是固定的，提前被追役劳作的部分，在正式服役的时候就被扣除了，工匠只要完成剩下的工作量就可以。开元二十年《后土敕书》中有：

> 两营弩手，六番并行，宜各赐勋两转，物五段，仍量折番役。①

两营弩手的这种"六番并行""量折番役"，也是同样的意思。很显然，对于官府来说，折番是对劳动力的预支，工匠被提前役使，之后的工作量就得不到满足。《册府元龟》卷一四"贞观二十一年"条下有：

> 其官曹寺署，并皆创立。微事营造，庶物亦扰市取供，而折番和雇之费，以巨亿计矣。②

俨然是把折番与和雇一起，看作官府支出。虽然这样一种折番并使的情况，并没有在吐鲁番西州文书中得到证实，但这样一种唐前期普遍存在的变通方式，可能在西州民间工匠的征发中也是存在的。

以上以文书的运作为线索，大致考察了西州民间工匠征发赴役的过程。大致工匠上役之时，会预先制作名籍，送往主管官司；州县官司根据名簿给上役的工匠分配作所；作所再根据上番名籍追役或检查到役情况。同时也可以看到，西州民间工匠会与普通百姓服色役者一同配役，也会与白直、马夫出现在同一上番名籍中。这也说明工匠与普通百姓的役的征发，在很大程度上是同步的。

（二）役的种类

以常理推断，西州民间工匠一般会被分配到官府作坊或官府主导的大型工程中服役，可惜并未见到工匠在工程中服役的直接证据，此类只能略

---

① 《张九龄集校注》卷六，第444页。
② 《册府元龟》卷一四《帝王部·都邑二》，第144页。

去不论。同时上文已经提到，工匠有时也会服一些其他种类的色役。以下
便以文书中所见的几种西州民间工匠所服之役进行考察。

1. 本司役作

工匠若被分配到官府手工作坊中服役，自然会从事与其职业相关的工
作。唐西州所见此类作坊，有纸坊和酒坊。

例如《唐配纸坊驱使残文书》就提到了西州的纸坊：

1 　］当上典狱配纸坊驱使［①

只是这里被配去纸坊驱使的不是工匠，而是当上的典狱。这个典狱不承担
其本职工作，反倒被配到纸坊来劳作，很可能不是狱中的工作清闲，就是
纸坊在一定时期需要一些非技术性的劳动力。这也说明，在各种徭役性质
的色役之间，是有人员的调配使用的。同样，工匠或许也会被配到与本色
无关的其他作所中。

酒坊也是西州重要的官营作坊，一来西域的酿酒业本身就很发达，②
二来西州作为丝绸之路要冲，官方需要制备大量的酒以提供给往来的使者，
因此文书中保存的酒坊信息也相对多一些。例如《唐赵尾坦配役文书》：

1 　　　　］六户［
2 　　　　］赵尾坦年十五 ［
3 　　　　］右件人配酒［
4 　　　　］当仰应上［③

这里虽然只有一个残的"酒"字，但还是能推测，赵尾坦等人配作之处当
就是酒坊。只不过这里出现了"六户"，说明这次徭役可能是按户征派的，
赵尾坦又是一个十五岁的中男，那么这就很可能是一次杂徭的征发。看
来，酒坊除了役使配役之人外，还会以杂徭的形式临时征发劳动力服役。

———————————

① 唐长孺主编《吐鲁番出土文书》（图录本）肆，第385页。
② 殷晴：《丝绸之路与西域经济——十二世纪前新疆开发史稿》，第283～286页。
③ 唐长孺主编《吐鲁番出土文书》（图录本）叁，第34页。

又,《唐酒人残牒》中有:

1　酒人 [

2　牒件状如前,[①

文书中出现的"某人""某子",一般情况下都应该是指在某处或因某事役
作之人。这里的"酒人",无疑就应当是在酒坊中劳作之人,有可能是工
匠,也有可能是上件文书中出现的纯粹体力劳动者。

难得的是,新获吐鲁番文书中出现了"酒匠",见于《唐上元三年
(676)六月后西州残文书》:

1　酒匠□ [

2　浆造酒,好□ [

3　司止监其隐截,[

4　月进酒,将酒味 [

5　上元三年六 [

6　何郎 将称 [②

这件文书残毁过甚,文不成句,很难辨别文书的具体性质。但是从残存某
司监督酿酒等内容判断,这些酒匠有可能正是酒坊中役作的。所谓酒匠,
便是以酿酒为业的工匠。他们在酒坊中的主要工作便是用某种浆酿酒,酒
坊则需要每月进上所造之酒。同时酒的味道也被提出来,应该是有所要求
的。借此或可约略管窥工匠在坊中役作的情形。

2. 驿丁

西州民间工匠也有被分配到驿站中服役者。③《唐开耀二年(682)宁
戎驿长康才艺牒为请追勘违番不到驿丁事》:

---

① 唐长孺主编《吐鲁番出土文书》(图录本)叁,第 85 页。

② 荣新江、李肖、孟宪实主编《新获吐鲁番出土文献》,第 74 页。

③ 关于西州的馆驿制度,可以参见孙晓林《关于唐前期西州设"馆"的考察》,《魏晋南北
朝隋唐史资料》第 11 辑,武汉大学出版社,1991,第 251~262 页。

1　杜护洛　郭□子　马定□　张君达　张□□

2　张小君 十。已上第一番。　范焉耆 昌，氾忠　康默仁 平　王住々 平，□信

3　康守绪 大，洛　和万善 大，洛。已上第二番。　张神力 大　高海洛 大

4　樊定隆 马。已上第三番。

5　　牒：才艺前件驿丁，并违番不到，请追勘当。谨牒。

6　　　开耀二年二月　□驿长康才艺牒

7　　　付怀感，各取诸乡

8　　　署即专追，限明日平旦

9　　　将过。□示。①

本件文书出现了"范焉耆"，而《唐熹安等匠人名籍》中也有缝匠范焉耆。按前文考证，《唐熹安等匠人名籍》时代在麟德二年前后，与此件开耀二年（682）文书年代相仿，可以认定此处出现的范焉耆便是同一名缝匠。在上件文书中，驿长康才艺列举了没有按时到役的驿丁姓名，要求官府追征其上役。范焉耆出现在这一名单中，说明他没有被分配到作坊中劳作，而是配往驿站充当驿丁。驿站里的各种工作，似乎都与缝纫无关，基本可以认为范焉耆与其他普通的丁一样，是被配去从事驿站杂务的。

值得注意的是，在范焉耆名字旁边注有"昌，氾忠"三个字。按前引《天圣令·服役令》唐22条中有"若欲雇当州县人及遣部曲代役者，听之，劣弱者不合。即于送簿名下各注代人贯属、姓名。其匠欲当色雇巧人代役者，亦听之"，② 也就是说，工匠和普通百姓一样，也可以雇人代役。具体的操作方法，便是在帐簿上应服役人的名字下，注上代其服役人的籍贯和姓名。如此看来，前述范焉耆名字旁的"昌氾忠"，便是代替范焉耆服役人的籍贯和姓名。"昌"字，一般为高昌县宁昌乡的缩写。③ 那么这个代人便是宁昌乡的氾忠了。

同时，上引唐令对于工匠的代役者也有特殊的限定条件，即必须是"当色"的"巧人"。所谓"当色"，自然是指具有相同的工匠职业；"巧人"，是指具有较高技术水平的人。这一规定也是为了保证代替工匠上役

---

① 唐长孺主编《吐鲁番出土文书》（图录本）叁，第289页。
② 《天一阁藏明钞本天圣令校证（附唐令复原研究）》，第393页。
③ 参见李方《唐西州官吏编年考证》，第314页。

的人，能够胜任在作所的工作。因此理论上说，氾忠应当是一个手艺不错的缝匠。但范焉耆作为驿丁从事的是与本色无关的徭役，是否也一定要按规定雇当色巧人代役就不得而知了。总之，这件《唐开耀二年宁戎驿长康才艺牒为请追勘违番不到驿丁事》，不仅说明西州民间工匠有可能被配役到与本色无关的作所役作，也为工匠之雇人代役提供了实例。

3. 烽子

还可以看到，西州民间工匠也有被分配去烽铺服役者。首先来看王炳华先生在吐鲁番阿拉沟考古发掘得到的《唐西州鸜鸽镇游弈所状为申当界见在人事》，即发掘者编号的"阿拉沟一号文书"：

1　鸜鸽镇游弈所　　状上 [

2　右 当界除破除外见在总卌 八 [

3　廿　二　人　　　　职 [

4　□□铺封元俊　 张 上□ [　　　] 蕃铺□□祚_{在黑鼻}
　　总见铺郭令璋

5　临蕃铺陈九郎　谭慕 遂 [　　　] 铺 刘璲　王庭
　芝_{瓦匠}　断贼铺 郑

6　嘉庆_{在阿陁峰}　□ [　　　] 觉铺杜怀逸　鸜鸽烽唐□□

7　赤山烽任元亮　汤思 [　　　] 烽王尚琳　袁金 城 鸜
　鸽镇常承晖

8　游弈程寄□ [　　　] 白仁义_{放□}　□□镇曹元瓌_{在赤山烽}

9　一十三人在 麦场 □□ 铺 孙休一 [　　　] 见铺高神礼
　赤 山烽刘希昌

10　　赵敬琛　鸜鸽镇高元偘 [　　　] 山刚　总□□翟通子

11　　　　　　　　　　　　　　　] □山镇 [①

---

① 王炳华：《阿拉沟古堡及其出土唐文书残纸》，《唐研究》第 8 卷，北京大学出版社，2002，第 323~345 页；图版据王炳华《西域考古历史论集》，中国人民大学出版社，2008，第 103 页。这里根据图版，对录文略加改动。

这件文书列举了在鹳鹊镇游弈所下属各个烽铺上番的人名，其中第 5 行出现了瓦匠王庭芝。这说明西州民间工匠也有被征派到烽铺上去充役，承担警卫任务的情况。包括这件文书在内，吐鲁番阿拉沟出土了类似的几件与烽铺相关的珍贵文书。关于其性质，程喜霖撰写了一系列文章专门对这批文书进行了详细的考释。① 大致所谓"烽铺"，有"烽"有"铺"，"烽"为烽台，"铺"为马铺。② 瓦匠王庭芝上番之铺，便是鹳鹊镇游弈所下属之一马铺。据《通典》卷一五二所载：

> 马铺。每铺相去三十里，于要路山谷间牧马两匹，与游弈计会，有事警急，烟尘入境，即奔驰报探。③

可见，在马铺服役的主要任务，就是无事时在紧要之处放马，有事之时骑马报警，肩负的是边防警备的职责。瓦匠王庭芝在这里显然不是从事的本色工作，那他又是以什么身份出现在这里呢？

唐代文献通常将上烽之人称为烽子，在马铺里服役的人却没有明确的身份定义。在各种文书及文献中，似乎都没有见到铺子、铺夫一类的称呼。在数量庞大的雇人上烽契约中，也都是称上烽，而没有称上铺者。从上引文书看，烽台与马铺都在游弈所治下，同样担负着警卫的任务，在这两处服役之人，身份上应该没有什么区别。大致就可以推测，烽子的概念在广义上应当涵盖服役于马铺之人。那瓦匠王庭芝也就是以烽子的身份在马铺里警卫。

关于烽子，学界已有很多研究，④ 大致烽子是一种短番，虽然是一项军事任务，但通常是由普通百姓担任，卫士任烽子的并不多。烽子不任杂

---

① 程喜霖：《吐鲁番新出唐代烽铺文书考释——新出烽铺文书研究之一》，《吐鲁番学研究：第二届吐鲁番学国际学术研讨会论文集》，第 60~68 页；《唐代烽铺建制新证——新出烽铺文书研究之二》，《西域研究》2006 年第 3 期，第 22~29 页；《唐代烽子上烽铺番期新证——新出烽铺文书研究之三》，《新疆师范大学学报》2006 年第 2 期，第 5~8 页。
② 参见程喜霖《烽铺考》，《郑州大学学报》1988 年第 1 期，第 68~73 页。
③ 《通典》卷一五二《兵五·守拒法》，第 3901 页。
④ 主要有唐长孺《唐代色役管见》，《山居存稿》，第 174~175 页；王永兴《唐代前期军事史略论稿》，昆仑出版社，2003，第 28~44 页；程喜霖《从吐鲁番出土文书中所见的唐代烽燧制度之一》，第 275~315 页。

徭，则其身份可能为一种徭役性色役。① 而且从吐鲁番文书反映的情况看，雇人上烽是很普遍的。那么瓦匠王庭芝在鹳鸽镇某铺充烽子宿卫，就又是工匠服本色之役外，承担其他役的例子。而且马铺的工作无非放马、报信两类，与工匠的技术职业无关。这同时也说明，烽子的征发范围，不仅限于普通百姓，也会包含工匠。

通过以上考察可以知道，西州民间工匠的配役是以在官府作坊中劳作为主，但在一些情况下，他们也会被分配去服一些与工匠职业无关的徭役性色役。前引《天圣令·赋役令》唐22条明确写到工匠岁役功二十日，那工匠充驿丁、烽子之役，就必然挤压他们在官府作坊中工作的时间。驿丁、烽子一类没有技术含量的工作，让拥有特殊技艺的工匠来承担，显然是一种浪费。造成这种现象的最可能的原因，即是官府每年只用工匠二十日功，但仍然超过了官府作坊实际所需的工作量，多余的工匠就被分配去充驿丁、烽子之类的力役。比如《唐西州都督府诸司厅、仓、库等配役名籍》中的弓匠和画匠，就没有像其他工匠一样直接配本司，而只是见定。《天圣令·赋役令》唐24条有："诸丁匠不役者，收庸。"② 但从上面讨论的情况来看，工匠首先会被分配到对应的官府作坊中服役，多余的就会被配去充其他徭役性色役，大概再多余的才会不役收庸。

二 西州民间工匠的杂徭

杂徭是正役之外的又一个重要的赋役项目。《唐律疏议》卷一三《户婚律》"应复除不给"条之疏议曰："其小徭役，谓充夫及杂使。"③ 王永兴先生认为，所谓"小徭役"，即是杂徭。④ 那么可以说，杂徭分为充夫和杂使两类。充夫，自当指上文引到的"夫谓杂徭"，它因征发的劳动力称"夫"而得名，也是杂徭最具代表性的形式。杂使大致就是一些临时性的差遣。以下便从充夫和杂使两方面来讨论工匠的杂徭。

（一）充夫

传世的律令之中，涉及役的条目很多，但与杂徭相关的却很少。涉及

---

① 关于烽子身份的辩证，具体可参考余欣《吐鲁番出土上烽契词语辑释》，《文史》第53辑，中华书局，2001，第133~141页。

② 《天一阁藏明钞本天圣令校证（附唐令复原研究）》，第393页。

③ 《唐律疏议》卷一三《户婚律》，第251页。

④ 王永兴编著《隋唐五代经济史料汇编校注》第1编，中华书局，1987，第553~554页。

杂徭征发的最重要的史料为白居易《白孔六帖》中转引之《户部式》：

> 诸正丁充夫，四十日免，七十日并免租，百日已上课役俱免。中男充夫，满四十日已上免户内地租，无他税折户内一丁，无丁听傍折近亲户内丁。①

这是关于丁、中充夫期限以及超期服役补偿办法的规定。因为这段文字记载不是很清楚，对其的理解也有分歧。② 但可以肯定的是，充夫是有一定工作量限制的，超出的部分就可以通过免租、免课役形式补偿。当然，这一规定明显是针对普通百姓做出的。然而却可以看到，西州的民间工匠也有充夫者。

吐鲁番出土《武周圣历元年（698）四角官萄所役夫名籍》③ 文书是一份载有 78 人姓名的名籍，这些人都是以夫的名义在四角官萄中劳作的，应当是一种杂徭。④ 值得注意的是，在文书的第 1 行第 1 位，就出现了安大寿的名字。冻国栋已经断定此处之安大寿，即是《唐西州高昌县下团头帖为追送铜匠造供客器事》中的铜匠安大寿，并已讨论了其在四角官萄中服杂徭的情况。⑤ 但他认为工匠服杂徭是因为官府不需要技术性役作，似乎并不确切。因为前文已经提及，工匠服役的工作量也是固定的，百日以内的杂徭是不能冲抵役的工作量的。若是不役而杂徭，岂不是还要再交庸。实际上，如果官府已经有足够的技术劳动力，也会把工匠配役去充当驿丁、防丁等色役，因为色役是可以折抵役的工作量的，这一点在上文中已经论及。那么，工匠的杂徭的征发，应当是工匠的役以外的追加赋役。

从这件文书也可以看出，西州民间工匠与普通百姓一样，也会被征发充夫。按同墓出土的《武周圣历元年前官史玄政牒为四角官萄已役未役人夫及车牛事》文书中提到，在葡萄园中的劳作主要是"陶内抽枝、覆盖、

---

① 白居易原本，孔传续撰《白孔六帖》卷七八，上海古籍出版社，1992。
② 参见堀敏一《均田制的研究》，韩国磐等译，福建人民出版社，1984，第 224~283 页。
③ 唐长孺主编《吐鲁番出土文书》（图录本）叁，第 522 页。
④ 参见程喜霖《对吐鲁番所出四角萄役夫文书的考察——唐代西州杂徭研究之一》，《中国史研究》1986 年第 1 期，第 51~63 页。
⑤ 冻国栋：《吐鲁番出土文书所见唐代前期的工匠》，第 326 页。

踏浆并收拾枝、埋柱等",① 铜匠安大寿在葡萄园中充夫，应当就是从事这几项劳作，这显然与其铜匠的职业无关。那么就可以推测，充夫的工匠从事的大多会是一些与职业技能无关的体力劳动。

唐代杂徭的征发范围很广，从丁中上说，中男也要服杂徭；从身份上说，工匠等特殊身份的人也会被征派。这一点可以参考《唐开元二十二年西州高昌县申西州都督府牒为差人夫修堤堰事》文书：

1　[高]昌县　　　　　为申修堤堰人 [

2　新兴谷内堤堰一十六所修塞料单功六百人。

3　城南草泽堤堰及箭干渠料用单功八百五十人。

4　　右得知水官杨嘉恽、巩虔纯等状称：前件堤堰

5　　每年差人夫修塞。今既时至，请准往例处分

6　　者。准状，各责得状，料用人功如前者。依检案

7　　　] 例取当县群牧、庄坞、底店及夷胡户

8　　　] 日功[修]塞，件检如前者。修堤夫

（后略）②

这是一件涉及渠堰修理的文书，③ 大致是高昌县向西州都督府打报告，表示要差派人夫修理县内的渠堰。既然提到人夫，便是杂徭无疑。可以从这件文书中看到，大规模的杂徭征派，也是要有相应的申请和审批途径的。值得注意的是，文书中说到"例取当县群牧、庄坞、底店及夷胡户"，也就是说，这种修理渠堰的杂徭按惯例也会在一些特殊身份的户中征发。其中，底（邸）店通常是与商人联系的。唐代律令经常工、商并举，既然商人都在常规的杂徭征发范围内，工匠服杂徭也就可以理解了。

（二）杂使

在正规的征发途径之外，工匠因其特殊的职业技能，还会被临时征

---

① 唐长孺主编《吐鲁番出土文书》（图录本）叁，第521页。
② 唐长孺主编《吐鲁番出土文书》（图录本）肆，第317~318页。
③ 可以参见刘子凡《唐前期西州高昌县的水利管理》，《西域研究》2010年第3期，第52~63页。

召。这种征发方式，应当便是杂徭中的杂使。它的特点在于，一是临时有
工作需要完成才会征发，不像配役、充夫那样有很强的计划性；二是征发
的人数很少，通常只有一两个人，而不是充夫的那种动辄七八十人的大型
活动。

关于西州民间工匠的杂使，最典型的例子莫过于《唐开耀二年（682）
西州蒲昌县上西州都督府户曹牒为某驿修造驿墙用单功事》：

1　　　　　　　　　　　　　　　 ］ 丞 ［

2　倒，具检高下步数如前者。准状、追□料功，得泥匠冯

3　明隆状称：一步料须墼五百颗，计用墼一万五千，用

4　单功六十人一日役，造墼人别二百五十颗。垒墙并□

5　用单功六十人一日役。

6　　　　　　　　　　　　 ］ 一 丈二尺，阔五尺。

7　　　　　　　　　　　 ］ 检前件驿墙见倒，具检高下
　　步 数

8　如前 ［　　　　 ］ 泥匠冯明隆状称一步料须墼五

9　百颗，计用墼□千颗，用单功廿人一日役。造 墼 人□

10　百五十颗，垒墙并泥用单功廿人一日 ［

11　内上件驿 ［　　　 ］ 县营造，今以状申。

12　以前料用单功壹佰 陆 ［　　　 ］ 壹日役。

13　　　　　　　　　　丞惠

14　都督府户曹件状如前，谨依录申，请裁，谨上。

15　　　　　　　　开耀二年三月十七日主簿判尉　庞礼

16　十八日入　　　　　　　 ］ 事 翟欢武①

本件盖有"蒲昌县之印"七处，可知文书中提到的县为西州蒲昌县。大致
是蒲昌县某驿的墙倒了，官府打算修缮，便差泥匠冯明隆预先估计了修墙

---

① 唐长孺主编《吐鲁番出土文书》（图录本）壹，文物出版社，1992，第268~269页。

需要的工作量，并向西州都督府作了汇报。泥匠冯明隆精确地计算了备料和垒墙需要的工作量。需要关注的是，在面对驿墙倒塌这种突发事件时，官府需要差一个工匠来评估重建花费，既具有临时性，又不是大规模的征派，这就是典型的杂使。可以想见，虽然官府在日常工作中不一定总会遇到墙倒屋塌的严重情况，但小规模的修修补补总是常有的。工匠作为拥有特殊职业技能的群体，必然经常会被召去解决问题，这件文书中的西州泥匠冯明隆就是工匠杂使的例证。

至于工匠杂使的追征，再来看一则故事，《太平广记》卷二四二《张藏用》有：

> 唐青州临朐丞张藏用，性既鲁钝，又弱于神。尝召一木匠，十召不至。藏用大怒，使擒之。匠既到，适会邻县令使人送书遗藏用，藏用方怒解，木匠又走，读书毕，便令剥送书者，笞之至十。①

此处虽然是在讲述县丞张藏用的荒唐举止，但其中县丞征召工匠情节还是值得关注。故事中，县司有什么临时性的工作要完成，便征召一名木匠，这应当也是杂使。张藏用十召木匠不至，一怒之下才使人擒拿之，说明官府一般是不会直接派人押送工匠应杂使。擒拿之前的征召，很可能就只是通过下帖的形式通知木匠。

总之，《唐六典》规定的四项"赋役之制"中的役和杂徭，都是西州民间工匠需要参与的。而且西州民间工匠的徭役，远比之前想象的更灵活、更多样，因为这些拥有技能的工匠，也会被征发去从事一些与其职业无关的力役性劳动。更重要的是，西州民间工匠承担的各种徭役都是与普通百姓一起参与的。在徭役方面，除了杂使之外，并没有发现工匠因其身份而产生的特殊性。

余 论

以上围绕役和杂徭两方面，对西州民间工匠的赋役状况进行了梳理和研究。从役的方面来讲，官府有一套完整的役的征发程序。工匠上役之

---

① 《太平广记》卷二四二《张藏用》，第 1873 页。

时，会预先制作名籍，送往主管官司；州县官司根据名簿给上役的工匠分配作所；作所再根据上番名籍追役或检查到役情况。而且工匠除了在官府作坊中服役外，也可能会被配去充驿丁、烽子等徭役性色役。西州民间工匠还要与百姓一同以充夫的名义从事力役性的杂徭，而且也经常会被征召杂使。因为西州具有虽然地处边陲却是正规州县的特点，本节对西州民间工匠的研究，或许对理解整个唐前期民间工匠的整体面貌也具有一定的借鉴意义。

通过上文的考证，西州民间工匠赋役状况就比较清晰了。前人的研究更多受资料所限，只得借助官府作场及在其中工作的工匠的历史变化，来探讨工匠与国家的关系，也就更多地看到唐前期官府作场对工匠的剥削和工匠身份的相对卑微，也更强调和雇取代番役的重要意义。① 这种观点几乎成了对唐代工匠的一般认识，具有广泛的影响力。然而长期在官府作场中服役的工匠毕竟是极少数，唐代工匠的主体应当还是民间工匠。通过上文对民间工匠赋役的考释，可以认为传统对工匠赋役负担的认识还有可斟酌之处。

从西州的例子可以知道，民间工匠上役，首先是被分配到地方官府的作场中工作，在官作劳动力充足的情况下，多余的工匠会被分配去从事其他徭役性色役。但这并不能表明他们付出了更多的劳动，被挤压了更多时间。因为《天圣令·赋役令》唐 22 条就明白无误地规定，唐代工匠的常规岁役也是二十日，与百姓相同。② 即使工匠以驿丁或防丁的身份服役，应当也是以这一规定为前提。从这一点上说，工匠与普通百姓的役的负担是相同的。而且每年二十日到五十日的正役，对工匠来说，应当也不是一个大的负担，更何况超过二十日的部分还有优惠政策。杂徭是按户征发的，与身份关系不大，自然大致也是均平的。除了徭役之外，工匠是否要缴纳租调还不是很清楚，但即便有类似的赋，也只是与农民负担相等罢了。所以，在唐前期工农趋同的现实下，民间工匠的负担是不会超过农民的，或者至少不会相差太多。

再来看中晚唐以后工匠服役方式由番役为主转向和雇为主的过程中，

---

① 唐长孺：《魏、晋至唐官府作场及官府工程的工匠》，第 29~92 页；张泽咸：《唐代工商业》，第 207 页；魏明孔：《浅论唐代官府工匠的身份变化》，第 121~127 页。

② 辛也《隋唐匠役散礼》（《中国史研究》1988 年第 1 期）对《通典》工匠岁役二十日的记载提出质疑，但新发现的《天圣令》还是验证了《通典》记载的正确性。

工匠的负担变化。按照以往的思路，和雇代替番役会更加"解放"工匠。实际上，宋史就有所谓"赋重役轻"的说法。包伟民先生在考察宋代民匠赋役问题时，也解释了这一现象在民匠方面的反映。① 虽然工匠在官府作场中工作的时间减少了，但却需要通过配作或和买的形式直接向官府缴纳手工业产品，还要与普通百姓一起缴纳各种新增名目的赋。可以来看看旅顺博物馆藏《孔目司帖》：

1 孔目司　　帖莲花渠匠白俱满失鸡
2　　配织建中五年春装布壹百尺。行官段俊々
3　　赵秦璧　薛崇俊　高崇仙等
4　　右仰织前件布，准例放捃拓、助屯及
5　　小々差料，所由不须率挽。七月十九日帖
6　　　　　　　　　　孔目官　任　昬

1　配织建中五年春装布，匠莲花渠白俱满地梨
2　壹百尺了。行官段俊々　薛崇俊　高崇仙　赵璧
3　等，七月廿日赵璧抄。②

此件文书出土于库车，即唐代安西都护府治下。关于此件文书的定名、录文及性质，已经有多位学者进行了考证。③ 大致前半部分是安西都护府孔目司下工匠命其织布一百尺之帖，后半部分是工匠缴纳织成春装布的抄。此件文书的时间是建中五年，其时全国已经实行两税法，大致可以把它看作唐后期的文书。虽然它可能更多反映的是一种军镇体制下的情况，但依

---

① 包伟民：《宋代民匠差雇制度述略》，《传统国家与社会：960～1279 年》，商务印书馆，2009，第 166～209 页。
② 录文据陈国灿《关于〈唐建中五年（784）安西大都护府孔目司帖〉释读中的几个问题》，《敦煌学辑刊》1999 年第 2 期，第 6～13 页。
③ 除上引陈文外，主要的研究成果有小田義久「大谷探険隊将来の庫車出土文書について」『東洋史苑』第 40・41 号、1993 年、13-14 頁；冻国栋《旅顺博物馆藏〈唐建中五年（784）《孔目帖》〉管见》，《魏晋南北朝隋唐史资料》第 14 辑，武汉大学出版社，1996，第 120～139 页；荒川正晴「クチャ出土『孔目司文書』考」『古代文化』第 49 卷第 3 号、1997 年 3 月、1-18 頁；孟彦弘《旅顺博物馆所藏新疆出土孔目帖及其所反映的唐代赋役制度》，《隋唐辽宋金元史论丛》第 9 辑，上海古籍出版社，2019。

然有借鉴意义。^① 很显然，所谓配织应当就是一种配作。安西都护府没有征调工匠去作坊中织布，而是直接要求其缴纳成品布。可以想见，无论是在官府作坊中织布还是缴纳成品，对于工匠来说，都是付出了织布的时间，实质的负担并没有相差多少。这种配作甚至有可能还要工匠搭上原料成本的钱。同时，这件文书也说明安西的民间工匠日常还要承担掏拓、助屯及小小差料等一些赋役。^② 这件文书虽然出自西北边陲，但其中反映的情形应当大致与中唐以后所谓"赋重役轻"的情形类似。从"赋重役轻"这一点上来说，认为唐后期工匠负担较小、更加自由的观点是可以商榷的。总之，从唐前期西州民间工匠的实例以及之后的发展变化来看，传统上对工匠赋役负担的认识，还有进一步检讨的必要。

第二节　唐前期民间工匠的生业与组织

如前所述，吐鲁番出土文书提供了大量关于工匠的宝贵材料，使我们能够了解传世史料之外的反映民间工匠生活状态的历史真实。在冻国栋先生的西州工匠研究基础上，^③ 通过检索吐鲁番出土西州文书，还找到另外一些反映民间工匠生业与组织的残纸断片。以下即借助这些材料，试图还原西州民间工匠生业与组织的些许情状，揭示民间工匠生活状态的基本面貌。

一　吐鲁番西州文书所见之工匠姓名及职业

通过检索吐鲁番出土的唐代文书，可以查得确定为工匠身份的、有姓名的西州工匠70人（姓名俱全者45人），可以辨别的工匠职业有18种。当然，这一统计结果只限于笔者目力所及，恐有挂一漏万之处。具体情况见表5-1。

① 文欣《和田新出〈唐于阗镇守军勘印历〉考释》认为唐代开天之际对四镇羁縻都督府的控制就已经相当深入了，具有了一些正规府州的性质（《西域历史语言研究集刊》第2辑，科学出版社，2009，第122~123页）。
② 关于这些赋役的性质，见冻国栋《旅顺博物馆藏〈唐建中五年（784）《孔目司帖》〉管见》，第120~139页。
③ 冻国栋：《吐鲁番出土文书所见唐代前期的工匠》，第305~334页。

表 5-1 西州民间工匠姓名职业

职业	姓名	所见文书
泥匠	冯明隆	《唐开耀二年西州蒲昌县上西州都督府户曹牒为某驿修造驿墙用单功事》①
	缺	《唐憙安等匠人名籍》②
缝匠	□延海	《唐何好忍等匠人名籍》③
	白祐仁	《唐何好忍等匠人名籍》
	申屠英□	《唐憙安等匠人名籍》
	曹居记	《唐憙安等匠人名籍》
	田洛德	《唐憙安等匠人名籍》
	高欢住	《唐憙安等匠人名籍》
	雷犊子	《唐憙安等匠人名籍》
	吴绍进	《唐憙安等匠人名籍》
	曹阿住	《唐憙安等匠人名籍》
	范焉耆	《唐憙安等匠人名籍》
	员小□	《唐憙安等匠人名籍》
韦匠	□□了	《唐何好忍等匠人名籍》
	曹阿□	《唐何好忍等匠人名籍》
	曹提拖	《唐何好忍等匠人名籍》
	曹□□	《唐何好忍等匠人名籍》
	□□龙	《唐何好忍等匠人名籍》
	何好忍	《唐何好忍等匠人名籍》
	康失(始)延	《唐何好忍等匠人名籍》;《唐贞观十八年镇兵董君生等牒为给抄及送纳等事》④;《唐贞观十八年匠康始延等请给物牒》⑤
	康畔提	《唐贞观十八年匠康始延等请给物牒》
皮匠	焦(翟?)守相	《唐何好忍等匠人名籍》
	翟守仁	《唐何好忍等匠人名籍》
	贺胡子(胡贺)	《唐永徽元年后报领皮帐》⑥

① 唐长孺主编《吐鲁番出土文书》(图录本)壹,第268~269页。
② 唐长孺主编《吐鲁番出土文书》(图录本)叁,第240~241页。
③ 唐长孺主编《吐鲁番出土文书》(图录本)贰,第11页。
④ 唐长孺主编《吐鲁番出土文书》(图录本)叁,第67页。
⑤ 唐长孺主编《吐鲁番出土文书》(图录本)叁,第68页。
⑥ 唐长孺主编《吐鲁番出土文书》(图录本)贰,第162页。

续表

职业	姓名	所见文书
木匠	阳资胡	《唐何好忍等匠人名籍》
	阳海隆	《唐何好忍等匠人名籍》
	严处欢	《唐何好忍等匠人名籍》
	□□洺	《唐西州都督府诸司厅、仓、库等配役名籍》①
	□□欢	《唐西州都督府诸司厅、仓、库等配役名籍》
	曹欢相	《唐西州都督府诸司厅、仓、库等配役名籍》
	□在天	《唐西州都督府诸司厅、仓、库等配役名籍》
	弟憙安	《唐憙安等匠人名籍》
	李之功	《唐憙安等匠人名籍》
	李阿苟仁	《唐憙安等匠人名籍》
	李□□	《唐憙安等匠人名籍》
	□□鼠	《唐憙安等匠人名籍》
	严六仁	《唐憙安等匠人名籍》
	贾建开	《武周牒为上番卫士姓名事》②
	赵海相	《唐西州某县事目》③
	王住欢	《唐白住德等到役名籍》④
	匡相相	《唐通当队兵死亡、抽调、见在牒》⑤
画匠	石□才	《唐何好忍等匠人名籍》
	廉毛思(轨?)	《唐何好忍等匠人名籍》;《高昌入作人、画师、主胶人等名籍》⑥
	索善守	《唐何好忍等匠人名籍》
	□□海	《唐西州都督府诸司厅、仓、库等配役名籍》
油匠	令狐符利	《唐何好忍等匠人名籍》
杀猪匠	姜海相	《唐何好忍等匠人名籍》
	姜尾□	《唐何好忍等匠人名籍》
景匠	郭海相	《唐何好忍等匠人名籍》
弓匠	□海惠	《唐西州都督府诸司厅、仓、库等配役名籍》

① 唐长孺主编《吐鲁番出土文书》(图录本)叁，第 45~48 页。
② 唐长孺主编《吐鲁番出土文书》(图录本)叁，第 325 页。
③ 唐长孺主编《吐鲁番出土文书》(图录本)叁，第 457~463 页。
④ 唐长孺主编《吐鲁番出土文书》(图录本)叁，第 491 页。
⑤ 唐长孺主编《吐鲁番出土文书》(图录本)肆，第 9 页。
⑥ 唐长孺主编《吐鲁番出土文书》(图录本)壹，第 282 页。

职业	姓名	所见文书
铁匠	白住德	《唐熹安等匠人名籍》；《唐白住德等到役名籍》
	白住□	《唐熹安等匠人名籍》
	□养富	《唐熹安等匠人名籍》
	弟隆绪	《唐熹安等匠人名籍》
	刘阿父□	《唐熹安等匠人名籍》
	朱憧海	《唐熹安等匠人名籍》
	曹秃子	《唐熹安等匠人名籍》
算匠	吴文护	《唐熹安等匠人名籍》
	吴进军	《唐熹安等匠人名籍》
连甲匠	申屠君达	《唐熹安等匠人名籍》
	樊守洛	《唐熹安等匠人名籍》
	弟绪仁	《唐熹安等匠人名籍》
装潢匠	刘建□	《唐熹安等匠人名籍》
铜匠	安明智	《唐西州高昌县下团头帖为追送铜匠造供客器事》①
	安大寿	《唐西州高昌县下团头帖为追送铜匠造供客器事》
	石思□	《唐西州高昌县下团头帖为追送铜匠造供客器事》
	□塞子	《唐西州都督府诸司厅、仓、库等配役名籍》
瓦匠	王庭芝	《唐西州鸜鹆镇游弈所状为申当界见在人事》②
石匠	缺	《唐熹安等匠人名籍》
酒匠	缺	《唐上元三年六月后西州残文书》③
不明	丰仁	《唐西州高昌县武城等乡人名田亩簿》④
	□智人	《唐何好忍等匠人名籍》
	□□婢	《唐熹安等匠人名籍》

工匠职业方面，有泥匠、缝匠、韦匠、皮匠、木匠、画匠、油匠、杀猪匠、景匠、弓匠、铁匠、竿匠、连甲匠、装潢匠、铜匠、瓦匠、石匠、酒匠，共18种。关于以上各种工匠职业的性质，冻国栋已经择其要者进行了

---

① 唐长孺主编《吐鲁番出土文书》（图录本）叁，第523页。
② 王炳华：《阿拉沟古堡及其出土唐文书残纸》，第323~345页。
③ 荣新江、李肖、孟宪实主编《新获吐鲁番出土文献》，第74页。
④ 唐长孺主编《吐鲁番出土文书》（图录本）贰，第134页。

细致讨论。① 唯有"算匠"一种，值得探讨。"算"原文书作"笇"，冻国栋怀疑为"笀"字，将其解释为竹器，但他也注意到吐鲁番地区不产竹子，大致不会有做竹器之工匠。按"笇"字、"笀"字，皆是"算"字之别字，② 唐代碑石中常见此字。则"笇匠"便是"算匠"，可以理解为靠计算为生的工匠职业。唐代科举有明算一科，国子监有算学博士，但举明算科者及国子算学毕业者，大多会成为官吏，负责官府的计算事宜。民间应该也会有一些需要计算之事，大概就是此类算匠的生业，他们或许也会以番役的形式在地方官府中服役，从事会计事务。

从工匠姓名与职业对照方面可以清楚地看到，大部分工匠集中在木匠、缝匠、韦匠、铁匠等几个行业。虽然载有工匠姓名的文书的保存有很大的偶然性，但是这种职业相对集中的趋势还是较为明显。值得注意的是，胡、汉工匠在职业取向上有些许不同。例如，韦匠有曹阿□、曹提拖、曹□□、何好忍、康失延、康畔提，其姓氏皆在昭武九姓之中，名也颇似胡语之音译，怀疑这几人皆是胡人。铜匠有安明智、安大寿、石思□，铁匠有白住德、白住□、曹秃子，都颇似胡人。反观木匠，从姓名上看很可能都是汉人。这种分别很可能是与胡汉各自不同的文化、环境背景相对应的。

二　西州民间工匠的生业

中国很早就有所谓"四民分业"的说法，③ 唐代也有关于"四民分业"的明确规定，如《唐六典》卷三有：

> 辨天下之四人，使各专其业：凡习学文武者为士，肆力耕桑者为农，功作贸易者为工，屠沽兴贩者为商。（工、商皆谓家专其业以求利者；其织纴、组纻之类，非也。）工、商之家不得预于士，食禄之人不得夺下人之利。④

---

① 冻国栋：《吐鲁番出土文书所见唐代前期的工匠》，第309~312页。
② 参见秦公辑《碑别字新编》，文物出版社，1985，第296页
③ 冻国栋：《唐宋历史变迁中的"四民分业"问题——兼述唐中后期城市居民的职业结构》，原载《暨南史学》第3辑，此据《中国中古经济与社会史论稿》，湖北教育出版社，2005，第454~483页。
④ 《唐六典》卷三，第74页。

这种著于律令的"四民分业"的官方表述，就成了认识唐代前期社会结构的基本出发点。可以看出，唐代大致是对士、农、工、商四色人等的生业方式进行了规范，似有使其各安生业、互不相侵的意味。其中，工匠被定义为"功作贸易"之人，也就是以计功兴作及出卖产品为业，这也是他们区别于农、商的特殊生业方式。那西州民间工匠在实际生活中，是否也贯彻了《唐六典》"四民分业"的精神呢？

（一） 功作贸易

通常来说，西州民间工匠的生业亦应以功作与贸易为主。可惜，吐鲁番唐代文书中，似乎并没有直接反应这方面情况的材料。唯有《唐绁布帐》或与此有关：

```
1   布壹端付和叶子      布壹端付赵秋德
2   布壹端付孙如姜      布壹端付竹守欢
3   绁壹端付孟胜住      绁壹端付陈绪隆
4   绁两端付皂家王阿阇利妻
5   绁三端半付王阿利
6   布壹端五月廿八日付史苟仁妻
7   布壹端同前付索武子母
8   绁贰丈伍尺付侯默仁婢
9   绁贰丈伍尺付白住德妻      绁贰丈伍付大女康相女
10  张通子 五月廿八日纳拾捌文玄
11  索始丑 五月廿八日纳拾陆文玄
12  绁二丈五付康纳职染服①
```

此件文书为支纳绁布的帐簿。文书出自阿斯塔那 35 号墓，该墓大部分文书都与崇化乡里正史玄政有关，② 则此件文书的主体或为某地方官府机构。所堪注意者，文书第 9 行出现"白住德妻"，表 5-1 中亦有一铁匠白住德。按阿斯塔那 35 号墓之年代在唐麟德元年至神龙三年（707）之间，同墓亦

---

① 唐长孺主编《吐鲁番出土文书》（图录本）叁，第 547 页。
② 李方：《唐西州九姓胡人生活状况一瞥——以史玄政为中心》，《敦煌吐鲁番研究》第 4 卷，第 265~285 页。

出有《唐白住德等到役名籍》，而表明白住德铁匠身份的《唐憙安等匠人名籍》，与《唐麟德二年张玄逸辩辞》粘合，时代与麟德二年不会相差太远，据此大致可以判断这三处白住德当是一人。如果考虑工匠"家专其业"的特点，铁匠白住德的妻子就是这个白氏铁匠家庭的一员。她领取的缬贰丈伍尺，便应当是家中成员为某处提供正役以外的手工生产得到的实物报酬。这应当就是工匠凭借功作谋生的一个实例。

另外，《唐天宝二年（743）交河郡市估案》也可以提供一些这方面的信息。此文书早年间为日本大谷探险队所获，池田温先生刊布了此件文书，并对其性质和内容进行了考证。[①] 文书主要以"行"为类，分别记载了各种商品的上、次、下三种估值，可以辨别出的行有十余种，即谷麦、米面、果子、帛练、彩帛、凡器、铛釜、菜子等。其中，铛釜行下的商品就有釜、锄、钢、钏等，不知名的行中亦有三寸丁、斧、刀等商品。[②] 无疑，这些器物很多是工匠生产的。这些在市场上出卖的商品，都是需求量很大的日常生活用品。官府作坊的产品应当不能完全满足市场需求，其中必然会有相当一部分是工匠自产自销，或卖与商人销售。这也是西州民间工匠功作贸易经营方式之一证。总之，工匠功作贸易的生业方式，在西州民间工匠身上还是能够得到一定程度的体现。

（二）务农

实际上，唐代工匠的营生很可能不止功作贸易这一种，学者们很早就注意到手工业者兼营农业的迹象，[③] 主要依据便是《通典》卷二《食货二·田制下》：

> 开元二十五年令：……诸以工商为业者，永业、口分田各减半给之。在狭乡者并不给。[④]

《天圣令·田令》也将此一条列为唐令，被整理者列为"唐19"。[⑤] 据此可

① 池田温：《中国古代物价初探——关于天宝二年交河郡市估案断片》，《唐研究论文选集》，孙晓林等译，中国社会科学出版社，1999，第122~189页。
② 文书的具体内容，可参见池田温《中国古代籍帐研究》，第302~318页。
③ 张泽咸：《唐代阶级结构研究》，1996，第191页。
④ 《通典》卷二《食货二·田制下》，第31页。
⑤ 《天一阁藏明钞本天圣令校证（附唐令复原研究）》，第257页。

知，唐令已经将包括工匠在内的工商业者纳入均田制的体系中，即工商业者也与农民一样授田，但授田数量减半。同时还有一个附加条款，就是工商业者身处狭乡的不授田，在宽乡的才有机会获得土地。然而，关于工商业者授田毕竟只有这几处令文的记载，缺乏实例，具体执行情况如何也是不得而知。

　　幸运的是，可以在吐鲁番文书中发现西州工匠经营农业的蛛丝马迹。先将相关的几件文书列举出来，以备讨论。首先是《唐贞观某年西州高昌县范延伯等户家口田亩籍（二）》：

> 1　男洛相年拾伍
> 2　　　　　　] 年伍岁
> 3　　　　　　] 伍岁
> 4　　　　　　　] 城东一里石宕渠　东左阿参　西索善守
> 　南 [
> 5　　　　　　] 城西三里榆树渠　东　　西范延伯　南渠
> 　[
> 6　　　] 亩口分　城东一里胡道　东郭延愿　西范延伯　南鞠
> 　延虎　北渠
> 7　　　　] 分　城西三里北部　东张善海　西范延伯　南渠
> 　北张定和①

又，《武周（？）西州高昌县王渠某堰堰头牒为申报当堰见种秋亩数及田主佃人姓名事》：

> 1　王渠孙师□ [
> 2　氾申居 尚 壹亩 种秋自佃 东 [　　　] 贾信南张隆 北曹居记
> 3　孟真义 尚 壹亩 种种佃人氾申□ 东功曹　西贾信　南 [
> 　　　　　　 北曹居记
> 4　康秃子 昌 壹亩 种秋 佃人翟安智 东功曹 西隆信 南张隆 北曹 [

---

① 唐长孺主编《吐鲁番出土文书》（图录本）贰，第127页。

5　张隆信_西二亩_{佃人赵愿寿种秋}东功曹 西白仁 达 南曹 默是 北 [

6　　　　]_昌[　　　]_{种秋}□□[①

又，《西州高昌县佃人文书》（Ot. 2374）：

1　　　] 渠 第十三堰堰头康力相

2　　　] 田 进通贰亩_{昌，自佃}

3　　]董定定贰亩_{佃人曹居记，昌}

4　　]康力相肆亩_{自佃，昌}

5　　]曹伏奴贰亩_{佃人白智海，昌}

6　　]麹武贞贰亩半_{佃人僧智达，昌}

7　　　　]贰亩_{佃人康守相奴皆聪，昌}

8　　　　]□□_昌[②

所勘注意者，第一件文书《唐贞观某年西州高昌县范延伯等户家口田亩籍》第 4 行有"索善守"，第二件文书《武周（？）西州高昌县王渠某堰堰头牒为申报当堰见种秋亩数及田主佃人姓名事》第 2、3 行有"曹居记"，以及第三件文书《西州高昌县佃人文书》第 3 行有"曹居记"。可以发现，这两个名字正好对应表 5-1 中之画匠索善守和缝匠曹居记。可惜的是，以上三件文书都没有特意标识出身份，不能遽断此二人与表 5-1 中工匠之间的对应关系，只能从年代上做一大致推测。

第一件《唐贞观某年西州高昌县范延伯等户家口田亩籍》已经标明年代在贞观，当在太宗平高昌的贞观十四年之后。但登记画匠索善守的《唐何好忍等匠人名籍》却没有明确的年代记载。此件名籍出自哈拉和卓 1 号墓，该墓出土文书兼有麹氏高昌时期及唐代者，其中有纪年的文书最早为高昌延寿十六年（639），最晚为唐贞观十四年。③ 那么《唐何好忍等匠人名籍》的年代，也应离麹氏高昌、唐朝政权交替之际不远。又，名籍中与

---

① 唐长孺主编《吐鲁番出土文书》（图录本）叁，第 394 页。

② 小田義久主編『大谷文書集成』（叁）、88 頁。

③ 唐长孺主编《吐鲁番出土文书》（图录本）贰，第 11 页。

索善守并列的有画匠"廉毛思",细审图版,其姓名第三字不易辨认。而在《高昌入作人、画师、主胶人等名籍》①中有画师"廉毛轨",颇疑二者即是一人。若此,则此"廉毛某"亦是自高昌入唐之画师,可证《唐何好忍等匠人名籍》不会距贞观太远。两件文书的年代既已大致相合,此中之索善守,大致也可推测为同一人。

接下来是记载有曹居记的《武周(?)西州高昌县王渠某堰堰头牒为申报当堰见种秋亩数及田主佃人姓名事》和《西州高昌县佃人文书》。从性质上说,这两件都是所谓佃人文书。大谷文书中保存此类文书颇多,周藤吉之对相关文书做了细致的考察,并将其分为四种类型,②这里的两件文书分别属于周藤分类法的第一和第二种类型。属于第一种类型的《西州高昌县佃人文书》,只记载了佃人姓名,而无田亩四至、作物种类等,形式最简单,时代也最早。这一类型文书,可辨认年代者,无一例外都是武周时期。《西州高昌县佃人文书》定在武周也没有太大问题。《武周(?)西州高昌县王渠某堰堰头牒为申报当堰见种秋亩数及田主佃人姓名事》虽然属于第二种类型,但时代与第一种类型相距应该不远。又其同墓所出大量堰头文书大多是武周时期,此件大概也不例外。至于登载缝匠曹居记的《唐熹安等匠人名籍》,其与麟德二年文书相粘连,背面抄写的《唐西州高昌县上安西都护府牒稿为录上讯问曹禄山诉李绍谨两造辩辞事》的年代也被定在咸亨元年至四年间。③可知,《唐熹安等匠人名籍》时代在麟德、咸亨间,距武周革命只有十余年时间,曹居记理论上是可以生活到武周时代的。据此也可以大致推测,佃人文书里的曹居记便是表5-1中的缝匠曹居记。

通过以上的考证,可以在匠籍和田亩籍之间建立联系。在前两件田亩文书中,索善守和曹居记的名字出现在四至之中,证明二人占有耕地。而在《西州高昌县佃人文书》中,曹居记甚至以佃人的身份租种别人的土地。这就反映出唐代前期西州民间工匠中就有获得土地、兼营农业生产者,而且时代跨度是从贞观至武周。

① 唐长孺主编《吐鲁番出土文书》(图录本)壹,第282页。

② 周藤吉之:《吐鲁番出土佃人文书的研究——唐代前期的佃人制》,第1~120页。

③ 黄惠贤:《〈唐西州高昌县上安西都护府牒稿为录上讯问曹禄山诉李绍谨两造辩辞事〉释》,唐长孺主编《敦煌吐鲁番文书初探》,第344~361页。

此外，《唐西州高昌县武城等乡人名田亩簿》或也与工匠占有田地
有关：

```
1  糟鼌（臭）    匠丰仁    左[师] [
2  武城乡左相住 [
3  大女郭悦□一 [
4  [左]相住田八亩①
```

这件文书前 3 行罗列了几个人名，很可能是按乡排列的。第 4 行记载了某
人的田亩数。虽然单从这几行字还是难以判断文书的性质，但这里的"匠
丰仁"无疑还是与田地有些许关联。

如所周知，唐前期的基本土地制度是均田制。关于均田制在唐前期的
实行问题，虽然学界曾有诸多讨论，② 但大致上来说均田制在西州得以切
实施行还是没有问题的。均田制最大的特点就是官府主导下的土地收授制
度，百姓获得土地的主要途径便是官府授田，即使是形式上的。均田制
下，也允许一定数量的土地买卖，但有非常严格的限制。《天圣令·田令》
唐 17、18 条有：

> 诸庶人有身死家贫无以供葬者，听卖永业田。即流移者亦如之。
> 乐迁就宽乡者，并听卖口分田。（卖充住宅、邸店、碾硙者，虽非乐
> 迁，亦听私卖。）
>
> 诸买地者，不得过本制。虽居狭乡，亦听依宽乡制。其卖者不得
> 更请。凡卖买皆须经所部官司申牒，年终彼此除附。若无文牒辄卖买
> 者，财没不追，地还本主。③

---

① 唐长孺主编《吐鲁番出土文书》（图录本）贰，第 134 页。
② 关于均田制的研究，较有代表性的有韩国磐《北朝隋唐的均田制度》，上海人民出版社，
　 1984；宋家钰《唐朝户籍法与均田制研究》，中州古籍出版社，1988；杨际平《均田制新
　 探》，厦门大学出版社，1991；西村元祐『中国经济史研究——均田制度篇』東洋史研究
　 会、1968；堀敏一『均田制の研究』岩波書店、1975；鈴木俊『均田租庸调制の研究』
　 刀水書房、1980；等等。
③ 《天一阁藏明钞本天圣令校证（附唐令复原研究）》，第 257 页。

前引《通典》卷二《食货二·田制下》亦将此条置于《开元二十五年令》
下。① 在这一规定中，如果百姓想出卖永业田，那么卖田所得的钱只能用
于丧葬，这个条件是相当苛刻的。虽然流移、迁居也可以卖地，但在人口
流动受到严格控制的唐代前期，这类事件并不会大量发生。更何况卖地之
后，还要面临不能再次请授的风险，买卖交易也要经过官府的审查、备
案。在这种政策下，土地买卖必然不会十分频繁。吐鲁番出土西州文书
中，也确实还没有见到明确的证明土地买卖存在的证据。既如此，索善
守、曹居记二人买得土地的概率相对较小。他们的土地更可能是均田制下
的授田。

但是，按上引《通典》及《天圣令·田令》唐19条，工商业者虽然
可以授田，但只限于宽乡。这应该也是出于保证农民优先占有土地的目
的。吐鲁番出土唐代户籍等文书就显示，西州百姓授田明显不足，平均只
有十亩，离额定的百亩相去甚远。② 这说明唐代的西州是一个典型的狭乡，
但在西州文书中却有工匠索善守、曹居记占有田地的记录，似乎可以说明
工匠在狭乡也可授田。更值得注意的是，在吐鲁番西州文书中出现的姓名
可辨的四十余名工匠中，就找到了两人三次占有土地的资料，而且一为贞
观时期，一为武周时代，说明西州工匠拥有土地的现象很可能并非个案。
由此亦可见，唐令中关于工商业者"在狭乡者并不给"田的规定，在西州
或许并没有得到切实的贯彻执行。

那工匠又为何要去兼营农业呢？以一般的常理推测，在中国古代，农
业应当是一种最稳定的生业。除非遭遇天灾，只要占有土地，每年都会得
到稳定的粮食产出。相对来说，手工业经营状况好坏，很大程度上会受到
市场的影响。按照唐代的商品经济水平，或许尚不足以保证所有工匠只凭
借功作贸易就能维持生存，可能只有部分城镇里的工匠才能做到这一点。
那么为了保证生计，工匠兼营一定量的农业生产也是可能的。如此也就不
难理解，曹居记在占有土地的情况下，还要通过租佃的形式获得更多的
土地。

---

① 《通典》卷二《食货二·田制下》，第31页。
② 西村元祐「唐代吐魯番における均田制の意義」一文中提出西州一丁男授田10亩的标
准，虽然这一观点此后得到了不断修正，但可以肯定的是，西州丁男授田总额确实大多
只有10亩左右［『西域文化研究』(2) 法藏馆、1959］。

三　西州民间工匠的组织

关于民间工匠的组织形式，《新唐书》卷四六《百官志·工部尚书》下有如下记载："凡工匠，以州县为团，五人为火，五火置长。"[1] 也就是说，在各州县分别设立团一级的组织管理工匠。在团之外又有火。五名工匠组成一火，五个火（也就是二十五人）设置一名火长。按《新唐书》的这种记录方式，如果单从字面意思理解，似乎就可以认为唐代的工匠组织方式为团、火二级制，大者为团，小者为火。然而在《旧唐书》《唐六典》《通典》等书的相应位置，都没有找到类似的有关工匠组织形态的记载。那西州的民间工匠是否也是以团、火的形式组织起来的呢？

（一）团

在吐鲁番出土西州文书中，有一件明确标识了作为工匠组织的团的文书。这就是《唐西州高昌县下团头帖为追送铜匠造供客器事》。我们先来看看它的内容：

```
1   高昌县          帖团头傅□□ [
2    铜匠安明智□□  安大寿 张竹  石思□ [
3       右件人等先造供客 器 [
4       至仰速追送立待三 [
5                    尉张仁 ②
```

这是高昌县下团头之帖。大致内容应当是铜匠安明智、安大寿、石思□等人，先前奉命铸造"供客器"，但因为某种原因指定部门还未收到这批铜器，高昌县便责成团头向铜匠催缴。可以从这件文书中清晰地看到，铜匠与团头之间有着从属关系。傅某自当是铜匠所在团之团头，而铜匠们则是团内人。这正可与"以州县为团"相对应。但应当指出的是，团及团头的概念并不是工匠组织的专用名词，它们经常出现于各种出土文书中，指代不同的组织。此前的研究成果也大致认为团是唐代对某种社会组

---

① 《新唐书》卷四六《百官志》，第 1201 页。
② 唐长孺主编《吐鲁番出土文书》（图录本）叁，第 523 页。

织的通称。① 那么工匠组织之称为团，也应当是按照社会习惯而获得的一种一般性称呼。

文书性质方面，魏明孔指出，县直接下帖团头征发工匠，并不是正规途径。② 然而此件文书并非责成团头征发工匠，而是催缴工匠制作之"供客器"，不征人而征物。那么接下来的问题就是，这些"供客器"是工匠在上役之时营作的还是在家中营作的？凡工匠上役者，若是从事营造的工作，必然会被分配到官府的各种作坊中劳作。吐鲁番出土文书中便屡见"纸坊""酒坊"之称谓。若是铜匠安明智等人正在坊中上役，高昌县官方应该很容易掌握几人情况，不必专门用帖这种正式的形式催缴。因此，这种"供客器"更有可能是铜匠们在家中打造的。那么也可以据此推断，团应当是日常性的工匠组织形态，不太像是工匠上役时的临时性组织。

又，《续玄怪录》中有"木工蔡荣"一篇，或与作为工匠组织之团有关。该篇篇幅不长，且颇有意趣，故引全文如下：

> 中牟县三异乡木工蔡荣者，自幼信神祇。每食必分置于地，潜祝土地。自总角至于不惑，未常暂忘也。元和二年春，卧疾六七日。方暮，有武吏走来谓其母曰："蔡荣衣服器物速藏之，勿使人见。乃速为妇人装梳，覆以妇人之服，有人来问，必绐之曰：'出矣'。求其处，则亦意对，勿令知所在也。"言讫，走去。妻母不测其故，遽藏器物，装梳才毕，有将军乘马从十余人执弓矢直入堂中，曰："蔡荣在否？"。其母惊惶曰："不在。"曰："何往？"对曰："荣醉归，怠于其业。老妇怒而答之。荣或潜去，不知何在，月余日矣。"将军遣吏入搜。搜者出，曰："房中无丈夫，亦无器物。"将军连呼地界，教藏者出曰："诺。"责曰："蔡荣出行，岂不知处？"对曰："怒而去，不告所由。"将军曰："王后殿倾，须此巧匠，期限向尽，何人堪替？"对曰："梁城乡叶干者，巧于蔡荣。计其年限，正当追役。"将军者走

① 参见冻国栋《吐鲁番出土文书所见唐代前期的工匠》，第 317 页；姜伯勤《唐五代敦煌寺户制度》，中华书局，1987，第 54～59 页；关尾史郎《唐西州"某头"考》，朱雷主编《唐代的历史与社会——中国唐史学会第六届年会暨国际唐史学术研讨会论文选集》，武汉大学出版社，1997，第 548～556 页。
② 魏明孔：《中国手工业经济通史·魏晋南北朝隋唐五代卷》，第 336 页。

马而去。有顷，教藏者亦复来，曰："某地界所由也。以蔡荣每食必
相召，故报恩耳。"然莫不惊之。计即平愈，遂去。母视荣即汗洽
矣，自此疾愈。俄闻梁城乡叶干者暴卒，干妻乃荣母之犹子也，审
其死者，正当荣服雌服之时。有李复者，从母夫杨曙为中牟团户于
三异乡，遍闻其说，召荣母问之，回以相告。泛祭之见德者，岂其
然乎！①

这是一个木匠蔡荣依靠地界的帮助，成功躲避地府大将军征役的神鬼故
事。结尾部分作者为了证明故事的真实性，搬出了一连串的证人。"李复"
的从母夫杨曙是中牟县的团户，也是这一故事的消息来源。虽然这是一篇
志怪小说，但从作者的口气看，中牟县团户杨曙当是实际存在的人物。即
便杨曙也是虚构的，但当时历史环境中存在团户是可以肯定的。姜云、宋
平校注本之注释，认为此处的"团户"指有团练兵之户。前文已经提及，
唐代各种社会组织都有以"团"称者，此处的团户未必一定与团练兵有
关。结合上文提到的工匠的团，这里杨曙所属的，很可能就是工匠团中之
户。因为作为中牟县三异乡的团户，他对木工蔡荣的事情好像很清楚，而
且还能找到蔡荣的母亲。如果判定他们同为三异乡的工匠团户的话，这就
很容易理解了。这篇小说也与前引《唐西州高昌县下团头帖为追送铜匠造
供客器事》相呼应，证明唐代确实存在团这种民间工匠组织形式。而且，
蔡荣的故事也暗示，团的组织是乡以下的编制。

　　关于工匠之团的性质，唐代史料中并没有太多记载，只能参考宋代的
情况，《梦粱录》卷一三"团行"条有：

　　　　市肆谓之团行者，盖因官府回买而立此名，不以物之大小，皆置
　　为团行。虽医卜工役，亦有差使，则与当行同也。……有名为团者，
　　如城西花团、泥路青果团、后市街柑子团、浑水闸鲞团。②

这里讲到，宋代市肆按产品的不同会分成不同的团、行组织。值得注意的
是，这种分类是以迎合官府回买或差使而进行划分的，官府需要不同种类

① 李复言：《续玄怪录》，程毅中点校，中华书局，2006，第191~193页。
② 吴自牧：《梦粱录》卷一三，浙江人民出版社，1980，第115页。

的产品，就有不同种类的团、行。是否也可以据此推测，唐代工匠之团可能也是为了迎合官府征役的需要而划分的。官府在征发工匠时，无疑会更注重职业技能，那么工匠之团便很可能是以职业为划分标准。如此说来，上引《唐西州高昌县下团头帖为追送铜匠造供客器事》中，安大寿等三名工匠便是职业相同，又同处一团，他们的团很可能就是铜匠之团。

既然市肆的团、行是一种与生产相关的行业组织，[①] 唐代工匠之团可能也是如此。但即使是行业组织，工匠之团依然在一定程度上受到官府的监控，比如在上件文书中，官府就可以通过团头来管理铜匠安大寿。从这种意义上说，工匠之团的团头便很像敦煌吐鲁番文书中经常出现的"渠长""堰头"之流。耕田者因为土地同渠或同堰，而产生了一种与农业生产相关的组织，"渠长""堰头"负责管理这种组织，并对官府负责。[②] 这就是乡里之下的组织形式。工匠之团显然具有相同的意义，即在乡里之下对工匠进行分组编制，以便于进一步细化管理。这种基层管理方式是相同的，只不过农民为"渠长""堰头"负责，工匠则为团头负责。

（二）火

《新唐书》中提到工匠"五人为火，五火置长"。但在《天圣令·赋役令》中却能找到不同的记载，其宋13条有："诸役丁匠，皆十人外给一人充火头，不在课功之限。"[③] 据李锦绣先生之复原，此条所本之唐令也应相同。此条材料从未见诸其他史籍，是《天圣令》中的又一条珍贵材料。

这条令文与《新唐书》的记载，第一个也是最明显的不同点在于火的人数的规定。据《新唐书》所记，作为工匠组织的火，当以五人为限；五个火，也就是二十五人，才会有一个火长。而此条《天圣令》却提到每十个工匠之外，再给一个火头的名额。也就是十个工匠加一个火头，十一个人构成一个单位的火。两种不同的记载究竟孰是？可以借鉴一下唐代军队组织中团、火人数的规定。按《唐六典》卷五"兵部郎中员外郎"条有

[①] 关于唐代的行会，可以参考加藤繁《论唐宋时代的商业组织"行"并及清代的会馆》，《中国经济史考证》第1卷，吴杰译，商务印书馆，1959，第337~387页；傅筑夫《中国工商业者的"行"及其特点》，《中国经济史论丛》下册，三联书店，1980，第387~484页；傅筑夫《唐代都市商业的历史性变化与"行"的产生》，《唐史论丛》第1辑，陕西人民出版社，1988，第4~23页。

[②] 参见拙文《唐前期西州高昌县的水利管理》，第52~63页。

[③] 《天一阁藏明钞本天圣令校证（附唐令复原研究）》，第266页。

"火十人",① 《通典》卷二九 "折冲府" 条亦有 "十人为火"。② 既然唐代卫士之编制为十人一火，也就可以大致比附工匠之火，其火也应以十人编制为宜。

此条《天圣令》的另一个重要的特点是，标明工匠在上役之时会给火头的名额，那么火头就是一种临时性的差派。这就暗示工匠在日常生活中可能没有火头，也就没有火这一级组织。值得注意的是，无论是《新唐书》的记载还是《天圣令》的条文，都是以 "人" 为衡量一火容量的单位。而民间工匠在日常生活中，都是以户为单位存在的。③ 以人为单位，只计算工匠本身的算法，则只会出现在征调工匠本人的上役过程中。

两件吐鲁番出土西州文书，或与这一类临时性的工匠组织形式有关。第一件是《唐贞观十八年（644）镇兵董君生等牒为给抄及送纳等事》：

1	] 给抄，谨牒。
2	] 八 年五月廿二日镇兵董君生牒。
3	记 。大德白
4	廿二日
5	] 匠头康始延
6	记。大德白
7	廿二日
8	] 今将送纳，谨牒。
9	贞观十八年五月廿四日 镇 [　　] 达牒。
10	纳。大德 [
11	廿四□
12	] 肆斜。
13	] 今将送 输 ，谨牒 。
14	贞观 [

---

① 《唐六典》卷五，第 156 页。
② 《通典》卷二九《职官十一》，第 810 页。
③ 参见魏明孔《唐代工匠与农民家庭规模比较》，第 12～16 页；李志生《唐代工商业者婚姻状况初探》，第 76～81 页。

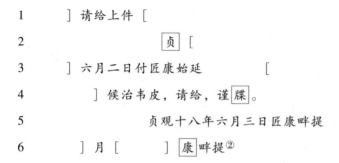

15　　　　依［①

第二件为《唐贞观十八年匠康始延等请给物牒》：

1　　　　］请给上件［
2　　　　　　　　貞［
3　　　　］六月二日付匠康始延　　　　　　　［
4　　　　　］候治韦皮，请给，谨牒。
5　　　　　　　　　贞观十八年六月三日匠康畔提
6　　　　］月［　　　］康畔提②

这两件文书中都出现了匠头康始延。同为贞观年间，或可将其比定为《唐何好忍等匠人名籍》中的康失延，亦即表5-1中之韦匠康失延。两件文书性质类似，都抄录了各色人等为请给某物等事宜所上之牒，并简单记录了处理结果。在第一件文书中，难以判断匠头康始延为何事上牒。而在第二件文书中，匠康畔提申请到"候治韦皮"，当是以韦匠的身份领取原材料，康始延也是韦匠，其被给付之物，大致也应当是"候治韦皮"之类。不过无论申请何物，无疑都是官给原材料，那么康始延就应当是在上役期间，正在为官府功作。他应当就是上文讨论的火长一类上役工匠的头目。

余　论

如果将上文讨论的西州民间工匠的各种生活形态与农民作对比的话，就会发现二者并没有想象中那么大的分别。前文所引《唐六典》对于士、农、工、商"四人"的定义，大致农民要肆力耕桑，工匠应当功作贸易。③值得注意的是，《六典》紧接着讲到"工、商之家不得预于士，食禄之人不得夺下人之利"。④ 这是对工、商与士的划分，说明士与工、商之家还是

---

① 唐长孺主编《吐鲁番出土文书》（图录本）叁，第67页。
② 唐长孺主编《吐鲁番出土文书》（图录本）叁，第68页。
③ 《唐六典》卷三，第74页。
④ 《唐六典》卷三，第74页。

有明显界限的。但是这里并没有提及工、商与农之间的界限，这或许也显示出他们之间的界限是模糊的。还是再总结一下西州民间工匠的实例，看一下他们与农民之间的关系。

　　生业方面，工匠与农民应有的最大分别就是谋生手段的不同，但是前文已经指出，不仅唐令已经规定工商业者可以参与均田制下的给田，而且在西州民间工匠中也确实有占有土地的实例。为什么会出现这种现象呢？我们知道，均田制度的确立，就是因为战乱使农民流离失所，有大量闲置土地无人耕种。均田制这种国家主导下的土地收授制度，可以使更多的土地得到耕种，促进社会经济的恢复和发展，北魏和唐朝初年大致都是如此。[①] 在这种宗旨下，扩大授田范围，给予有能力的工商业者一定数额的土地也是可能的。这样可以首先保证作为国家根本的农业生产的恢复，工商业者应该也乐于兼营一些风险较低的农业生产。但随着社会经济的发展，农户逃亡和土地兼并的现象逐渐出现，致使武周时期不得不采取括田括户的方法来维持均田制，吐鲁番出土的大量武周时期的勘田簿便是证明。[②] 工匠作为一个相对容易积累财富的群体，在均田制松弛的时期，很可能也会参与到土地兼并的活动中。比如前文提到的《武周（？）西州高昌县王渠某堰堰头牒为申报当堰见种秋亩数及田主佃人姓名事》及《西州高昌县佃人文书》中的曹居记，就占有很多土地，而且还以佃人的身份租种别人的土地。开元之际情况并未好转，故有宇文融括户。[③] 值得注意的是，通过《通典》的记载，可以知道前文所引《天圣令·田令》唐19条"在狭乡者并不给"工匠授田的令文是开元二十五年令，但狭乡西州的民间工匠在贞观和武周时期是有田的。这似乎可以说明狭乡不给田是开元时期的新规定，用以限制工商业者过多地占有土地。但这也恰恰能够表明，被限制的工商业者占有土地的现象可能是普遍而严重的。总之，工匠占有

---

① 唐长孺：《均田制度的产生及其破坏》，《历史研究》1956年第2期，第1~30页。
② 参见王永兴《武则天长安二年（702年）西州括田括户中官府勘田文书考释——读吐鲁番文书札记》，国家文物局古文献研究室编《出土文献研究续集》，文物出版社，1989；陈国灿《吐鲁番旧出武周勘检田籍簿考释》《武周时期的勘田检籍活动——对吐鲁番所出两组敦煌经济文书的探讨》，唐长孺主编《敦煌吐鲁番文书初探二编》，武汉大学出版社，1990，第370~439页。
③ 孟宪实：《宇文融括户与财政使职》，《唐研究》第7卷，北京大学出版社，2001，第357~388页。

土地在唐前期应当是一个事实，并且与均田制的产生与败坏有着密切的关联。

如果从另一角度来看，在租庸调体制下，农民也并非单一地进行农业经营。所谓调，就是向官府缴纳布帛一类的纺织品。这种赋役，收缴的并非纯粹的农产品，而是一定程度上的手工业产品。因此，有很多农户具备纺织技能，在缴纳调之外，他们也可以通过出卖纺织品来牟利，农民也就成为纺织业的主力。① 因此，只能发现一些零星的在官府作坊中服役的织户，却没有在西州看到织匠或布匠一类的职业。从这种意义上说，工匠与农民都在一定程度上涉足对方的生业。

组织方面，工匠看似有特殊的团、火组织，但前文已经讨论清楚，工匠的团的组织，是等同于农民渠堰组织的乡里以下的基层社会组织形式。它们都是以便于生产为依据编制的，本质上并没有分别。甚至可以推测，拥有土地的工匠，可能既是某团的成员，也是某渠堰组织的成员。在这种基层组织结构上，工匠无疑与农民是一致的。

然而遗憾的是，迄今为止，我们还没有发现工匠被正式编入百姓户籍的例子。这一点，或许可以参考同时代的日本的情况。日本《养老令·营缮令》第 7 条有："凡白丁、有解巧作者，每年计帐之次，国司简试，附帐申省。"② 其下之古记云："计帐之下，注其所能也。此是户令巧作贸易为工，屠沽兴贩为商一种耳。"③ 表明具有工商身份之人，在日本计帐中会被标记出来。也就是说，工匠是被编入计帐的。日本传世之《御野国加毛郡半布里大宝二年（702）户籍》中，的确有在名下注记工匠身份者，例如"户主兄广年卅六、正丁、工"之记载。④ 这就清楚地显示，日本的工匠是被编入百姓户籍的。我们知道，日本的《养老令》大多是参照唐令制定，其中的很多条文能够在一定程度上反映唐代的制度。然而可惜的是，现存《天圣令·营缮令》以宋令为主，其中并没有与上引《养老令》条文完全对应的内容。不过《水部式》中倒是有这样一段规定：

① 关于唐代纺织业的具体情状，可参考张泽咸《唐代工商业》，第 95~126 页。
② 仁井田陞、池田温『唐令拾遺補』東京大学出版會、1997、1448 頁。
③ 十川陽一「律令制下の技術労働力——日唐における徴発規定をめぐって」『史學雜誌』第 117 卷第 12 号、2008、45 頁。
④ 東京大学史料編纂所編『大日本古文書（編年文書）』（卷一）東京大学出版會、1998、34 頁。

140　给水匠十五人，并于本州取白丁便水及解木 作 □

141　充，分为四番上下，免其课役。①

这是在白丁中抽取具有工匠技艺者，来从事技术劳动的规定。这就与日本《养老令》中"白丁，有解巧作者"云云之规定极为相似了。可见，唐代也还是有从白丁中拣择具有特殊技艺者的规定。虽然还是难以据此作出肯定的判断，但通过日本的实例以及西州民间工匠与普通百姓一同配役的情况看，唐代将工匠编入户籍也还是很有可能的。从这种意义上说，在官府对基层社会的管理上，工匠与农民的分别已经很小。由此也可以管窥唐代士、农、工、商分野与交融之实际情况。

---

① 录文据刘俊文《敦煌吐鲁番唐代法制文书考释》，第 335 页；图版见《法藏敦煌西域文献》（15），第 4 页。

第六章　军镇与地方社会

自唐高宗时代开始，唐朝陆续在边疆设立了大量军镇。这不仅代表了唐代军事制度的变革，也对边疆社会产生了深刻的影响。西域地区的出土文书和碑刻提供了珍贵材料，使我们能够深入了解唐代军镇与地方社会之间的互动关系。

第一节　于阗镇守军与当地社会

2010 年，中国人民大学博物馆入藏了一批和田出土文书，其中的汉文文书，见有牒状、粮帐、契约、书信、辩辞等各种形式的公私文书，从内容上说，除了数量众多的军事文书外，还有相当一部分社会经济文书。透过这些文书，于阗当地的社会经济面貌逐渐浮现出来。更难能可贵的是，这些文书还保存了于阗镇守军参与当地社会经济活动的重要信息。唐朝曾在天山南北、葱岭东西广设羁縻府州，以原来的首领或国王为都督、刺史。[①] 长寿元年以后，唐朝在四镇大规模驻军，四镇的军镇化程度大大加强。那么，在这样一种特殊的军政体制下，镇守军与当地社会的关系就成了值得关注的问题。人大博物馆收藏的这些和田出土汉文社会经济文书，正为我们提供了宝贵的资料。以下即对这些文书略作考释，并进而考察镇守军与于阗当地在社会经济方面的联系。

---

① 张广达：《唐灭高昌国后的西州形势》，第 149 页。

一 税收与人口统计

据《新唐书·地理志》，唐朝于西北诸蕃及其他周边地区列置的羁縻府州，"虽贡赋版籍，多不上户部，然声教所暨，皆边州都督、都护所领，著于令式"。① 若是按此条记载，大致如于阗的毗沙都督府一类的府州，并不需要向户部缴纳赋税和申报户口。然而实际情况却未必如此，在此前所见和田地区出土于阗文、汉文文书中，都见有镇守军向百姓征税的记录。例如《唐大历三年（768）典成铣牒为杰谢百姓杂差科及人粮事》中，便载有百姓请求镇军放免差科之事。② 在人大博物馆藏和田文书中，也有不少与镇守军征税相关。

人大博物馆藏《杰谢百姓牒稿为放免正税事》（编号 GXW0062）文书，多有修改填字之处，应是一件草稿：

```
1 ］杰谢百姓等
2 ］勿萨踵是杰谢乡百姓，其乡去坎城及坎城守捉远四百余
    里，道路
3    ］往来于□，放免正税，钱输纳不阙，其□□差
4    ］新造使薄钱恐不□□牒送留须
   （后缺）
```

文书中的"坎城及坎城""远""道""免""正""恐"等字均为行间填字。从文意看，杰谢百姓被要求输送税赋到坎城及坎城守捉，杰谢百姓以道路远为由，申请放免税赋。坎城守捉是于阗镇守军下属之军事机构，则收税一方当是于阗镇守军。这里提到了"正税"钱和"新造使簿"钱。"正税"，恐怕是指百姓需要按例缴纳的常规性税赋。《唐六典》卷三"户部郎中员外郎"条有："凡诸国蕃胡内附者，亦定为九等，四等已上为上户，七等已上为次户，八等已下为下户；上户丁税银钱十文，次户五文，

① 《新唐书》卷四三下《地理志》，第1119页。
② 张广达、荣新江：《〈唐大历三年三月典成铣牒〉跋》，《新疆社会科学》1988年第1期；此据《于阗史丛考（增订本）》，第106~117页。

下户免之。"① 这是关于内附民税收的规定。这件文书里所说之"正税"钱，很可能就是这种唐朝对内附民按户丁征收的银钱。俄藏和田文书中见有"税钱"、"欠税"及"税役钱"，② 也可能与此种正税有关。另据于阗语文书，于阗王可能曾按月向百姓征收每人 100 文的人头税钱。③ 不知这与缴纳给镇军的正税是否有联系。

除了正税以外，镇军还会向百姓征收其他名目的税赋，如上文提到的《唐大历三年典成铣牒》中的"差科"。人大博物馆藏和田文书中又见有"驮脚钱"，见于《贞元六年（790）十月没里曜娑纳蔺城驮脚钱抄》（编号 GXW0104）文书：

1　没里曜娑蔺城驮脚钱叁仟三百廿拾文，
2　贞元六年十月廿五日征钱判官裴
3　迪抄。又伍拾文，迪。　廿六日又纳六十文，迪。

没里曜娑向征钱判官裴迪缴纳了"蔺城驮脚钱"。脚钱是唐朝百姓需缴纳的一种赋税，根据李锦绣先生研究，唐前期的脚钱是各州将税额按户等摊派于课户征收的。④ 从这件文书看，贞元时代的于阗百姓也要缴纳脚钱。这次缴纳的脚钱可能与蔺城驮运相关，像是一种临时性的征派，缴纳的税额也非常大，有可能是没里曜娑代表当地百姓一并缴纳。《大历十四至十五年（779~780）杰谢百姓纳脚钱抄》（Dx.18920）⑤ 中所见杰谢百姓所纳之脚钱大抵也是如此。

除了税钱以外，也有以实物形式征收的税赋。人大博物馆藏《某年十一月十六日刘三娘负小布条记》（编号 GXW0186）有：

---

① 《唐六典》卷三，第 77 页。
② "税钱"见《大历十六年（781）杰谢合川百姓勃门罗济卖野驼契》（Dx.18·926+SI P 93.22+Dx.18928）；"欠税"见《某年五月简王府长史王□□帖为欠税钱事》（Dx.18918）；"税役钱"见《某年正月六城都知事牒为偏奴负税役钱事》（Dx.18925）。参见张广达、荣新江《圣彼得堡藏和田出土汉文文书考释》，《敦煌吐鲁番研究》第 6 卷，北京大学出版社，2002，第 226~232 页。
③ 吉田丰：《有关和田出土 8~9 世纪于阗世俗文书的札记（三）上》，田卫卫译，西村阳子校，《敦煌学辑刊》2012 年第 1 期，第 147 页。
④ 李锦绣：《唐代财政史稿》上卷，第 580 页。
⑤ 参见张广达、荣新江《圣彼得堡藏和田出土汉文文书考释》，第 228 页。

1 女妇刘三娘负小布两个，限三日内纳足，如违 [

2 重罪。十一月十六日 □

刘三娘欠负小布两个，请求三日内纳足。小布，于阗语称 thaunaka，相对于于阗常见的布帛 thau 来说，价格略低。① 文书中使用了"如违""重罪"等比较严厉的用语，应是官方收缴。只可惜无从判断是否是直接缴纳给镇军。

户口统计方面，敦煌所出写于天宝初年的《天宝十道录》，就清楚地记载了安西四镇的户数，② 说明当时唐朝中央掌握了四镇的户数。在已刊布的于阗语文书中，也出现了唐朝镇军按照当地人数来收税的记录，这似乎说明镇军也能够掌握当地的纳税人数。③ 出土文书中也确实有一些记录纳税人姓名和年龄的帐簿。④ 但迄今为止，我们还没有见到类似于户籍的文书。人大博物馆藏 GXW0065 号文书，是按户登录男丁姓名和岁数的帐簿，其格式与此前所见的相关帐簿都不同，为我们研究这一问题提供了宝贵的材料。录文如下：

1 户皂黎载肆拾柒岁 定验 [

2 男嵯悉莽载拾陆岁 验拾□

3 弟鼠泥载叁拾柒岁 定矛潃

4 户勃略师载陆拾壹岁 定矛潃

5 户嵯舒载肆拾岁 天十二□ [

这件文书书写严谨规整，笔画清晰，且每行之间有较大的空白。文书残片上见有朱印三方，可惜文书可能是经过了水浸，朱印已散，很难辨认出印文。文书残片上残存有三户的男丁姓名和岁数，每人的年岁旁，都用朱笔

① 吉田丰：《有关和田出土 8~9 世纪于阗世俗文书的札记（三）上》，第 149 页。
② 荣新江：《敦煌本〈天宝十道录〉及其价值》，《九州》第 2 辑，商务印书馆，1999，第 125 页。
③ 吉田丰：《有关和田出土 8~9 世纪于阗语世俗文书的札记（一）》，广中智之译，荣新江校，《敦煌吐鲁番研究》第 11 卷，第 162~164 页。
④ 吉田丰：《有关和田出土 8~9 世纪于阗世俗文书的札记（三）下》，田卫卫译，西村阳子校，《敦煌学辑刊》2012 年第 3 期，第 148~149 页。

点过；鼠泥行在行前和年岁上，又分别有一笔朱点。每人之下又有大字的
"定""验"等标注，唯有嵯舒行下标有小字"天十二"云云。按"天十
二"应为天宝十二载之省称。又这件文书在标注年龄时都用"载"某某
岁，证明其确为天宝时制作的。

从名字看，文书上的人应当都是于阗当地的百姓。这里面年龄最大的
勃略师61岁，最小的嵯悉莽16岁。若按唐朝丁中制度，勃略师已为老男，
而嵯悉莽尚未及中男。[①] 虽然于阗未必执行丁中制度，但从这种有老小的
情况看，此文书有可能是不分年龄地登载了当地的全部男子。另外，文书
上的"定""验"等标注与朱点相对应，可能是勘定或者勾检的痕迹。
"定"，或为勘定之意；[②] "验"字有可能是提示需要验证的信息。鼠泥、
勃略师行下"定"字后的"矛漪"，很可能是负责勘定的官员的签署。总
体来说，这件文书应当是一件正式的官文书，而且登载信息都得到了认真
的核实。

相比于此前所见各种简单罗列人名和年龄的名籍，这件文书列出户主
并按户登载男丁的形式，显然更接近户籍。然而我们又不能直接将其称为
户籍。因为这件文书只登载了每户男丁的姓名和年岁。而在敦煌吐鲁番文
书中所见之户籍，则是登载包括女性在内的全部家口，以及每户占有的土
地等情况。相对来说，这件文书中记录的信息太少。大抵唐朝并未在于阗
推行均田、租庸等制度，可能不需要制作正式的户籍，只需要掌握跟税收
相关的户内男丁信息即可。

无论如何，这件文书还是具有十分重要的意义。这件用汉字书写的对
于阗户数和男丁进行统计的帐簿，很可能就是天宝年间唐朝统治机构用来

---

① 《通典》卷七《食货七》载："大唐武德七年定令，男女始生为黄，四岁为小，十六为
　中，二十一为丁，六十为老。……玄宗天宝三载十二月制，自今以后，百姓宜以十八以
　上为中男，二十三以上成丁。"则文书所成之天宝十二载以后，十八以上为中男，六十以
　上为老（第155页）。

② 吐鲁番出土名籍中，多见有标注"定""见定"者。如《唐天宝三载（744）西州高昌县
　勘定诸乡品子、勋官见在、已后、免役、纳资诸色人名籍》文书中，"见在"等色人名旁
　都标注有"定"字，见唐长孺主编《吐鲁番出土文书》（图录本）肆，第211～212页；
　《唐王君子等配役名籍》中，未配役的人名后都注有"见定"，见唐长孺主编《吐鲁番出
　土文书》（图录本）叁，第326页。大致都是表示这些人已经勘定。《唐某乡户口帐》中
　又有"见定口二千九百廿一"，也是指已经勘定的人口，见唐长孺主编《吐鲁番出土文
　书》（图录本）叁，第232页。

正式呈报给唐朝中央的，上文提到的《天宝十道录》中的数字，有可能就是在此类文书基础上统计得出。虽然不能确定于阗镇守军是否参与了文书的统计制作，但可以想见，镇守军实际上是切实地掌握了于阗当地百姓的户数和男丁的信息。镇守军对于阗百姓进行的征收税钱、税物以及摊市等，便也应当都是在此基础上做出的。

二　交通运输的管理

交通和运输对于身处沙漠绿洲的丝路重镇于阗来说，具有异常重要的意义。从出土文书看，唐朝势力进入于阗之后同样注重交通系统的建设和维护。荣新江先生介绍了人大博物馆藏文书所反映的唐代于阗对外交通路线，特别是经神山向北至拨换的道路，以及神山与杰谢之间的通道。[①] 此外，人大博物馆藏与交通相关的文书，也可以为我们提供唐代于阗交通机构及运输管理的一些信息。

馆驿是维系唐朝交通的重要设施，《通典》卷三三《职官十五·州郡下·乡官》有"三十里置一驿"，其下注曰"其非通途大路则曰馆"。[②] 就于阗来说，至少在于阗通往拨换城的路上就设有很多馆，仅文书中所见的便有神山馆、草泽馆、欣衡馆、连衡馆、谋常馆；其中，神山馆设于军事要地神山堡，而其他几个馆则位于神山馆以北。[③] 这条北通拨换的道路，傍和田河的河床而行，穿越沙漠大碛，馆驿的粮草要远道运输而来，保证供给就成了维持馆驿运行的重中之重。人大博物馆藏《唐谋常、昆岗等馆用粮帐》（编号 GXW0217）文书：

（前缺）

1　廿五 日 □□ [

2　一人路粮麵五升 [

3　谋常馆润十月五日 昆 [

4　同日昆岗 馆 □ [

---

① 荣新江：《唐代于阗史新探——和田新发现的汉文文书研究概说》，第 48~52 页。
② 《通典》卷三三《职官十五·州郡下·乡官》，第 924 页。
③ 荣新江：《唐代于阗史新探——和田新发现的汉文文书研究概说》，第 48~49 页。

5　三斗　十六日都［

6　十七日□［

（后缺）

这里又出现了"昆岗馆"，似亦在神山以北。^① 这件文书虽然残破，但还是能约略看出是一个逐日记载的粮帐，文书残存的部分是某年十月及闰十月的记录。从"一人路粮"看，粮帐登载的是谋常馆、昆岗馆等为行人提供路粮的情况。看来，这份粮帐是按照日期对谋常、昆岗等馆的粮数一并进行了统计。

人大博物馆另藏有一件与馆相关的《唐某年十月欣衡连衡等馆领物帐》（编号 GXW0192）文书，录文如下：

（前缺）

1　□ 米陆斗 ［

2　斗，油伍胜［

3　故，壹白。十月 九 ［

4　欣衡十月马踏拾伍硕［

5　陆斗充使料，九月、十月□｜

6　羊，一白羊。十月十九日李衫 领 □□□□［

7　连衡九月、十月使料，米陆斗，酒两 袋 ［

8　升，羊肆口，两口白，两口故（殺）。十月□九日李衫领

（余白）

这份领物帐明显分成了几个部分，李衫在十月十九日领取了欣衡馆十月的马料以及九月、十月的使料；十月□九日，李衫又领取了连衡馆九月、十月的使料。"欣衡"之前的部分，应该是某人领取其他馆的物资。使

---

① 《新唐书》卷四三下《地理志》载："自拨换南而东，经昆岗，渡赤河，又西南经神山、睢阳、咸泊，又南经疏树，九百三十里至于阗镇城。"赤河或即今塔里木河，则昆岗更在今塔里木河北（第1150页）。

料应当是指馆驿供使的消耗，吐鲁番文书中有所谓"客使停料""停料"，[①] 应当与这里的使料所指相同。这件文书中所见的使料，大致是米、酒、羊、油等物。另外，两馆九月、十月的使料在十月下旬才领取，也说明这些使料是由馆预先筹措垫付的。值得注意的是，李衫一个人可能是在同一天领取了欣衡、连衡两馆的马料、使料。联系上件粮帐我们约略可以猜测，位于沙漠腹心的神山以北的几个馆，在物资统计和配给方面，都是统一进行的。而德藏《唐于阗诸馆人马给粮历》（MIK Ⅲ-7587）文书提到有"神山已北四馆馆子八人"，在某馆停留，并得付"已北四馆及使料并脚力人粮"。[②] 神山被多次提及，看起来很像是交通转运的中心。

对于唐朝一些辽远的边疆地区来说，馆驿很可能是依附于镇戍设置。《天圣令·厩牧令》中所记唐 32 条有："诸道须置驿者，每三十里置一驿……其缘边须依镇戍者，不限里数。"[③] 类似本节所讨论的位于于阗至拨换偏远道路上的诸馆，无论从安全性还是物资转运的合理性上来说，依附镇戍设置几乎是唯一的选择。最典型的便是在神山堡设有神山馆。这也可以引发联想，神山以北的欣衡、连衡等馆，有可能也是依同名镇戍而设。神山堡应当是这条道路上最为重要的军事据点，那么同样神山馆在这一路的馆驿系统中可能也是核心。

关于馆的经营，人大博物馆藏和田文书还能为我们提供更多的信息，《唐彦朏状为欣衡馆主曹小奴买驴事》（编号 GXW0176）有：

1　欣衡馆主曹小奴^{买驴四}　[

2　右件人去七月十日交馆使买上件驴，将准作前件

3　钱。自立帖，限八月廿日付足。限已早满，频从索，一钱不

4　还。驴复转卖却两 头，々 别六千文。彦朏今被征回残

5　踏麪卅石已上 [　　　] 急，伏望征上件钱，□余□ [

① 见于《唐开元十九年（731）康福等领用充料钱物等抄》，唐长孺主编《吐鲁番出土文书》（图录本）肆，第 402~408 页。

② 『トルファン古写本展』朝日新聞社、1991、図版 7。

③ 《天一阁藏明钞本天圣令校证（附唐令复原研究）》，第 403 页。

6　　　　　　] 衡 [

（后缺）

这里的馆主应当是指馆的管理者。斯坦因所获和田文书中有所谓"欣衡监官"① 及"谋常监馆"②。从名称看，监官或监馆更像是正式的称呼，而馆主应当是习称或泛称。③ 从文书内容看，是欣衡馆的馆主曹小奴从彦朏处买驴四头，但一直没有按期付钱，其间曹小奴更是用每头六千文的价钱转卖了两头驴。彦朏得不到驴钱，现在又被征收回残，他便上书要求征收曹小奴所欠驴钱。按回残为国家拨给各官府钱物破用后的剩余，开天时期回残钱更变相成为国家收入的一部分。④ 那么，被征回残的彦朏应当是官府人员，这里驴的买卖交易很可能就是在官府所管机构间进行的。文中有"交馆使买上件驴"，馆使可能是负责管理诸馆的官员，⑤ 这件文书中的馆使很可能就是买卖的负责人或中间人，欣衡馆馆主曹小奴便是通过馆使买到驴以供馆中所用。这也提示，馆主或馆使会对馆中的马驴进行一些买卖经营。据唐令，馆驿置马皆官给，但"若有死阙，当驿立替"。⑥ 《太平广记》卷四三五《江东客马》便记有江东客卖马与宣州馆家之事。⑦ 除了要置办马驴外，如前文所述，诸馆可能会垫付使料，这有时同样需要馆主经营筹划。吐鲁番出土文书《唐天宝十三载（754）礌石馆具七至闰十一月帖马食历上郡长行坊状》中，礌石馆的提馆官镇将张令献，为筹措粮草"逐急举便"，以致"被诸头债主牵撮"。⑧ 看来，虽然曹小奴在买驴一事上似是得了些好处，但大多数馆驿的负责人如张令献者，却承担了很大的经济负担。故唐前期多捉大户主驿。曹小奴从名字判断，可能是粟特人，粟特人以经商著称，由其担任馆主或许与此背景有些关系。

---

① 《唐副使康云汉过所》，见陈国灿《斯坦因所获吐鲁番文书研究》，第 503 页。

② 《唐谋常监馆人粮米帐》，见陈国灿《斯坦因所获吐鲁番文书研究》，第 517～518 页。

③ 吐鲁番文书中又有"馆家"之称，既可指负责机构，亦可指驿长，可能与"馆主"的称呼有相似之处。参见鲁才全《唐代的"驿家"和"馆家"试释》，《魏晋南北朝隋唐史资料》第 6 辑，武汉大学历史系魏晋南北朝隋唐史研究室，1984。

④ 李锦绣：《唐代财政史稿》上卷，第 654～658 页。

⑤ 唐代中后期有馆驿使，未知是否有关联。见《唐会要》卷六一《馆驿》，第 1059 页。

⑥ 《天一阁藏明钞本天圣令校证（附唐令复原研究）》，第 403 页。

⑦ 《太平广记》卷四三五："顷岁江东有一客，常乘一马……此人无何，以马卖与宣州馆家。"（第 3538 页）

⑧ 唐长孺主编《吐鲁番出土文书》（图录本）肆，第 457～458 页。

在人大博物馆藏和田文书中，还看到了守捉管马的记载。《某守捉递马帐》（编号 GXW0179）中有：

（前缺）

　　　　　　同□□□

1　当守捉应管递马总陆拾陆匹 [
　　　　□死□□□□

2　陆匹前 后 患死，其料 [

（后缺）

这里提到某守捉总共管有递马 66 匹。据《唐六典》卷五所载，除了馆驿以外，"凡诸卫有承直之马。凡诸司有备运之车"，[①] 用以完成各自的执勤或递送任务。又据唐令，诸府有官马，当路州县亦有置传马处。[②] 但守捉管马此前则未见记载。这些递马很有可能是守捉用于传递公文等公务的。关于递马，宋代有独立于驿的递铺，递铺有递马。根据黄正建先生的研究，唐代中后期虽然也出现了"递"，但是"递马"在大部分情况下还是指驿马。[③] 故而尚难对文书中递马的概念进行界定。但从文书内容看，守捉对所管递马及其患死情况有认真的统计，并且马料很可能也是守捉提供。从数量上看，66 匹并不少，相当于唐朝一等大驿的马数，[④] 足以完成守捉的各项公务。另外，和田文书中见有"新市乌骆马"，是征自当地百姓。[⑤] 未知守捉所管递马与此种乌骆马是否有关联。总之，通过这些细节可以窥测到，于阗镇守军军事机构与交通有着十分密切的联系，不只是一些馆与镇戍的依附关系，甚至某些守捉可能会管有递马来完成递送任务。

---

① 《唐六典》卷五，第 163 页。

② 《天一阁藏明钞本天圣令校证（附唐令复原研究）》，第 402 页。

③ 黄正建：《唐代的"传"与"递"》，《中国史研究》1994 年第 4 期，第 80~81 页。

④ 据《唐六典》卷五所载，都亭驿有马七十五匹，第一等驿有马六十四匹，第二、三、四等驿马数依次递减（第 163 页）。

⑤ 荒川正晴：《唐代于阗的"乌骆"——以 tagh 麻扎出土有关文书的分析为中心》，章莹译，《西域研究》1995 年第 1 期，第 66~76 页。

三　镇兵家口的管理

长寿元年收复四镇后，武则天决意在四镇地区大规模驻军，大量的内地兵士随之来到于阗驻防；至玄宗时期，数年一换防的镇兵已经不能满足新的边防形势需要，于是便出现了常驻边地的镇兵。这些镇兵有很多是携带家口驻边。《唐六典》卷五"兵部郎中员外郎"条"天下诸军有健儿"下注有开元二十五年敕："自今已后，诸军镇量闲剧、利害，置兵防健儿，于诸色征行人内及客户中召募，取丁壮情愿充健儿长住边军者，每年加常例给赐，兼给永年优复；其家口情愿同去者，听至军州，各给田地、屋宅。"① 而碛西诸军，因为距中原路途遥远，自然优先适用这种兵制的变化。《册府元龟》卷八五所载开元二十六年册皇太子大赦天下制中便有："至如碛西之人，路途遥远，往复劳弊，颇异诸军。其中愿长往者，已别有处分。"② 或许自此时开始便有健儿携带家口在于阗居住。斯坦因在丹丹乌里克所获《唐建中三年（782）七月健儿马令庄举钱契》文书，其末尾列举的举钱人，便有健儿马令庄及其"母范二娘""妹马二娘"。③ 这便是家口随健儿长驻于阗的实例。又有《唐大历十七年（782）闰正月行官霍昕悦便粟契》文书，举钱人为"行官霍昕悦""妻马三娘""女霍大娘"。④ 行官应是镇军官员，⑤ 这说明不只是健儿，镇军官员也有携家口居住在于阗的。

人大博物馆藏 GXW0007 号文书，长 24.3 厘米、宽 14.5 厘米，被裁成了长条形状，是一件名籍。录文如下：

（前缺）

1　］白车 客 ［

2　］忠义　　［

---

① 《唐六典》卷五，第 156～157 页。
② 《册府元龟》卷八五《帝王部·赦宥四》，第 945 页。
③ 陈国灿：《斯坦因所获吐鲁番文书研究》，第 546～547 页。
④ 陈国灿：《斯坦因所获吐鲁番文书研究》，第 544～545 页。
⑤ 《资治通鉴》卷二一六所载"（安西）副都护京兆程千里、押牙毕思琛及行官王滔等"句下注有"行官，主将命往来京师及邻道及巡内郡县"（第 6887 页）。

```
3  ]  奴    王  [
4  ]  刘希进  [
5  ]  □万岁    [
6  ]  进    招才  [
7  ]  □    [
8  ]  王进儿    □  [
9  ]  □  [
```
　　（后缺）

文书中有"王子村"及"钱贱村"，说明这是按村来分别记录人名的名籍。从出土汉文文书来看，唐朝是按照内地之制，用"乡、村、里、坊"来表述于阗的各种基层行政建制，[①] 村是乡之下的一级较小的行政单位。值得注意的是，虽然这件文书只是一件很小的残片，但文书中残存的人名都是汉式。从出土的唐代和田文书看，于阗人的姓名与汉式的姓名有明显的差别，那么文书中出现的有汉名之人，应该不是于阗人，而都是汉人。如果是这样的话，这就说明"王子村""钱贱村"等地有不少的汉人聚居。于阗毕竟与唐朝的内地州县不同，主体居民为于阗人，在唐朝势力大规模进入四镇地区之前，于阗当地的汉人恐怕是极少的。一些基层的于阗乡、村可能更是如此。这里出现如此多的汉人居住，恐怕只能与镇军有关了。根据上文所引《唐六典》所载，镇军家口至军州，"各给田地、屋宅"。这些汉人应该就是来自内地的镇兵及其家口，他们在获得了田地、屋宅之后，聚居在当地的村中。

　　家口随健儿来到于阗居住，在社会生活中就不可避免地产生各种各样的生活事务和问题。那么这些家口的管理，是不是由于阗镇守军来负责呢？人大博物馆藏 GXW0086 号文书《女妇阿高牒兵马使为得衣粮事》（以下简称《阿高牒》）：

　　（前缺）
```
1      ]  □□  [
```

──────────

① 荣新江：《关于唐宋时期中原文化对于阗影响的几个问题》，《国学研究》第 1 卷，北京大学出版社，1993，第 406~407 页。

2   ] □更□ [

3   ] 兵马使 [

4   ] 放却□ [

5   ]   兵马 [   ] □格再欺被□

6   ] □存之 [

7   ] 放 亦不收□不得其□□   兵马使保状，就阿 高 郎即

8   ] □家产。如不放，即合得衣粮养活。伏望   兵马使详
     察之。

9   ] 日女妇阿高牒

（后缺）

这件文书较残破，难以通读。从整体的行间距来看，文书的第4行和第6
行文字，有可能是夹行补写的。从残存之文字可以大致推测一下文意。这
件文书是女妇阿高上兵马使的牒，阿高希望为其丈夫求得兵马使的保状，
以放免家产，如果不能成功放免，阿高就希望通过兵马使得到衣粮。兵马
使无疑是于阗镇守军的官员，阿高的丈夫需要兵马使保状，应当就是兵马
使管辖下的健儿，那么阿高的身份就应是健儿的家口。妇人阿高作为家属
出面向兵马使陈牒，恐怕是其夫征行在外或不幸没洛。关于健儿家口给
粮，《唐会要》卷七八载："大历十二年五月十日中书门下状奏……具兵士
量险隘召募，谓之健儿，给春冬衣并家口粮。"① 但从这件文书所反映的情
况看，于阗镇守军的实际情形又有所不同。我们注意到，阿高祈求衣粮的
前提，是失去家产。这些家产应该主要是上引开元二十五年敕中提到的给
边军健儿家口的田地、屋宅。这说明于阗镇守军中的家口平常自有家产得
活，不需给粮，失去家产才需要镇军给予衣粮。

在人大博物馆藏和田文书中，有一件文书（GXW0085）残片为大字书
写的判词，从内容上看，或与《阿高牒》相关。两件文书不能直接拼合，
但如果仔细查看两件残片，它们在纸张质地、颜色上非常相像，有可能是
出自同一件文书。录文如下：

───────

① 《唐会要》卷七八，第1439页。

（前缺）

1　□□不应还他典 [

2　妇今来披诉，理合 [

3　为征，仰自 往计会， [

4　不伏 [

（后缺）

这份判词中，判官同意妇人的申诉，认为不应该偿还某物，但要妇人自己去商量解决。如果上文推测成立的话，这就是兵马使给女妇阿高的判词。这样看的话，兵马使还是对女妇阿高的申请做出了反应。

兵马使，为唐代节度使武职系统中的军将，根据职级和统领不同，又有都知兵马使、左右厢兵马使等各种名目。[①] 可惜不能详查《阿高牒》中的兵马使为哪一级。至于兵马使的执掌，顾名思义，应当是掌管兵马。《资治通鉴》卷二一五胡三省注中有："兵马使，节镇衙前军职也，总兵权，任甚重。"[②] 但这一表述恐怕过于笼统。从《阿高牒》反映的情况看，于阗镇守军的兵马使除了军事事务以外，还要负责管理健儿及其家口的一些相关事务。斯坦因在巴拉瓦斯特所获《唐贞元五年（789）百姓某状》中有：

1　　　　　　　　　　　　　　　] 住在质

2　　　　　　　　　　　　] 质 逻条上

3　件 人油 [　　　　　] 文，当未付钱。比闻

4　□疏勒行回， 便 □□钱五百文，迄今 未还 ，引 [

5　　　] 踬打母速吉黎自违期限，今与□钱 [

6　] 来人不还牛，彼处艰难 [

7　　　　　] 兵马使，伏望商量处 [

8　贞元五年五月　日百姓 [

---

① 参见严耕望《唐代方镇使府僚佐考》，《唐史研究丛稿》，新亚研究所，1969，第 212~220 页；张国刚《唐代藩镇军将职级考略》，《学术月刊》1989 年第 5 期，第 73~74 页。

② 《资治通鉴》卷二一五，第 6877 页。

9　□□①

镇守军的兵士欠百姓钱未付，其参与疏勒行回还之后，依然没有付清，百姓便向兵马使陈诉，要求处分此事。这是一起经济纠纷，本应交由民政部门处理，但是可能是因为涉及军镇兵士，就要由兵马使商量处分了。由此看来，健儿及其家属遇到的社会生活问题，要由兵马使参与处理。从这一点上来说，镇守军通过对健儿及其家口的管理，无形中深切地参与到了当地的民政事务管理中。

四　镇军及当地百姓的社会经济生活

唐朝势力大举进入于阗，也必然会对当地居民的社会经济生活产生一定的影响。在和田出土文书中，有不少用汉文书写的契约，也有一些汉语、于阗语双语契约，很可能与当地汉人的经济活动相关。② 这些汉人可能大多是居住在于阗的镇兵及其家口。比如上文提到的《唐建中三年七月健儿马令庄举钱契》及《唐大历十七年闰正月行官霍昕悦便粟契》中，健儿马令庄及行官霍昕悦便同样是向当地的护国寺僧人虔英举钱。③ 既然有买卖与借贷，就必然有因违背契约而产生的纠纷。人大博物馆藏《某人辞为佣力偿钱事》（编号 GXW0056）文书：

（前缺）

1　　]□□□之日义忠
2　　]契云限至十月尽，即令
3　　]中折钱，仍更欠义忠钱
4　　]□欠人男佣力其钱
5　　　]□人道慈

（后缺）

---

① 陈国灿：《斯坦因所获吐鲁番文书研究》，第 481~482 页。
② 关于人大博物馆藏和田文书中的汉文契约，可参见丁俊《中国人民大学博物馆藏和田出土契约文书及相关问题的讨论》，《新疆大学学报》2012 年第 5 期，第 61~69 页。
③ 护国寺为杰谢当地的汉寺，可能是随唐朝势力进入而建立的，参见荣新江《关于唐宋时期中原文化对于阗影响的几个问题》，第 413 页。

大致义忠与某人（很可能是道慈）订下了契约，约定十月底某人付钱给义忠。不知因为什么原因，某人大概无法按时付钱，便出现了用某种形式"折钱"的情况，但即使如此仍然不够约定的钱数，还是欠义忠钱。至于"欠人男佣力"，则提示我们佣力恐怕也可以用来折钱。总之，这应当是义忠在陈述某人违反契约的情形。从性质上说，这件文书可能是辩辞或者呈请有司处理的牒。根据姓名推测，义忠应该是个汉人，也很可能与军镇兵士有关。这也反映了当地社会生活的一个侧面。

除了买卖和借贷外，人大博物馆藏和田文书中还有一些反映家庭生活情况的文书，例如人大博物馆藏 GXW0086 背文书：

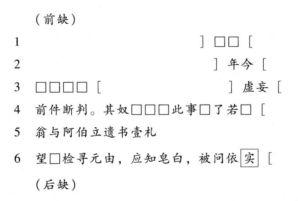

（前缺）
1　　　　　　　　　　　　　　　］□□ [
2　　　　　　　　　　　　　　　］年今 [
3　□□□□ [　　　　　　　　　　 ］虚妄 [
4　前件断判。其奴□□□此事□了若□ [
5　翁与阿伯立遗书壹札
6　望□检寻元由，应知皂白，被问依实 [
（后缺）

从"检寻元由""被问依实"等用词来看，这无疑是一件辩辞。只是可惜我们无法得知辩辞的具体内容，仅看到了翁与阿伯立遗书之事。唐人女子称丈夫的父亲为阿翁，称丈夫的哥哥为阿伯。[①] 那么此处被问的应当就是一名女子，她提到她丈夫的父亲和哥哥共同立了遗书。这似乎可以促使我们推测，当事人一家可能是在家产方面产生了问题。这件辩辞末尾的用语，符合唐代辩辞的一般格式，很可能反映的就是镇军家属的家庭事务。

人大博物馆藏和田文书中，还有一些于阗当地军、民的书信，如《尉迟二娘书状》（编号 GXW0109）：

---

① 牛志平、姚兆女：《唐人称谓》，三秦出版社，1987，第 130 页。

（前缺）

1　　　　　]□□□□

2　梁郎 如 相用语此，且衣食不

3　至少短，勿忧。道路有隔，相见未

4　 期 ，思念之 心 ，□离心口。今交付赵

5　　　　]十五只，至检领。伏□

6　　　　]□伏望奉敬白

7　　　　　]　妻母尉迟二娘呈

（后缺）

书信应是尉迟二娘写给女婿梁郎的，其中除了家常问候以外，尉迟二娘还提到委托赵某捎一些物品给梁郎。从姓氏看，梁郎应该是汉人，而尉迟二娘则有可能是于阗人，但可惜无从求证。此外，还有一件某人致三娘子、梁郎的书信，其中的梁郎可能是同一人。

又如《某人致杜郎书状》（编号 GXW0285）：

1　自离后未审平 安 [　　　　　　　　]□□当去口

2　杜郎动止万 福 ，[　　　　　　　]□经四日至□路

3　寄马与范千晟 [　　　　　] 随 发 遣 ，令看马□□悉

4　却报来云，马患□ [　　　]得马及石斗追留，去日至彼。

5　又景童后向杰谢 [　　　]□石床。此守捉申文解□招，

6　李奉琜通状称， 得 [　　　　]李奉琜通状床见

7　收者。今有军牒下 放 [

8　有文牒令贾判官故裳至 昨 [

（后缺）

从前两句的寒暄用语来看，这显然是私人书信。信中说到某人"寄马与范千晟"，但派人验看却得到消息说马患病，只得将马及石斗追留。又提到景童去杰谢处理床的问题。之后发信人又提到说收到李奉琜通状说床"见

收"云云。李奉琮为杰谢判官，文书中又提到贾判官，可知这是于阗镇守军官员之间往来的书信，由此也可以看到这些官员社会交往活动的一些情况。

透过这些和田汉文文书断片，我们可以大致了解唐朝势力大规模进入于阗之后，于阗当地社会经济生活的基本面貌，以及镇守军与当地社会经济关系的一些侧面。值得注意的是，在军镇化时代，镇守军不仅在政治、军事上影响着于阗，更是深刻地介入了于阗当地的社会经济生活。这不仅体现在大量的镇兵及其家属直接参与到于阗当地的社会生活中，而且从上文探讨的税收、交通及镇兵家口管理等众多方面看，于阗镇守军在很大程度上介入了当地社会的民政管理中。除了以上介绍的几个方面以外，人大博物馆藏《杰谢作状为床和田作等用水浇溉事》文书，反映出镇守军在杰谢当地至关重要的水利管理中，也占据主导地位。[1] 镇守军的职能和管辖已经不仅限于军事范畴，更是触及了民政。就于阗当地来说，这可能是军镇体制后来居上，从权力上控制并支配了原来的羁縻体制的一个体现。[2] 从整个唐朝来看，这完全符合节度使作为军事长官逐渐开始统领地方军政、民政的历史趋势。可以说，和田出土文书所提供的各种细节，对于我们了解军镇化时代的于阗社会，具有十分重要的意义。

第二节　北庭龙兴寺碑：官吏、兵士与佛教发展

北庭是唐朝经营西域的军政中心之一，控制着自中原及北方草原进入西域的重要通道，对北庭的研究也成为观察唐代制度演变与边疆社会的重要视角。然而相对于出土有大量官私文书的西州来说，北庭的相关资料则较为缺乏，致使我们对于北庭的认识远没有像西州那样深入，因而凡是有关北庭的残石断纸都显得弥足珍贵。1908 年 10 月 15 日，日本大谷光瑞探险队成员橘瑞超、野村荣三郎在孚远县破城（即北庭故城遗址）西北隅的

---

① 刘子凡：《杰谢营田与水利——和田新出〈杰谢作状为床和田作等用水浇溉事〉研究》，《新疆大学学报》2012 年第 5 期，第 70~76 页。
② 参见孟宪实《于阗：从镇成到军镇的演变》，第 120~128 页。

寺庙内掘得石碑残片"十五六个"。① 这些石碑碎片最早刊布于《西域考古图谱》，该书载有 16 件残碑拓片和其中 4 件原石的照片。②《新西域记》刊布图版与此同。《大谷文书集成》则录有这 16 件残碑拓片的录文，并编号8132～8147。③ 实际上，这批残碑与部分大谷收集品一起收藏于旅顺博物馆，郭富纯、王振芬先生在《旅顺博物馆藏西域文书研究》中指出，旅顺博物馆藏有上述 16 件残碑中的 15 件。④

此碑虽然残存字数不多，但出现了"龙兴寺""白鹤观"等字样，历来被认为是关于唐代北庭的重要史料。荣新江先生指出，从字体看该碑应立于唐朝前期，其中出现龙兴寺说明唐朝内地的汉传佛教系统进入北庭地区，而白鹤观在北庭的出现也是李唐王朝大力推行道教的结果。⑤ 彭杰先生对碑文的内容进行了详细的疏证，认为该残碑为北庭龙兴寺的造寺功德碑，并对龙兴寺的营建进行了探讨。⑥ 武海龙、张海龙先生也根据该残碑讨论了唐代北庭的佛教。⑦ 不过由于该碑残损过甚，仅从拓片图版看似乎很难连缀成文，致使以往研究只能围绕其中一些关键词展开，而无法进一步深入，甚为可惜。

2019 年，新疆考古学家李征先生逝世三十周年之际，王炳华先生将其所藏李征遗物捐赠给新疆师范大学黄文弼研究中心，委托保存并做研究。其中就见有李征旧藏的"唐金满城残碑"文件一束，内含 1986 年元月 12 日时任旅顺博物馆馆长刘广堂先生致李征书信一封，以及残碑拓片 8 件。尤为珍贵的是，其中包括了 3 件缀合后的拓片，各由 3～4 块残碑连缀。这一缀合成果解决了此前北庭龙兴寺残碑研究的关键问题，文字缀合在一起之后，可以清楚地看出该碑为北庭龙兴寺的僧碑，而非造寺碑，其内容对于认识北庭佛教乃至唐代汉传佛教体系在西域的发展

---

① 野村荣三郎「蒙古新疆旅行日記」上原芳太郎編『新西域記』（下）有光社、1937、491 頁。

② 香川黙識編『西域考古圖譜』下卷「史料」24、25、國華社、1915。

③ 小田義久主編『大谷文書集成』（叁）、245－248 頁。

④ 郭富纯、王振芬：《旅顺博物馆藏西域文书研究》，万卷出版公司，2007，第 24～25 页。

⑤ 荣新江：《7～10 世纪丝绸之路上的北庭》，陈春声主编《海陆交通与世界文明》，商务印书馆，2013，第 68～69 页。

⑥ 彭杰：《唐代北庭龙兴寺营建相关问题新探——以旅顺博物馆藏北庭古城出土残碑为中心》，《西域研究》2014 年第 4 期，第 63～72 页。

⑦ 武海龙、张海龙：《5～8 世纪的北庭佛教》，《吐鲁番学研究》2019 年第 2 期，第 113 页。

具有重要意义。以下即介绍这组李征先生旧藏拓片，并就相关问题略作考释。

一　李征旧藏的北庭龙兴寺残碑缀合拓片

根据刘广堂先生的信件，李征在北京时当面向其咨询此碑情况，刘在返回旅顺后遂寄来拓片请李征鉴定。刘广堂馆长寄来的这批拓片，实际上一共见有 16 件残碑，其中 1 件为此前从未公布过的残片，也就是说加上《西域考古图谱》曾公布而旅博未入藏的 1 件，这批残碑实际上总共应有 17 件，此为学界所未知。更为重要的是其中 3 件是缀合拓片，应系博物馆工作人员根据原石碎裂碴口进行了拼接，缀合成了 3 块较大的残石，再制成拓片。从拓片看拼接后的文字、栏线都可以完好对合。

旅顺博物馆给这批残碑编有两个文物号 20-781 与 20-782，不过从缀合拓片看，两个编号下的残碑有交叉缀合的情况，说明分为两个文物编号并不代表它们原属于不同的文物主体。郭富纯、王振芬在刊布馆藏拓片时使用"断碑之一""断碑之二"等标题，彭杰在此基础上加入了第三级编号。本节拟以李征旧藏拓片顺序编号，即"李拓×"，并括注彭杰编号及《大谷文书集成》编号。现根据李征旧藏缀合拓片重新整理录文如下：

李拓 1（20-782-2/大谷 8143 ＋ 20-781-4/大谷 8132 ＋ 20-781-3/大谷 8133 ＋ 20-782-3/大谷 8144）

1　　　　　] □迷品建□ [
2　　　　　] □双林之□□ [
3　　　　] 志 持花，傍咨迦叶，大 [
4　　　　] 四部众人，并皆扣地。是日 [
5　　　　] 与，南瞻雪岭，童子求半 [
6　　　　] 务 相和求□□□ [
7　　　　　　] □各□ [

李拓 2（20-781-5/大谷 8136 ＋ 20-781-2/大谷 8134 ＋ 20-782-9/大谷 8142）

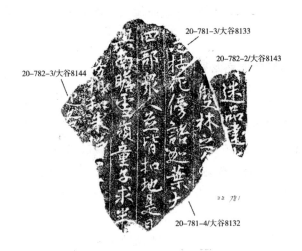

图 6-1 李拓 1

1　□宝山陨坠，智〔

2　□泣血。^{其二}仙鹤接翼，〔

3　□如来。龙兴寺主法津，何□〔

4　□德精讲法〔　　　〕济、志成、法虔、惠朗〔

5　明□法□〔　　　〕众药王等□〔

李拓 3（20-781-1/大谷 8135 + 20-782-10/大谷 8147 + 新 + 20-782-6/大谷 8145）

1　　　　　〕□增哀。〔

2　　　　〕□色祥云，陆□幡〔

3　　　〕检校天宫都维那省□十大弟子〔

4　　　　　〕恒、德藏、法林、志〔

5　　　〕节副使〔

李拓 4（20-782-1/大谷 8146）

1　　〕□烟□〔

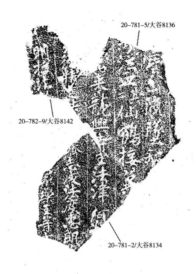

图 6-2　李拓 2

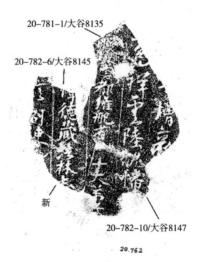

图 6-3　李拓 3

2]过四六于[

3]十六大国[

4]□□[

李拓 5（20-782-4/大谷 8138）

1]生风清[

2]诸坐[

3]□[

李拓 6（20-782-7/大谷 8139）

1]□难穷[

李拓 7（20-782-5/大谷 8141）

1]台僧[

2]白鹤观主[

李拓 8（20-782-1/大谷 8137）

1]方□[

2]四方清[

另附：大谷 8140

1]伊州僧□[

2]□升玄、王□[

彭杰怀疑 20-782-2、20-782-3 和 20-782-7 三块残碑可能与其他残碑不属于同一碑刻。然而从上述李拓的情况看，20-782-2、20-782-3 实际上可与其他残碑缀合，由此来看全部 17 块残碑应是出自同一碑刻。

二　北庭龙兴寺残碑的复原及其性质

根据缀合后的拓片，可以大致复原出北庭龙兴寺残碑的局部面貌。其中格式特征比较明显的是李拓 2，其第 2 行"泣血"两字后有小字"其二"。这是墓志碑刻中铭文部分极为常见的标识，表示第二首铭文的结束。
无论是墓志还是石碑，铭文通常都是放在除题名以外的整篇文字之末。也
就是说李拓 2 的内容是在靠近石碑末尾的位置。而其第 3~5 行则是罗列了
"龙兴寺主法津""志成""法度""惠朗"等僧名，应是题名部分。这部
分文字除了第 3 行字径与前文略同外，第 4、5 行或许是因为碑石空间有
限，字径略有缩小。由此来看李拓 3，就可以发现李拓 3 也具有相似的特
征，其第 1~2 行字径较大，"□色祥云，陆□幡……"的字句也像是四字
一句的铭文；第 3~5 行则字径较小，而且都是"都维那""德藏""法林"
等僧人题名。据此可知，李拓 2 和李拓 3 应是在石碑上的垂直对应位置，
考虑到李拓 2 第 5 行"明"字似是顶格书写，且寺主应在都维那前，则李
拓 2 应在李拓 3 之上，大致复原情况如下：

1　　□宝山陨坠，智 [　　　　　　　　　　　　] □增
　　　哀。[

2　　□泣血。[其二] 仙鹤接翼，[　　　　　　] □色祥云，陆
　　　□幡 [

3　　□如来。龙兴寺主法津，何□ [　　　　] 检校 天 宫都维
　　　那省□十大弟子 [

4　　□ 德 精进法 [　　] 济、志成、法度、惠朗 [　　] 恒 、德藏、
　　　法林、志 [

5　　明□法□ [　　　] 众 药王等□ [　　　　　　] 节副使 [

综合文字内容和字径特征，其他几块残碑也可以找到大致的位置。缀合后
较大的李拓 1、李拓 4、李拓 5、李拓 6、李拓 8 应是位置靠前的碑文正文
部分，而李拓 7 与大谷 8140 应当是在石碑末尾的题名部分。其中，李拓 7
第 1 行为"台僧"、第 2 行"白鹤观主"，大谷 8140 第 1 行为"伊州僧"、
第 2 行为"升玄"，似皆是第 1 行与僧人有关而第 2 行与道士有关，大致
可以推知李拓 7 与大谷 8140 也是上下垂直对应的关系，其相互关系为：

1　　　　] 台僧 [　　　　　] 伊州僧□ [

2   ]白鹤观主[   ]□升玄、王□[

这两块残石可能是接续在李拓 2 与李拓 3 的第 4、5 行前后，但具体位置不明。

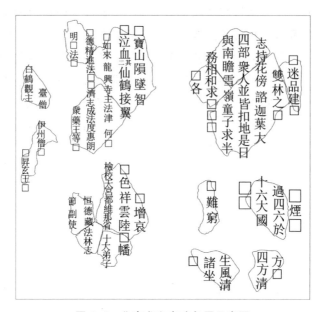

图 6-4　北庭龙兴寺碑复原示意图

关于残碑的性质，从李拓 2 和李拓 3 看，"龙兴寺主法津"大致是位于题名的起首或极为靠前的位置，则此碑为龙兴寺所立应没有问题。又残碑文字中所见"双林之□""傍咨迦叶""四部众人""童子求半""十六大国"等皆是佛教用语或典故，亦可确证此碑是与佛教事宜相关。其中的佛教因素彭杰已一一考述，此处不再赘述，不过彭杰据此推测此碑可能是北庭龙兴寺的造寺功德碑，恐怕未必准确。从缀合后的拓片看，此碑应是为纪念某位高僧所立。李拓 2+李拓 3 第 1~2 行残存的铭文中见有"增哀""泣血"等词，为墓志铭、神道碑铭中的常见词语，用来表达对死者的哀思。第 1 行"宝山陨坠"，当是取自佛涅槃之典故，法显译本《大般涅槃经》载如来入涅槃之时，"大地忽震动，狂风四激起，海水波翻倒，须弥宝山摇"。①

———————————

① 《大般涅槃经》卷三，CBETA 2020. Q1, T01, No. 7, p. 205b26-27。

碑中的"宝山陨坠"应是借此表述高僧的圆寂。在唐代的僧碑铭文中，也确实常见有此类感叹兴灭无常或记述门人哀悼之词。如现藏西安碑林博物馆的开元二十四年《大智禅师碑》，其铭文中有"门人法侣兮无归仰，刻琰调金兮状高节，望庐山兮摧慕，瞻朗谷兮悲绝"。① 天宝二年《隆阐法师碑》中亦有"十方化备，双林灭度。三界空虚，四生哀慕"。② 又贞元二十一年《楚金禅师碑》中见有"白鹤双双，飞香郁郁"，③ 与李拓 2 中"仙鹤接翼"相对应，似皆是与墓志铭中常见的白鹤意象有关。

　　造寺功德碑则不会出现此类伤怀追逝的铭文，而是呈现出另外一种面貌。仅就彭杰提到的吐鲁番柏孜克里克石窟所见贞元六年《唐西州造寺功德碑》为例，该碑主要记载僧人开窟造寺的经过，云"诸窟堂殿彩画尊像及创建什物，具标此石，□传无穷"，之后便是施田、造物等的记录以及寺主等僧人的题名。④ 可想而知，所谓造寺功德碑是以记述僧团或施主修造寺院的功德为主，而僧碑则主要是记述高僧个人的经历，无论是作为丧葬一部分的墓碑还是过后修立的功德碑，都免不了对高僧大德的追思或仰慕。综合各种信息来看，北庭龙兴寺碑更像是僧碑而非造寺碑。

　　至于龙兴寺碑是为哪位高僧而立，由于碑石残破恐怕难以确认。从残存的题记看，参与立碑仪式或相关活动的除了龙兴寺众多僧人外，还有"伊州僧"以及来自白鹤观的道士，可能还有官员，人数众多，规模较大，可见此次立碑应是一次重要的宗教活动。于溯指出唐代僧碑数量实际上并不算多，且大多出自显宦名流乃至帝王之手，僧碑的建立除了起到墓碑的作用外，很多时候还会承担显扬教法和标识法统的意义。⑤ 由此引申，能够获得立碑资格的高僧必然是当时最为重要的僧人，北庭龙兴寺碑中的高僧也应是如此。虽然关于北庭佛教的史料较少，但依然可以找到一些高僧驻锡北庭龙兴寺的例子。如国家图书馆藏 BD3339《金光明最胜王经》题记中罗列了参与长安三年长安西明寺义净译场的僧人，其中就有"转经沙

① 张伯龄：《〈唐大智禅师碑〉考释》，《碑林集刊》第 4 辑，第 100 页。
② 于溯：《读〈隆阐法师碑〉札记》，《古典文献研究》第 18 辑下卷，凤凰出版社，2016，第 157 页。
③ 王连龙、王广瑞：《唐〈楚金禅师碑〉研究》，《社会科学战线》2020 年第 11 期，第 259 页。
④ 柳洪亮：《高昌碑刻述略》，《新疆文物》1991 年第 1 期，第 60~61 页。
⑤ 于溯：《读〈隆阐法师碑〉札记》，第 147~151 页。

门北庭龙兴寺都维那法海"，[①] 此法海应是与其他参与译经的两京高僧一样
具备较高的水平。而据《大唐贞元新译十地等经记》的记载，悟空自印度
归来后，曾与北庭龙兴寺僧一同延请于阗三藏尸罗达摩翻译《十地经》
等。[②] 北庭龙兴寺碑应当就是为类似法海、尸罗达摩或更为重要的高僧而
立，但具体姓名已不得而知。

三　北庭龙兴寺的僧人与天宫

唐朝在西域地区的经营与统治，也深刻影响了当时该地区的佛教面
貌。荣新江先生即指出，唐朝曾在四镇地区建立起有别于当地胡人寺院系
统的汉寺体系，并曾从长安派遣僧侣担任僧官。[③] 至于北庭的龙兴寺，应
即北庭最为重要的唐朝官寺。按神龙元年二月，睿宗下诏天下州县设立
寺、观各一所，取名"中兴"，以纪念恢复李唐国号；至神龙三年二月又
下诏"改中兴寺、观为龙兴"，[④] 此即龙兴寺之由来。龙兴寺的存在也标志
着唐朝内地的汉传佛教系统进入北庭地区，[⑤] 龙兴寺的相关情况自然也会
在很大程度上体现唐代北庭佛教的特点。借助缀合复原后的北庭龙兴寺残
碑及相关史料，可以进一步揭示这方面的珍贵信息。

残碑中见有龙兴寺的寺主法津、都维那"省□"，这是除上引 BD3339
中出现的都维那法海以外，仅见的可以辨识的两位龙兴寺三纲。其中"龙
兴寺主法津"一句由于是分在 20-781-5（大谷 8136）与 20-781-2（大谷
8134）两块残石上，此前未被学者所知，缀合后方才得以确认。按唐代的
佛教制度，寺院三纲依次为上座、寺主、都维那，未知此时龙兴寺是否有
上座，无论如何寺主法津应是位于题名的领衔或极为靠前的位置。

残碑在法津以下又列举了众多僧人名号，由于石碑残破并不能一一确
认，至少可以辨识出志成、法度、惠朗、德藏、法林等。从僧名看，这些

---

① 《国家图书馆藏敦煌遗书》第 45 册，北京图书馆出版社，2007，图版第 413 页、"条记目
　　录"第 17 页。
② 《大唐贞元新译十地等经记》附于《佛说十力经》之前，见 CBETA 2020. Q1, T17,
　　No. 780, p. 717a9~14。
③ 荣新江：《唐代西域的汉化佛寺系统》，《龟兹文化研究》第 1 辑，天马出版有限公司，
　　2005，第 130~137 页。
④ 《旧唐书》卷七《中宗本纪》，第 143 页。
⑤ 荣新江：《7~10 世纪丝绸之路上的北庭》，第 68~69 页。

僧人可能都是汉僧。前文提到贞元年间悟空在北庭龙兴寺译经，当时是由
延请来的于阗三藏尸罗达摩读梵文并译语，而龙兴寺僧人"沙门大震笔
授，沙门法超润文，沙门善信证义，沙门法界证梵文"。[①] 这里的大震、法
超、善信、法界等，大概也都是汉僧。这大致也反映了龙兴寺作为唐朝官
寺是以汉僧为主的情况。

最值得注意的是龙兴寺都维那"检校 天 宫"的称号。此处的释文，
《大谷文书集成》录为"授□官"，郭富纯、王振芬及彭杰都录为"检校
天官"。彭杰还据此考证"天官"是指吏部尚书，龙兴寺都维那检校天官
是僧官带有俗官的高级官衔，体现了朝廷对龙兴寺的重视。[②] 不过天官只
是武周时期对吏部的改称，光宅元年（684）九月改名，至神龙元年二月
复旧。[③] 也就是说，在神龙三年天下中兴寺改名为龙兴寺时，武周的天官
早已改回了李唐的吏部。天官一词作为习惯称呼或可沿用，但正式官称无
疑还是要使用吏部。也就是说，北庭龙兴寺的都维那，不可能带有武周时
期的官衔。而且天官只是指代吏部，在具体叙述官职时还是要表述为天官
尚书、天官侍郎，不会径称"检校天官"。那么，残碑中的"检校天官"
就不应理解为带官府官衔。

细审拓片及原石照片，此前所认定的"官"字，上下两个"口"一大
一小，且没有一竖连接，实际上应为"宫"字。则龙兴寺都维那所带职衔
为"检校天宫"。天宫是佛经中的常见用语，是指天人的宫殿（梵语
Devapura），然而都维那所检校之"天宫"必然只能是一实际事物。梳理
与"天宫"有关的意象，可以发现有如下几种可能。首先是天宫寺，唐代
洛阳有名刹天宫寺，前引 BD3339《金光明最胜王经》题记中就有"翻经
沙门天宫寺明晓"。[④] 文献中也见有检校某寺都维那，如《大周刊定众经目
录》题记部分就见有"检校僧大福光寺都维那崇业、检校僧大福光寺主慧
澄"。[⑤] 不过这里的"寺"字似不可省略，而且残碑中的此僧人应是龙兴寺

① 《大唐贞元新译十地等经记》，CBETA 2020. Q1, T17, No. 780, p. 717a12–14。
② 彭杰：《唐代北庭龙兴寺营建相关问题新探——以旅顺博物馆藏北庭古城出土残碑为中心》，第66~72页。
③ 《旧唐书》卷四二《职官志》，第1788~1789页。
④ 《国家图书馆藏敦煌遗书》第45册，图版第413页、"条记目录"第17页。
⑤ 《大周刊定众经目录》卷一五，CBETA 2020. Q1, T55, No. 2153, p. 475c13–14。

而非天宫寺的都维那，故而天宫并非指天宫寺。其次是天宫宝藏，即经藏之异名。丁福保《佛学大辞典》载："兜率天内院弥勒菩萨之处，收藏一切经，谓之天宫。佛灭后，法藏渐隐没于二处：一天宫，一龙宫。"[①] 白化文先生也指出，佛寺藏经阁有的沿壁建成阁楼式小木结构以存藏经，称为"天宫藏"。[②] 不过天宫宝藏为经藏之说似最早见于南宋宗鉴所集《沙门正统》，唐代是否如此尚不得而知，且龙兴寺都维那若检校天宫藏，似也不能省略"藏"字，这里只能存疑。最后是天宫佛塔，自北魏至唐代有大量造像碑中出现了"天宫"一词，张总先生对这些造像铭进行了梳理，指出铭文中能反映出天宫含义的都是与塔有关，可以说天宫即塔。[③] 如东魏兴和四年（542）《李显族等造像碑》中有"天宫浮图四区"，浮图即塔；北魏正光四年（523）《翟兴祖等造像碑》中有"崇宝塔一基……天宫主维那扫逆将军翟兴祖"，皆显示天宫即为佛塔。综合来看，佛塔一说最接近龙兴寺都维那的执掌，也就是说所谓"检校天宫"很可能就是指负责管理寺内的佛塔。目前中国社会科学院考古研究所正在北庭故城进行考古发掘工作，未来对于古城内龙兴寺旧址的发掘，或许会为确定天宫具体所指提供更直接的证据。

四 北庭周边州县的佛教及其关联

北庭龙兴寺残碑的题名中，除了龙兴寺僧人外，还见有来自北庭周边州县的僧人。如唯一一块未入藏旅顺博物馆的残石（即大谷8140）中见有"伊州僧"，即来自伊州（治所在今哈密市区附近）的僧人。彭杰将其录为"诸僧"二字，未能揭示这一重要信息。实际上在唐朝建立伊州之前，当地就已有汉僧，《大慈恩寺三藏法师传》载玄奘贞观三年抵达伊吾时：

> 既至伊吾，止一寺。寺有汉僧三人，中有一老者，衣不及带，跣足出迎，抱法师哭，哀号哽咽不能已已，言："岂期今日重见乡人！"

① 丁福保：《佛学大辞典》，上海书店出版社，2015，第 427 页上。
② 白化文：《汉化佛教与佛寺》，中国书籍出版社，2016，第 223~224 页。
③ 张总：《天宫造像探析》，《艺术史研究》第 1 辑，中山大学出版社，1999，第 223~224 页。

法师亦对之伤泣。自外胡僧、王悉来参谒。[1]

隋代曾设立伊吾郡，伊吾的老僧很可能就是隋代时来此。敦煌 S.367《唐光启五年写本沙州伊州地志》载伊州伊吾县有宣风、安华二寺，纳职县有一所祥莽尼寺。[2] 这主要反映的是唐末归义军时期的情况，不过唐朝控制北庭时期伊州自然也是有佛寺的。

值得注意的是，李拓 7（20-782-5/大谷 8141）中有"台僧"二字。如前文所述，李拓 7 与大谷 8140 为垂直对应关系，也就是说"台僧"与"伊州僧"很可能是在石碑的同一行。那么"台僧"可能与"伊州僧"一样，是指某地的僧人。由此可以推测"台僧"前残去之字或为"轮"，即轮台僧。按轮台县为北庭属县，治所大致在今乌鲁木齐市附近，是唐代北庭通碎叶道路上的重要节点，在唐代的交通与军事中发挥着重要作用。[3] 如果上述推论成立的话，这就是首次在文献中发现关于唐代轮台佛教的相关信息。

有来自伊州、轮台等周边州县的僧人参与立碑，显示出北庭龙兴寺不仅是北庭重要的官寺，也对周边地区的佛教具有影响力。唐朝对天山东部的经营最初主要是以西州为核心，长安二年设立北庭都护府以后，北庭逐渐成为这一地区的军政中心。尤其是随着北庭节度使的设立，西州、伊州的军事也统归北庭节制。可能正是在这样的形势下，虽然西州一地自高昌国时代起便延续着佛教的繁盛，但北庭佛教在天山东部的影响力也在逐步提升。可惜由于石碑残破过甚，无法确知除了伊州和轮台外，是否有西州等其他州县的僧人在石碑上题名，无论如何伊州僧和轮台僧的出现还是能说明北庭佛教的地位。20 世纪初，日本大谷探险队在库车库木吐喇石窟切割了一幅供养人壁画榜题，其文为"大唐□（庄）严寺上座四镇都统律师□道"。[4] 可知唐朝曾在四镇地区设立有"四镇都统"，应即四镇都僧统，负责统领四镇的汉传佛寺系统，驻锡于安西四镇节度使的

① 慧立、彦悰：《大慈恩寺三藏法师传》卷一，孙毓棠、谢方点校，中华书局，2000，第 18 页。
② 录文见唐耕耦、陆宏基编《敦煌社会经济文书真迹释录》第 1 辑，书目文献出版社，1986，第 40~41 页。
③ 刘子凡：《唐代轮台建制考》，《西域研究》2021 年第 1 期，第 9~17 页。
④ 香川默識編『西域考古圖譜』上巻「繪画」9、國華社、1915。

治所龟兹。① 由此来看，作为另一西域地区节度使伊西北庭节度驻地的北庭，即便未必设有都僧统，大致也会是节度使管辖区域内官寺系统的中心之一。

五 唐朝官吏、兵士与北庭佛教的发展

唐朝势力进入西域之前，天山北麓是在突厥及其别部的控制之下，北庭城原即可汗浮图城。虽然城名中有"浮图"两字，但其是否与佛教有关尚存在争议，② 至少目前尚未在该地区发现唐代以前的佛教遗迹。贞观十四年唐朝出兵高昌后，在天山北麓的可汗浮图城设立庭州，长安二年设立北庭都护府。但相比于内地州县以及相邻的西州来说，当时庭州（北庭）居民中汉人所占的比例可能并不算高，吐鲁番出土《唐贞观二十二年庭州人米巡职辞为请给公验事》文书中米巡职就自称"庭州根民"，③ 从其姓名及经商行为看，米巡职很可能是粟特人，这也说明庭州设立之初是有粟特人在此居住。日本京都藤井有邻馆藏 15 号文书《唐开元十六年（728）庭州金满县牒》④ 中记载，开元十六年该县共有百姓、行客、兴胡等合计1760 人，其中百姓所交税钱只占到约三分之一，⑤ 说明该县有大量的行客与兴胡，其中兴胡主要就是指经商的粟特胡人。⑥ 金满县为北庭都护府及北庭节度使的治所，这说明即便在节度使时代北庭的人口结构也是多元化的。这或许也导致北庭有相对多样的宗教信仰，如前引 S.367《唐光启五年写本沙州伊州地志》中记载伊州伊吾县除了两座佛寺和两座道观外，还有火祆庙。北庭作为一个粟特人重要的聚居地，除了残碑中出现的龙兴寺和白鹤观外，可能也会有祆教的寺庙。此外，前文还提到贞元时期于阗大法师尸罗达摩曾在北庭译经，也体现出北庭佛教兼有胡僧与汉僧的情况。

---

① 荣新江：《唐代西域的汉化佛寺系统》，第 130~137 页。
② 徐松、嶋崎昌、孟凡人等认为"浮图"来自汉代文献所记务涂谷中的"务涂"，薛宗正则认为"浮图"可能是指柳谷。见徐松《西域水道记》，第 495 页；嶋崎昌『隋唐時代の東トウルキスタン研究』東京大学出版會、1977、214-225 頁；孟凡人《略论可汗浮图城》，《新疆大学学报》1985 年第 1 期，第 57~61 页；薛宗正《北庭故城与北庭大都护府》，《新疆大学学报》1979 年第 4 期，第 57 页。
③ 唐长孺主编《吐鲁番出土文书》（图录本）叁，第 306 页。
④ 池田温：《中国古代籍帐研究》，第 210 页。
⑤ 沙知：《跋唐开元十六年庭州金满县牒》，《敦煌吐鲁番学研究论文集》，第 187~195 页。
⑥ 荣新江：《7~10 世纪丝绸之路上的北庭》，第 67 页。

在这样一种情况下，北庭的官吏和兵士成为北庭具有汉地色彩的官寺发展的重要动力。李拓 3 第 5 行残存有"□副使"三字，此前学者皆录为"官别使"。细审拓片，此三字皆残去左半边，第一字更似"兹"或"落"等字的右半边，而非"官"字；第二字似是"副"而非"别"。若依此识读的话，此处可能为北庭节度副使或瀚海军副使的题名。实际上无论识读为"□副使"还是"官别使"，此处题名的无疑都应是北庭的官吏。也说明龙兴寺的此次立碑活动，确实是有北庭的官吏参与。

另据《长春真人西游记》所载，兴定三年（1219）丘处机西行会见成吉思汗途中，曾到过鳖思马大城（即唐北庭故城），并记述了龙兴寺的石碑。其文曰：

> 西即鳖思马大城……士庶日益敬，侍坐者有僧、道、儒，因问风俗。乃曰："此大唐时北庭端府，景龙三年，杨公何为大都护，有德政，诸夷心服，惠及后人，于今赖之。有龙兴西寺二石刻在，功德焕然可观，寺有佛书一藏。"[①]

这里的龙兴西寺应当就是承袭自唐代的北庭龙兴寺，[②] 丘处机提到龙兴寺有石刻，但没有详述其内容，从上下文看或许是与北庭都护杨何有关的功德碑。按唐代北庭都护多有见于史传的名臣，而当地士庶在为丘处机介绍北庭风俗时，却专门点出不见史书的杨何，有一种可能就是杨何的名字出现在了龙兴寺的碑刻上，才会成为当地乡贤口中"唐时北庭端府"的代表。虽然限于材料无法确知这里提到的龙兴寺石刻是否就是本节探讨的残碑，但至少都护杨何与龙兴寺功德的联系，还是可以体现出北庭官吏对于龙兴寺的重视。

清代在护堡子破城（即今北庭故城遗址）曾出土有唐代造像残碑，徐松《西域水道记》及端方《八琼室金石补正》《陶斋藏石录》等都有著录，近年原石还曾在西泠印社拍卖。其碑文为：

正面：

（前缺）

1　□□ [

---

① 李志常撰，王国维等校注《长春真人西游记注》卷上，广文书局，1972，第 49 页。
② 此处断句究竟是"龙兴西寺"还是"龙兴、西寺"尚无定论，本文未及展开，暂且存疑。

2　救沉溺于爱□〔

3　功德，孰能预于此。今有果毅□□

4　基等跋涉沙碛，效节边垂。瀚海愁

5　云，积悲心于万里；交河泪下，忽□

6　思于百年。遂鸠集合营，敬造佛□

7　□所并尊像等。刲厕雕琢□□□

背面：

1　□□人〔　　　　　　　〕□艺□

2　□营主〔　　　　　　　〕仵

3　建忠帅〔　　　　　　　〕玄盖

4　立义帅〔　　　　　　　〕明德

5　司兵刘〔　　　　　　　〕

6　司胄王〔

（后缺）

侧面：

1　　　　　　　　　　　　其□

2　众□　　　　　　　　　觉道

3　万□通天　　　　　　　日①

从内容看，这是以果毅“□□基”为营主的某营兵士穿越沙碛执行征镇任务，其间在北庭共同建造了此佛像。残碑背面“营主”“建忠帅”“立义帅”“司兵”“司胄”的题名，完整地反映出唐前期营的建构，朱雷先生已有研究。② 从事征镇的兵士随时可能会面临危险，碑文中“瀚海愁云”“交河泪下”之句也蕴含着这样一种愁思，可以想见捐资设立佛像以积累功德，会成为征镇兵士的一个重要精神寄托。北庭是唐朝经营西域的前沿，多有征行之事，根据吐鲁番出土文书，庭州的镇戍任务要仰仗西州府兵卫士的协助。长安二年瀚海军设立之后，有大量来自内地州县的兵士驻

①　原石及拓片图片见《西泠印社二〇一四秋季十周年庆典拍卖会（部分精品选）》，第265~274页。

②　朱雷：《唐开元二年西州府兵——“西州营”赴陇西御吐蕃始末》，《敦煌学辑刊》1985年第2期，第5~6页。

扎在北庭。吐鲁番所出开元四年《李慈艺告身》① 中列举了北庭瀚海军455 位授勋的兵士，其籍贯主要集中在关内、河东、陇右、河南四道，也就是说瀚海军的兵士绝大部分是来自中原。② 这些兵士的佛教活动，也会成为推动北庭官方佛寺及佛教发展的重要力量。

　　总之，李征先生所藏唐代北庭龙兴寺残碑的缀合拓片，为研究这一珍贵材料提供了极为重要的线索。以往学者借助极其残碎的文字，已经钩沉出了北庭佛教的隐约面貌，使我们对北庭佛教的认识从无到有，难能可贵。而借助缀合拓片，则能够勾勒出更为丰富的信息。可以肯定此碑是北庭龙兴寺为某位高僧而立的僧碑，并非此前推测的造寺功德碑。碑文中出现的龙兴寺僧人、天宫及周边州县的僧人等，进一步展示了龙兴寺的面貌以及北庭佛教与周边地区的联系。而以龙兴寺为代表的北庭佛教，在当地官吏和征镇兵士的支持下得到了持续的发展。从整个西域佛教的视野来看，随着唐朝在西域的持续经营，以汉地佛教为主体的官寺体系也得以建立并发展，北庭龙兴寺残碑正是这一历史过程的见证。五百年后长春真人丘处机西行路过北庭时，旧朝边疆的纷繁熙攘早已烟消云散，只留下龙兴寺的石刻成为后人追思唐朝的历史记忆。

---

① 陈国灿：《〈唐李慈艺告身〉及其补阙》，第 41~42 页。
② 孙继民：《唐代瀚海军文书研究》，第 139~150 页。

第三编
万里同风：出土文献所见
唐代制度与文化

第七章　从长安到西域：制度的统一与权变

从都城长安到遥远的西北边疆，唐朝如何维持一个大型国家的运作？结合传世史书和出土文献，可以体察唐朝追求制度统一的努力，毕竟"文轨大同"是大一统王朝的政治取向，但同样可以看到唐朝有很多因地制宜、因时制宜的制度调整，这是认识古代王朝的另一个重要侧面。

第一节　三伏择日中的长安与地方

三伏日，包括初伏、中伏和后伏，是自秦汉传承至唐朝的传统节日，在唐代人的社会生活中具有非常重要的地位。然而相对于其他节日，三伏日在时间选择上具有一定的特殊性，它们既不是二十四节气之一，也不是七月七、九月九这类日期固定的节日，而是需要通过气候和干支来推算日期。这就使得三伏的择日在历史上出现时代性和地域性差异。作为整个唐朝的中心，一切有关国家运转的政令，都是由长安发出的，国家的政治、经济、军事等政策也由此统一。那么，唐代三伏日时间的确定是否也是从长安到地方统一执行的呢？本节即探讨三伏择日过程中长安与地方的关系，进而窥探唐朝是如何将具有地方性差异的风俗纳入统一的制度体系中的。

一　"三庚之日"：三伏日的渊源及唐代长安的三伏日

三伏日的起源很早。《史记·秦本纪》载："（德公）二年，初伏，以狗御蛊。"《集解》注曰："孟康曰：'六月伏日初也。周时无，至此乃有之.'"《正义》亦曰:"六月三伏之节起秦德公为之,故云初伏。"① 故而传统上一般认为三伏日起源于秦国。岑仲勉先生在此基础上提出,"伏"字为古伊兰语 apaoša 之对音,apaoša 为火祆教提婆之一种,字义为"干涸"或"使之干透",故秦国伏日传自伊兰。② 不过,陈梦家先生根据《史记》中关于秦惠文王十二年(前 326)初腊的记载,认为伏、腊自周代已有,秦德公二年的"初伏",实际上是指秦国仿效中国初行此制。③ 故而岑仲勉主张的伏日源自伊兰之说恐怕并不正确。④

伏日的含义应是对暑热的伏避。三伏日的时间在小暑与处暑之间,正值夏、秋之交,是一年中最热的时节,而且雨量很大,通常给人以湿热难挨的感觉。唐张守节《史记正义》注曰:"伏者,隐伏避盛暑也。"⑤ 即是说"伏"是为了躲避盛暑的天气。同时,湿热很容易引发疾病灾疫,故而有关伏日的活动通常也会与辟邪禳灾有关。例如前面提到的秦德公二年(前 676)伏日磔狗祭祀,就是为了御蛊。由此,我们可以将伏日看作古人对于暑热湿气这种自然现象以及由此引发的各种灾厄的伏避。三伏日时间的选择,也正在于推算酷暑的进程。⑥

在阴阳五行观念下,伏日又被赋予"金气伏藏"的意义。隋杜台卿《玉烛宝典》引《历忌释》云:

> 伏者,何也?金气伏藏之日也。四时代谢,皆以相生。立春木代水,水生木;立夏火代木,木生火;立冬水代金,金生水;至于立秋,以金代火,金畏于火,故至庚日必伏。庚者,金故也。⑦

按照中国传统的阴阳五行观念,五行可与四时相对应。依此处《历忌释》

---

① 《史记》卷五《秦本纪》,中华书局,1963,第 184 页。

② 岑仲勉:《三伏日纪始》,原载《东方杂志》第 41 卷第 19 号,此据氏著《两周文史论丛》,中华书局,2004,第 176~177 页。

③ 陈梦家:《汉简年历表叙》,《考古学报》1965 年第 2 期,第 111 页。

④ 参见唐嘉弘《简论春秋战国时期的寮祭及其源流——先秦原始宗教新探之一》,《齐鲁学刊》1986 年第 4 期,第 7 页;魏永康《流变与传承——秦汉时期"伏日"考论》,《古代文明》2013 年第 4 期,第 59 页。

⑤ 《史记》卷五《秦本纪》,第 184 页。

⑥ 陈久金、卢莲蓉:《中国节庆及其起源》,上海科技教育出版社,1989,第 110~111 页。

⑦ 杜台卿:《玉烛宝典》卷六,《古逸丛书》影旧钞卷子本,叶 13。

所载，春为木，夏为火，秋为金，冬为水。在这样一种划分方法中，通常是以土居中治四方，而不对应于四时。[①] 由四时轮替又可以生发出五行相生，然而因为缺少了土，五行相生便会出现断裂，即夏、秋之间的火、金不相生。夏对应的火胜于秋对应的金，故而金气要"伏藏"。同时，五行又可以与天干相配，甲乙配木，丙丁配火，戊己配土，庚辛配金，壬癸配水。庚对应于金，所以说"庚日必伏"。颜师古《汉书注》曰：

> 伏者，谓阴气将起，迫于残阳而未得升，故为臧伏，因名伏日也。[②]

夏气为阳，阳生火；秋气为阴，阴生金。[③] 夏、秋之交，阴气为阳气所迫，实际上也是与金畏火相通。颜师古所说阴气的"臧伏"，也就相当于所谓"金气伏藏"。

正是因为有这种"庚日必伏"的阴阳五行观念，三伏日中的初伏、中伏、后伏都要选择在夏、秋之交的庚日。故而三伏又可以被称为"三庚"。唐诗中有所谓"金伏过三庚"[④] 以及"三庚到秋伏"者，[⑤] 即是如此。至于三伏的择日，徐坚《初学记》引《阴阳书》曰：

> 从夏至后第三庚为初伏，第四庚为中伏，立秋后初庚为后伏，谓之三伏。[⑥]

依此而言，三伏中的初伏当选在夏至之后的第三个庚日，中伏在第四个庚日，后伏在立秋之后的第一个庚日。这也是我们沿用至今的一种伏日的推算方法。除了这三日被称作伏日外，广义上的伏日还可以指三伏日之间的这一段时间，也就是我们今日所说的三伏天。

---

① 见何宁《淮南子集释》卷三《天文训》，中华书局，1998，第186页。

② 《汉书》卷二五上《郊祀志上》，中华书局，1962，第1196页。

③ 黎翔凤撰，梁运华整理《管子校注》卷一四《四时》，中华书局，2004，第846页。

④ 包佶：《同李吏部伏日口号呈元庶子路中丞》，《全唐诗》卷二〇五，中华书局，2013，第2141页。

⑤ 曹松：《夏日东斋》，《全唐诗》卷七一七，第8239页。

⑥ 徐坚：《初学记》卷四，中华书局，1962，第75页。

三伏日在汉代就已经是重要的节候。汉代非常重视伏、腊二祀。如《史记·留侯世家》载："留侯死，并葬黄石，每上冢伏腊，祠黄石。"① 《四民月令》亦载："六月初伏，荐麦、瓜于祖祢。"② 同时，汉代人也很注重伏日的"伏藏"。张家山汉简《二年律令》中就有"伏闭门，止行及田作者"的令文。③《后汉书·和帝纪》载："六月己酉，初令伏闭尽日。"对此，《汉官旧仪》曰："伏日万鬼行，故尽日闭，不干它事。"④ 可知汉代有关于伏日闭门的官方法令，可以想见汉代长安每到伏日，家家户户都要紧闭大门以躲避厉鬼。

及至唐代，三伏日依然是重要的节候。唐代有伏日食汤饼的习俗。敦煌文书 P.2721《杂抄》中有：

> 此月三伏，何谓？其日，食汤饼、去瘴气、除恶病。⑤

汤饼，即是今日的面条。宗懔《荆楚岁时记》亦载："伏日，并作汤饼，名为辟恶饼。"⑥ 由此可知，在三伏日食汤饼，也是与"去瘴气、除恶病"相联系的。王维《赠吴官》诗中有"长安客舍热如煮，无个茗糜难御暑。……江乡鲭鲊不寄来，秦人汤饼那堪许"，⑦ 即是讲长安人三伏中食汤饼之情形。在唐代的长安，节假日总是代表着尽情的游乐和欢愉，伏日也不例外。故而唐代的长安士庶，也会在三伏期间选择一些有趣的手段来隐伏避暑。例如，《开元天宝遗事》"冰山避暑"条载：

> 杨氏子弟，每至伏中，取大冰，使匠琢为山，周围于席间。座客虽酒酣，而各有寒色，亦有挟纩者。其骄贵如此也。⑧

---

① 《史记》卷五五《留侯世家》，第 2048 页。
② 崔寔撰，石声汉校注《四民月令校注》，中华书局，2013，第 49 页。
③ 《张家山汉墓竹简二四七号墓（释文修订本）》，文物出版社，2006，第 51 页。
④ 《后汉书》卷四，《和帝纪》，中华书局，1965，第 179 页。
⑤ 图版见《法藏敦煌西域文献》（17），上海古籍出版社，2001，第 357 页。
⑥ 宗懔撰，宋金龙校注《荆楚岁时记》，山西人民出版社，1987，第 53 页。
⑦ 王维撰，陈铁民校注《王维集校注》，中华书局，1997，第 583 页。
⑧ 王仁裕：《开元天宝遗事》卷上，中华书局，2006，第 29 页。

"杨氏子弟"是指当时权倾朝野的杨国忠家的子弟，冰在盛夏本是难得之物，以冰山避暑，足可见其豪奢。此外，《封氏闻见记》载御史大夫王镃宅中造有"自雨亭子"，[①]《太平广记》载同昌公主以澄水帛蘸龙涎挂于南轩避暑，[②] 也都是此类。唐代长安三伏避暑之行事，也可见一斑。总之，无论是避恶还是避暑，唐代人还是在普遍践行伏日"伏藏"的传统。

二　"自择伏日"还是"文轨大同"

既然包含了隐伏避暑的意义，那么伏日也就必然是与气候密切相关的节候。作为一个庞大的帝国，唐朝管辖的疆域幅员辽阔，各个地区的气候难免会有一些差异。尤其是南方和北方，气温差异较大，南方的暑热通常会来得早一些。在这种情况下，唐朝的南方诸州是否也要遵从由首都长安选择的伏日日期呢？《伏日出何典宪判》判题为：

> 广汉等四郡，俗并不以庚日为伏。或问其故，云：地气温暑，草木早生，异于中土，常自择伏日。既乖恒经，出何典宪？[③]

这里就出现了"自择伏日"的问题。判题中提到广汉等四郡，便是因为气候与中土不同，通常会自己选择伏日。但是唐代并没有名为"广汉"的州郡，"广汉"为汉代郡名。可知此判题的内容在唐代并非实际发生过，这只是一种拟判。判题后附有邵润之、赵如璧、崔翘三人的判词。《册府元龟》载："开元二年……良才异等科（张闰之、崔翘及第）。"[④] 据《唐会要》，"张闰之"当为"邵润之"。[⑤] 可知邵润之与崔翘曾于开元二年同登良才异等科。由此看来，邵润之、崔翘同时书写判文的这道《伏日出何典宪判》，很可能就是开元二年良才异等科的一道试题。如果是这样的话，那么虽然这道判题是拟判，但它作为制举试题出现，依然具有现实意义。它提示出唐朝人的一个制度性思考，即如果地方性的风俗与长安的政令有

---

① 封演著，赵贞信校注《封氏闻见记校注》卷五，中华书局，2005，第44~45页。
② 《太平广记》卷二三七《同昌公主》，第1827页。
③ 《文苑英华》卷五〇四，第2588页。
④ 《册府元龟》卷六四五《贡举部·科目》，第7445页。
⑤ 《唐会要》卷七六，第1387页。

了冲突，当如何处理。

我们先来回答判题中提出的问题，"典宪"是《风俗通》。欧阳询《艺文类聚》卷五引《风俗通》曰：

> 《户律》：汉中、巴、蜀、广汉自择伏日。俗说汉中、巴、蜀、广汉，其地温暑，草木早生晚枯，气异中国，夷狄畜之，故令自择伏日也。①

应劭《风俗通》作于东汉末年，其中所记的《户律》自然是指汉代的律令。可惜，在湖北张家山汉墓出土的《二年律令·户律》中，并未见有这则"自择伏日"的律文。《风俗通》博采历代社会风俗，其内容虽然不能尽信，但此处既然引到《户律》，想来应当不会有错。这说明汉代是以国家律令的形式规定广汉等四郡可以自己选择伏日。相对来说，四郡以外的其他郡县，自然要按照长安颁布的日期来过伏日。《风俗通》在这里给出了一种"俗说"，即民间流传的说法，是这四郡暑热来得比较早，气候与"中国"不同，被视为夷狄，故而允许其自择伏日。这也是前引《伏日出何典宪判》中提到的内容。按汉代的汉中郡在今汉中市一带，与汉长安只隔了一座秦岭。但从今日的气候条件看，两地的气候明显不同，由于秦岭阻隔了冷空气，汉中相对来说更加温暖湿润。而巴郡、蜀郡、广汉郡都在今日的四川盆地一带，气候更加湿热。伏日本来就是与暑热相关，四郡自择伏日看似就有了理由。不过与中原气候不同的不只这四郡，为何《户律》只规定此四郡可以自择伏日呢？韩鄂《岁华纪丽》卷二《伏日》引《风俗通》曰：

> 汉中、巴、蜀，高祖用张良策还定三秦，盖君子之所因者本也。论功定封，加以金帛，重复宠异，令择伏日，不同凡俗也。

这是应劭在"俗说"之外，对于自择伏日给出的另一种解释。② 汉中、巴、蜀等郡为汉高祖刘邦龙兴之地，刘邦建立汉朝之后，对这几郡给予了特别的恩

---

① 《艺文类聚》卷五《岁时下·伏》，中华书局，1965，第86~87页。
② 王利器先生整理《风俗通义》时，便将此条列为"谨案"，即作者应劭的案语，见其《风俗通义校注》，中华书局，1981，第604页。

赐，允许其自择伏日便是这样一种宠异。这样一种解释无疑更让人信服。由此我们也可以看出，汉朝应当是要求各个地方遵从长安制定的伏日，但这种统一并不是绝对的，由于特殊的宠异，巴、蜀等四郡可以自己选择伏日。

这种自择伏日的特殊规定，在曹魏时即已废止。《晋书·刑法志》引《魏律·序略》云：

> 改汉旧律不行于魏者皆除之……改诸郡不得自择伏日，所以齐风俗也[①]。

"诸郡"自然就是指汉中、巴、蜀、广汉四郡。对于曹魏来说，这四郡已经不再具有龙兴之地的特殊地位。而且《魏律》颁行于魏明帝太和三年（229），当时汉中等四郡皆在蜀汉控制之下，《魏律》齐风俗的做法，或也有针对蜀汉的意味。无论如何，自曹魏起允许地方自择伏日的规定就已经从国家律令中剔除出去了。

唐代的律令中也未见有允许地方自择伏日的记载，开元二年制科中出现的《伏日出何典宪判》，只是借汉代典故来发挥。不过通过邵润之等人的判文，我们还是可以看出唐代人对于自择伏日的看法。邵润之的判文为：

> 广汉四郡，蜀门九折，通濯锦之流，入青衣之徼，徒以温暑异于中夏，畜驭同于夷狄，许令自择伏日，所以遂其土风。当今齐七政之明，垂四方之则，百蛮由其奉朔，九译于是同文。况兹巴蜀之人，素陶齐鲁之教，自当变而至道，率乃旧仪，苟乱人时，奚同文轨。《风俗通》之小说，未足宪章，中和乐之雅音，领崇舞咏。请下四郡，俾依三伏。[②]

对于自择伏日的现象，邵润之持否定的态度。他认为《风俗通》中所记的汉代故事，并不能作为唐代的宪章。在他的理念中，唐朝应当达到"百蛮由其奉朔，九译于是同文"的盛世，朝廷声威所及都应当奉其正朔，更何况巴蜀在唐代早已经不是中原礼仪文化的边缘区域，四郡当然要使用朝廷规定的三伏时间。

———————————

① 《晋书》卷三〇《刑法志》，中华书局，1974，第 925~926 页。
② 《文苑英华》卷五〇四，第 2588~2589 页。

我们再来看赵如璧的判文：

> 天平四序，有寒暑之殊，地列九州，著华夷之别，风土既其不等，节候于是莫同。广汉夷陬，境连巴俗……非无典司之主，必告伏匿之辰，当复取舍因循，何得辄为改革。国家明堂布政，象法已行，岂使均雨之乡，翻闻易日之义。虽殊风俗之典，恐非得时之宜，勒依恒式，谓符通理。①

在赵如璧看来，各地寒暑有别，风土、节候不同的现象也是存在的，但是即便如此，广汉等四郡自择伏日的情况依然不可取。他也强调国家既然推行统一的政策法令，从长安到地方就应当使用相同的日期，而不能出现特殊情况，即所谓"岂使均雨之乡，翻闻易日之义"。同时赵如璧也提到会有"典司"来告知百姓"伏匿之辰"，也就是说在长安制定的历法会通过地方官府传递给基层社会。所以他的结论也是说，在唐代的国家法令面前《风俗通》不足为据，四郡应当使用长安制定的伏日时间。

与前面两人鲜明的立场不同，崔翘的判文则写得有些模棱两可，他的判文为：

> 皇明抚运，文轨大同，自北徂南，东被西渐。徒以洼盈异等，风候殊宜，草木偏早于阳春，金火不取于令日，炎蒸郁毓，未见行车，毒雾氛氲，唯看坠马。论其恒式，违帝者之金科，语以宪章，符汉王之故事，是非之理，其在兹乎。②

崔翘并没有给出明确的结论，他只是说从"恒式"的角度讲，自择伏日违背了当朝的政令，但却符合《风俗通》所记的汉代典故。即便如此，崔翘还是指出唐朝治下无论东西南北，应是"文轨大同"。由此来说，四郡伏日"不取于令日"的做法，还是有违政令。

纵观以上三人的判文，我们还是可以看出，地方州郡自择伏日的做法在唐代是不能被接受的。虽然《伏日出何典宪判》仅是取自汉代典故，而

① 《文苑英华》卷五〇四，第2589页。
② 《文苑英华》卷五〇四，第2589页。

且允许诸郡自择伏日的做法已在曹魏时废止，但邵润之等人在制举中的判文还是能在很大程度上体现出唐朝官方对于地方性风俗与国家政令产生冲突时的普遍态度。无论是邵润之的"当今齐七政之明，垂四方之则"，赵如璧的"国家明堂布政，象法已行"，还是崔翘的"皇明抚运，文轨大同"，都是在强调唐朝政令的统一性。即便唐代没有地方自主选择伏日的事实，我们看到唐朝官府依然有意识地加强相关的思想认识工作，强调从中央到地方的统一性。通过制举判题的形式来提出自择伏日的讨论，也足以看出唐朝对于这种统一性的重视已经提到了一个相当高的程度。更值得注意的是，三伏日在唐代已经被确定为官方的法定假期。《唐六典》"内外官吏，则有假宁之节"下注有："三伏日……并给休假一日。"[①] 从这则记载看，初伏、中伏、后伏应当是各休假一日。那么可以想见，作为唐朝官方假日的三伏日，应该是要有固定的日期才能利于全国普遍执行。可以说，唐朝是以官方规定的形式，将伏日纳入国家的制度体系中，这也决定了伏日具有了全国统一执行的特点。即便三伏日的选择具有与气候相关的特殊性，也依然是要符合国家政令，采用国家制定的日期。这是自曹魏取消自择伏日之后，伏日发展为全国性统一节日的一个重要阶段。而对于唐朝来说，统一的日期想必应是以首都长安所处的北方气候来确定的。这或许也是唐代在制度设计上偏重"北方化"的一个表现。从这一点来说，各个地方都要与首都长安同步，即便不能与长安同冷暖，也要按照自长安颁布的历法生活。

三　唐代历日文书中的伏日

敦煌吐鲁番文书中见有逐日编写的唐代历日，这些历日通常会在对应的日期下注有节候及吉凶宜忌等信息。幸运的是，我们在出土的唐代历日文书中，看到了关于伏日的记录。前文提到，在"庚日必伏"的阴阳五行观念中，三伏日应选择在庚日。而且《阴阳书》明确规定了三伏的时间，即夏至后第三庚为初伏、第四庚为中伏，立秋后初庚为后伏。唐代历日文书正可以为我们提供一个机会，来验证唐代伏日选择是否按照《阴阳书》的记载来进行。

---

① 《唐六典》卷二，第 35 页。

吐鲁番出土《唐仪凤四年（679）历日》文书有：

```
6    廿二日庚午土□                          [
7    廿三日辛未 土 □                         [
8    廿四日壬申 金 □                         [
9    廿五日癸酉□□                           [
10   廿六日甲戌 土 □                         [
11   廿七日乙亥 火 □            □□ 祭祀 内财 [
12   廿八日景子□□            □ 位 祭祀加冠纳 [
13   廿九日丁丑□□            □□归忌
14   卅日戊寅 土 □            岁位解除吉
15      ] 土危                 岁位天恩往亡结婚 [
16      ] 辰 金成 后伏          岁对厌天恩母仓 [
17      ] 金收                 岁对天恩加冠 [
18      ] 木开                 岁对天恩加冠 [
19      ] 木闭                 岁对天恩母仓 [
20      ] 水建                 岁对复 [
21      ] 除                   三阴 疗 [
22      ] 满 处暑七①           
              月中
```

在文书第 16 行中标注有"后伏"。据邓文宽先生的研究，此残片所载历日的时间是仪凤四年，是依《麟德历》编造，第 16 行的日期当是七月二日庚辰，另外根据第 22 行"处暑七月中"的标注，当年的立秋应是注在第 7 行六月廿三日辛未下。② 如此，则唐仪凤四年的后伏便是在七月二日庚辰，不仅是在庚日，而且刚好是在当年立秋之后的第一个庚日。

我们再来看吐鲁番出土《唐开元八年（720）历日》：

—————————————

① 唐长孺主编《吐鲁番出土文书》（图录本）贰，第 284~285 页。
② 邓文宽：《跋吐鲁番文书中的两件唐历》，《文物》1986 年第 12 期，第 60 页。

1	八日 [	岁位加官拜官修宅吉
2	九日庚寅木危 ^{大暑六月中} ^{伏退□至}	岁位斩草祭祀吉
3	十日辛卯未成	岁位
4	十一日壬辰收	岁位疗病修宅吉
5	十二日癸巳水闭没	岁位①

在第 2 行中有"大暑六月中伏"的历注。可知残片所载为历日的六月部分。文书整理者根据该月朔日的干支比定出该历日为开元八年历日。② 邓文宽先生认为，第 2 行"中"字后又脱一"中"字，历注实应为"大暑六月中，中伏，退□至"。③ 由此可知，开元八年的中伏日，是在当年的六月九日庚寅，亦是庚日，且与大暑同日。此外，邓文宽又指出是年夏至在五月八日庚申，则六月九日庚寅刚好是第四个庚日。④ 以上两件历日文书，一件载有后伏，一件载有中伏。从时间上来说，两个伏日都是在庚日，也都符合《阴阳书》的记载。

伏日的历注出现在历日文书中，这就已经说明唐朝将伏日的时间选择纳入其政令体系之中。唐代自长安到地方的历法统一，是通过颁历制度来实现的。《唐六典》载："每年预造来岁历，颁于天下。"⑤ 每年由太史局编写的历日正本，都会被送到各个地方官府，再由地方官府抄写下颁。⑥ 历日通常要在年前颁到地方，但遥远的西州在有些年份并不能按时收到历日。根据吐鲁番出土《唐天宝十三载（754）交河郡长行坊具一至九月酱料破用帐请处分牒》的记载，当年西州在没有收到正月、二月历日的情况下，按照小月支出马料，收到历日后发现都是大月，便又补给了两日马料。⑦ 这说明唐代地方官府的行事是严格按照历日来执行的。⑧ 安史之乱以

① 唐长孺主编《吐鲁番出土文书》（图录本）肆，第 62 页。
② 唐长孺主编《吐鲁番出土文书》（图录本）肆，第 62 页。
③ 邓文宽：《吐鲁番出土〈唐开元八年具注历〉释文补正》，《文物》1992 年第 6 期，第 92~93 页。
④ 邓文宽：《吐鲁番出土〈唐开元八年具注历〉释文补正》，第 92~93 页。
⑤ 《唐六典》卷一〇，第 303 页。
⑥ 陈昊：《吐鲁番台藏塔新出唐代历日研究》，《敦煌吐鲁番研究》第 10 卷，第 218 页。
⑦ 唐长孺主编《吐鲁番出土文书》（图录本）肆，第 487 页。
⑧ 孟宪实：《帝国的节律——从吐鲁番新出历日谈起》，《光明日报》2007 年 3 月 19 日。

前，西州一直是在唐朝官府的直接管控之下。故而上引两件唐前期的历日残片，应当就是由长安颁给西州的正式历日，或是其转写本。在这种颁历制度中，历日中注明的三伏日时间，也应当会被各地方官府奉行，并随历日一起转写颁下。此即前引赵如璧判文中所谓"非无典司之主，必告伏匿之辰"之所指。这样，借助颁历制度，三伏日的择日也就成为由长安发往地方的国家政令的一部分。

不过可惜，前引两件唐前期的历日残片各自只见有一个伏日，使我们难以窥测唐代三伏择日的全貌。幸运的是，在敦煌文书中见有一件来自中原的《唐乾符四年（877）具注历日》，[①] 其中也标注有伏日。据该历日所载，当年的夏至在五月三日癸卯；初伏在五月卅日庚午，即夏至后第三庚；中伏在六月十日庚辰，即夏至后第四庚；立秋在六月十九日己丑；后伏在六月廿日庚寅，即立秋后第一庚。这也完全符合《阴阳书》的记载。此历为表格形式，与其他敦煌所见历日有明显的不同。据严敦杰先生考证，该历日中的月朔及十二节气干支，都完全是按照当时行用的长庆《宣明历》来计算的。[②] 故而一般认为此具注历日是来自中原王朝。邓文宽先生曾怀疑其是敦煌翟氏根据中原历改造而成的。[③] 不过在参考国家图书馆藏 BD16365 号残历后，他还是认为此历是中原历日。[④] 刘永明先生则根据历注中蜜口注、魁罡等多有错误的情况，认为其很可能是某地私家根据官方历书印制的出售品。[⑤] 无论如何，《唐乾符四年具注历日》的月朔和二十四节气都是按照官方的《宣明历》来推算的，那么其中标记的三伏日，作为一种重要的节候，应当也是按照官方的历法来推算的。如果是这样的话，以上几个例子就可以表明，唐代三伏日的择日方法，完全是与《阴阳书》相符。

---

① 图版见《英藏敦煌文献（汉文佛经以外部分）》（14），四川人民出版社，1995，第 244~246 页。关于"历日"和"具注历日"的称呼问题，参见陈昊《"历日"还是"具注历日"——敦煌吐鲁番历书名称与形制关系再讨论》，《历史研究》2007 年第 2 期，第 60~68 页。

② 严敦杰：《跋敦煌乾符四年历书》，中国社会科学院考古研究所编《中国古代天文文物论集》，文物出版社，1989，第 243~246 页。

③ 邓文宽：《敦煌天文历法文献辑校》，江苏古籍出版社，1996，第 225~226 页。

④ 邓文宽：《两篇敦煌具注历日残文新考》，《敦煌吐鲁番研究》第 13 卷，上海古籍出版社，2013，第 200~201 页。

⑤ 刘永明：《唐宋之际历日发展考论》，《甘肃社会科学》2003 年第 1 期，第 147 页注 26。

关于这一点，我们可以再来看看敦煌所出唐代地方性历日。唐贞元年间敦煌陷蕃以后，无法再使用唐朝历法，敦煌地区只得自编历日，这一传统也一直延续到了归义军时期。[①] 敦煌翟氏就是以编写历日为家学。这种地方性的历日通常也被称为"小历"，敦煌所出历日文书，绝大部分都是这种"小历"。现将敦煌历日文书中有关伏日的信息列为表7-1。

表7-1　敦煌历日文书中的三伏日

年份	夏至	初伏	中伏	立秋	后伏	出处
元和四年（809）	五月一日 丙午	五月廿五日 庚午 夏至后第三庚	六月五日 庚辰 夏至后第四庚			P. 3900 背
大中十二年（858）	五月四日 乙丑	五月廿九日 庚寅 夏至后第三庚				S. 1439 背
乾符四年（877）	五月三日 癸卯	五月卅日 庚午 夏至后第三庚	六月十日 庚辰 夏至后第四庚	六月十九日 己丑	六月廿日 庚寅 立秋后第一庚	S. P. 6
乾宁二年（895）	五月廿一日 戊寅	六月十四日 庚子 夏至后第三庚	六月廿四日 庚戌 夏至后第四庚	七月七日 癸亥	七月十四日 庚午 立秋后第一庚	P. 4627+ P. 4645+ P. 5548
乾宁四年（897）	五月十四日 戊子	六月六日 庚戌 夏至后第三庚	六月十六日 庚申 夏至后第四庚	七月一日 甲戌	七月七日 庚辰 立秋后第一庚	P. 3248
后唐同光四年(926)	五月五日 庚申	五月廿五日 庚辰 夏至后第二庚	六月十六日 庚子 夏至后第四庚	六月廿二日 丙午	六月廿六日 庚戌 立秋后第一庚	P. 3247 背+ 罗1
宋雍熙三年（986）	五月八日 乙亥	六月四日 庚子 夏至后第三庚	六月十四日 庚戌 夏至后第四庚	六月廿五日 辛酉	七月四日 庚午 立秋后第一庚	P. 3403

① 邓文宽：《敦煌文献中的天文历法》，《文史知识》1988年第8期，第48页。

我们看到，只有《同光四年具注历日》的初伏选在了夏至后第二庚，稍有出入，其他全部历日文书中的三伏日，都完全符合《阴阳书》中有关夏至后第三庚为初伏、第四庚为中伏，立秋后第一庚为后伏的记载。即便这些历日是敦煌当地自编的，但在伏日的选择上却呈现出了统一性，而且是与唐朝通用的择日方式相符。前引《唐乾符四年具注历日》中有一行题记"四月廿六日都头守州学博士兼御史中丞翟□书"，说明此历是敦煌翟氏收藏的，同时很可能是作为其制历的参考。[①] 由此想见，虽然敦煌当地历日通常与唐朝的官方历日有一到两日的差距和月朔的差别，但在三伏日的选择上，则是继承了唐代的传统方式。总之，即便是在唐朝无法直接控制的敦煌，当地的历日也依然在沿用唐朝的三伏择日方式，其统一性与稳定性可见一斑。

我们再来看一下汉代的情形。在敦煌等地出土的汉代历谱中，也有一些注有伏日，正可与唐代的情况相对照。这些历谱包括山东临沂银雀山汉墓出土的《汉元光元年（前134）历谱》[②]，居延肩水金关出土《汉五凤三年（前55）历谱》[③]，敦煌出土《汉永光五年（前39）历谱》[④]、《汉永始四年（前13）历谱》[⑤]，江苏连云港尹湾汉墓出土《汉元延元年（前12）历谱》及《汉元延二年（前11）日记》[⑥]，等等。陈梦家、陈久金、魏永康等先生都对汉代历谱中的伏日进行过研究，[⑦] 根据诸位先生的成果，现列出汉简历谱所记伏日情况如表7-2。

① 邓文宽：《两篇敦煌具注历日残文新考》，第201页。
② 吴九龙：《银雀山汉简释文》，文物出版社，1985，第233~235页。
③ 中国社会科学院考古研究所编著《中国古代天文文物图集》，文物出版社，1980，图版三六，第38页。
④ 罗振玉、王国维编著《流沙坠简》，中华书局，1993，图版第19~20、释文第86~87页。
⑤ 张凤辑《汉晋西陲木简汇编》，有正书局，1931，图版十五。
⑥ 连云港市博物馆等编《尹湾汉墓简牍》，中华书局，1997，图版第61~67页、释文第138~144页。
⑦ 陈梦家：《汉简年历表叙》，第110页；陈久金：《敦煌、居延汉简中的历谱》，《中国古代天文文物论集》，第126页；魏永康：《流变与传承——秦汉时期"伏日"考论》，第60页。

表 7-2 汉代历谱中的三伏日

年份	夏至	初伏	中伏	立秋	后伏
元光元年 （前 134）	六月三日 戊子	六月十五日 庚子 夏至后第二庚	六月廿五日 庚戌 夏至后第三庚	七月廿日 甲戌	七月廿六日 庚辰 立秋后第一庚
五凤三年 （前 55）	五月八日 癸未	六月五日 庚戌	六月廿五日 庚午 夏至后第五庚	六月廿四日 己巳	七月十六日 庚寅 立秋后第三庚
永光五年 （前 39）	五月四日 丁未	六月八日 庚辰 夏至后第四庚	六月十八日 庚寅 夏至后第五庚	六月廿一日 癸巳	七月八日 庚戌 立秋后第二庚
永始四年 （前 13）	五月廿二日 甲子	六月十九日 庚寅 夏至后第三庚	六月廿九日 庚子 夏至后第四庚	七月九日 庚戌	七月廿九日 庚午 立秋后第二庚
元延元年 （前 12）	五月三日 己巳	五月廿四日 庚寅 夏至后第二庚	六月五日 庚子 夏至后第三庚	六月廿日 乙卯	六月廿五日 庚申 立秋后第一庚
元延二年 （前 11）	五月十四日 甲戌	六月十日 庚子 夏至后第三庚	六月廿日 庚戌 夏至后第四庚	七月一日 庚申	七月十一日 庚午 立秋后第一庚

　　根据表 7-2 所列情况看，汉代的三伏日也都是选择在庚日。然而除了《汉元延二年日记》以外，其他汉代历谱中所记载的三伏择日的情况，全都与《阴阳书》记载的规律不符。初伏有可能是在夏至后的第二庚、第三庚或第四庚，后伏也可能是立秋之后的第一庚、第二庚。尤其值得注意的是《汉五凤三年历谱》，当年中伏在夏至后第五庚，实际已经是在立秋之后一日了。从这种情况来看，汉代三伏的择日，可能并不是如《阴阳书》所述是依照夏至、立秋的时间来推定的。陈梦家先生即推测《阴阳书》系西汉以后之制。[①] 陈久金先生则根据元光元年、永光五年、永始四年三种历谱，认为汉代三伏择日的一个原则是将初伏定在六月上旬。[②] 不过《汉

① 陈梦家：《汉简年历表叙》，第 110 页。
② 陈久金：《敦煌、居延汉简中的历谱》，第 126 页。

元延元年历谱》中的初伏便是在五月底，说明这一原则并不成立。① 这样
看来，我们现在还无法发现汉代三伏择日的规律。总的来看，汉代三伏日
大致是选在六、七月间的庚日，至于选在哪一个庚日，或许要视气候或
其他因素而定，这就具有了一定的不固定性。实际上，汉代历谱在书写格式
上本身就有很大差异，陈梦家就将其总结为"编册横读式""单板直读式"
等五种，② 而《汉五凤三年历谱》和《汉元延元年历谱》又是一种极为简
略的环读式。方诗铭先生即认为，只有一简一日才是正规的历谱，其他都
是为了某种需要而书写的。③ 也就是说，从汉代历谱书写格式的多样性看，
汉代自长安颁下的正式历谱，在各个地方会因各种需要而转写成不同的样
式。联系到前文提到的汉代广汉等四郡自择伏日的情况，我们也不能排除
在不同地点出土的汉代历谱中或许会有一些地方性因素。

　　汉代的三伏择日方式显然与唐代存在明显的差异。我们暂且无法找到
汉代的择日规律，而唐代的择日无疑都符合《阴阳书》的记载。那么《阴
阳书》又是一本什么样的书呢？唐代以前已有很多阴阳术数类的图书，但
关于《阴阳书》所载的三伏择日方式，最早只见有初唐以后的类书及相关
著作引用。除了前引徐坚《初学记》外，韩鄂的《岁华纪丽》、白居易的
《白氏六帖事类集》都有引用。而在隋代杜台卿《玉烛宝典》、隋末唐初虞
世南《北堂书钞》以及成书于武德七年的欧阳询《艺文类聚》的伏日门类
中，都没有引用《阴阳书》。故颇疑此《阴阳书》为初唐所作。《旧唐
书·吕才传》载：

　　　　太宗以"阴阳书"近代以来渐致讹伪，穿凿既甚，拘忌亦多，遂
　　命才与学者十余人共加刊正，削其浅俗，存其可用者，勒成五十三
　　卷，并旧书四十七卷。十五年，书成，诏颁行之。④

① 参见魏永康《流变与传承——秦汉时期"伏日"考论》，第 61 页。
② 陈梦家：《汉简年历表叙》，第 106 页。
③ 方诗铭：《汉简"历谱"程式初探》，《张维华纪念文集》，齐鲁书社，1997，第 116~
　　128 页。
④ 《旧唐书》卷七九《吕才传》，第 2723~2724 页。

吕才删定的《阴阳书》在贞观十五年颁布后，即成为唐代的阴阳官书。[1]
建中元年颜真卿曾奏改"当梁年"嫁娶"舅姑不相见"之俗，关于此事
《封氏闻见记》即载："起居郎吕才奉太宗诏定官《阴阳书》五十卷，并
无此事，今亦除之。"[2]可知唐人行事大多以吕才《阴阳书》为准。而且此
书颁行日期，刚好在《北堂书钞》《艺文类聚》之后，《初学记》等书之
前。故而可以推定，记载三伏择日方式的《阴阳书》，就是贞观十五年吕
才删定的《阴阳书》。如果是这样的话，这种夏至后第三庚为初伏、第四
庚为中伏，立秋后第一庚为后伏的择日方式，正是通过吕才《阴阳书》的
颁行而在唐朝得到全国性的统一并固定下来。

　　总之，通过敦煌吐鲁番出土的唐代历日文书看，无论是唐前期由长安
颁发到西州的正式历日文书，还是唐后期敦煌地方自编的具注历日，都是
按照吕才《阴阳书》所载的择日方式来推定三伏日。相对于汉代历谱所反
映的情形来说，唐代的三伏择日显得更加固定且统一。这种从长安到地方
的统一，是通过唐朝的颁历制度和官定《阴阳书》来实现的。

结　论

　　作为一个传承久远的节候，三伏日本身就是与推算暑热进程相联系。
各个地区的气候不同，暑热到来的时间有先有后，从这方面来说，各个
地方的伏日本来应该是不同的。然而对于统一的唐帝国来说，这种地方
性差异却是不存在的。从出土的历日文书看，唐代是使用官定《阴阳书》
所记载的择日规则来确定三伏日，而且会将其标注在历日中，通过颁历
制度，实现从长安到地方的统一。而这种统一，无疑是以帝国首都的制
度规定为基准。这就已经与汉代有了些许不同，汉代曾经允许广汉等四
郡自择伏日。而在唐代的制举考试中，还在对这一汉代典故进行批判和
反思。

　　"齐风俗"一直是中国古代统一王朝的追求。前文提到的《风俗通》，
实际上在书中也有着辨风正俗的意味。[3]经历了南北朝的纷乱，唐朝也致

---

① 沈睿文：《吕才与〈阴阳书〉——兼论宗庙礼与陵地秩序之异同》，《乾陵文化研究》第 3
　　辑，三秦出版社，2007，第 296~305 页。
② 《封氏闻见记校注》卷五，第 44 页。
③ 史树青：《从〈风俗通义〉看汉代的礼俗》，《史学月刊》1981 年第 4 期，第 2~3 页。

力于整齐风俗。唐太宗颁布官定《阴阳书》，也正是这样一种意图。从节日上来说，虽然唐朝不能完全统一各地方节日习俗的每一个细节，但节日时间的选择尤为统治者所重视。例如唐朝一般以二月、八月戊日为社日，武则天如意元年则"改用九月为社"。① 而德宗在贞元五年以二月初一取代正月晦日，创制了中和节。② 也正是在这样一种背景下，三伏日在唐代完全没有了地方性，成为根据以长安为代表的北方气候来规定的全国统一节日。不过唐后期长安对地方控制力大大削弱，地方上开始大量出现私家造历，太和九年（835）东川节度使奏："剑南两川及淮南道，皆以版印历日鬻于市。"③ 而唐僖宗入蜀之时，"太史历本不及江东，而市有印货者，每差互朔晦"。④ 敦煌文书中也见有《上都东市大刀家印具注历日》及《剑南西川成都府樊赏家历》等私历。唐朝从长安到地方的统一节律逐渐被打破。无论如何，从三伏日这一点上，我们也可以看出唐朝将地方性风俗纳入国家政令的努力。

第二节　唐代的使职借印

官印在唐代官府的政务运行中扮演着极为重要的角色。唐代的内外百司人多给有铜印。很多敦煌吐鲁番文书中钤有官印，为我们了解唐代用印制度提供了重要的材料。⑤ 从出土文书反映的情况看，不仅各级官府的上下行公文要用印，由官府主持编造的户籍等重要文书也要钤印。关于文

---

① 《旧唐书》卷六《则天皇后本纪》，第 123 页。
② 《旧唐书》卷一三《德宗本纪下》，第 367 页。
③ 《册府元龟》卷一六〇《帝王部·革弊二》，第 1782 页。
④ 王谠撰，周勋初校证《唐语林校证》卷七，中华书局，1987，第 671 页。
⑤ 关于唐代官印的搜集整理有：罗振玉《隋唐以来官印集存》，1916；王人聪《近三十年来唐官印的发现与研究》，《文物考古论丛——敏求精舍三十周年纪念论文集》，文物出版社，1996，第 171~176 页；孙慰祖、孔品屏《隋唐官印研究》，上海书画出版社，2014。关于敦煌文书中所见的官印，相关的搜集整理论述有：陈祚龙《古代敦煌及其他地区流行之公私印章图记文字录》，《敦煌学要龠》，新文丰出版公司，1982，第 319~347 页；森安孝夫《河西归义军节度使官印及其编年》，梁晓鹏译，《敦煌学辑刊》2003 年第 1 期，第 136~147 页；岩本篤志「敦煌秘笈所見印記小考：寺印・官印・藏印」『内陸アジア言語の研究』第 28 号、2013 年 9 月、129-170 頁。

书用印的具体方法，学者们已有一些研究。① 大致敦煌吐鲁番文书中所见的唐代官印，大多是由相关机构钤盖本司之印，例如西州都督府发出或处理的文书会钤有"西州都督府之印"，高昌县的相关文书则会有"高昌县之印"。甚至可以凭借印文来判定文书所属的军政机构。然而在目前所见的敦煌吐鲁番出土文书中，却见有一些特例，文书上的钤印与处理机构并非直接对应，这是一种使职借用官印的特殊情况。虽然学者已注意到了这种现象，② 但未及详论其原委，致使这种唐代行用官印过程中普遍存在的现象未得发覆。以下即结合出土文书与传世史料，讨论唐代使职差遣临时借用官印的现象，借此管窥唐代文书用印制度在实际运行中的状况。

一

《检校长行使牒》在目前所见钤盖官印的吐鲁番文书中，可以说是极为特殊的一件。《检校长行使牒》为斯坦因于阿斯塔那墓地所获，该文书粘连于《景龙三年（709）九月尚书省比部符》之后。文书录文如下：

```
1  敕检校长行使    牒西州都督府
2       粟叁拾肆硕
3  牒：得西州长行坊牒称：上件粟，准使牒每
4  日合饲三百匹马，当为一十九日，马出使
5  饲不满三百匹，每日计征上件粟，合征
6  所由典张感、魏及、王素、氾洪、曹行、主帅卫
   （后缺）③
```

---

① 相关讨论见卢向前《牒式及其处理程式的探讨——唐公式文研究》，《敦煌吐鲁番文献研究论集》第 3 辑，第 335~393 页；王永兴《敦煌吐鲁番出土唐官印文书缝背缝表记事押署钤印问题初探》，《文史》第 40 辑，中华书局，1994，第 89~100 页；雷闻《关文与唐代地方政府内部的行政运作——以新获吐鲁番文书为中心》，《中华文史论丛》2007 年第 4 期，第 123~154 页。

② 卢向前：《牒式及其处理程式的探讨——唐公式文研究》，第 355 页；郭平梁：《唐朝王奉仙被捉案文书考释》，《中国史研究》1986 年第 1 期，第 140 页。

③ 图版及录文见池田温《中国古代籍帐研究》，第 203 页；沙知、吴芳思编著《斯坦因第三次中亚考古所获汉文文献（非佛经部分）》，第 60~61 页、彩版二；陈国灿《斯坦因所获吐鲁番文书研究》，第 273 页。

文书第 2、3 行间钤有朱印一方，印文为"左豹韬卫弱水府之印"。很明显，这是折冲府的官印。菊池英夫先生据此认为，弱水府为西州折冲府。[①] 但除了这件文书之外，在大量的吐鲁番出土文书中，目前看到的西州折冲府只有前庭府、岸头府、蒲昌府、天山府，不见弱水府。张广达先生指出，西州前庭府等四府都是隶属于右玉钤卫、右领军卫，与弱水府属于左豹韬卫有异。[②] 王国维提到，唐写本《摩诃般若波罗蜜》题记中见有"弱水府折冲都尉钱塘县开国男菩萨戒弟子邓元穆"云云，并据此推测弱水府在甘州。[③] 1993 年，内蒙古自治区乌审旗郭梁唐代墓葬 M1 号墓出土有一方唐代墓志，题为"唐故陇西郡甘州弱水府别将上柱国李公墓志并序"。[④] 由此可以断定，弱水府确实是在甘州。张沛先生进一步推断，弱水府或在今山丹县东南山丹河流域。[⑤] 既然弱水府不在西州，这方"左豹韬卫弱水府之印"出现在与西州相关的文书上就颇值得寻味。

更值得注意的是，这件文书的内容并没有涉及折冲府的事务。这件文书是检校长行使给西州都督府的牒文。从文书内容看，检校长行坊曾下牒西州长行坊，要求其征缴饲养马匹所剩之粟每日 34 硕，可能在处理过程中出现了一些问题，检校长行使又专门牒西州都督府进行交涉。实际上是涉及西州长行坊的相关事务。长行坊是唐朝在河西以西地区设立的交通机构，检校长行使应当是管理长行坊的使职。检校长行使又见于吐鲁番出土《唐给料钱历》[⑥] 及《唐神龙二年（706）七月西州史某牒为长安三年（703）七至十二月军粮破除、见在事》[⑦] 文书。从这些文书反映的情况看，检校长行使本身的职事，与作为军事机构的折冲府并没有直接的关联。然而对于公文书来说，此处钤盖折冲府印应当具有作为官印的意义。此印是钤在发牒官府以次的位置，相似的例子还有日本京都藤井有邻馆藏《唐开

① Kikuchi Hideo（菊池英夫），"On Documents of the T'ang Military System Discovered in Central Asia", *Journal Asiatique*, tome CCLXIX, 1981, p. 125.

② 张广达：《唐灭高昌国后的西州形势》，第 131 页。

③ 王国维：《观堂别集》，见《观堂集林（外二种）》，河北教育出版社，2001，第 845 页。

④ 内蒙古文物考古研究所、鄂尔多斯博物馆：《乌审旗郭梁隋唐墓葬发掘报告》，内蒙古文物考古研究所编《内蒙古文物考古文集》第 2 辑，中国大百科全书出版社，1997，第 500 页。

⑤ 张沛编著《唐折冲府汇考》，三秦出版社，2003，第 244 页。

⑥ 唐长孺主编《吐鲁番出土文书》（图录本）肆，第 14 页。

⑦ 荣新江、李肖、孟宪实主编《新获吐鲁番出土文献》，第 25 页。

元十六年（728）庭州金满县牒》，该文书的次行便有"金满县之印"，这很可能是唐代牒文的格式规定。① 迄今未见检校长行使使用的其他印记。由此来说，检校长行使当时确实是使用了这方"左豹韬卫弱水府之印"来作为其官印。

如何理解这种现象呢？卢向前先生提到，这是临时派遣的使者使用别一官府的印鉴。② 郭平梁先生更是明确地认为，检校长行使是由属于左豹韬卫的弱水府的主管官员检校的，长行使尚无印鉴，故借用弱水府的印鉴。③ 孙晓林先生也提到检校长行使或与弱水府有关联。④ 这些观点无疑是具有启发性的，提示我们这件文书用印的特殊性可能是与临时性的使职有关。然而，检校长行使未必一定是由弱水府官员检校才能用弱水府之印。而且郭平梁与孙晓林等先生对于文书年代的判断可能也有误，尚需辨别。

印文中所见的左豹韬卫，是中央十六卫之一，原为左威卫，武周光宅元年改为此名，但神龙元年官职复旧之时，左豹韬卫又重新改名为左威卫。⑤ 也就是说，左豹韬卫存在的时间，只能是在光宅元年至神龙元年间。郭平梁即是据此将文书中所见长行使的设置时间也推定在此前。⑥ 孙晓林先生亦认为，这件文书的时间一定是在神龙元年二月恢复旧制之前，并进而推测长行坊的设立也在此前。⑦ 但是我们知道，武周时期的文书应当使用天授元年颁布的武周新字，同样，武周新字也是在神龙元年废止。而在《检校长行使牒》中有三处"日"字，都没有写成武周新字"〇"。这就能说明文书的书写时间不会是在武周时期。同墓出土的文书有纪年者，最早为天授元年，最晚为景龙三年，没有出现武周之前的文书。《检校长行使牒》便是粘连于《景龙三年九月尚书省比部符》之后。孙晓林认为这两件文书没有关系，是后来粘贴在一起的。但值得注意的是，这两件

---

① 卢向前：《牒式及其处理程式的探讨——唐公式文研究》，第 355～356 页。
② 卢向前：《牒式及其处理程式的探讨——唐公式文研究》，第 355 页。
③ 郭平梁：《唐朝王奉仙被捉案文书考释》，第 140 页。
④ 孙晓林：《试探唐代前期西州长行坊制度》，唐长孺主编《敦煌吐鲁番文书初探二编》，第 235 页注 18。
⑤ 《旧唐书》卷四二《职官志》，第 1788 页；《唐六典》卷二四，第 621 页。
⑥ 郭平梁：《唐朝王奉仙被捉案文书考释》，第 140 页。
⑦ 孙晓林：《试探唐代前期西州长行坊制度》，第 171～172 页及第 234 页注 6。

文书都是西州都督府收到的文牒，不能排除是西州都督府在处理好两件文书后便将其粘贴在一起。① 这样理解的话，《检校长行使牒》的时间当距景龙三年不远。而且同墓有多达 7 件文书的时间是神龙元年。这也提示我们《检校长行使牒》的时间很可能也是在神龙元年以后不久。这样，根据没有使用武周新字和同墓出土文书的时间，可以将该文书的书写时间推定在神龙元年以后，也就是恢复旧制之后。这与孙晓林的观点正相反。如果是这样的话，在《检校长行使牒》书写之时，左豹韬卫已经不存在。

按常理推测，"左豹韬卫弱水府之印"在当时应当是一方废印。笔者最初也是抱有这种想法，但实际情况却远比想象得复杂。光宅元年，中央诸卫中有八卫更改了名称，这就涉及数百个折冲府要新铸官印。神龙元年官名复旧后，这些折冲府理应重新启用旧印或再铸新印。但在吐鲁番文书中，却可以看到神龙元年以后折冲府依然沿用武周官印的例子。《唐开元某年西州前庭府牒为申府史氾嘉庆诉迎送赵内侍事》② 文书中就见有"左玉钤卫前庭府之印"，左玉钤卫在神龙元年已改为左领军卫。日本宁乐美术馆所藏一组开元年间与西州蒲昌府有关的文书中，多见有"左玉钤卫蒲昌府之印"。③ 这就说明西州的折冲府在开元年间依然在行用本应废弃的武周官印。然而这又并非绝对，大谷文书中有《卅元十九年（731）正月西州岸头府到来符帖目》，便钤有"左领军卫岸头府之印"。④ 说明西州岸头府就没有沿用武周官印。刘后滨、王湛先生认为，神龙元年官号复旧之后，唐朝并没有新铸折冲府官印，光宅元年以前设立的折冲府，改用光宅以前之旧印，而光宅元年以后设立的折冲府，则依旧沿用武周时期的官印。⑤ 然而此说并不能成立，因为西州前庭府和蒲昌府至迟在高宗初年就

① 参见刘安志《敦煌吐鲁番文书所见唐代"都司"考》，原载《魏晋南北朝隋唐史资料》第 20 辑，武汉大学文科学报编辑部，2003，此据氏著《敦煌吐鲁番文书与唐代西域史研究》，第 159 页。

② 唐长孺主编《吐鲁番出土文书》（图录本）肆，第 180 页。

③ 陈国灿、刘永增编《日本宁乐美术馆藏吐鲁番文书》，文物出版社，1997。

④ 小田義久主編『大谷文書集成』（貳）法藏館、1990、104~105 頁。

⑤ 刘后滨、王湛：《唐代于阗文书折冲府官印考释——兼论于阗设置折冲府的时间》，《西域研究》2013 年第 3 期，第 23~30 页。

已经设立了。① 只能说，神龙元年以后折冲府官印的使用，并没有严格统一，同时存在沿用武周官印与恢复旧印两种情况。这种状况下，"左豹韬卫弱水府之印"既可能是废印，也有可能是弱水府继续行用之印。神龙元年以后折冲府用印的复杂情况，使我们无从判断检校长行使用此印，究竟是用了废印，还是向折冲府借印。

无论如何，这件文书都揭示出唐代使职差遣用印的一种现象，即在没有专用官印的情况下，会临时借印。结合传世史料和其他文书就可以看到，使职无论是借用废印还是借用州县官印，在唐代都是普遍存在的情况。

二

唐代除了百司有官印外，官员从驾出巡又有行从之印。目前就已经发现了"尚书省行从之印"和"殿中省行从之印"的实物。② 至于官员临时出使如何用印，史书中未见有明确的制度规定。高宗、武后以来，独立于原有行政机构以外的使职差遣数量大大增加，而且这种最初具有临时派遣性质的使职也开始逐渐固定化。③ 在这种情况下，使职也必然会产生更多的用印需求。但是未必每个使职都会有专门铸造的官印。

柳宗元《馆驿使壁记》中便载有：

> 大历十四年，始命御史为之使……先是假废官之印而用之，贞元十九年，南阳韩泰告于上，始铸使印而正其名。然其嗣当斯职，未尝有记之者。追而求之，盖数岁而往则失之矣。今余为之记，遂以韩氏为首。且曰修其职，故首之也。④

---

① 唐长孺：《吐鲁番文书中所见的西州府兵》，《山居存稿三编》，第 226~237 页；氣賀澤保規『府兵制の研究——府兵兵士とその社會』、343-352 頁。

② 孙慰祖、孔品屏：《隋唐官印研究》，第 75~76 页。

③ 关于唐前期使职差遣的产生与发展，可参见陈仲安《唐代的使职差遣制》，《武汉大学学报》1963 年第 1 期，第 87~103 页；陈仲安、王素《汉唐职官制度研究》，中华书局，1993，第 98~128 页；吴宗国主编《盛唐政治制度研究》，上海辞书出版社，2003，第 176~267 页；刘后滨《唐代中书门下体制研究》，齐鲁书社，2004，第 137~147 页。

④ 《柳宗元集》卷二六，中华书局，1979，第 704~705 页。

馆驿使应为监管馆驿之使职。值得注意的是，据柳宗元之文，馆驿使于大历十四年（779）创立之时，并没有专门的"使印"，而是借用"废官之印"。直到贞元十九年（803）馆驿使韩泰乞请，才正式给其铸造了使印。这个馆驿使便是借用了二十余年的废印来作为其官印。

关于唐代的废印，《册府元龟》卷六〇《帝王部·立制度》载：

> （贞元六年）九月，初收诸道进奏院官印三十纽，悉碎之。①

又《唐会要》卷六五《内侍省》载有：

> 天复三年二月敕："诸道监军使、副监、判官并停，其院印当日差人赍纳礼部销毁。"②

据此可知，唐代有销毁废印之制，因职官罢废或其他原因形成的废印，是要专门送到礼部销毁的。关于这一点，宋人宋敏求《春明退朝录》卷上有更加详细的记载：

> 按唐旧说……（礼部）员外郎厅前有大石，诸州府送到废印，皆于石上碎之。又图写祥瑞，亦员外郎厅所掌。令狐楚元和初任礼部员外郎，有诗曰："移石几回敲废印，开箱何处送新图"是也。③

宋敏求熟谙唐代故事，其所记当有理据。由其所述可见，唐代州县的废印也要集中销毁，而销毁地点就在礼部员外郎厅前。从令狐楚的诗中可以看出，销毁废印是当时礼部员外郎管辖之下的很具代表性的工作。然而，可能并不是所有的废印都要被敲碎销毁，有的可能只是敲坏印文。④ 因为从《馆驿使壁记》的记载看，唐代废印还有再利用的情况。

这种例子还有不少。《资治通鉴》卷二四〇"宪宗元和十三年"载：

---

① 《册府元龟》卷六〇《帝王部·立制度》，第639页。
② 《唐会要》卷六五，第1134页。
③ 宋敏求：《春明退朝录》卷上，诚刚点校，中华书局，1980，第11页。
④ 程义：《唐代官印的初步研究》，《考古与文物》2003年第1期，第78页。

戊辰，内出废印二纽，赐左、右三军辟仗使。旧制，以宦官为六军辟仗使，如方镇之监军，无印。及张奉国得罪，至是始赐印，得纠绳军政，事任专达矣。①

辟仗使为宦官担任的使职，本来没有印，宪宗特意赐予辟仗使废印二纽，从而使辟仗使得以名正言顺地纠绳军政。这废印二纽显然不是专门为辟仗使铸造的，只是废弃不用之印。对于原本无印可用的使职来说，即便被赐予的是废印，也使其获得了更多的行政权力。可见使职使用废印是同样具有法律效力的。《太平广记》卷一五三《张辕》中载有一段趣事：

吴郡张辕，自奉天尉将调集，时李庶人锜在浙西，兼榷管，辕与之有旧，将往谒，具求资粮。未至，梦一人将官诰至，云："张辕可知袁州新喻县令。"辕梦中已曾为赤尉，不宜为此，固不肯受。其人曰："两季之俸，支牒已行，不受何为？"遂委之而去。辕觉，甚恶之。及见锜……因署毗陵郡盐铁场官。辕以职虽卑而利厚，遂受之。既至所职，及视其簿书所用印，乃袁州新喻废印也。②

这虽然是出自笔记小说，但应当也是如实地反映了当时的实际情况。盐铁场是官府设立的用于商人纳税及盐铁流通的场所。③ 大致是因为其职位很低，盐铁场官并没有专门铸造的官印，但仍然有簿书需要处理，这样就只能使用州县的废印。值得注意的是，张辕所任职之盐铁场是在毗陵郡，即常州（今江苏省常州市），但其簿书所用废印却来自袁州新喻县（今江西省新余市）。这说明借用之废印并不一定是来自当地，可能要视官府收储之废印情况而定。总之，通过以上几条史料可以看出，唐代的废印有一种特殊的用途，就是给某些没有官印的使职或某些低级别官府使用。

唐代官印是官府机构行政权力的象征，其重要性不言而喻。我们看到，即便是废印，钤盖在官文书上也依然具有法律效力。围绕官印的铸

---

① 《资治通鉴》卷二四〇，第7749页。
② 《太平广记》卷一五三《张辕》，第1102页。
③ 张剑光：《唐五代江南工商业布局研究》，江苏古籍出版社，2003，第404页。

造、监管和使用，唐代有一套详细的制度规定，以保证印信的权威性。①同样，废印的重新使用也一定是有严格的规定，因为只有这样才能保证废印能够重新获得权威性，避免滥用废印的情况出现。一般官印的给授，是由礼部负责。《唐六典》卷四"礼部郎中员外郎"条便载有"凡内外百司皆给铜印"。② 这与前文提到的由礼部负责销毁废印的情况是相符的。由此推测，废印的给授很可能也涉及礼部。《唐会要》卷六六《大理寺》载：

> 会昌元年六月，大理寺奏："当寺司直、评事应准敕差出使，请废印三面……臣今将请前件废印收镶在寺库，如有出使，官便令赍去，庶免刑狱漏泄，州县烦劳。"敕旨依奏。仍付所司。③

大理寺因为没有出使印，想要申请三面废印，为此要向皇帝奏请。在敕旨批准后，仍要交给"所司"处理。其中的"所司"很可能就是指礼部。这也反映出申请废印的大致程序，需要官府上奏，皇帝敕旨依允之后，再由所司办理。另一种情况是皇帝直接赐废印。在前引《资治通鉴》卷二四〇中提到有"内出废印二纽"之事，便是直接赐给左、右三军辟仗使废印，这些废印似是收储在内廷，而非在礼部。但无论哪种情况，都可以保证废印使用的权威性。

除了借用废印以外，使职差遣还有另外一种借印的情况，就是借用当地州县官印。《唐会要》卷六二《杂录》载：

> 长庆三年八月，御史台行从印一面，出使二面。比来御史出使推按，或用废印，或所在取州县印文状。伏以使臣衔命推按，事须用印，无非切要，既于所在求印，事以漏泄，伏请令有司铸造。从之。④

大致长庆三年（823）以前，御史临时出使没有专门的印，在处理文状时，

① 程义：《隋唐官印研究》，硕士学位论文，西北大学，2002，第22~34页。
② 《唐六典》卷四，第116页。
③ 《唐会要》卷六六，第1150页。
④ 《唐会要》卷六二，第1087页。

除了取用废印外，还可能会从出使所至州县处借印。这无疑是有很大的弊端，御史向州县借印的同时，可能会将机要的信息泄露出去，故而要为御史台新铸造出使印。但铸印已经是长庆三年的事了。同样，前引《唐会要》卷六六《大理寺》载：

> 会昌元年六月，大理寺奏："……比缘无出使印，每经州县及到推院，要发文牒追获等，皆是自将白牒，取州县印用，因兹事状，多使先知，为弊颇深，久未厘革……"①

看来，大理寺也面临同样的情况，会昌元年以前大理司直和大理评事出使时，也是只能写好没有用印的牒文，再临时借用州县的官印钤盖。

吐鲁番出土《武周典齐九思牒为录印事目事》（以下简称《齐九思牒》）便是使职借用州县印之实例。文书录文如下：

```
1  敕慰劳使        请印事。
2  牒西州为长行驼为不足事，一牒为乘驮案事。
3          右贰道
4  牒录印事目如前，谨牒。
5              四月廿九日典齐九思牒
6  贰道              使郎将张弘庆
7        贰道勘印。方泰  示。
8        廿九日。②
```

这件文书为敕慰劳使为请印之事所发之文牒。文书中见有武周新字，可知是武周时期文书。不过史书中似未见有武周派遣慰劳使的记载，只能从其名称判断，这是中央派出的处理慰劳事宜的使职。从文书内容看，张弘庆即为敕慰劳使，齐九思为其属下之典，大致是敕慰劳使准备给西州发出两道牒文，但因为没有官印，要向某机构请印。文书第7~8行，应当就是文牒收受机构官员的批示。可惜，文书上未见有官印，牒文本身也没有写明

———————
① 《唐会要》卷六六，第1150页。
② 唐长孺主编《吐鲁番出土文书》（图录本）叁，第315页。

究竟是向哪一个机构请印。不过，从敕慰劳使为长行驼事向西州发牒的情况看，敕慰劳使张弘庆当时极有可能正是出使路过西州。如果是这样的话，那就是敕慰劳使向西州的官府借印。至于文书中的"方泰"，从其使用"示"字用语看，应是官府的长官或通判官，但其名似未见于其他文书。大谷 4920 号《唐垂拱三年（687）四月车牛处置文书》[①] 中，见有武周时期西州高昌县县令"方"和县丞"泰"的签署。[②] 颇疑"方泰"与此有关，然而笔迹并不相同，只能存疑。无论如何，《齐九思牒》中所反映的情况，是使职向州县借印的实例。

在敦煌所出归义军文书中，也可以见到使职借印的例子。P. 3016《天兴七年（956）十一月于阗回礼使索子全状》中有：

48　天兴柒年拾壹月　日于阗回礼史内亲从都头前寿昌县令御史
大夫检校银青光禄大夫上柱国索子全状。

49　指挥等挥右

50　谨空。[③]

这是于阗回礼使索子仝上归义军都指挥使等的状。从状文内容看，索子仝在当年八月八日离开敦煌出使，八月二十二日抵达于阗，朝见了于阗王。状文还提到了宣问于阗皇后，即归义军节度使曹元忠的姐姐，她嫁给了于阗王李圣天。[④] 值得注意的是，在文书第 48 行末尾处钤盖有"寿昌县印"。然而，于阗回礼使索子全出使之事，与寿昌县本身并没有直接关联。索子全的官称中有"前寿昌县令"，说明他当时已经不在其任。根据前文的讨论可以知道，临时出使的索子全应当同样是因为没有专用的官印，在需要处理牒状时，只得借用州县官印。当然可能正是因为"前寿昌县令"的身

---

① 小田义久主编『大谷文書集成』（叁）、6 页。

② 有"方""泰"签署的文书还有多件，详见李方《唐西州官吏编年考证》，第 186~189 页。

③ 唐耕耦、陆宏基编《敦煌社会经济文献真迹释录》第 4 辑，全国图书馆文献缩微复制中心，1990，第 404~406 页；图版亦见《法藏敦煌西域文献》（21），上海古籍出版社，2002，第 61~62 页。

④ 张广达、荣新江：《关于唐末宋初于阗国的国号、年号及其王家世系问题》，原载《敦煌吐鲁番文献研究论集》，此据《于阗史丛考（增订本）》，第 32~34 页。

份，他才会从寿昌县借印。这也提示我们，使职差遣临时借用官印的现象，是公文处理过程中需要面对的普遍问题。

根据唐代的制度规定，各个官府都要有知监官来具体负责官印的相关事务。例如，诸州录事参军"监守符印"，[1] 即为监印官；诸县则是主簿为监印官。同时，公文用印也有明确的制度规定，《唐六典》卷一载：

> 凡施行公文应印者，监印之官考其事目，无或差缪，然后印之。[2]

如果有公文需要钤盖官印的话，监印官要核查文书事目，没有差错才能用印。此即出土文书中所见之"勘印"过程。在前引《齐九思牒》中，便是敕慰劳使典齐九思列出请印的事目，亦即牒西州的两道文书名目，经监印官审核后用印。[3] 只不过州县的监印官为录事参军、主簿，"方泰"可能并非专任之监印官，而是以长官或通判官的身份判案。吐鲁番出土《唐永徽四年八月安西都护府史孟贞等牒为勘印事》文书也与勘印相关，以其第三片为例：

```
1        ] □□毡 七领 讫报事。
2        ] □毡五领々讫报事。
3     ] □ 前 件事条如前，谨牒。
4        永徽四年八月廿日史孟贞牒。
5        功曹参军事令狐京伯
6        勘印，隆悦白。[4]
```

这是安西都护府录事司勘印的文书，其格式、用语与《齐九思牒》完全相同，亦是先列出事目，再由监印之官勘印。其中的"隆悦"便是监印官，即安西都护府的录事参军。[5] 可见，《齐九思牒》符合一般勘印文书的格

---

① 《唐六典》卷三〇，第748页。
② 《唐六典》卷一，第11页。
③ 王永兴：《吐鲁番出土唐西州某县事目文书研究》，《国学研究》第1卷，第365页。
④ 荣新江、李肖、孟宪实主编《新获吐鲁番出土文献》，第107页。
⑤ 雷闻：《关文与唐代地方政府内部的行政运作——以新获吐鲁番文书为中心》，第135页。

式。这也说明敕慰劳使一类临时性的使职，也是要按照公文用印的规定来执行，需要向借印之官府提供事目。而州县的监印官要亲自审核事目，才能勘印。在这样一种严格的制度下，使职是不可能将州县的官印借到自己手中，只能是将写好的文书拿到州县官府去钤印。这样来看，御史台和大理寺官员出使时，也必然是要将文牒送至地方官府来钤印，这样才会有泄露机密之忧。故而，这里所说的使职借印，并不是借出官印，而是将文书送到其他官府用印。

三

结合出土文书与传世史料，可以清楚地看出使职差遣如果没有专用官印的话，会临时借用官印来处理文牒。借印也有两种情况，一是用废官之旧印，一是借当地州县之官印。如果再回过头来看《检校长行使牒》的话，检校长行使用甘州的"左豹韬卫弱水府之印"，严格来讲应是典型的废官之旧印，但如果考虑到存在神龙以后折冲府依旧沿用武周旧印的情况，也可能是检校长行使借用了当地折冲府之印。如是后一种情况，检校长行使应是身在甘州，但至于是不是由弱水府官员检校，就无法确知了。值得注意的是，吐鲁番出土的一件唐代残牒有：

1	十二月九日典　纪
2	判官凉府录事梁名远
3	副使检校甘州司马綦使
4	大使正议大 夫 行甘州刺史李 通
5	正月七日录事肯□
6	七月二　录事参军　[
7	检晉白①

其中的"晉"，应当就是西州都督府兵曹参军程待晉。② 程待晉又见于一组神龙元年至二年的出土文书之中。③ 可知这件文书的时间也大致在此前

---

① 唐长孺主编《吐鲁番出土文书》（图录本）肆，第 25 页。
② 李方：《唐西州官吏编年考证》，第 133 页。
③ 见陈国灿《斯坦因所获吐鲁番文书研究》，第 251~253 页。

后，与《检校长行使牒》相距不远。其中的"大使"显然也是一种使职，是由甘州刺史检校；副使由甘州司马检校；判官则是凉州都督府的录事。那么这就是甘州刺史检校的某使职给西州都督府的牒文。文书第1行残留有朱印痕迹，可惜依据图版无法辨识，不知此使究竟用了何印。不过细审图版，第4行最后一字似为"通"字。《旧唐书·郭元振传》载：

> 大足元年，迁凉州都督、陇右诸军州大使……元振又令甘州刺史李汉通开置屯田，尽其水陆之利。旧凉州粟麦斛至数千，及汉通收率之后，数年丰稔，乃至一匹绢籴数十斛，积军粮支数十年。[1]

郭元振自大足元年（701）至神龙二年，任凉州都督、陇右诸军州大使。[2]则其所令开屯田的甘州刺史李汉通，很有可能就是文书中的甘州刺史李通。陇右诸军州大使统辖极广，李汉通或许正是因为受到了郭元振的重用，而检校了重要的使职。甘州在当时的重要性可见一斑。联系到《检校长行使牒》中弱水府就在甘州的话，或许可以推测检校长行使或许与甘州刺史李汉通有很大关系。

此外，借助使职借用官印的情况，又可以解释个别文书中出现的特殊用印现象。和田出土《唐开元十七年（729）于阗盖阿兴牒为奴送麦事》文书有：

```
1              ] □ [
2        ] 奴八送麦者，牒至准 [
3  开元十七年五月十四 日 典盖阿兴
4        别 [ [3]
```

文书上钤有一方折冲府印，《新获吐鲁番出土文献》整理小组将其释读为

① 《旧唐书》卷九七《郭元振传》，第3044页。
② 参见刘安志《唐初的陇右诸军州大使与西北边防》，原载《吐鲁番学研究》2008年第1期，此据氏著《敦煌吐鲁番文书与唐代西域史研究》，第114~115页。
③ 荣新江、李肖、孟宪实主编《新获吐鲁番出土文献》，第360页。

"右豹韬卫□□府之印"。孙慰祖、孔品屏《隋唐官印研究》则将其读为
"右豹韬卫弱水府之印"。然而从图版上看，"□□府"之处印文模糊。且
根据《检校长行使牒》所见印文，弱水府属左豹韬卫，此印则是右豹韬
卫，故而此印恐不能断定为"弱水府"。右豹韬卫同样是存在于光宅元年
至神龙元年间。同样，"右豹韬卫□□府之印"在神龙元年便应当废止，
却出现在了开元十七年的文书中。刘后滨、王湛先生认为，光宅元年以后
设立的折冲府，依旧沿用武周时期的官印，并进而推论长寿元年以前于阗
设有折冲府。① 但前文已指出，从西州折冲府用印情况看，是否沿用武周
官印恐怕并无规律。而且此外没有任何证据显示唐朝曾在于阗设立折冲
府。笔者认为更为合理的解释是，与《检校长行使牒》情况相同，"右豹
韬卫□□府之印"也是使职临时借用的官印。这样理解的话，右豹韬卫
□□府就不必与文书内容直接相关，也不必一定在于阗。可能的情况是，
处理这件文书的某使职用了一方废印，或是在其所处之州县借用了折冲
府印。

　　使职借用官印，体现出唐代文书用印在实际运行中会出现一些制度规
定之外的特殊状况。唐代一般是以官署印为正印，根据官府机构的设置来
颁发印信。② 临时出使的使职最初多是没有官印的。但使职却有可能需要
处理文牒，在这种情况下就只能用废印或向州县借印。即使是固定化的使
职，在没有专用官印的情况下，也只能如此。这或许是出于权宜之计，但
对于唐代人来说，在文牒上钤盖用篆文书写的官印，即使印文与文书本身
无关，应当也是具有法律效力的。有些情况下，甚至可以以假乱真，最著
名的例子就是段秀实情急之下倒用司农印符之事。③ 随着中晚唐使职差遣
的逐渐固定化，使职需要处理的文案逐渐增多。有很多使职获得了新铸的
官印。仅据《册府元龟》卷六〇、卷六一所载，就见有贞元年间新铸蓝田
渭桥等镇遏使印二十三纽、度支水运供军印、河东监军之印，太和年间新
铸左神策军南山采造印、神策诸道行营西川节度使印等。④ 但是无疑还有

---

① 刘后滨、王湛：《唐代于阗文书折冲府官印考释——兼论于阗设置折冲府的时间》，第
　 23~30 页。
② 代国玺：《汉唐官印制度的变迁及其历史意义》，《社会科学》2015 年第 8 期，第 143~
　 153 页。
③ 见《旧唐书》卷一二八《段秀实传》，第 3586 页。
④ 《册府元龟》卷六〇至卷六一，第 639~646 页。

更多使职没有新铸印，便会存在借印的现象。通过上文的讨论，可以清楚地看到唐代使职借印的大致面貌，这也是看似程序化的制度规定背后的活的历史。

第三节　商胡不入蕃：《唐开元户部格残卷》中的商胡贸易法令

　　唐代丝绸之路贸易极为兴盛，善于经商的粟特人是陆上交通线的主导者，唐代文献称其为"兴胡"或"兴生胡"。自北朝至隋唐，粟特人构建起了连接长安与西域诸国的庞大商业网络。[①] 以粟特人为主体的诸国商人共同在唐代丝路贸易中扮演着重要角色。然而，唐代律令中关于"化外人"进行商业行为的规定都显得十分谨慎，一般认为外国商人在唐朝境域内的往来是受到限制的。目前仅见敦煌 S.1344《唐开元户部格残卷》（以下简称《户部格》）所录垂拱元年八月二十八日敕明确允许诸蕃商胡于内地兴易。不过，敕文中关于商胡进入内地后"不得入蕃"的规定，与我们所知的唐代粟特人频繁往来于中原与西域的实际情况并不相符。那么何以会有这种阻碍商旅往来却又无法长期执行的法令呢？国内外很多学者对 S.1344《户部格》垂拱元年敕进行了研究，[②] 但其中仍然存在很多问题。以下即在此基础上考察唐代律令中涉及商胡贸易的条文，对于 S.1344 垂拱

---

① 荣新江：《北朝隋唐粟特人之迁徙及其聚落》，原载《国学研究》第6卷，北京大学出版社，1999，此据氏著《中古中国与外来文明》，第34~105页；荣新江：《北朝隋唐粟特人之迁徙及其聚落补考》，原载《欧亚学刊》第6辑，中华书局，2007，此据氏著《中古中国与粟特文明》，第22~41页。

② 唐长孺：《敦煌所出唐代法律文书两种跋》，原载《中华文史论丛》第5辑，中华书局，1964，此据氏著《山居存稿三编》，第29~30页；刘俊文：《敦煌吐鲁番唐代法制文书考释》，第276~294页；胡留元：《从几件敦煌文书看唐代法律形式——格》，张晋藩主编《中国法律的传统与现代化——93中国法律史国际研讨会论文集》，中国民主法制出版社，1996，第313~314页；石见清裕：《唐代的对外贸易与在华外国人的相关问题》，谷川道雄主编《魏晋南北朝隋唐史学的基本问题》，汲古书院，1997，此据中华书局译本，2010；荒川正晴：《唐帝国和粟特人的交易活动》，陈海涛译，《敦煌研究》2002年第3期；荒川正晴：《唐代粟特商人与汉族商人》，荣新江、华澜、张志清主编《粟特人在中国——历史、考古、语言的新探索》，中华书局，2005，第102~103页；王斐弘：《敦煌写本〈S.1344开元户部格残卷〉探微》，《法学评论》2006年第5期，第108页；孟宪实：《民族管理与国家认同》，原载《张广达先生八十华诞祝寿论文集》，此据氏著《出土文献与中古史研究》，第15~17页。

元年八月敕中商胡"不得入蕃"等问题进行新的解释，以探明唐朝关于对外贸易的法律精神。

一　S.1344 垂拱元年敕中的"不得入蕃"

S.1344《户部格》中关于诸蕃商胡的敕文内容为：

> 敕：诸蕃商胡，若有驰逐，任于内地兴易，不得入蕃，仍令边州关津镇戍，严加捉搦。其贯属西、庭、伊等州府者，验有公文，听于本贯已东来往。
>
> 垂拱元年八月廿八日。①

这里的诸蕃商胡，是指以粟特人为主的西域诸国商人。敕文提到允许商胡在内地进行贸易，但"不得入蕃"。所谓"入蕃"，《白氏六帖事类集》引唐代《杂令》曰：

> 东至高丽，南至真腊，西至波斯、吐蕃及坚昆都督，北至突厥、契丹、靺鞨，并为入蕃，余为绝域。②

据《唐会要》卷一○○《杂录》所载可知，此令原为圣历三年（700）三月六日敕。③ 这是将"入蕃"明确规定为进入与唐朝接壤的八个周边政权的疆域。S.1344《户部格》垂拱元年敕的时间稍早，入蕃未必明确限定为高丽、突厥等八蕃，但以此比照，还是可以说"不得入蕃"应该是指不能进入唐朝控制范围以外的地域。同时，敕文除了"不得入蕃"的规定之外，还命令各边州关津镇戍严加捉搦，也就是从边塞上严格控制商胡出境。至于"贯属西、庭、伊等州府者"，是指著籍于唐朝西州、庭州、伊州等边州的内附胡家。根据敕文，他们在取得公文的情况下，也可以在本贯以东往来贸易。西州（治所在今吐鲁番高昌故城）、庭州（治所在今吉

---

① 录文参考唐耕耦、陆宏基编《敦煌社会经济文献真迹释录》第2辑，第571页。
② 《白氏六帖事类集》卷一六，文物出版社，1987，第65页。参见仁井田陞《唐令拾遗》，第787~789页。
③ 《唐会要》卷一○○，第1798页。

木萨尔北庭故城）、伊州（治所在今哈密附近）是唐代最西边的三个正州，也是丝绸之路的重要孔道和贸易集散地。只允许这些商胡在西、庭以东往来，实际上还是不许他们入蕃。所以，这道敕文包含了两方面的意思：一是允许外来和落籍的商胡在内地贸易，二是不允许进入内地的商胡再入蕃。

这是目前仅见的允许商胡在内地贸易的规定。同时 S.1344 被认定为《开元户部格》，此条敕文也因编入《户部格》而具有了一般性的法律意义。讨论唐代丝路贸易者，大多会引用此条敕文。然而值得注意的是，敕文的相关规定与唐律有明显的不同。《唐律疏议》卷八《卫禁律》中有：

> 诸越度缘边关塞者，徒二年。共化外人私相交易若取与者，一尺徒二年半，三匹加一等，十五匹加役流。
>
> 疏议曰：缘边关塞，以隔华、夷……若共化外蕃人私相交易，谓市买博易，或取蕃人之物及将物与蕃人，计赃一尺徒二年半，三匹加一等，十五匹加役流。[1]

下一条疏议中又有：

> 其化外人越度入境，与化内交易，得罪并与化内人越度、交易同，仍奏听敕。出入国境，非公使者不合，故但云"越度"，不言"私度"。若私度交易，得罪皆同。[2]

唐代有私度关和越度关两种罪责，私度关是指没有携带过所等公文而私自从关门过，越度关则是指不从关门过。这里的化外人，是指来自"蕃夷之国"[3] 的人。从《唐律疏议》的规定看，唐朝人通过越度、私度关塞与化外人私相交易，或者是化外人通过越度、私度关塞与化内人交易，都要获罪。《疏议》又强调"出入国境，非公使者不合"，也就是说合法出入国境

---

① 刘俊文：《唐律疏议笺解》卷八《卫禁律》，第 669 页。
② 刘俊文：《唐律疏议笺解》卷八《卫禁律》，第 670 页。
③ 《唐律疏议》卷六《名例律》"化外人相犯"条，见刘俊文《唐律疏议笺解》，第 478 页。

而非越度、私度的只有各国公使。同时《律》中又有"即因使私有交易者，准盗论"。这实际上就堵住了全部化外人与化内人交易的途径，显然与 S.1344 垂拱元年敕中的内容冲突。

唐长孺先生认为，垂拱元年八月敕文在一定程度上明确了"蕃胡"在内地进行贸易的权利，只是不准入蕃，这与唐律中化外人不准入境与唐人交易的条文不尽相同。① 刘俊文先生认为这可以视作格文对律文有关规定所作的修改。② 胡留元先生则认为《户部格》鼓励商胡于内地兴易，对《永徽律》律文作了修正和补充，以新的行政法规调整新形势下新的对外商事贸易，是唐朝经历数十年对外经济交流发展和疆域扩大后，立法活动的一个重大转变；同时禁止化内人入蕃市买，也说明转变是有一定限度的。③ 不过胡留元对于"不得入蕃"的理解似有偏差，敕文中应是指诸蕃商胡赴内地后不得再入蕃。荒川正晴先生认为，在唐帝国中央的交通、交易管理体制中，如果是外国商人，原则上是被禁止自由往来于唐帝国领域内的；④ 而敕文则表明唐朝已正式认可粟特商人为了求利可突破互市贸易的地域范围，去内地交易。⑤ 众所周知，唐代实际是有数量众多的诸蕃商人在帝国的各地从事着商业活动，长安西市也有大量胡人店肆。所以敕文允许商胡在内地兴易，大致应如唐长孺、荒川正晴的理解，只是对于实际情况的认可。

实际上，垂拱元年敕文的重点在于"不得入蕃"，无论外来还是著籍的商胡，都只能在唐朝国境内活动。敕文给予商胡的贸易权利只是单方向的，允许他们在内地贸易却不能入蕃，这就意味着只许进、不能出。如果这条敕文被编入《户部格》而长期严格执行的话，那么岂非全部商胡在进入唐朝国境后，就只能留在这里而无法再出境？丝绸之路对于商胡来说也就成了一条单向通道。荒川正晴即将"不得入蕃"理解为唐朝对商胡管理的一个重要原则，有了这一规定之后，这些商胡就作为归化之人成为羁縻州府的百姓，而不再有蕃国人的身份。⑥ 石见清裕先生认为，西来的外国

① 唐长孺：《敦煌所出唐代法律文书两种跋》，第 30 页。

② 刘俊文：《敦煌吐鲁番唐代法制文书考释》，第 291 页。

③ 胡留元：《从几件敦煌文书看唐代法律形式——格》，第 313~314 页。

④ 荒川正晴：《唐代粟特商人与汉族商人》，第 102~103 页。

⑤ 荒川正晴：《唐帝国和粟特人的交易活动》，第 82 页。

⑥ 荒川正晴：《唐帝国和粟特人的交易活动》，第 89~90 页。

商人大量深入中国内地，如果放任自由的话，唐朝的出入境管理体制会逐步崩溃，垂拱元年八月敕中针对西方商人的交通禁断令，就是在这种背景下颁布的。① 然而从现实情况来看，这仍然是一项没有被长期严格执行的规定。慧超《往五天竺国传·健驮罗国》中提到了"汉地兴胡"，即是说当地有来自唐朝的粟特商人。② 另外从阿拉伯语文献和 8 世纪穆格山出土文书的相关内容来看，域外昭武九姓地区的粟特商人实际上是与唐朝内地保持着密切的商业往来。③《唐会要》卷八六《关市》载："天宝二年十月敕：'如闻关已西诸国，兴贩往来不绝。'"④ 也可以说明在天宝之前，诸国商人的往来兴贩并没有断绝。如何理解这样的情况呢？

实际上，S.1344 垂拱元年敕中禁止商胡入蕃的规定与当时的西域形势有着非常密切的关系。自高宗时代起，唐朝与吐蕃展开了大规模的四镇争夺战。高宗去世、武后临朝称制之后，唐朝的边疆危机陡然加重。垂拱元年五月，同罗、仆固等漠北铁勒部落叛乱。⑤ 东突厥再次崛起成为唐朝的北部边患，漠北铁勒部落的动荡更使唐朝难以应付，只得从西域调兵以征讨铁勒反叛部落，由此拉开了垂拱年间西域连年用兵的序幕。⑥ 从吐鲁番出土文书反映的情况看，西州当地也有相当数量的白丁被征发参与了垂拱元年的金山道行军。⑦ 但这次军事行动并没有彻底解决漠北的问题，垂拱元年蕃、汉兵远征漠北，反倒造成了西域的防御空虚。自垂拱二年起，吐蕃开始大举进攻四镇地区，经过激烈争夺，唐朝最终被迫再次放弃四镇。⑧

S.1344 所载垂拱元年八月敕的时间，刚好是在当年五月同罗、仆固等

① 石见清裕：《唐代的对外贸易与在华外国人的相关问题》，第 54 页。
② 慧超著，张毅笺释《往五天竺国传笺释》，中华书局，2000，第 77~78 页。
③ 荒川正晴：《唐帝国和粟特人的交易活动》，第 88 页。
④ 《唐会要》卷八六，第 1579 页。
⑤ 《资治通鉴》卷二〇三载此事在垂拱元年六月（第 6435 页）。《陈子昂集》卷八《上西蕃边州安危事》中则载有"臣伏见今年五月敕，以同城权置安北府"，可知是年五月安北都护府已迁治，则诸铁勒部落叛乱当在五月（第 191 页）。
⑥ 《新唐书》卷一〇七《陈子昂传》，第 4071 页。
⑦ 《唐开元二年（714）帐后西州柳中县康安住等户籍》，唐长孺主编《吐鲁番出土文书》（图录本）肆，第 127 页。又《唐垂拱二年西州高昌县征钱名籍》，荣新江、孟宪实、李肖主编《新获吐鲁番出土文献》，第 3 页。
⑧ 文欣：《吐鲁番新出唐西州征钱文书与垂拱年间的西域形势》，《敦煌吐鲁番研究》第 10 卷，第 131~150 页。

部叛乱之后不久。当时唐朝已经从西域调集了大量的蕃、汉兵参与金山道行军，吐蕃的威胁已然隐隐在侧。在这样一种形势下，唐朝势必要加强对西域地区的警备。值得注意的是，与《唐律疏议》中关涉全部化外人的规定不同，S.1344 垂拱元年敕仅仅是针对"商胡"，我们大致可以理解为是来自西域地区的粟特商人。而所谓"贯属西、庭、伊等州府者"则更是明确指向了处于战争最前沿的西、庭、伊三州。从这一角度看，"不得入蕃"的规定无疑与西域战事有关。吐鲁番出土《唐开元二十年（732）瓜州都督府给西州百姓游击将军石染典过所》文书也可以提供这方面的证据，其中记载西州百姓石染典曾计划去西州以西的安西贸易，而这显然与 S.1344 垂拱元年敕中"本贯已东来往"的规定不符。孟宪实先生指出，这大致是因为长寿元年以后唐朝有效地控制了安西四镇，西、庭、伊等州已经不是战争的前线，更西边的安西也就进入了商胡合法经商的范围。① 可见西域局势与国境的变化会影响商旅被允许经商的范围，S.1344 垂拱元年敕的条文也没有一成不变地贯彻落实，其制定与执行大致与战争形势的变化有关。

唐朝在战时的边境管理是极为严格的。《唐律疏议》卷八《卫禁律》有：

> 诸缘边城戍，有外奸内入，（谓非众成师旅者。）内奸外出，而候望者不觉，徒一年半；主司，徒一年。（谓内外奸人出入之路，关于候望者。）②

这里就特别强调了对"外奸内入"和"内奸外出"的防范，《疏议》中也明确提到了"行间谍之类"。又如我们熟知的唐玄奘的例子，《大慈恩寺三藏法师传》中载：

> 时国政尚新，疆埸未远，禁约百姓不许出蕃。时李大亮为凉州都督，既奉严敕，防禁特切。有人报亮云："有僧从长安来，欲向西国，

---

① 孟宪实：《民族管理与国家认同》，第 16~17 页。
② 刘俊文：《唐律疏议笺解》卷八《卫禁律》，第 678 页。

不知何意。"亮惧，追法师问来由。①

唐玄奘于贞观三年抵达凉州，正值唐朝出兵征讨突厥的前夕。从这段记载看，当时处于边疆的凉州就是完全禁止百姓入蕃的。最后玄奘法师是随一胡人越度关塞。在这种情况下，经常往来于诸蕃和内地的商旅便很容易有间谍的嫌疑。

关于这一点，也可参照前引《唐会要》卷八六《关市》中的记载：

> 天宝二年十月敕："如闻关已西诸国，兴贩往来不绝，虽托以求利，终交通外蕃，因循颇久，殊非稳便。自今已后，一切禁断，仍委四镇节度使，及路次所由郡县，严加捉搦，不得更有往来。"②

这是比垂拱元年八月敕更为严厉的敕文，禁断了西域诸国商胡的一切兴贩往来。而禁断的理由便是有商人借求利之名"交通外蕃"，而且"因循颇久"。这就明确表述出了对于往来商胡充当间谍的担忧。需要注意的是，这条敕文颁布的时间依然是在西域发生战事的时间点。唐玄宗时代，除了要面对吐蕃的威胁，唐朝在西域最大的对手就是突骑施。开元二十七年碛西节度使盖嘉运擒突骑施可汗吐火仙，于是唐朝立阿史那昕为十姓可汗。天宝元年，唐朝送十姓可汗阿史那昕于突骑施，至俱兰城，被可汗莫贺达干所杀。③ 突骑施再次发生动荡。直到天宝三载五月，安西节度使夫蒙灵詧击斩莫贺达干。天宝二年（743）十月敕则正是在这次风波的中间，禁断兴贩显然还是与西域战事有关。

另外，关于违禁之物的规定，《唐会要》卷八六《市》有：

> 开元二年闰三月敕："诸锦、绫、罗、縠、绣、织成绸、绢、丝、牦牛尾、真珠、金、铁，并不得与诸蕃互市，及将入蕃；金铁之物，亦不得将度西北诸关。"④

---

① 《大慈恩寺三藏法师传》卷一，第 12 页。
② 《唐会要》卷八六，第 1579 页。
③ 《资治通鉴》卷二一五，第 6854 页。
④ 《唐会要》卷八六，第 1581 页。

这里规定了绫罗等贵重丝织品不允许进入诸蕃，尤其是金铁等战略物资不能从西北出关。值得注意的是，这条敕文的时间是开元二年，又是西北边疆局势紧张的时刻。开元元年末，东突厥默啜派遣其弟同俄特勤大举进攻北庭。开元二年二月，北庭都护郭虔瓘幸运地斩杀同俄特勤，才解了北庭之围。而在碛西节度使阿史那献击败西突厥、收复碎叶之后，西突厥胡禄屋等重要部落在开元二年十月才陆续来降。① 禁止绫罗、金铁等物出境，也是在这个西域波动的时间点。《天圣令·关市令》唐6条与此敕文基本相同，大致就是根据开元二年敕文而来。只不过《天圣令》中增加了"绫不在禁限"的注，并有：

> 如有缘身衣服，不在禁例。其西边、北边诸关外户口须作衣服者，申牒官司，计其口数斟量，听于内地市取，仍牒关勘过。②

这是对敕文的补充，显然是考虑到商旅穿衣服的问题，是在一定程度上放松了禁令，这或许与周边局势缓和有关。无论如何，以上两条敕文都与S.1344垂拱元年敕的情况类似，是在边疆局势紧张的时候颁布的。

总之，S.1344垂拱元年敕中的"不得入蕃"，就是在垂拱元年西域军事形势下，针对来自诸蕃以及贯属西、庭、伊等州的商胡进行的限制性措施。阻断商胡入蕃的用意，在于防止其交通外蕃。通过比照上引天宝二年十月敕和开元二年闰三月敕，可以想见这大概是唐朝在西域局势紧张情况下的常规措施。这样我们就对颇受关注的S.1344《户部格》垂拱元年敕有了新的认识，确认商胡在内地兴贩的权利只是附带的信息，重点还是在于边疆局势紧张时防范其入蕃。然而对比唐朝内地与诸蕃之间大量的商贾往来情况，即便是写入格文，这种"不得入蕃"的规定或许因其具有战时临时性而不能长期执行。

二 招徕商胡与阻断往来的交互

S.1344《户部格》垂拱元年敕中"不得入蕃"的规定与现实的差距，以及其"任于内地兴易"与唐律规定的不同，体现出唐代律令对于商胡贸

---

① 《资治通鉴》卷二——，第6706页。
② 《天一阁藏明抄本天圣令校证（附唐令复原研究）》，第405页。

易规定的复杂性和冲突性，这或许是源于唐朝对外贸易的开放态度与战时临时性边境管制之间的矛盾。即使在特殊时期颁布的敕文被编入格，在情况发生变化后，相关法规便未必能够完全严格执行。

虽然唐朝在边境局势紧张时会阻断商旅往来，但对于商胡在民间的贸易总的来说是持开放态度。即便《唐律疏议》原则上禁止化内人与化外人的贸易，然而不只是 S. 1344《户部格》垂拱元年敕确定了商胡在内地贸易的权利，其他一些敕文、令文中也有允许化外商人与唐朝百姓交易的信息。这在互市上体现得最为明显。互市是唐朝与诸蕃交易的主要场所，白居易《白氏六帖事类集》引《关市令》有：

> 诸外蕃与缘边互市，皆令互〔市〕官司检校。其市四面穿堑及立篱院，遣人守门，市易之日卯后，各将货物畜产后俱赴市所，官司先与蕃人对定物价，然后交易。[①]

互市设置于缘边州郡，故而前文提到的西、庭、伊等边州也就成了重要的贸易中心和粟特商人的聚集地。互市显然是由官府主导的，但并不断绝百姓的交易。《唐六典》卷三"金部郎中员外郎"条有：

> 诸官私互市唯得用帛练、蕃彩，自外并不得交易。其官市者，两分帛练，一分蕃彩。若蕃人须籴粮食者，监司斟酌须数，与州司相知，听百姓将物就互市所交易。[②]

也就是说，在蕃人需要粮食的时候，允许百姓在互市所与其进行交易。

另外就是市舶方面的例子。海运也是唐朝对外贸易的重要途径，《唐会要》卷六六《少府监》载：

> 显庆六年二月十六日敕："南中有诸国舶，宜令所司，每年四月以前，预支应须市物。委本道长史，舶到十日内，依数交付价值。市

---

① 《白氏六帖事类集》卷二四，第 92 页。
② 《唐六典》卷三，第 82 页。

了，任百姓交易。其官市物，送少府监简择进内。"①

市舶大致与边州互市类似，也是以官方交易优先，官司要预先做好采购物品的计划，船到之后即按需购买。在满足官司的购买需求后，就可以任凭百姓交易。我们还可以参考日本《养老令·关市令》，其第八条有：

凡官司未交易之前，不得私共诸蕃交易。②

这也可以理解为，在关司交易完成之后，百姓就可以与诸蕃交易了。只有在一些特殊环境下，要特别标明禁止百姓参与互市，如《白氏六帖事类集》引《金部格》有：

敕：松、当、悉、维、翼等州熟羌，每年十月已后即来彭州互市，易法时差上佐一人，于蚕崖关外依市法致市场交易，勿令百姓与往还。③

松州等地位于剑南道的西部，邻接吐蕃及羌人。这里专门提到禁止百姓在互市时与羌人往还，从另一个角度看，也可以说明唐朝的互市在一般情况下并不禁止百姓参与。

在吐鲁番出土文书中，也可以见到不少唐朝百姓与外蕃商胡在市中交易的例证。如《唐开元十九年唐荣买婢市券》中有：

6　开元拾玖年贰月　日，得兴胡米禄山辞：今将婢失满儿，年拾壹，于

7　西州市出卖与京兆府金城县人唐荣，得练肆拾匹。其婢及

8　练，即日分付了，请给买人市券者。准状勘责，问口承贱

9　不虚。又责得保人石曹主等伍人款，保不是寒良诳诱

---

① 《唐会要》卷六六，第 1156 页。
② 《令义解》，见『日本国史大系』吉川弘文馆、1975。
③ 《白氏六帖事类集》卷二四，第 92 页。

10　　等色者。勘责状同，依给买人市券。①

贯属京兆府金城县的唐荣从兴胡米禄山处买得婢女失满儿，兴胡就是指没有著籍的粟特商人，而交易地点正是在西州市。经西州官府认定后，还需发给买方市券，也就成为买方的公文，这便是一种官方认可的民间交易。

允许商胡往来可以说是唐朝一个很重要的政治理念。唐朝在最初进入西域时，就把招徕商胡当作其目标和手段。《旧唐书·西戎传·高昌》有：

> 时太宗欲以高昌为州县，特进魏徵谏曰："陛下初临天下，高昌夫妇先来朝谒。自后数月，商胡被其遏绝贡献，加之不礼大国，遂使王诛载加……"②

贞观初年西域格局较为复杂，高昌国作为丝路上的重要国家，依附于突厥而对抗唐朝。这里则是明确说到高昌还曾遏绝商胡，《旧唐书·侯君集传》亦载："高昌王麴文泰时遏绝西域商贾，太宗征文泰入朝，而称疾不至，诏以君集为交河道行军大总管讨之。"③唐太宗对于高昌国的征讨自然有多种政治因素，但魏徵提到的遏绝商胡，无疑也是其中一个极为重要的原因。又《新唐书·西域传·安国》有：

> 贞观初，献方物，太宗厚尉其使曰："西突厥已降，商旅可行矣。"诸胡大悦。④

安国是昭武九姓中的大国，为粟特商胡的根基所在。唐太宗在开拓西域时，专门向安国使者传递了"商旅可行"的信息，也是有招徕商胡的意味。

玄宗朝也有类似之事，如《敕护密国王书》与《敕识匿国王书》中提到"已西商胡，比遭发匐劫掠，道路遂断，远近吁嗟"，"发匐凶狡，劫杀

---

① 唐长孺主编《吐鲁番出土文书》（图录本）肆，第264页。
② 《旧唐书》卷一九八《西戎传》，第5296页。
③ 《旧唐书》卷六九《侯君集传》，第2510页。
④ 《新唐书》卷二二一下《西域下》，第6244页。

商胡，罪不容诛"。① 大致开元十八年护密国发蔔篡夺王位，罗真檀奔唐，唐朝使之返国讨平发蔔。唐朝主导这次讨伐行动的一个重要理由，也是发蔔劫掠商胡。除了外交方面，唐朝也很重视商胡在边州社会生活中的作用。如《旧唐书·宋庆礼传》载：

> 开屯田八十余所，追拔幽州及渔阳、淄青等户，并招辑商胡，为立店肆，数年间，营州仓廪颇实，居人渐殷。②

营州此后成为粟特人的重要聚居地，安禄山便是出身于此。而在营州初兴之时，宋庆礼能够招辑商胡、建立店肆，也被看作发展营州的重要功绩。

允许蕃人市买或互市也是唐朝给予诸蕃的一项重要的权益。由于唐朝国力强盛、物产丰富，外国是十分希望与唐朝贸易的。而唐朝考虑到国家安全等因素，并不是对所有国家都开放贸易。同意通商或市买，有时就会成为外交手段，或被视为一种恩惠。《旧唐书·突厥传》载：

> （开元）十五年，小杀使其大臣梅录啜来朝，献名马三十匹。时吐蕃与小杀书，将计议同时入寇，小杀并献其书。上嘉其诚，引梅录啜宴于紫宸殿，厚加赏赉，仍许于朔方军西受降城为互市之所，每年齎缣帛数十万匹就边以遗之。③

西北诸蕃通过与唐朝进行马匹等大宗商品贸易，可以获得巨大的利益。这里唐玄宗就是为了报偿突厥小杀没有联合吐蕃入寇而开放了与突厥的互市。又《册府元龟》卷九七四《外臣部·褒异》：

> 乙酉，鸿胪寺奏：日本国使请谒孔子庙堂，礼拜寺观。从之。仍令州县金吾相知，检校搦捉，示之以整。应须作市买，非违禁入蕃者，亦容之。④

---

① 《张九龄集校注》卷一二，第 676~678 页。
② 《旧唐书》卷一八五下《宋庆礼传》，第 4814 页。
③ 《旧唐书》卷一九四上《突厥上》，第 5177 页。
④ 《册府元龟》卷九七四《外臣部·褒异》，第 11277 页。

此事在开元五年十月，唐玄宗因日本国远在海外朝贡不易，专门设宴款待。依律，蕃人因使入国是禁止私有交易的。① 这里允许日本国使者市买，也是对其进行的特别褒奖。值得注意的是，唐张鹭《龙筋凤髓判》中有一条吐蕃使者请市物的判文：

> 鸿胪寺申土蕃使人素知物情，慕此处绫锦及弓箭等物，请市，未知可否？
> ……听其市取，实可咸于远夷；任以私收，不足损于中国。宜顺其性，勿阻蕃情。②

此判虽然不能完全看作真实发生的案例，但相似的情况或许实际出现过。有趣的是，张鹭判词的结果是允许吐蕃使人购买违禁的绫锦、弓箭，这显然是违背律令的。不过这或许能代表部分士人对于外蕃使人市买的模糊或开放的态度。

开元以后，外商税也开始成为唐朝个别边州财政收入的一部分。大致玄宗时代以前，唐朝并不收取外商税。③ 开元以后则开始税西域商胡。《新唐书·西域传·焉耆》载：

> 开元七年，龙懒突死，焉吐拂延立。于是十姓可汗请居碎叶，安西节度使汤嘉惠表以焉耆备四镇。诏焉耆、龟兹、疏勒、于阗征西域贾，各食其征，由北道者轮台征之。④

一般认为，从开元七年开始唐朝允许在安西四镇以及北庭附近的轮台征收外商税。所谓"各食其征"，是说通过外商税来填补安西四镇与伊西北庭两节度使的用度。此外，日本京都藤井有邻馆藏 15 号文书《唐开元十六年庭州金满县牒》有：

---

① 刘俊文：《唐律疏议笺解》卷八《卫禁律》，第 670 页。
② 张鹭撰，田涛、郭程伟校注《〈龙筋凤髓判〉校注》，中国政法大学出版社，1996，第 60 页。
③ 李锦绣：《唐代财政史稿》上卷，第 598 页。
④ 《新唐书》卷二二一上《西域上》，第 6230 页。

1　金满县　　　　　　　牒上孔目司

2　　开十六税钱，支开十七年用。

3　合当县管百姓、行客、兴胡，总壹阡柒伯陆拾人。应见税钱，
　　总计当

4　贰伯伍拾玖阡陆伯伍拾文。

5　　　　　　　　　捌拾伍阡陆伯伍拾文，百姓税。①

庭州金满县的户税征收对象为百姓、行客、兴胡三类。金满县总共收得的259650 文税钱，其中的百姓税钱只有 85650 文，约占三分之一。② 也就是说，该县同时向非本地籍贯的行客以及粟特商胡征收了税钱。据唐令，诸国蕃胡内附者按户等收银钱，附贯两年以上则输羊。③ 严格来讲，兴胡并非落籍的投化胡家，但金满县依然对其征税，而且要上报节度使孔目司。这些税钱也作为当县开元十七年的支用。

　　基于以上几个原因，唐朝对于商胡的往来兴贩，实际上是采取了相对开放的态度。故而我们在史书和出土文献中可以看到诸蕃商人在内地往来兴贩的情形。但是出于对诸蕃的戒备，在边疆形势紧张的时候，唐朝又会临时禁止商旅往来。S.1344《户部格》中的垂拱元年敕，以及前引天宝二年十月敕等，都是在这种情况下做出的针对性措施。律令中关于商胡贸易的条文，也都十分谨慎。招徕商胡与阻断往来的交互，就形成了实际情况与法律规定的偏差。无论如何，唐朝的对外开放态度和在律令执行上的灵活性，很好地维持了丝绸之路贸易的繁荣，这或许也正是唐朝的时代特色。

---

① 池田温：《中国古代籍帐研究》，第 210 页。

② 沙知：《跋唐开元十六年庭州金满县牒》，第 187~195 页。

③ 《唐六典》卷三，第 77 页。

第八章　军事制度的实践

唐初最具代表性的军事制度是府兵制，然而由于军事战略和政治、经济形势的不断变化，至唐玄宗时期府兵制彻底瓦解，以长征健儿为代表的募兵成为唐朝军队的主力。就边疆军事防御体制来说，也从都督府、都护府统辖镇、戍的有限防御体系，转变为节度使统辖军镇的大规模驻军体系。出土文献所见唐代西北边军的种种细节，正可以展现这一制度变革的实况。

第一节　唐前期兵制中的队

队是一种基层军事组织，唐代府兵制中折冲府下设有团、队、火，而行军则有军、营、队。根据出土文书所见，军镇、守捉中也有队的编制。可以说，在唐代不同的军事系统中队是一级相对稳定的军事单位。尤其是对于行军来说，队是最基本的战术单位，是完成各种战术组合的基础。[①] 敦煌吐鲁番文书为理解唐代军事组织中队的实际运行状况提供了珍贵的材料，孙继民先生由此对行军中队的组织构成、战斗队形以及押队官、队佐的设置等进行了详细的研究。[②] 近年来，旅顺博物馆馆藏文书等相关出土文献的整理，又提供了一些新的材料。同时，唐前期兵制经历了府兵制消

[①] 孙继民：《唐代行军制度研究》，文津出版社，1995，第231~232页。

[②] 孙继民：《跋〈唐垂拱四年（公元六八八）队佐张玄泰牒为通当队队陪事〉》，唐长孺主编《敦煌吐鲁番文书初探二编》，第463~479页；孙继民：《从一件吐鲁番文书谈唐代行军制度的两个问题》，《敦煌学辑刊》1991年第2期，第57~63页；孙继民：《关于S. 11287号两组军事文书的探讨》，《敦煌学辑刊》1999年第1期，第14~35页。以上诸文皆收入孙继民《敦煌吐鲁番所出唐代军事文书初探》。

解与军镇体制兴起的重要变化，其中作为基层军事组织的队在不同军事系统中的作用，就是一个值得探讨的话题。以下即结合出土文书和传世史料，对府兵制、行军制和军镇体制中的队进行考察，试图进一步厘清关于唐代队的一些细节，进而以此视角管窥唐代军事制度演进的实态。

一　府兵制中的队与行军体制下的队

唐代队的编制有 50 人，其下有 5 火，每火 10 人。无论是府兵系统中的队还是行军体制下的队，都保持了这样一种基层的编制。然而在实际运行过程中，二者又有明显的差异。

府兵是唐朝初期至关重要的常备军队，府兵卫士隶属于十六卫，但在基层是由折冲府来管理。关于折冲府的建置，《通典》卷二九《职官十一·武官下·折冲府》载：

> 卫士以三百人为团，团有校尉；五十人为队，队有正；十人为火，火有长。[1]

又《唐律疏议》卷一六《擅兴律》引《军防令》有：

> 每一旅帅管二队正，每一校尉管二旅帅。[2]

如果从职官来说，实际上是校尉—旅帅—队正—火长的逐级管理序列，代表了团—旅—队—火的折冲府基层组织形式。《唐六典》卷二五亦载"凡卫士三百人为一团"，[3] 如此算来每团有六队。然而实际上，每府所辖的团数以及团所管队数可能都不尽相同。根据《唐律疏议》，每府有管五校尉、四校尉、三校尉等不同情况。[4] 而为了对应上、中、下府不同的兵数，可

---

[1]　《通典》卷二九《职官十一·武官下·折冲府》，第 810 页。

[2]　刘俊文：《唐律疏议笺解》卷一六《擅兴律》，第 1177 页。

[3]　《唐六典》卷二五，第 644 页。

[4]　刘俊文：《唐律疏议笺解》卷一六《擅兴律》，第 1177 页。

能存在 200 人的团。① 也就是说，可能存在每团只领四队的情况。

《唐永隆元年（680）军团牒为记注所属卫士征镇样人及勋官签符诸色事》文书的签署顺序就清楚地反映了折冲府的组织结构，该文书第 13 片有：

1	样人、勋官签符等诸色，具注如前，| 谨牒 |。
2		永隆元年十月　日队副孙贞
3		队正田
4		旅帅赵文远
5		校尉司空令达
6		旅帅王则团队王文则
7		队正氾文感
8		队副卫海珎
9		队正韩真住
10		校尉鞠丘团队正高丑奴
11		旅帅裴通达
12		队副白相
13		付司，伏生示。
14		廿五日

（后略）②

这组文书的前 12 件为卫士名籍，卫士名下大多注有样人、签符、征镇等事项。吴丽娱先生认为其与同墓所出《唐史卫智牒为军团点兵事》属于同一案卷，故而应是西州某府五团向西州都督府申报的府兵简点名籍。③这五团应为西州前庭府五团。④ 这件文书的签署初看起来有些杂乱，我们

---

① 《唐六典》卷二五载："垂拱中，以千二百人为上府，千人为中府，八百人为下府。"如果要刚好满足中府、下府的人数，则必然存在不足三百人的团（第 645 页）。谷霁光《府兵制度考释》即认为二百人为团比较普遍（中华书局，2011，第 151~152 页）。
② 唐长孺主编《吐鲁番出土文书》（图录本）叁，第 284 页。
③ 吴丽娱：《唐高宗永隆元年（公元六八〇年）府兵卫士简点文书的研究》，《敦煌吐鲁番学研究论文集》，第 672~692 页。
④ 唐长孺：《吐鲁番文书中所见的西州府兵》，《山居存稿三编》，第 229~231 页。

可以按照团出现的顺序以及官文书依职官从低到高署名的原则，将其分为几组。第 2~5 行是第一组，为校尉司空令达团，队副、队正、旅帅、校尉的签署顺序显然是符合签署程序的。第 6、7 行是第二组，为旅帅王则团，由两位队正签署。其中第 6 行"旅帅王则团队王文则"，文书整理者认为"队"字后应补"正"字，颇疑王则即是王文则，队正兼任旅帅。第 8、9 行为第三组，由队副和队正签署，不知属何团。第 10、11 行为第四组，是校尉麹丘团，由队正、旅帅签署。第 12 行为第五组，由一名队副签署，不知属何团。这样五组签署正好是 5 个团，与"五团"之数相符。同时也体现出折冲府以团为单位简点的特点。① 签署之人可能是每团中具体负责简点事务的官员。由此也可以明确看出队在折冲府中的位置。

行军制是军队出征的制度，具有战时性和临时性的特点。关于行军的编制，则大致是军—营—队的组织结构。相比于府兵系统中相对稳定的编制，行军的组织显然更加灵活。《通典》卷一四八引《卫公李靖兵法》曰：

> 诸大将出征，且约授兵二万人，即分为七军。如或少，临时更定……凡以五十人为队，其队内兵士，须结其心。每三人自相得意者，结为一小队；又合二小队得意者，结为一中队；又合五中队为一大队。②

这是以 2 万人的行军为例，将其分为七军。但在实际的行军过程中，因战役规模不同，军的数量也有很大差异，甚至有多至三十六军者。而营更是有大总管营、总管营、子总管营、押官营等各种不同的级别。③ 但是队依然以 50 人为满员的规模。上引《卫公李靖兵法》中的中队，大致相当于火，仍然是 5 火为 1 队的形式。吐鲁番出土《唐开元三年（715）西州营牒为通当营请马料姓名事一》文书中有：

---

① 文欣：《府兵番代文书的运行及垂拱战时的西州前庭府——以吐鲁番阿斯塔那 501 号墓所出军事文书的整理为中心》，第 72~73 页。
② 《通典》卷一四八《兵一》，第 3792~3794 页。
③ 详见孙继民《唐代行军制度研究》，第 217~230 页。

4　西州营

5　合当营六驮及押官乘骑马总贰佰肆贰拾头匹。

6　第一 队 火长骨万岁火内人 李 景

7　　　　火长杨孝忠火内人尹九朗

8　　　　火长丁俨子火内人米□勿

9　　　　火长张惠藏付身

10　　　　火长王庆子火内人权自女

11　第二队火长赵崇道火内人张忠

12　　　　火长李九思火内人杨验

13　　　　火长阚行忠火内人赵行忠

14　　　　火长贾思恭火内人元奖

15　　　　火长马思暕付身①

这是西州营向陇西县通报请马料姓名的文书。大致西州府兵曾组成西州营，参与了开元二年八月郭知运救援陇右的军事行动，② 那么西州营无疑就是行军的营。可以清楚地看到营下设有队。根据同组文书，西州营共有8队，如果按每队50人满员的话，该营共有400人，超过了府兵中一个团的兵额。同时每队又有5火，这就清楚地显示出行军中的营、队、火的组织结构。

队在府兵系统与行军体制中的地位和作用也有明显的不同。在府兵系统中，卫士的日常管理以及分番派役都是以团为基本单位进行的，而队则仅是作为团的附属组织，并不承担行政、军事管理的主要事务。张国刚先生在研究蒲昌府文书以及"张父师团"相关文书的基础上，即阐明折冲府发遣府兵番役，一般下达到团，团是日常管理和征役的基本单位。③ 文欣先生通过对吐鲁番阿斯塔那501号墓出土军事文书的研究，进一步说明这组垂拱年间按征行、镇戍等分类统计的名籍，实际上也是以团为单位；他

---

①　唐长孺主编《吐鲁番出土文书》（图录本）肆，第20页。

②　朱雷：《唐开元二年西州府兵——"西州营"赴陇西御吐蕃始末》，第1~10页。

③　张国刚：《唐代府兵渊源与番役》，《历史研究》1989年第6期，第152~153页。

同时指出蒲昌府文书中的府兵名簿也是以团为单位记录的。[①] 这无疑是府兵管理的一个重要特点。《唐史卫智牒为军团点兵事》中有"问五团：所通应简点兵"[②] 云云，就是西州都督府兵曹直接向前庭府五团询问简点事宜。又日比野丈夫公布的蒲昌府文书第 17 件有：

1   玉

2   □ 尉 康宝团

3   王君生　罗和达　闰二月逃回

4   右件人等，先逃走去，正月内并逃归到团。比

5   来未经支配，今牒状上。[③]

第 1 行为西州蒲昌府折冲校尉王温玉的押缝，可知此为蒲昌府校尉康宝团的牒。具体到两名卫士逃归及支配的事宜，也是由团来负责。这里也只说"到团"，而完全没有出现队的身影。这说明在折冲府的日常管理中完全是以团为核心，队的作用并不明显。

在行军体制中，队却是最为重要的基本单位。行军中的兵力计算、配置都是以队为基础来进行的。[④]《通典》卷一五七引《卫公李靖兵法》：

诸且以二万人军，用一万四千人战，计二百八十队。有贼，将出战布阵……除马军八十队，其步军有二百队。其中军三十六队，左右虞候两军各二十八队，共五十六队，其左右厢四军各二十七队，共一百队。须先造大队，以三队合为一队，虑防贼徒并兵冲突。其队居当军中心，安置使均……通五十人队，合有一百七十队，为战、驻等队。[⑤]

---

① 文欣：《府兵番代文书的运行及垂拱战时的西州前庭府——以吐鲁番阿斯塔那 501 号墓所出军事文书的整理为中心》，第 65~66 页。
② 唐长孺主编《吐鲁番出土文书》（图录本）叁，第 286 页。
③ 日比野丈夫「新獲の唐代蒲昌府文書について」『東方學報』第 45 号、373 頁。
④ 孙继民：《唐代行军制度研究》，第 231~232 页。
⑤ 《通典》卷一五七《兵十》，第 4033 页。

可以看到，行军的总人数是要按队计算。在出战布阵时，也是按队数来配置马军、步军以及中军以下诸军的兵力。"造大队"的布阵，也是要以队来集结。可见在军、营都没有一定之规的情况下，行军的兵力计算、配置都是以 50 人的队为基本单位。《卫公李靖兵法》中又有"诸教战阵，每五十人为队"。[①] 说明战阵的演练就是以队为单位来进行的。

从吐鲁番出土文书的情况看，队可能也是行军体制下兵士管理的基本单位。《唐先天二年（713）队副王奉琼牒为当队兵见在及不到人事》（以下简称《王奉琼牒》）有：

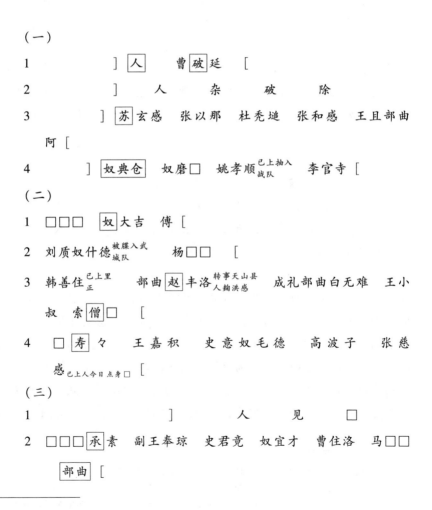

（一）

1   ] 人   曹 破 延 [

2   ] 人   杂   破   除

3   ] 苏 玄感   张以那   杜秃堆   张和感   王且部曲
   阿 [

4   ] 奴典仓   奴磨□   姚孝顺^(已上抽入战队)   李官寺 [

（二）

1   □□□ 奴 大吉   傅 [

2   刘质奴什德^(被牒入武城队)   杨□□   [

3   韩善住^(已上里正)   部曲 赵 丰洛^(转事天山县人鞠洪感)   成礼部曲白无难   王小
   叔   索 僧 □ [

4   □ 寿 々   王嘉积   史意奴毛德   高波子   张慈
   感^(已上人今日点身□) [

（三）

1   ]   人   见   □

2   □□□ 承 素   副王奉琼   史君竟   奴宜才   曹住洛   马□□
   部曲 [

———————

① 《通典》卷一四九《兵二》，第 3813 页。

3   刘富多　车秃子　奴长保　奴孤易奴　万秃々　部 曲 [

4   奴富海　和阇利　奴阿师 奴 　　[

5 牒件通当队兵 [　　] 见 在及不到人姓名如前，谨 牒 。

6　　　　　　　　　　　　　先天二年九月　日　副王奉琼 牒

7　　　　　　　　　　　　　　　　　　队头氾承素①

这是氾承素队申报当队破除、见在及不到人姓名的牒。与之相关的一组文书还有《唐先天二年八月七日张则等车牛文书》《唐某队牒为通当队兵死亡抽调见在事》《唐独孤酉丰等官兵破除见在残文书》《唐阴行感等残名籍》《唐知白人安浮啣盆等名籍》《唐张师师等名籍》等，皆是与申报破除、见在人有关。其中至少出现了氾承素、氾猫子两队。上引文书第一片第4行有脚注"已上抽入战队"。据《通典》卷一五七引《卫公李靖兵法》：

> 如每统三百人，简取二百五十人，分为五队，第一队为战锋队，第二、第三队为战队，第四、第五队为驻队，每队队头一人，副队头一人；其下等五十人，为辎重队，别着队头一人，副队头一人，拟战日押辎重遥为声援。②

这里是以行军中的每统300人为例，将其分为战锋队、战队、驻队和辎重队。脚注表明氾承素队有不少人被抽调入了战队，这明显是符合行军体制下的编制状态。唐长孺先生根据《唐先天二年八月七日张则等车牛文书》将氾承素、氾猫子两队定为辎重队，属于战时征行规制，他又据文书第二片第2行"被牒入武城队"的脚注，认为有来自高昌县武城乡的队，进而认为这是西州的一种按乡编队、保卫地方的地方军。③ 实际上这种地方兵，

───────────

① 唐长孺主编《吐鲁番出土文书》（图录本）肆，第7~8页。
② 《通典》卷一五七《兵十》，第4026页。
③ 唐长孺：《唐先天二年（七一三）西州军事文书跋》，原载唐长孺主编《敦煌吐鲁番文书初探二编》，此据氏著《山居存稿三编》，第207~216页。

或称"州兵"，应该就是兵募。[1]　行军的兵募是战时临时招募，是征行的主力。从多人抽调入战队以及见在人较少的情况看，文书中所见氾承素队确实承担了较重的军事任务。另外，编入行军的兵募都是独立成营，按州别原则编成。[2]　文书中出现的"武城队"，可能也是类似的以兵源地来编队。由此看来，氾承素等队所属军队即便主要是在西州地方作战，但从行军兵募的性质看，其组织管理应当还是按照征行制度进行。可以看到，《王奉琼牒》中是由队来统计、申报兵士的见在、不到等情况，这说明行军体制中进行兵士简点的基本单位是队，这与府兵系统中以团为单位简点形成了鲜明的对照，这大概也是兵募与府兵的区别。折冲府以团为核心进行日常管理，而行军以队为核心征行及管理，这是二者的一个显著不同。

二　行军体制下队的称号与组合

府兵制与行军体制在基层组织上的差异，也明确体现在其称号上。出土文书中所见的折冲府的团，通常是以校尉的姓名来作为团的称号，在正式的官文书中便是如此。例如，吐鲁番出土文书中的一组"校尉张父师团"文书，起首皆是天山府帖"校尉张父师团"，或简称"张父团"。[3]　大谷1038号文书见有天山府帖"校尉高黑隆团"。[4]　前引日比野丈夫刊布的蒲昌府第17号文书有"校尉康宝团"。文书中散见的还有"刘校尉团""校尉裴达团"等。[5]　以编号"第某团"形式出现的，目前似仅见有《武周天册万岁二年（696）第一第二团牒为借马驴食料事》，[6]　该文书为第一团、第二团分别申报当团借食数量的牒。这说明折冲府的团可能有明确的数字编号，但我们看到的大量相关文书中，团还是多以校尉名为称号。与此类似，折冲府中的队可能也是以队正的名字来称呼，如《唐咸亨五年（674）张君君领当队器仗、甲弩、弓、陌刀等抄》：

> 1　前付官器丈、甲弩、弓、陌刀□等抄，张君々遗

① 菊池英夫「唐代兵募の性格と名称とについて」『史淵』第67、68号、1956年3月。
② 孙继民：《唐代行军制度研究》，第104页。
③ 唐长孺主编《吐鲁番出土文书》（图录本）肆，第252~258页。
④ 小田義久主編『大谷文書集成』（壹）法藏館、1984、8頁。
⑤ 唐长孺主编《吐鲁番出土文书》（图录本）叁，第285、436页。
⑥ 唐长孺主编《吐鲁番出土文书》（图录本）叁，第401~402页。

2 失，其物见在。竹武秀队佐史玄政等本队

3 将行，后若得真抄，宜令对面毁破。

4 为人无信，抄画为验。咸亨五 三月十八日张君々记

5 当队六驼驮马 ［   ］□衫驼①

其中的史玄政便是"竹武秀队"的队佐。这大概是因为府兵的组织结构以及主帅相对固定，以主帅名称呼更为方便。李锦绣先生指出《武周天册万岁二年第一第二团牒为借马驴食料事》中的借食，与临时性的小规模征行有关。由此来说，使用第一团、第二团的称呼，或许也有其参与征行的意义。

目前所见行军中的营，称谓比较多样。有根据方位确定的营号，如文书中出现的"土右营"，也有根据地名确定的营，如"西州营""庆州营"。② 至于行军中的队，虽然前引《王奉琼牒》中出现以地名称呼的"武城队"，但多数情况下是使用编号"第某队"来称呼。如前引《唐开元三年西州营典李道上陇西县牒为通当营请马料姓名事一》，该文书实际上是列举了"西州营"以下的8个队，就称为"第一队""第二队"直至"第八队"。

旅顺博物馆藏 LM20 1468-33-03《唐某队名籍》，是难得一见的出现队名的名籍。这件文书的尺寸为横22厘米、纵17厘米，下部残损，字迹并不工整。文书录文如下：

（前缺）

1 □回第九队 贺元庆 ［

2 尉迟万岁 史长命 □□□ ［

3 白□荣

4 僧道深七 张生□智 朱法 ［

5 ］□□ 冯法真 杨□ ［

6 □□□ 严澄寂 ［

7 曾大保 刘□□ □□□ ［

---

① 唐长孺主编《吐鲁番出土文书》（图录本）叁，第486页。

② 孙继民：《唐代行军制度研究》，第229页。

（后缺）①

文书第 1 行大字书写"第九队"，纸张前后都有较多的余白，由此可以推测这一纸有可能就是专门记录第九队的兵士姓名。府兵的团无论是 300 人团还是 200 人团，都不会达到 9 个队。所以这里的队只能是参与征镇的队。可惜"第九队"前两字漫漶不清，"第"上之字原疑为"团"，但仔细辨认应为"回"字，不知何解。目前文书上能见到 16 个人名。从尺寸上看，唐代公文书一般的高度是 1 尺，即 30 厘米左右，这件文书残存的部分相当于原文书尺幅的一半有余。由此推测原文书 1 行书写 5~6 个人名，则总共最多会有 30 余人，这远远少于每队 50 人的编制。这有可能是行军体制下队的普遍情况。

图 8-1　LM20-1468-33-03 文书

与此类似的是吐鲁番出土《唐垂拱四年（688）队佐张玄泰牒为通当队队陪事》文书：

① 王振芬、孟宪实、荣新江主编《旅顺博物馆藏新疆出土汉文文献》（11），中华书局，2021，第 111 页。

1	王如意
2	索君感　　　左僧伽
3	赵元叔　　左德本　武须履　孙法明
4	右傔旗曲朔信　刘弘基　　　高嘉慎　叱雷本
5	队头王神圆　执旗程文才　副执旗王神景　副队头武怀表
6	左傔旗武神登　淳于屯师　　阳弘盖　白福敬
7	赵弘节　　张玄泰　任永仁　王神威
8	赵义捶　　　蔺玄爽
9	卫阿荣
10	牒件通当队队陪如前，谨牒。
11	垂拱四年四月十三日队佐张玄泰牒
12	队头武怀表
13	第 八 队①

这是武怀表队申报当队战斗队形的文书。孙继民先生指出，"队陪"或即"队部"，应指战斗队形及人员构成，而武怀表队的队形也基本符合《通典》卷一五七所引《卫公李靖兵法》的内容。② 这无疑就是行军的队。末尾第 13 行可以辨认出"第八队"，这是粘贴在一起的下一件牒文的起首，可知武怀表队当为第七队，这里同样是用编号的队名。值得注意的是，此第七队的队陪虽然看似完整，但当队人员却只有 26 人。《卫公李靖兵法》所载的阵法，是按 50 人满员排列的，也是队头居前，紧接着是执旗和左、右傔旗，战士则分 5 行，分别有 7、8、9、10、11 人，呈三角形排列。但队头武怀表的第七队却是接近菱形排列，这或许正是由于缺员严重。这与上引旅博 LM20-1468-33-03 文书中的不满员情况类似。同样，前引《王奉琼牒》中见在的只有 16 人，缺员更为严重。这无疑是与战斗中的人员伤亡有关，尤其是战锋队和战队，在大规模的战事中，必然会有减员的情况出现。就《王奉琼牒》所见，作为辎重队的氾承素队至少有 3 人"抽入战队"，同组《唐通当队兵死亡抽调见在牒》文书中，同是辎重队的氾猫

---

① 唐长孺主编《吐鲁番出土文书》（图录本）叁，第 370 页。
② 孙继民：《跋〈唐垂拱四年（公元六八八）队佐张玄泰牒为通当队队陪事〉》，第 464~471 页。

子队也有数人"抽入战队"。① 这显然就是战队减员情况下，从辎重队抽调补充。

除此以外，因行军布阵的需要也可能会有抽调队中兵士的情况。《唐中军左虞候帖为处分解射人事》有：

```
7    中军 左 [              ] 大总管营
8              ] 牒称 □ 大 总管处分诸
9                    ] 解射五百人韩郎
10    将 □ 检校，每下营讫，即教别为
11    射手队，不须入大队者。帖至，仰
12    营所有解射人立即具录姓名
13    通送，待拟简定，仍准人数差解
14    射主帅押领，限今日午时到者。
15    火、急、立、待、    五月四日典徐豪帖
16  并弓箭自随。            兵曹李训
17          总管左金吾卫郎将韩欢
18  牒检案 连 □ 如 前，谨牒。
19                    ] 杜栾牒 ②
```

大致是某行军的大总管营要求征调 500 名解射人，组成射手队。于是中军都虞候下帖各营，希望立即报送全部解射人姓名，待简定之后便要按人数交给主帅押领。并且是"火急立待"，当日午时就要送到。如果从队的组合来说，可以看到在行军过程中会根据具体的需要而临时编队，文书中集合 500 人规模的射手应当就是为了实现某种战术意图。但是射手被抽调之后，必然会造成原来的队缺员。这就体现出行军过程中队内人员配置的灵活性。

可以看到，作为行军基层组织的营和队，较少使用主帅的名字来称

---

① 唐长孺主编《吐鲁番出土文书》（图录本）肆，第 9 页。
② 唐长孺主编《吐鲁番出土文书》（图录本）叁，第 372~373 页。

呼。这或许正是由于在战争状态下这些基层单位都存在不稳定性。战斗减员无疑是一个重要因素，还有临时的人员调动。前引《卫公李靖兵法》所载阵法中还有"须先造大队，以三队合为一队"，说明不仅是队内人员，队本身也会被临时整合。在主帅随时可能变换的情况下，当然要使用更加确定的称号，对于队来说，用编号显然更加直接。这是行军体制下队的特点。

三　军镇体制下的队

军镇、守捉是在唐前期军事体制发展中新出现的军事系统，军镇、守捉又受节度使统辖，在唐玄宗时期已经形成了完备的体系。[①] 军镇、守捉同样也是由队构成的，日本京都藤井有邻馆藏40号文书有：

1　俱六守捉　　状上
2　　当守捉行客、百姓有品押队官总壹拾壹人
3　　押队官行客左骁卫下别将上柱国王元裕
4　　押队官行客左陪戎校尉前守洮州美相戍主员外置同正员上柱国王文暕
5　　押队官行客仁勇副尉前守叠州露归镇副员外同正员上柱国高文干
6　　押队官百姓昭武校尉前行西州赤亭镇将员外置同正员上柱国杨守节
7　　押队官百姓陪戎校尉前安西剑末戍主员外置同正员成怀远[②]

文书中的"王文暕"又见于有邻馆藏43号开元七年文书，故该文书时代也应在此前后。[③] 俱六守捉是北庭都护府境内的守捉，文书中的行客应是指本籍在外地的人，而百姓则是当地著籍的"土户"。[④] 押队官应当是一种

① 孟宪实：《唐前期军镇研究》，博士学位论文，北京大学，2001，第58~107页。
② 藤枝晃「長行馬」『墨美』第60号、1956、10页。
③ 陈国灿、刘安志主编《吐鲁番文书总目（日本收藏卷）》，武汉大学出版社，2005，第600页。
④ 姜伯勤：《敦煌新疆文书所记的唐代"行客"》，《出土文献研究续集》，第280页。

队级的押官，形成于开元前期。俱六守捉共有押队官 11 人，说明该守捉对应有 11 个队的编制，总人数达到了 550 人。这相当于府兵制中的 2~3 个团，是一个军力很强的守捉。有邻馆藏 13 号文书有：

```
1    ］堡守捉
2   合当守捉无品押队官总 ［
3      二    人    押    马    军
4      飞骑尉卫思礼      上柱国马郭什
5      一    人    押    步    军
6      延州金明府队副洪静
7    ］堡押队官具      姓名如前，谨牒。①
```

有邻馆藏文书多与北庭有关，此守捉或即北庭的张堡守捉。与俱六守捉不同的是，该守捉仅有 3 名押队官，亦即只统辖 3 队，马军 2 队、步军 1 队。可见在军镇体制下，诸守捉所辖的队数是有很大差别的，大致与其在军事上的重要程度有关。这种各守捉之间兵力差别较大的情况，也与行军中有多种级别的营类似。由此也可以清楚地看到军镇体制中守捉—队的体系，非常接近行军中的营—队编制。

军镇体制下的军事组织，除了镇、守捉之外，大致同级的还有节度使管辖的营。法国国家图书馆藏库车都勒都尔·阿护尔遗址出土第 58 号文书有：

```
1   行客营
2     队头贺严光下五十人 ［
3     贾庭璋  吴陵进  赵 ［②
```

第 115 号文书有：

---

① 转引自菊池英夫「唐代辺防機関としての守捉・城・鎮等の成立過程について」『東洋史学』第 27 辑、1964、46 頁。
② Éric Trombert, *Les Manuscrits Chinois de Koutcha: Fonds Pelliot de la Bibilothèque Nationale de France*, p. 74.

```
1  行客营            第三队
2        不到   王令瓖   李令恽①
```

行客营应是由本籍不在当地的行客组成的营。从文书出土地点看，此行客营应隶属于安西四镇节度使。与此类似，在所谓瀚海军文书中就见有北庭节度使统辖的南营。都勒都尔·阿护尔遗址出土第 104、106 号文书中皆有"新召营作官将军程茂虼"，负责水渠的掏拓事宜。这些营显然都不是行军体制下临时召集的专门负责作战的营。行客营贺严光队下 50 人的满员状态，也说明其没有战斗减员。从这些情况看，行客营、新召营应该都是安西节度使管辖下的常备军队。值得注意的是行客营下设有队，而且队是使用编号形式的"第三队"。此外，2004 年吐鲁番阿斯塔那 396 号墓出土文书《唐某军镇第四队名籍》中见有"第四队"，也是以编号作为队名。这或许可以说明在节度使、军镇的体系中，队可能也普遍使用编号称呼。尤其是行客营—第三队的模式，显然是来自行军体制。

值得注意的是，这两件行客营文书实际上是两种不同类型的名籍，第 58 号文书是列举队内人员名字，第 115 号文书则是对兵士不到等事项的分类统计。两种名籍都是由行客营上报的，但统计过程无疑是以队为单位进行。更为详细的同类名籍是英藏敦煌 S.11287 号一组文书，相关的有 11 片。孙继民将其分为两组，分别定名为《唐 8 世纪中后期西州某营（或城、镇、守捉）诸队官兵姓名簿》及《唐 8 世纪中后期西州某营（或城、镇、守捉）通见在、没落等姓名簿》，并推断其时代在开元后期至天宝年间，甚或晚至安史之乱以后。② 第一组名籍是按队列举人名，如 S.11287A 贴附的一件残片有：

```
1  押官卢元谏   队头索朝敏   副张加会   佐 [
2    索灵晃   马大亮   索元振   索元昭   索元祥   索 [③
```

① Éric Trombert, *Les Manuscrits Chinois de Koutcha: Fonds Pelliot de la Bibilothèque Nationale de France*, p. 100.

② 孙继民：《关于 S.11287 号两组军事文书的探讨》，第 19~30 页。

③ 《英藏敦煌文献（汉文佛经以外部分）》（13），四川人民出版社，1995，第 198 页。

这一组文书都是在每队的开头列出押官、队头、队副和队佐。押官显然就是前引守捉文书中的押队官，是队级的押官。但这里并没有出现执旗。《卫公李靖兵法》中专门记载队内有执旗和左、右傔旗，其在行军中至关重要，要在各队间传达战术意图基本靠旗语。前引《唐垂拱四年队佐张玄泰牒为通当队队陪事》中的武怀表队便有执旗、副执旗和左、右傔旗。又S.11287E 中登记有完整的 1 队，是 53 人，属于满员状态。这都说明S.11287 文书中的队可能都是非战斗状态下的，应是节度使体制下的营、军镇、守捉中执行镇戍任务的队。另外，孙继民注意到这组文书都有背后的押缝数字，类似于伊吾军、瀚海军文书的押缝。① 如果是这样的话，颇疑这组文书与天山军有关。同时，这两组名籍非常类似于前引库车出土的行客营文书，第一组是逐队书写人名的形式，体现出军镇、守捉对于兵士的登记还是以队为单位进行的。第二组是统计见在、没落的名籍，各项统计的人数都很多，如"一十四人虞候""□百六十六人见在"等，显然是以某营或某镇、某守捉为主体统计上报。

　　在目前所见的府兵相关文书中，似未见到类似 S.11287 第一组文书这样只是逐队登记人名的名籍。可以看到的大致类似的府兵卫士名籍，如吐鲁番出土《唐军府卫士名籍》：

1　永平府卫士胡外生贯坊□中部县安平乡　神安里　父通□②

由于太过残破，实际上也无法复原其实际面貌。但从这仅存的一行完整的文字推测，府兵卫士的正式名籍有可能是要详细记录籍贯、父名等信息。但是在有限的关于行军、军镇的文书中，已经看到了不少按队登记的名籍，如前引旅博 LM20-1468-33-03 文书、法藏库车出土第 58 号"行客营"文书，相关的还有 2004 年吐鲁番阿斯塔那 396 号墓出土《唐某军镇第四队名籍》：

1　第四队　景家生　强思度　邓宜进

① 孙继民：《关于 S.11287 号两组军事文书的探讨》，第 22~23 页。
② 唐长孺主编《吐鲁番出土文书》（图录本）叁，第 422 页。

2　　刘义□　阎思栋①

这些都是形式非常简单的名籍，只书写当队人的姓名，按队排列。从旅博
LM20-1468-33-03 文书看，这类一纸书写一队的名籍，粘连之后就可以快
速制成当营的名籍，虽然缺失了很多信息，但可以快速掌握当前人员名
单，适合行军中的便宜操作。S. 11287 第一组文书显然是延续了这样一种
特点。至于分类统计的文书，前引法藏库车出土第 115 号"行客营"文书
提示我们，当营的不到等事项很可能也是分队统计后再汇总。从这些零星
的信息看，虽然军镇体制下的基层军事组织也需要承担日常管理事务，但
其在文书运行的某些方面还是保留了行军的一些特点。

余　论

　　唐前期的军事体制有一个明显的变化过程，唐初除了以府兵作为常备
兵之外，边防体制主要以镇戍为主，构成有限的防御性军事体系，而军
镇、守捉则是随唐代军事体制发展而新出现的具有较大规模的军事使职系
统。唐玄宗时期节度使体制、军镇体制都已完备，府兵制也逐渐瓦解，这
一系列的变革开启了军事制度的新时代。在这场变革中，作为最基层军事
组织的队是最为稳定的一级。无论是折冲府中的团、行军体制下的营还是
军镇体制下的守捉等，都是由队构成的。然而透过队在不同军事体制中的
位置和作用，我们又可以从不变的队看到变换的军事制度。

　　从基层组织结构来说，府兵制下的团—旅—队—火与行军体制下的
军—营—队显然是不同的。行军的营、队因作战需要在很多方面更加灵
活，府兵制相对固定的体系则更适合于日常管理。而军镇体制下的镇/守
捉—队或营—队，显然就是直接来自行军体制，只是出现了押队官等新的
官职。尤其是在行军和军镇体制下普遍出现的"第某队"的编号队名，在
目前所见的府兵制相关材料中并未发现。从日常管理角度看，府兵制下以
团为核心的管理模式，与行军体制中以队为核心的情况截然不同，这种重
视队的特点在军镇体制下的文书运行中也有所体现。军镇的出现是唐代军
事史上的重要问题，学者们长期讨论，已经可以很清楚地看到军镇是来源

---

①　荣新江、李肖、孟宪实主编《新获吐鲁番出土文献》，第 15 页。

于行军。^① 从这些关于基层军事组织队的相关细节来看，显然可以丰富我们对于这一问题的认识。诸队名籍中一个个凝固的名字，实际上都是充满活力的历史参与者。

<h2 style="text-align:center">第二节　杏雨书屋藏蒲昌府文书
与折冲府的运行</h2>

　　2009 年以来，『敦煌秘笈·影片册』共 9 册陆续出版，此前秘不示人的日本杏雨书屋所藏敦煌、西域出土文献得以刊布。杏雨书屋的这批文书主要是羽田亨旧藏之敦煌写本，但其中又有若干吐鲁番文书，尤为引人注目。2010 年，"第 54 回杏雨书屋特别展示会"上曾展出其中的羽 620-2 号，速水大先生考证其为吐鲁番出土的蒲昌府文书，并推测羽 620-1 也属于同组文书。^② 目前，『敦煌秘笈·影片册』第 8 册已经刊布了这两件文书的图版。^③ 荣新江先生在《日本散藏吐鲁番文献知见录》一文中介绍了羽 620-1、羽 620-2，并根据图版明确指出这两件文书为西州蒲昌府文书，并将其定名为《唐开元二年闰二月一日典蒲洪率牒》（羽 620-1）以及《唐开元二年六月某日府某牒》（羽 620-2）。^④ 至此，继辽宁省档案馆、日本宁乐美术馆、桥本关雪纪念馆等机构收藏的蒲昌府文书现世之后，我们又得以确定杏雨书屋也收藏有两件同组文书。

　　蒲昌府文书，是一组唐代西州蒲昌府受付的相关文书，时间大致皆在开元二年，其中还包括蒲昌府与西州都督府、蒲昌县、柳中县、赤亭镇等机构往来的牒文。因反映了唐代折冲府运行的实态，蒲昌府文书历来为学

---

① 濱口重國「府兵制度より新兵制へ」『秦漢隋唐の史研究』東京大学出版會、1966、3-83 頁；菊池英夫「節度使制確立以前における『軍』制度の展開」『東洋學報』第 44 卷第 2 号・第 45 卷第 1 号、1961 年 10 月・1962 年 6 月；孙继民：《唐代行军制度研究》，第 361~389 頁；孟宪实：《唐前期军镇研究》，第 58~69 頁。

② 速水大「杏雨書屋所藏『敦煌秘笈』中の羽 620-2 文書について」土肥義和編『内陸アジア出土 4-12 世紀の漢語・胡語文献の整理と研究』（科研費報告書）東洋文庫、2011、32-35 頁。

③ 武田科学振興財団杏雨書屋編『敦煌秘笈』（第 8 册）武田科学振興財団、2012、269-270 頁。

④ 荣新江：《日本散藏吐鲁番文献知见录》，《浙江大学学报》2016 年第 4 期，第 24 頁。

界所重视，日比野丈夫①、菊池英夫②、荣新江③、陈国灿④、李方⑤等先生
都对蒲昌府文书进行过深入研究。杏雨书屋所藏这两件蒲昌府文书，也同
样具有重要价值，尤其是羽 620-1 号文书，为理解开元二年西域战事及蒲
昌府的机构设置提供了新的材料，其中提到的统押官尤其值得关注。幸得
荣新江先生赐示，笔者得览此蒲昌府文书之遗珍。以下即以杏雨书屋所藏
这两件蒲昌府文书为中心，就相关问题略作考释。

一　杏雨书屋所藏蒲昌府文书之概貌

杏雨书屋藏羽 620-1 号文书，纸幅 24.8（纵）×32.4（横）厘米，仅
上下两端被裁去了窄边。第 1、2 行间有朱印一方，无法辨识，与其他蒲昌
府文书参照，当为"右玉钤卫蒲昌府之印"。纸上第 1 至 4 行是一件文书
的末尾，为录事受付及判官判"连"的部分。纸上第 5 行以后为《唐开元
二年闰二月一日典蒲洪率牒》。细审图版，两件文书中间似隔有纸缝。羽
620-1 前半部分录文如下：

1	闰二月二日录事鞠相受
2	司马　阙
3	连，庆示。
4	二日

其中，第 3 行大字判文叠压于第 2 行小字上书写。第 2 行仅能认出"马
阙"二字，根据其他蒲昌府文书，此处当为"司马阙"无疑。应当是纸张
所留空间太小，关于"连"的判案也只能压在阙名司马上书写了。

①　日比野丈夫「唐代蒲昌府文書の研究」『東方學報』第 33 号、267-314 頁；日比野丈夫
「新獲の唐代蒲昌府文書について」『東方學報』第 45 号、363-376 頁。
②　菊池英夫「西域出土文書を通じてみたる唐玄宗時代における府兵制の運用」（上、下）
『東洋學報』第 52 巻第 3・4 号、1969 年 12 月・1970 年 3 月、22-53、52-101 頁。
③　荣新江：《辽宁省档案馆所藏唐蒲昌府文书》，《中国敦煌吐鲁番学会研究通讯》1985 年
第 4 期，第 29~34 页。
④　陈国灿：《唐西州蒲昌府防区内的镇戍及馆驿》，第 85~105 页；陈国灿：《辽宁省档案馆
藏吐鲁番文书考释》，第 87~99 页。
⑤　李方：《关于唐西州蒲昌府问题》，《西域研究》2005 年第 3 期，第 58~68 页。

羽 620-1 后半部分《唐开元二年闰二月一日典蒲洪率牒》（以下简称《蒲洪率牒》）如下：

1 　]　□统押所　　　　　　　状上府
2 　]　界诸烽兵丁长探等
3 　　右今日酉时被府牒称：其应北面游弈、烽人、长探之类，并□
4 　　果毅量事处置，点检、发遣讫上，仍并牒知者。官人当□
5 　　循还各次，次到处置，各用己谋。今牒遣知，准文恐招自 累 ，
6 　　遣点知到，不即敢依遵。若勒处置烽人，此月番次未到。
7 　　都巡处置火急，即录状上府听裁。并牒李昭，准府牒点 检 ，
8 　　待都巡取稳处置，准牒量遣般次人讫，应次般人具名速报，
9 　　待诸路支探望候者。谨录状上。
10 　 牒 件 状 如 前 ， 谨 牒
11 　　　　　　　　　开元二年闰二月一日酉后典蒲洪率□
12 　　　　　　　　　　　　　　　统押官果毅阴寿
13 　　　　　　　　 付 　 司 ， 玉 　 示 。①

此为统押所状上蒲昌府的牒文，时间是开元二年闰二月一日。大致蒲昌府先下牒统押所，要求果毅处置、点检、发遣应去北面诸烽的游弈、烽人和长探等。但统押官果毅阴寿以官人、都巡都有处置之权，以及烽人番次未到等为由，不敢立即处置，只能上府听裁。同时下牒李昭，要求其在都巡处置妥当后，根据府牒来具体办理点检、发遣事宜。文书末尾可见残缺的

① 录文据荣新江、史睿主编《吐鲁番出土文献散录》，第 423～425 页。

大字墨痕，据同组文书比对，应是蒲昌府折冲都尉王温玉的笔迹，当为"付司，玉示"。

羽620－2号文书为《唐开元二年六月某日府某牒》，纸幅23.6（纵）×44.8（横）厘米，钤有朱印一方，印文为"右玉钤卫蒲昌府之印"。录文如下：

```
1   折冲七月仗身：白君定、王任端、朱以承、曹仁行 [
2   牒折冲，准州牒，停其前件仗身 [
3   分，谨以牒举，谨牒。
4              开元二年六月   日府 [
5              付司，玉示。
6                         二十 [
7           六月二十八日录事□ [
8           司马阙
9           检案，玉示。
10                      二十 [
11  玉
12  牒检案连如前，谨牒。①
```

这是折冲府内的某府上折冲都尉的牒，提到要停白君定等人的折冲七月仗身。这件文书实际上是两张纸粘贴在一起，前10行书写在整幅的纸上，最后一行"检案"的情况则写在一窄纸条上，粘贴于前纸。不过粘贴有些错位，纸缝处押"玉"字。

包括这两件文书在内的一组蒲昌府文书，最初的出土情况并不明确。仅知其在20世纪30年代曾辗转于上海诸藏家之手，后流散于中、日两国的不同机构。② 其中的大部，曾为上海顾鳌所藏。1935年，伯希和自顾鳌处借得文书观览，并写下了两纸题跋。伯希和认定这批文书出自吐鲁番，

---

① 录文据荣新江、史睿主编《吐鲁番出土文献散录》，第427~428页。
② 参见荣新江《海外敦煌吐鲁番文献知见录》，第200~203页；陈国灿《关于宁乐美术馆藏吐鲁番文书》，载陈国灿、刘永增编《日本宁乐美术馆藏吐鲁番文书》，第5~15页。以下关于蒲昌府文书流转及研究之概况，亦参考此两文，不再一一出注。

是属于蒲昌府之官文书。① 此后，顾氏托人赴日求售，仁井田陞借机得见
文书的照片，并向学界介绍了蒲昌府文书的价值。② 1940 年，这批文书归
于中村准策，入藏日本奈良宁乐美术馆，共有 155 件。1963 年，日比野丈
夫「唐代蒲昌府文書の研究」一文，对其进行了系统缀合整理，重编为 52
件文书。③ 1997 年，陈国灿、刘永增编《日本宁乐美术馆藏吐鲁番文书》
（以下简称《宁乐》）出版，相关文书的图版得以全部公布。书中对宁乐
藏品中的蒲昌府文书进行了重新拼接缀合，整理出有纪年月日或可推知年
月日的文书共 32 件，缺纪年或月日的文书 50 件，并附有若干未定名残片。
除了这批大宗的文书外，还有少量蒲昌府文书散见于各个机构。大约在
1923~1935 年，上海的书画篆刻家钱瘦铁曾将其所藏 3 件完整的蒲昌府文
书赠送给日本画家桥本关雪，现藏京都桥本关雪纪念馆。日比野丈夫前揭
文最早公布了其图版及录文。1973 年，日比野丈夫又公布了新获的 21 件
蒲昌府文书，包括全部录文和 6 件文书的图片，但没有透露收藏者的信
息。④ 此外，1933 年罗振玉曾将其所藏的 6 件唐代文书赠送给伪满洲国奉
天图书馆，现藏辽宁省档案馆。经荣新江先生考证，其中有 5 件为蒲昌府
文书。⑤ 这样，如果算上杏雨书屋的话，目前已知的蒲昌府文书收藏机构
有 5 处。

　　这组蒲昌府文书，最初应是自相互关联的几份蒲昌府案卷上揭开、裁
剪而来，并埋藏于同一处。直到 20 世纪初现世之后，才自上海辗转流散。
所以这组文书无论在外观样式还是内容上，都有非常密切的相关性。杏雨
书屋所藏蒲昌府文书便是如此。这两件文书的纸张都相对完整，只是天头
地脚被裁去了一小条。这在蒲昌府文书中是一种常见的现象，甚至宁乐美
术馆的藏品中，还有很多被裁下的小纸条。从敦煌文书的情况来看，寺院
在利用官文书抄写或装裱佛经时，通常会如此剪裁，因为唐代官文书的纸

① 伯希和的题跋是用法文写成，顾鳌请人译为汉文。题跋图版见陈国灿《关于宁乐美术馆
　　藏吐鲁番文书》，第 7~8 页。
② 仁井田陞「吐魯番出土の唐代の公牘（蒲昌府文書等）」『書苑』第 1 卷第 6 号、1937
　　年、4-11 页。
③ 日比野丈夫「唐代蒲昌府文書の研究」『東方學報』第 33 号、267-314 页。
④ 日比野丈夫「新獲の唐代蒲昌府文書について」『東方學報』第 45 号、363-376 页。
⑤ 荣新江：《辽宁省档案馆所藏唐蒲昌府文书》，第 29~34 页。

幅高度通常会比佛经略大。① 由此不由得使人怀疑，这批蒲昌府文书可能也与装裱佛经有关。

从内容上说，这种联系更为紧密。羽 620-1 号文书牒尾中的麹相，便是蒲昌府的录事。全部蒲昌府文书中，蒲昌府收授文书的都是录事麹相。庆则为蒲昌府的果毅都尉高庆，见于《宁乐》3 号以及 4 号文书。②《蒲洪率牒》中的阴寿，亦是蒲昌府果毅都尉，见于《宁乐》23 号文书。③ 关于其中的李昭，《宁乐》46 号文书中有：

```
1   ]□□□□□
2   ]□戍主李昭旦杈
3   ]□符到之日住停
4           一日
5       ]□示
6           一日④
```

两处的李昭或为同一人。⑤ 而羽 620-2 号《唐开元二年六月某日府某牒》中"付司，玉示"以及押缝的"玉"，都是蒲昌府的折冲都尉王温玉。

关于羽 620-1 号前 3 行中的闰二月二日牒尾，亦可以找到文书的正文。《宁乐》3 号文书，经陈国灿整理拼合后定名为《唐开元二年二月三十日西州都督府下蒲昌府牒为差替人番上事》（以下简称《三十日西州都督府牒》），其中有：

```
5   ]弈人王定远身死替行客王[
```

----

① 荣新江：《英国图书馆藏敦煌汉文非佛教文献残卷概述》，饶宗颐主编《敦煌文薮》（下），新文丰出版公司，1999，第 124 页。
② 本文引用宁乐美术馆蒲昌府文书，皆采用陈国灿、刘永增编《日本宁乐美术馆藏吐鲁番文书》中整理缀合后的编号。《宁乐》3 号见该书第 29~30 页，《宁乐》4 号在第 32~33 页。
③ 陈国灿、刘永增编《日本宁乐美术馆藏吐鲁番文书》，第 64~66 页。
④ 陈国灿、刘永增编《日本宁乐美术馆藏吐鲁番文书》，第 92 页。
⑤ 李方先生将文书中的人名释为李昭旦，认为是蒲昌府下辖某戍的戍主，见李方《唐西州官吏编年考证》，第 383 页。

6　　］　检替人中男氾至尚白仁轨^{胡月}［

7　　］　^{四月番长探配悬泉}　悬泉游弈［

8　　］　挎谷游弈人段阿忠已上［

9　　］　已差替讫

10　　］　昌县牒得上件［

11　　］　给田地，今被符云是［

12　　］　役请处分者，依检［

13　　］　配帖上，今为寇贼［

14　　］　各例给粮，即为折［

15　　］　已牒县讫，牒至准状。

16　开元二年二月三十日

17　　　　府阴达

18　　］　宝

19　　　　　史□［①

这件文书上钤有 3 处"西州都督府之印"，可知是西州都督府所下之牒文，第 18 行的"宝"，即西州都督府兵曹参军王宝。② 值得注意的是，文书中提到了白仁轨替人的问题，而西州都督府的这件文牒也在其他处理白仁轨事的文书中被反复提及。《宁乐》15 号文书《唐开元二年三月二十日赤亭镇典任管牒》中有：

1　　］检州牒，称上件人差替维磨戍长探，兵曹

2　　］者，依检案内上件人，去月二日被州二月三十日

3　　］上件仁轨终服，胡麻泉烽准旧例故上者③

又，日比野丈夫新获第 1 号文书中有：

---

①　陈国灿、刘永增编《日本宁乐美术馆藏吐鲁番文书》，第 29~31 页。

②　李方：《唐西州官吏编年考证》，第 135~136 页。

③　陈国灿、刘永增编《日本宁乐美术馆藏吐鲁番文书》，第 50~52 页。

1] □□□ 帖 □□□□□ [

2] 去月二日被州二月三十日牒，上件人终服 [

3] 泉烽准旧帖上。当即准州牒，牒送赤 [①

这两件文书中提到的"被州二月三十日牒"，显然就是指前文所引《三十日西州都督府牒》。② 同时可知，蒲昌府收受文牒的时间是"去月二日"，即闰二月二日。这就与羽 620-1 牒尾中麹相受文的时间相吻合。而且，在《三十日西州都督府牒》之前粘贴有一件牒尾，其中高庆与王温玉行判的时间都是二日。同样，《蒲洪率牒》发出的时间是闰二月一日酉后，已是日落以后，蒲昌府受文之后完成处置的时间应当也是在闰二月二日了。因此，相关联的这几件文书，收受或处置的时间都在闰二月二日。

从内容上说，《三十日西州都督府牒》涉及各处游弈、长探的替人问题，而《蒲洪率牒》亦是处置游弈、烽人、长探之事，具有很强的关联性。而且，《三十日西州都督府牒》为西州都督府所下之牒，不需要蒲昌府的判官来书写具体判文，羽 620-1 号牒尾中录事麹相受牒后果毅高庆直接判"连"，是符合这种情况的。从纸张的情况看，《三十日西州都督府牒》从第 4、5 行间纸缝量起，牒文残纸长度为 39 厘米。按照格式，牒文最后一行应当有西州都督府兵曹史的签押，已经被裁去。算上这一行的话，大致有 40 多厘米。而唐代官文书的纸幅通常是 45 厘米。蒲昌府的受付与判文便只能另接一张纸书写了，这也与羽 620-1 号牒尾的情况相符。综合这些信息，可以推测《三十日西州都督府牒》与羽 620-1 号牒尾为同件文书，《宁乐》3 号文书与羽 620-1 号前后衔接。不过这还需要通过纸张颜色的对比来最终证实，现在至少可以从时间和内容的关联性判定二者拆自同一案卷。这样，我们对于《蒲洪率牒》在这组蒲昌府文书中的位置也就有了大致的认识。

二 羽 620-1 所见开元二年西州局势

这组蒲昌府文书所在的开元二年，正是唐朝在西域与东、西突厥决胜

① 日比野丈夫「新獲の唐代蒲昌府文書について」『東方學報』第 45 号、363-364 頁。
② 日比野丈夫「新獲の唐代蒲昌府文書について」『東方學報』第 45 号、363-364 頁。

的关键时刻。先天二年秋，碛西节度使阿史那献出兵征讨西突厥首领都担，东突厥趁机大举进攻北庭，默啜之子同俄特勤亲自领兵出征。开元二年二月七日，北庭都护、瀚海军使郭虔瓘幸运地斩杀同俄特勤，击退东突厥。同年三月十二日，碛西节度使阿史那献斩西突厥都担，收复碎叶。唐朝取得了决定性胜利，逐渐稳定了西域的局势。在这场战事中，西州的蒲昌县、柳中县方向，是防御突厥的要地。从蒲昌府文书来看，开元二年二月至八月间，蒲昌府曾根据西州都督府的指示加强游弈，严密布防，以抵御突厥游骑的侵扰。①

新见杏雨书屋所藏《蒲洪率牒》可以为我们提供更多的细节。《蒲洪率牒》的发出时间是开元二年闰二月一日，刚好是在北庭结束大规模战事的次月。从文书内容看，蒲昌府在开元二年闰二月一日酉后下牒统押所，要求负责的果毅处置北面诸烽的游弈、烽人、长探等，并完成点检、发遣的工作。然而当月番上的府兵卫士，应当在上个月就已经确定番次并完成点检。日比野丈夫新获第 3 号文书有：

1] 人 当番，今月一日上，依检不到 [
2] 人，每月二十五日县府点检粮 [
3] 时发遣赴州，所由官典衔日到州 [
4] 府阴达帖　　　兵曹参军王宝②

这是开元二年五月西州都督府下蒲昌府的文书。可以看到，县府在每月二十五日点检当番的卫士，从而确保来月一日即可番上。《蒲洪率牒》中提到的诸烽兵丁、长探也应是如此。前文提到的《宁乐》15 号文书关于白仁轨番上的文书有：

7] 二月二十六日牒蒲昌、赤亭送闰二月番
8] 遣忧，至闰二月一日一日被州牒，胡麻泉烽

---

① 日比野丈夫「唐代蒲昌府文書の研究」『東方學報』第 33 号、269 頁；唐长孺：《吐鲁番文书中所见的西州府兵》，《山居存稿三编》，第 285~287 页。

② 日比野丈夫「新獲の唐代蒲昌府文書について」『東方學報』第 45 号、365 頁。

9] 终服，准例旧故上者，当时下团发遣。①

白仁轨闰二月应上胡麻泉烽，由于其遭忧，起初并没有按时番上。直到闰二月二日（"一日一日"为二日之误）接到州牒，要求终服者按旧例番上，白仁轨才又被发遣。而实际上西州都督府已经在二月二十六日牒蒲昌府、赤亭镇要求其送闰二月番兵。这与前引日比野丈夫新获 3 号文书中"每月二十五日"的时间节点大致相当，这批闰二月番兵应当在二月末即已处置、点检完成。然而，蒲昌府又在闰二月一日下牒统押所处置、发遣北面诸烽的兵丁、长探，这显然是在当时战局紧张下的临时性任务。

　　牒文中出现的游弈、烽人、长探都是烽戍防御体系中的军事人员。游弈主要是巡逻探候，与行军中的游弈不同，蒲昌府文书中出现的皆是相对长上化的游弈。② 烽人则主要负责守烽候望，根据蒲昌府文书来看，诸烽还配有长探，应是负责侦察。一般情况下，西州的烽戍是由都督府统领，与折冲府之间并没有明确的统属关系。不过在军情紧急时，府兵卫士在征行之外，也要更多地承担上烽一类的防御性军事任务。《武经总要》引唐代《烽式》有：

　　　　凡掌烽火，置帅一人，副一人，每烽置烽子六人，并取谨信有家口者充……如边境用兵时，更加卫兵五人，兼守烽、城。无卫兵，则选乡丁武健者给仗充。③

即是说在边境用兵之时，要临时加派府兵卫士来协助诸烽的防御。如前文所述，开元二年二月前后，正值北庭、西州附近发生大规模战事之时。从蒲昌府文书中大量的府兵配番、改补文书看，确实有大量的蒲昌府卫士被派往诸处烽戍担任游弈、烽人、长探等。菊池英夫先生已经详细列举了开元二年蒲昌府卫士参与烽候防戍以及充任游弈、长探的各种细节，此处不

① 陈国灿、刘永增编《日本宁乐美术馆藏吐鲁番文书》，第 51~52 页。
② 菊池英夫「西域出土文書を通じてみたる唐玄宗時代における府兵制の運用」（下）『東洋學報』第 52 卷第 3・4 号，66 頁。
③ 曾公亮：《武经总要》前集卷五，《四库全书》本，叶廿一正。

再详论。①

值得注意的是开元二年闰二月前后的西州局势，《宁乐》5号文书中有：

```
1   都督府
2   一   诸府县镇戍界烽候觇探等，人各仰 ［
3       加常，督察严警，常知见贼，州司即 ［
4       三卫，分往巡探，点检鞍马器仗，并应 ［
5       事亏违，所由县府镇戍游弈巡官及押领 ［
6       帅，且决陆拾，依法科罪。
7   蒲昌府：得兵曹参军王宝等牒，称贼寇在近，今又 ［
8   百姓，并散在田野、庄坞，都督昨日亲领县府 捉 ［
9   戍押防援军粮，差充讨击。贼必付空 ［②
```

这件文书粘贴于《宁乐》4号文书《唐开元二年闰二月蒲昌府范阿祚牒》之后，该文书判文的时间是闰二月三日，则《宁乐》5号文书的时间应大致相仿。因为"贼寇在近"，西州都督府要求各县府镇戍界的烽候加强戒备，由都督亲自督促县府做好守备工作，随时应对贼寇对百姓等的抄掠。可以看到，当时蒲昌府界内的形势还是十分紧张的。围攻北庭的突厥主力已经在二月上旬撤走，日比野丈夫、唐长孺等先生认为此时的贼寇当为突厥游骑。③ 陈国灿则据《宁乐》36号文书中所谓"处月劫掠□□□恒日交横，觇探勿招深累"云云，认为贼寇当为处月。④ 处月之说很有道理。按开元二年东突厥围困北庭之时，靠近北庭、西州的西突厥五咄陆等部落也出现了动荡，直到开元二年九月以后胡禄屋、鼠尼施、葛逻禄等部落才先后来降。⑤ 闰二月西突厥诸部依然与唐军处于敌对状态，活跃于天山北麓

① 菊池英夫「西域出土文書を通じてみたる唐玄宗時代における府兵制の運用」（下）『東洋學報』第52卷第3・4号、55~78頁。
② 陈国灿、刘永增编《日本宁乐美术馆藏吐鲁番文书》，第35~36页。
③ 日比野丈夫「唐代蒲昌府文書の研究」『東方學報』第33号、269頁；唐长孺：《唐先天二年（七一三）西州军事文书跋》，唐长孺主编《敦煌吐鲁番文书初探二编》，第498~499页。
④ 陈国灿：《辽宁省档案馆藏吐鲁番文书考释》，第89~91页。
⑤ 关于诸部来降的时间，详见《资治通鉴》卷二一一，第6709页。

的处月距离西州最近，当然是重点防范的对象。

《蒲洪率牒》的时间，则刚好在闰二月初。蒲昌府要求统押所处置发遣诸烽兵丁、长探等，应是对此前的兵力部署进行加强和进一步调整，以应对处月等部的侵扰。如前文所述，白仁轨一类遭忧的卫士，也被要求在闰二月上烽。又辽宁省档案馆藏《开元二年闰二月蒲昌府典范阿祚牒》中有：

3　　　　闰二月　日府范□□□
4　　　　　　张建方等称：有□□
5　　　　　　劾准式并合倚团，□
6　　　　　　就判：待贼宁，当□□
7　　　　　　□勒上于谌，状不□□
8　　　　　　□□□有事抽入于□
9　　　　　　　　] □职掌牒城□□①

据《宁乐》35 号文书，张建方原为狼泉烽长探，在被替人名单之列。② 从闰二月范阿祚牒看，张建方等人当时应是要求倚团。卫士倚团，即不须在要路上番。但在寇贼在近之时，情况却有所不同。他们很可能是被要求"待贼宁"之后才能倚团或上于谌城。另外，辽宁省档案馆藏《唐开元二年二月二十四日西州都督府兵曹阴达牒》以及日比野丈夫新获第 9 号文书中，也都提到了应倚团卫士"配要路职掌"的情形。③ 这些皆与蒲昌府在闰二月初要求紧急处置发遣诸烽兵丁、长探的情况相符。值得注意的是，《蒲洪率牒》中除了常规的年月日之外，还特别标明了时辰。牒文中提到，统押所接到蒲昌府牒是在"酉后"，即酉时以后。酉时已经是日入时分，但统押所还是立即进行了处置，转牒李昭，同时将实际情况汇报给蒲昌府听裁，足见涉及事务之紧急。牒文中所谓"都巡处置火急"也正与此相呼应。

———————————

① 荣新江：《辽宁省档案馆所藏唐蒲昌府文书》，第 30 页。
② 陈国灿、刘永增编《日本宁乐美术馆藏吐鲁番文书》，第 79 页。
③ 荣新江：《辽宁省档案馆所藏唐蒲昌府文书》，第 30 页；日比野丈夫「新獲の唐代蒲昌府文書について」『東方學報』第 45 号、368 页。

综合这些信息来看，《蒲洪率牒》中提到的蒲昌府下牒统押所要求处置诸烽兵丁、长探，反映出开元二年闰二月西州蒲昌府紧急加强界内烽戍防备的情形，这也是蒲昌府在闰二月西州都督府要求紧急防范处月等部劫掠的背景下做出的部署。

三　开元二年蒲昌府的统押官与都巡官

《蒲洪率牒》是某统押所上蒲昌府的牒，有统押官果毅阴寿的签署，从"状上府""录状上府听裁"等用语看，此处的统押所与蒲昌府之间应是有某种统属关系，而统押官亦是由蒲昌府果毅都尉担任。然而，在此前所见的史料和文书中，似乎并未见有折冲府设置统押所、统押官的记载。故而，关于统押所与统押官的性质尤其值得关注。

所谓统押官，很可能等同于押官。孙继民先生指出，押官可能最初是行军中统领作战部队的一级军将，此后凡是执行临时性或特殊性任务的军将都可以称为押官。① 在吐鲁番出土文书中可以找到很多例证，例如"西州营"相关文书中见有统领诸队的押官，② 这便是行军中的押官。同时，守捉的军将可以称为押官，《唐开元二十年瓜州都督府给西州百姓游击将军石染典过所》中便见有"苦水守捉押官""盐池戍守捉押官健儿吕楚珪"。③ 镇的军将除了称镇将之外，也可称某镇押官，如《唐开元二十二年杨景璇牒为父赤亭镇将杨嘉麟职田出租请给公验事》文书中有"镇押官行赤亭镇将杨嘉麟"。④ 此外，唐代的马军管理系统中也有押官。⑤《蒲洪率牒》中的统押官显然与马坊无关，应是类似守捉押官、镇押官一类的统兵军将。

如前所述，在开元二年"寇贼在近"的情况下，蒲昌府的大量卫士被发遣赴诸烽防御。不仅如此，在边境用兵之时，蒲昌府还在很大程度上承担起了境内烽戍人员的调配工作。如《宁乐》30 号文书有：

---

① 孙继民：《唐代行军制度研究》，第 162 页。
② 见《唐开元三年西州营典李道上陇西县牒为通当营请马料姓名事》《唐开元三年西州营牒为通当营请马料姓名事》，唐长孺主编《吐鲁番出土文书》（图录本）肆，第 17~24 页。
③ 唐长孺主编《吐鲁番出土文书》（图录本）肆，第 275 页。
④ 唐长孺主编《吐鲁番出土文书》（图录本）肆，第 313 页。
⑤ 孙继民：《唐代行军制度研究》，第 167 页。

1　□□□□□□

2　　　八月　日府索才牒

3　队副高行琳，符下授官讫，其上

4　萨捍烽所，即顿阙人候望。突

5　播烽既有四人并长探两人，宜抽

6　烽兵白圈子，向上萨捍替高琳

7　候望，即帖维磨戍，准状。方示。

8　　　　五日①

　　这是判蒲昌府事的原果毅贺方的判词。② 从中可以看到，蒲昌府可以直接帖维磨戍，要求抽调突播烽的烽兵白圈子替换上萨捍的高行琳，而并没有通过西州都督府。这里的高行琳是府兵系统中的队副，尚且可以说是蒲昌府对于上烽府兵卫士的调配。而在《宁乐》23 号文书《唐开元二年五月十九日蒲昌府索才牒为来月当上番、改补、请替申州处分事》列举的诸烽主帅、长探名单中，则更是出现了"达匪长探车方平白丁""柳中县白丁曹感达"，③ 说明在烽戍服役的白丁，也是由蒲昌府负责其番次、改补等事。虽然"其替事须申州处分"，但蒲昌府实际上完成了对人员番次的初步处置。如此，在边境用兵及大量卫士充任游弈、烽人、长探的情况下，蒲昌府在很大程度上具有了统配烽戍人员的职能。

　　《蒲洪率牒》中的统押官，极有可能便是蒲昌府内负责统领这些烽戍游弈、烽人、长探等各色兵士的军将，统押所为其办事机构。前文提到，李昭为某戍戍主。统押官阴寿直接下牒李昭要求其配合完成点检工作，也可以体现出统押所与烽戍之间的特殊关系。不过从上引《宁乐》30 号文书看，烽兵的调配是由折冲都尉直接负责。在《蒲洪率牒》中，统押官果毅阴寿对于蒲昌府要求其处置烽人等的命令，也表示难以负责，只是牒李昭要求其"准牒点检""准牒量遣般次人"。由此看来，统押官的主要职责应是对已确定番次的人员进行点检发遣。

　　值得注意的是，《蒲洪率牒》首行"统押所"之上尚有残笔，无法辨

①　陈国灿、刘永增编《日本宁乐美术馆藏吐鲁番文书》，第 74 页。

②　关于贺方此时的身份，参见李方《唐西州官吏编年考证》，第 376~377 页。

③　陈国灿、刘永增编《日本宁乐美术馆藏吐鲁番文书》，第 65~66 页。

识，抑或是指某处统押所。因此，我们也还是要考虑到其为某镇或某守捉统押所的可能性。这或许可以模拟于此前文书所见的游弈所和游弈官。吐鲁番出土《唐开元二十一年西州都督府案卷为勘给过所事》中便有"岸头府界都游弈所状上州"，牒尾署名为"游弈都巡官宣节校尉前右果毅要籍摄〔左果毅都尉刘敬〕元"。① 都游弈所是以折冲府界划分，其军将称为游弈都巡官，岸头府界游弈所的都巡官便是由果毅都尉担任。同时，镇也有游弈所，阿拉沟出土文书中便见有"鸜鹆镇游弈所"。② 不过从果毅阴寿担任统押官的情况看，《蒲洪率牒》中的统押所，可能更接近岸头府界都游弈所，是蒲昌府界的"都"统押所。

　　《蒲洪率牒》中还提到了循还官人与都巡的问题，在处置诸烽兵丁方面，他们看起来是具有比统押官更直接的职权。开元二年二月，西州都督府曾下符赤亭镇及蒲昌府等，要求加强对北山敌情的侦察，③ 相关文书残片有 3 件，其中《宁乐》36 号文书有：

　　　　右从苁蓉□□西至挎谷，逐要督察巡逻……叁拾里内烽，依前县
　　府官巡逻。④

可以看到，除了重要烽戍需要"督察巡逻"以外，都督府还要求县府官巡逻"叁拾里内烽"。县府官，应是指蒲昌县和蒲昌府的官员，在贼寇在近的情况下他们需要完成一些巡视任务。开元二年闰二月，蒲昌府的折冲都尉王温玉便是亲自往临川城巡检。桥本关雪 2 号文书有：

　　3　件状如前，谨牒。
　　4　开元二年闰二月　日典索才
　　5　　　　临川城押官镇副康
　　6　　　　检官折冲王温玉

————————

①　唐长孺主编《吐鲁番出土文书》（图录本）肆，第 295 页。
②　王炳华：《阿拉沟古堡及其出土唐文书残纸》，第 329 页。
③　陈国灿：《唐西州蒲昌府防区内的镇戍及馆驿》，第 96 页。
④　陈国灿、刘永增编《日本宁乐美术馆藏吐鲁番文书》，第 80~81 页。

7　　　　　　　付司，玉示。①

此处的检官，应即巡检官之意。②《蒲洪率牒》中提到的"官人当□循还各次，次到处置"，或许即与此有关。蒲昌县和蒲昌府的官员被派出巡检各军事要地及烽戍，对于其巡检之处的兵丁、长探等守备人员，显然会具有一定的处置权。

　　都巡，即是指都巡官。如前文所述，西州岸头府界都游弈所的长官称游弈都巡官，由果毅兼任，这种都巡官显然是与折冲府地界内的游弈有关。蒲昌府文书中多见有所谓"今月游弈官"，③ 可知开元二年蒲昌府有按月轮替的游弈官，或许与游弈都巡官相似。此外，黄文弼所获《唐开元二十九年典侯奉□牒为追史某上番事》文书中有：

1　　　]十二月不到番兵史 [
2　　　　　　右件兵配当诸烽□ [
3　　　　　　人，恐有不处虞，罪及所 [
4　　　　　　追捉发遣，庶免斥候无亏，谨□。
5　牒件状如前，谨牒。
6　　　　　　　开元廿九年十二月九日典侯奉 [
7　　　都巡官游击将军果毅都尉马守奉　判官□ [④

这里的都巡官亦是由果毅都尉兼任，当界诸烽番兵不到，即是由都巡官处置。此处的都巡官是不是上文提到的游弈都巡官，恐怕还无法确定。但我们至少可以知道，都巡官确实有直接处置诸烽番兵之事。《蒲洪率牒》中提到的"若勒处置烽人，此月番次未到。都巡处置火急"，以及"待都巡取稳处置"云云，也是说烽人应由都巡官处置。

　　统押官与都巡官，都是具有临时性或承担特殊任务的军将，具有军事

---

① 日比野丈夫「唐代蒲昌府文書の研究」『東方學報』第 33 号、283 页。
② 李方：《唐西州官吏编年考证》，第 372 页。
③ 如《宁乐》25 号文书，陈国灿、刘永增编《日本宁乐美术馆藏吐鲁番文书》，第 69 页。
④ 黄文弼：《吐鲁番考古记》，第 42 页、图 36。荣新江、朱玉麒主编《黄文弼所获西域文书》（上），第 57 页；《黄文弼所获西域文书》（下），第 307 页。

使职的特征。从目前所见的几个有限的事例来看，无论是《蒲洪率牒》中的统押官阴寿，还是岸头府界的游弈都巡官刘敬元、开元二十九年某处的都巡官马守奉，身份都是果毅都尉。这或许与前文提到的边境用兵之时大量府兵卫士参与烽戍防御有关，折冲府通过统押官和都巡官，实现了对界内烽戍兵丁、长探等的处置、点检和发遣工作。统押所、游弈所则为其办事机构。当然根据迄今所见的有限材料，我们尚无法全面揭示折冲府与统押官、都巡官之间更加具体的关系。不过至少从开元二年蒲昌府的事例来看，边州折冲府在战时除了参与行军之外，还会通过统押所、游弈所更多地参与到地方的防御。

总之，继宁乐美术馆、桥本关雪纪念馆、辽宁省档案馆所藏蒲昌府文书，以及日比野丈夫刊布的新获蒲昌府文书之外，杏雨书屋藏品中的蒲昌府文书又重为世人所知。除了可以确定羽 620-1 号文书与《宁乐》3 号文书的粘连关系外，还可以借助羽 620-1 号文书中的《唐开元二年闰二月一日典蒲洪率牒》，进一步勾勒出开元二年闰二月前后西州蒲昌府防御贼寇的军事形势。更重要的是，《蒲洪率牒》中见有统押所以及统押官、都巡官，为进一步了解唐代折冲府运行的实态提供了珍贵的材料。如果从更广泛的方面来说，对于统押官和都巡官性质及关系的认识，对于理解唐代的军事制度无疑也是具有十分重要的意义。

第九章　典籍与文化传播

随着唐朝的西域经营，中原的典籍与文化也逐渐向西传播。除了来自中原的官员、兵士、商人、僧侣等大量携带或行用汉文典籍、文书之外，也有世居西域之人习读经典的事例，如前文提到的出身安西的哥舒翰，便"好读《左氏春秋传》及《汉书》"。① 近年出土文献的新发现，可以从多个侧面展现中原典籍与文化西传的历史面貌。

第一节　旅顺博物馆藏《春秋后语》与典籍西传

古往今来，质文递变，很多古代典籍因时代之推移终遭散佚之厄。晋孔衍所著《春秋后语》自成书之后流布数百年，尤为唐代通行史籍，至宋元之后逐渐佚失。② 明清时屡有辑佚之作，然而所得有限。所幸敦煌文书中保存有数量众多的《春秋后语》写本，经罗振玉、向达、王重民等先生钩沉，使我们得见其大貌。③ 目前所见较好的辑本有康世昌《〈春秋后语〉辑校》④ 及王恒杰《春秋后语辑考》⑤。两作之后，又陆续有新的《春秋后

---

① 《旧唐书》卷一〇四《哥舒翰传》，第3212页。
② 康世昌：《孔衍〈春秋后语〉试探》，《敦煌学》第13辑，新文丰出版公司，1988，第114页。
③ 罗振玉：《鸣沙石室佚书》，上虞罗氏1913年印行，此据中华书局2005年影印本，第143~180页；向达：《伦敦所藏敦煌卷子经眼目录》，《北平图书馆图书季刊》新1卷第4期，1939，第397页；王重民：《敦煌古籍叙录》，商务印书馆，1958，第87~93页。
④ 康世昌：《〈春秋后语〉辑校（上）》，《敦煌学》第14辑，新文丰出版公司，1989，第91~187页；《〈春秋后语〉辑校（下）》，《敦煌学》第15辑，新文丰出版公司，1990，第9~85页。
⑤ 王恒杰：《春秋后语辑考》，齐鲁书社，1993。

语》写本被比定出来。包括李际宁先生揭示的国家图书馆藏《春秋后语》
（BD16645）残片，[1] 陆庆夫、陆离先生先后比定的俄藏敦煌文书中的五件
写本 Дx2663、Дx2724、Дx341、Дx784、Дx11638，且可与英藏 S.713 号文
书直接缀合，[2] 还有郭丹女史刊布的辽宁省博物馆藏残片。[3] 近来，法藏藏
文本《春秋后语》亦经沈琛先生详细对勘，得到了更好的释读。[4] 更重要
的是，荣新江先生发现德藏吐鲁番文书中有一件《春秋后语》（Ch.734）
残片，并将其比定为唐代卢藏用注本。[5] 由此可知在敦煌文献以外，吐鲁
番出土文书中也有《春秋后语》，这对于理解其在唐代的流布具有重要意
义。在旅顺博物馆藏西域文书中，又见有一件残片可推拟为《春秋后语》，
且与德藏本相近，亦是弥足珍贵之重要写本，略作考释如下。

一

旅顺博物馆藏 LM20-1523-12-120 号文书，四边均残，仅存 3 行 11
字，楷书书写，字迹工整，且有界栏，"号"字后有朱笔句读。文书录
文为：

1　　] 白起□ [

2　　] 归 帝号还 [

3　　] 郢 为南郡 [⑥

---

① 李际宁：《〈春秋后语〉拾遗》，《敦煌吐鲁番研究》第 1 卷，北京大学出版社，1996，第
335~338 页。
② 陆离：《俄藏敦煌写本〈春秋后语〉残卷探识》，《文献》2001 年第 2 期，第 212~225 页。
陆庆夫、陆离：《俄藏敦煌写本〈春秋后语〉残卷再探——对 Дx.11638 号与 Дx.02663、
Дx.02724、Дx.05341、Дx.05784 号文书的缀合研究》，《敦煌学辑刊》2004 年第 1 期，第
1~12 页。
③ 郭丹：《敦煌写本〈春秋后语〉残片再发现》，《文献》2013 年第 5 期，第 66~72 页。
④ 沈琛：《P.t.1291 号敦煌藏文写本〈春秋后语〉再研究》，《文献》2015 年第 5 期，第
69~89 页。
⑤ 荣新江：《德藏吐鲁番出土〈春秋后语〉注本残卷考释》，《北京图书馆馆刊》1999 年第
2 期，第 71~73 页。
⑥ 王振芬、孟宪实、荣新江主编《旅顺博物馆藏新疆出土汉文文献》（34），中华书局，
2021，第 157 页。

郭富纯、王振芬先生刊布了这件文书，并将其归类为"其他文书"。[①] 遍寻现存典籍，确实无法找到与这件残片内容完全对应的文字。然而文书中所记之人物、事件，却又皆见于史籍。第1行中的"白起"为秦国名将，自不待言。第2行中的"帝号还"，应是指秦、齐归帝为王之事。《史记》卷五《秦本纪》载：

> （秦昭王）十九年，王为西帝，齐为东帝，皆复去之。[②]

又同书卷八三《鲁仲邹阳连列传》载：

> 魏王使客将军新垣衍间入邯郸，因平原君谓赵王曰："秦所为急围赵者，前与齐湣王争强为帝，已而复归帝。今齐湣王已益弱，方今唯秦雄天下，此非必贪邯郸，其意欲复求为帝。赵诚发使尊秦昭王为帝，秦必喜罢兵去。"平原君犹预未有所决。[③]

这里也是说秦昭王与齐湣王争强称帝之事，但很快又同时放弃了帝的称号，而继续为王，即是所谓"归帝"。《史记》卷四○《楚世家》中的"月余，复归帝为王"亦是如此。[④] 则文书残片中"帝"字上方之残笔应为"归"字。

第3行中的"为南郡"，则显然是指白起攻夺楚国郢之后，秦国以郢为南郡之事。《史记》卷五《秦本纪》载：

> （秦昭王）二十九年，大良造白起攻楚，取郢为南郡，楚王走。周君来。王与楚王会襄陵。白起为武安君。[⑤]

又同书卷七三《白起王翦列传》载：

① 郭富纯、王振芬：《旅顺博物馆藏西域文书研究》，第208页。
② 《史记》卷五《秦本纪》，第212页。
③ 《史记》卷八三《鲁仲连邹阳列传》，第2459~2460页。
④ 《史记》卷四○《楚世家》，第1729页。
⑤ 《史记》卷五《秦本纪》，第213页。

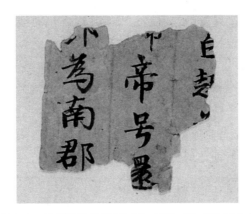

图 9-1　旅顺博物馆藏 LM20-1523-12-120 号文书

后七年，白起攻楚，拔鄢、邓五城。其明年，攻楚，拔郢，烧夷陵，遂东至竟陵。楚王亡去郢，东走徙陈。秦以郢为南郡。白起迁为武安君。①

则文书中"为"字之上当为"郢"字。可见，文书残片中所见两事，皆发生在秦昭王时，而且可以分别在《史记》中找到对应的记载。

然而残片中的三行文字合在一起的话，却无法在存世典籍中找到完全对应的记载。只有《史记》卷七二《穰侯列传》中的内容与此类似：

昭王十四年，魏冉举白起，使代向寿将而攻韩、魏，败之伊阙，斩首二十四万，虏魏将公孙喜。明年，又取楚之宛、叶。魏冉谢病免相，以客卿寿烛为相。其明年，烛免，复相冉，乃封魏冉于穰，复益封陶，号曰穰侯……昭王十九年，秦称西帝，齐称东帝。月余，吕礼来，而齐、秦各复归帝为王。魏冉复相秦，六岁而免。免二岁，复相秦。四岁，而使白起拔楚之郢，秦置南郡。乃封白起为武安君。白起者，穰侯之所任举也，相善。于是穰侯之富，富于王室。②

穰侯魏冉为秦昭王母宣太后之弟，位高权重，是秦昭王时代最重要的外

① 《史记》卷七三《白起王翦列传》，第 2331 页。
② 史记》卷七二《穰侯列传》，第 2325 页。

戚。此段文字记载了魏冉举荐白起，以及几度入相的经历。文中先记魏冉荐举白起攻破韩、魏等国，再录秦、齐称帝复归帝之事，紧接着就是白起拔郢及秦置南郡事。从记事顺序看，与旅博残片所载正相合。而在《史记》中，也只有在《穰侯列传》里，相隔数年的秦昭王归帝与秦置南郡之事是连在一起叙述。只是《穰侯列传》与文书残片中的文字表述略有不同，且文字显然更多。故颇疑旅博文书中的文字是删改自《史记·穰侯列传》。

这种似《史记》而非的特性，是《春秋后语》的一大特点。唐代刘知几《史通》载：

> 至孔衍，又以《战国策》所书，未为尽善。乃引太史公所记，参其异同，删彼二家，聚为一录，号为《春秋后语》。除二周及宋、卫、中山，其所留者，七国而已。始自秦孝公，终于楚、汉之际，比于《春秋》，亦尽二百三十余年行事。①

可知，孔衍所作《春秋后语》是自《战国策》和《史记》删改而来。根据敦煌吐鲁番文书中的相关写本，可以清楚地看到《春秋后语》确实如刘知几所言，参考了《战国策》分国记述的体例，分为《秦语》《赵语》《韩语》《魏语》《楚语》《齐语》《燕语》，合为十卷。然而与《战国策》不同的是，《春秋后语》参考了《史记》等书的纪年，每一国语中皆是以编年的形式记述。全书绝大部分内容也确实是依据《战国策》和《史记》两书删补而成，兼采他书。孔衍选取的《史记》段落，都进行过删改，以致今日所见很多《春秋后语》写本文字与《史记》相似而又略有出入。旅博所藏关于"帝号还"与"郢为南郡"的这件文书，刚好具有这样的特点。

更值得注意的是，这件旅博文书与德藏吐鲁番出土《春秋后语》（Ch.734）有着极为密切的关联。德藏《春秋后语》残片，为德国第二次吐鲁番探险队所得，具体出土地点不详。残片大小为8.8×8.8厘米，四边均残，存字5行，书写极为工整，兼有小字注。录文如下：

---

① 刘知几：《史通》，上海古籍出版社，2008，第14页。

1] 微无也言秦王之卒 商君 不 [
      死岂无人杀鞅哉

2] 告商君反吏捕之商君 [

3] 君之法舍人无验者 [

4] 走 无所归还入其邑 [

5] 国 以五车各系其首 [
      裂之或谓之趣□

6] □□ [

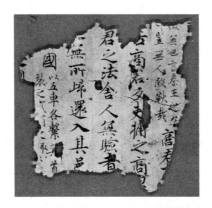

图 9-2 德藏吐鲁番出土《春秋后语》(Ch. 734)

经荣新江先生考证，残片中大字正文的部分，与法藏敦煌写本
P. 5523、P. 5034《春秋后语》卷一《秦语》上的相关文字完全相同，由
此可以确定此件为《春秋后语》写本残片。同时，文书中的注文从用语、
内容、形式上看，都与辑本中的卢藏用注十分类似，而与敦煌所出"释文
本"不同，则又可以判定其为卢藏用注本。[①] 这也是此前唯一可以确知的
吐鲁番出土《春秋后语》，出土文书中的卢藏用注本亦仅此一件。

如果仔细比对旅博 LM20-1523-12-120 文书与这件德藏《春秋后语》
残片的话，可以清楚地看到其相似性。二者都是用楷书写成的精抄本，字
迹十分工整，其抄写的严谨程度显然要超出敦煌所出的各件《春秋后语》。
细审之下，还可以发现二者的笔迹十分接近，从字体结构及用笔上看，都

① 荣新江：《德藏吐鲁番出土〈春秋后语〉注本残卷考释》，第 71~72 页。

有可比之处。更重要的是，两件文书皆有乌丝界栏。经测量，旅博文书的界栏宽度为 1.4 厘米，单字的宽度为 0.7~0.8 厘米。根据 IDP 刊布的附有比例尺的德藏文书照片，德藏《春秋后语》界栏宽度为 1.4~1.5 厘米，单字的宽度亦为 0.7~0.8 厘米。二者完全相仿。需要注意的是，旅博文书有一处明显的朱笔句读，而德藏《春秋后语》应断句之处皆似有句读，但并不明显。细审 IDP 公布的彩色图版，德藏文书第 2 行 "之" 字、第 3 行 "法" 字、第 5 行注文 "之" 字右下角疑有极淡的小朱点，第 4 行 "归" 字右下角疑有墨点，这与旅博文书的点断方式不太相同。由此似难将两件文书完全比定为同一写本。不过可以肯定的是，旅博文书在写本形态上十分接近德藏吐鲁番出土的《春秋后语·秦语》卢藏用注本。

综合以上信息来看，旅博 LM20-1523-12-120 文书极有可能也是一件《春秋后语》。根据前文提到的秦、齐归帝为王及秦国置南郡的历史信息，以及文书叙事顺序与《穰侯列传》的相似性，可以进一步推测旅博文书为《春秋后语·秦语》。从敦煌所出《春秋后语》的情况看，《秦语》分为三卷，《秦语》第二结束于武王二年（前 309）。则秦昭王的部分当在《秦语》第三。

今存诸种《春秋后语》中，《秦语》第三大多是秦始皇以后的内容，仅辽宁省博物馆藏《春秋后语》所记为昭王时事，可惜其中并不包括旅博文书中所记置南郡等诸事。不过这件辽宁省博物馆藏《春秋后语》的内容，与旅博文书虽不可直接对应，却前后关联。辽宁省博《春秋后语》存字 28 行，主要记述范雎与须贾之恩怨故事，涉及范雎化名张禄入秦，得到秦昭王重用拜为秦相，羞辱须贾之事。[①] 文书最后一句则接叙穰侯之事，其文曰 "穰侯之废也，宣太后忧病而" 云云。实际上，穰侯被废正是与范雎有关。《史记》卷七二《穰侯列传》载：

> 昭王三十六年，相国穰侯言客卿灶，欲伐齐取刚、寿，以广其陶邑。于是魏人范雎自谓张禄先生，讥穰侯之伐齐，乃越三晋以攻齐也，以此时奸说秦昭王。昭王于是用范雎。范雎言宣太后专制，穰侯擅权于诸侯，泾阳君、高陵君之属太侈，富于王室。于是秦昭王悟，

---

① 郭丹：《敦煌写本〈春秋后语〉残片再发现》，第 68~69 页。

乃免相国，令泾阳之属皆出关，就封邑。①

可见，范雎之获得重用，正因讥穰侯伐齐。穰侯免相国，导火线也是范雎进言宣太后专制、穰侯擅权。故而《春秋后语·秦语》在范雎事后，接叙穰侯之废云云。至少可以肯定，《春秋后语·秦语》有关于穰侯之记述。旅博文书中所记有关白起、还帝号、置南郡之事，正处在穰侯势力最盛之时，与辽宁省博文书所记范雎拜相和穰侯之废前后呼应。综合各种因素，可以判断旅博 LM20-1523-12-120 文书为《春秋后语·秦语》断片，可补《秦语》第三之缺。

二

敦煌吐鲁番文书中大量《春秋后语》残片，尤其是旅博 LM20-1523-12-120 号文书及德藏 Ch. 734 号文书这两件吐鲁番出土《春秋后语》的发现，对于我们理解该书在唐代的流行具有十分重要的意义。从书写上看，吐鲁番出土的旅博藏《春秋后语》及德藏卢藏用注本无疑都是精抄本，不仅书写极为工整，而且打有界栏。这种精致的写本在吐鲁番出土的非佛经类写本中并不常见。在写本时代，文本的抄写是一项繁重的工作，只有《论语》《毛诗》一类的重要典籍才会被如此严谨规范地抄写。从这个方面来说，吐鲁番所见《春秋后语》尤其是卢藏用注本，应当是被作为当时流行的重要典籍来抄写的。甚至可以说，《春秋后语》卢藏用注本已经在一定程度上完成了其在唐朝的经典化。《新唐书·艺文志》便专门载有"卢藏用《春秋后语》十卷"。②《荀子》唐代杨倞注，亦见有引用《春秋后语》卢藏用注。③元吴师道校《战国策》，便明确提到其所引为《春秋后语》卢藏用注。可知卢藏用注本或为唐代较为通行之《春秋后语》版本。

不过从敦煌写本来看，《春秋后语》在唐代流布的注本并不只此一种。英藏 S.1439 文书便是一种仅有释文的《春秋后语》，被称为"释文本"。其内容是摘录《春秋后语》本文中需要注释的字句，逐一注释。此种释文

---

① 《史记》卷七二《穰侯列传》，第 2329 页。
② 《新唐书》卷五七《艺文志》，第 1440 页。
③ 《荀子》卷九《君道篇》，上海古籍出版社，1989，第 76 页。

明显与卢藏用注本不同，为另一系统的注本。① 这种"释文本"显然是作为阅读正文的工具来使用，这种独立的工具书的出现，恰恰可以说明《春秋后语》在当时已经成为一种普遍阅读的书籍。敦煌吐鲁番写本中发现了这么多的《春秋后语》，本身也可以说明其在当时社会上的流行程度。虽然《春秋后语》的主体是摘自《战国策》和《史记》，但在敦煌吐鲁番文书中所见《史记》写本却远没有《春秋后语》这样多，②《战国策》则更是尚未发现。《春秋后语》的流行程度可见一斑。

同样，在史籍中也可以找到《春秋后语》流行于唐代的相关信息。刘知几《史通》在记述"《国语》家"时，用了最大的篇幅来探讨《春秋后语》。除上文引用的一段之外，其文又有：

> 始衍撰《春秋时国语》，复撰《春秋后语》，勒成二书，各为十卷。今行于世者，唯《后语》存焉。按其书《序》云："虽左氏莫能加。"世人皆尤其不量力，不度德。寻衍之此义，自比于丘明者，当谓《国语》，非《春秋传》也。必方以类聚，岂多嗤乎！③

可知孔衍尚撰有《春秋时国语》，大致是记录春秋时代的史事，但在唐代已不可见。至于《春秋后语》，则因孔衍自序中说到"虽左氏莫能加"，而遭到世人之讥讽。但刘知几认为，孔衍所指为左丘明所撰《国语》，而非《左传》，以《春秋后语》比《国语》则不足嗤。这是对《春秋后语》的肯定，同样也可以从中读出"世人"对于《春秋后语》具有普遍认知。又柳宗元《柳宗直西汉文类序》有：

> 左右史混久矣，言事驳乱，《尚书》《春秋》之旨不立。自左丘明传孔氏，太史公述历古今，合而为《史》，迄于今交错相纠，莫能离其说。独《左氏》《国语》纪言，不参于事。《战国策》《春秋后语》颇本右史《尚书》之制。然无古圣人蔚然之道，大抵促数耗矣，而后

---

① 康世昌：《孔衍〈春秋后语〉试探》，第 117~119 页。
② 参见张宗品：《从古写本看汉唐时期〈史记〉在西域的流播——中古时期典籍阅读现象之一侧面》，《古文献研究》第 17 辑上卷，凤凰出版社，2014，第 76~84 页。
③ 《史通》，第 14 页。

之文者宠之。①

在这里，柳宗元是将《春秋后语》与《战国策》并举，列为右史《尚书》系统的重要史籍。在柳宗元的叙述语境中，《春秋后语》俨然与《左传》《国语》等书具有同等重要的地位。虽然柳宗元是以批评为主，但还是可以看到"后之文者"喜读《春秋后语》之情形。

唐人的各种著作中，也多有引用《春秋后语》者。如徐坚《初学记》、白居易《白氏六帖事类集》等类书便都引用过《春秋后语》。对后世影响甚大的胡曾《咏史诗》中，有十余首诗的注文大量抄录《春秋后语》。据赵望秦先生考证，此为晚唐人陈盖所注。② 甚至在李吉甫《元和郡县图志》中，亦引用到《春秋后语》，其书卷一三《河东道·太原府·晋阳县》下有：

> 《史记》云："智伯攻襄子于晋阳，引汾水灌其城，城不浸者三版。"《春秋后语》云："智伯攻晋阳，决晋水灌之，城中悬釜而炊。"今按城东有汾水南流城西又有晋水入城，而《史记》云引汾水，《后语》云决晋水，二家不同，未详孰是。③

是又将《史记》《春秋后语》对举，同样作为重要的参考材料而两存之。总之，无论从敦煌吐鲁番文书中发现的大量写本残片还是唐人著述中的众多记载来看，目前已散佚的《春秋后语》在唐代确实是十分流行的重要典籍。

《春秋后语》采择《史记》《战国策》而成，卷帙较小，又囊括两书之精华，故在写本时代，其更便于流传。④ 实际上，魏晋隋唐之际，改编史书是一种十分常见的现象。《新唐书·艺文志》载："《东殿新书》二百卷，许敬宗、李义府奉诏于武德内殿修撰。其书自《史记》至《晋书》删

---

① 《柳宗元集》卷二一，中华书局，1979，第576页。
② 赵望秦：《胡曾〈咏史诗〉注本考索》，《中华文史论丛》第75辑，上海古籍出版社，2004，第220页。
③ 《元和郡县图志》卷一三，第365页。
④ 参见康世昌《孔衍〈春秋后语〉试探》，第115页。

其繁辞。龙朔元年上，高宗制序。"① 此《东殿新书》与《春秋后语》类似，也是删削史籍而成。不过宋代以后，此类著作的功用逐渐被其他相关图书替代，学者也更加重视原典，《春秋后语》等书也就逐渐散佚了。②

总之，旅顺博物馆藏 LM20-1523-12-120 号文书可推拟为《春秋后语》，且与德藏 Ch.734《春秋后语》卢藏用注本在写本形态上十分相似。其中记载的"白起""帝号还""为南郡"等，皆为秦昭王事，极有可能是改编自《史记·穰侯列传》。而其在《春秋后语》中的位置当是在《秦语》第三。此一吐鲁番文书中之珍品，使我们得窥《春秋后语》流行于唐代之一斑。

第二节　大谷文书《医疾令》《丧葬令》 残片与唐令补遗③

律令是唐代国家行政运作的依据，如今唐律尚存而唐令则久已佚失。日本学者通过辑佚，整理、复原出超过半数的唐令。④ 中国学者也取得了极大的成果，尤其是对天一阁藏明抄本《天圣令》的整理，将唐令的复原研究推向了新的高度。⑤ 然而仍有很多唐令有待于复原。值得注意的是，敦煌吐鲁番文书中保存了若干唐令，使我们得见其原貌。其中就包括早已为学界熟知的敦煌所出《永徽东宫诸府职员令》（P.4634、S.1880、S.3375、S.11446）⑥ 和《开元公式令》（P.2819）。俄藏 Дх.3558 文书抄录有显庆年间修订的《永徽令》条文，为一条《台省职员令》和两条

① 《新唐书》卷五九《艺文志》，第 1563 页。
② 参见张宗品《从古写本看汉唐时期〈史记〉在西域的流播——中古时期典籍阅读现象之一侧面》，第 91~92 页。
③ 本节原题《大谷文书唐〈医疾令〉、〈丧葬令〉残片研究》，发表于《中华文史论丛》2017 年第 3 期。此后，丸山裕美子女史发表「唐医疾令断簡（大谷三三一七）の発見と日本医疾令—劉子凡『大谷文書唐"医疾令"·"喪葬令"残片研究』を受けて」（小口雅史編『律令制と日本古代国家』同成社、2018）一文，介绍了本文研究并有进一步讨论，可资参考。
④ 仁井田陞：《唐令拾遗》；仁井田陞、池田温『唐令拾遺補』東京大学出版會、1997。
⑤ 如《天一阁藏明钞本天圣令校证（附唐令复原研究）》。
⑥ 高明士先生认为此文书名称当是《东宫王府职员令》，见高明士《唐"永徽东宫诸府职员令残卷"名称商榷》，《中国古代法律文献研究》第 7 辑，社会科学文献出版社，2013，第 225~235 页。

《祠令》，可能是一种唐令摘抄本。^① 俄藏 Дx. 06521 文书中也录有一条开元二十五年（737）《考课令》的条文。^② 旅顺博物馆藏吐鲁番文书中又检出《户令》残片，^③ 由此可知吐鲁番出土文书中也有唐令。笔者在翻阅龙谷大学图书馆藏大谷文书时，又发现了两件极小的残片，分别为唐代《医疾令》与《丧葬令》。这对于相关唐令的复原与研究具有重要的价值，吉光片羽，弥足珍贵。以下即对大谷文书中的这两件唐令残片略作考释，为唐令研究提供新的资料。

一

龙谷大学图书馆藏 Ot. 3317 文书，尺寸为 9.2×10.3 厘米，有乌丝界栏。录文如下：

（前缺）
1　　　] □ [
2　　] 子尝然后 [
3　　] 此　　　[
4　　□□暑每岁 [
5　　伤中金□ [
（后缺）

《大谷文书集成》录有此件文书，定名为"文学关系文书（诸子）断片"，未附图版。^④《吐鲁番文书总目（日本收藏卷）》则将其定为"古籍写本残片"。^⑤ 然而，文书残存的文字实为《医疾令》的两条令文。

1. Ot. 3317 文书第 1~3 行为唐《医疾令》"合药供御"条

---

① 荣新江、史睿：《俄藏敦煌写本〈唐令〉残卷（Дx. 3558）考释》，《敦煌学辑刊》1999年第 1 期，第 3~13 页。

② 雷闻：《俄藏敦煌 Дx. 06521 残卷考释》，《敦煌学辑刊》2001 年第 1 期，第 1~13 页。

③ 旅顺博物馆·龍谷大学共編『旅顺博物馆藏新疆出土漢文佛經選粹』法藏館、2006、161页；田卫卫：《旅顺博物馆藏唐户令残片考——以令文复原与年代比定为中心》，《中华文史论丛》2017 年第 3 期，第 193~214 页。

④ 小田義久主編『大谷文書集成』（貳）、75 页。

⑤ 陈国灿、刘安志主编《吐鲁番文书总目（日本收藏卷）》，第 162 页。

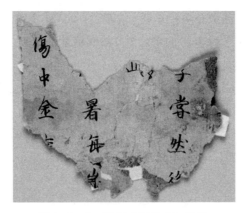

图 9-3 Ot. 3317《医疾令》残片

关于文书第 1~3 行的内容，《唐六典》卷一一"殿中省·尚药局"
条有：

> 凡合和御药，与殿中监视其分、剂，药成，先尝而进焉。（合药
> 供御，门下、中书司别长官一人，并当上大将军卫别一人，与殿中
> 监、尚药奉御等监视；药成，医佐以上先尝，然后封印；写本方，方
> 后具注年、月、日，监药者遍署名，俱奏。呷药之日，尚药奉御先
> 尝，次殿中监尝，次皇太子尝，然后进御。）①

这是关于合和御药的相关规定，注文中的"次皇太子尝，然后进御"句，
便与文书第 2 行的"子尝然后"相符。又《唐律疏议》卷九《职制律》
"合和御药有误"条：

> 依令，合和御药，在内诸省，省别长官一人，并当上大将军、将
> 军卫别一人，与尚药奉御等监视，药成，医以上先尝。②

可知合和御药的内容确为唐令。《唐令拾遗》即结合《唐六典》及《唐律

---

① 《唐六典》卷一一，第 325 页。
② 《唐律疏议》卷九《职制律》，第 191 页。

疏议》内容复原出一条唐代《医疾令》的令文。① 日本《令义解》所载
《养老医疾令》逸文也有对应的条目，分为"合和御药"与"饵药之日"
两条，丸山裕美子先生将其合并为一条，并据《养老令》"然后进御"句
后有"其中宫及东宫准此"的注，在对应的唐令后补入"太子准此"。②
《唐令拾遗补》应用了丸山裕美子的研究成果，在《唐令拾遗》基础上将
此条唐令改补为"诸合药供御……次皇太子尝，然后进御。太子准此"。③

又，《天圣令》宋 10 条有：

> 诸合药供御，本院使、副、直院、尚药奉御、医官、医学等豫与
> 御药院相知，同具缄封，然后进御。其中宫及东宫准此。④

这条宋令显然也是据前述唐令修改而来。值得注意的是，其中亦有"其中
宫及东宫准此"句，与《养老医疾令》逸文中的注相同。程锦先生据此整
理复原了唐令，将其列为唐《医疾令》的第 23 条：

> 诸合药供御，在内诸省，省别长官一人，并当上大将军、将军卫
> 别一人，与殿中监、尚药奉御等监视；药成，医佐以上先尝，然后封
> 印；写本方，方后具注年、月、日，监药者遍署名，俱奏。饵药之
> 日，尚药奉御先尝，次殿中监尝，次皇太子尝，然后进御。其中宫及
> 东宫准此。⑤

这一复原在《唐令拾遗》《唐令拾遗补》的基础上又有进步，将最后一句
定为"其中宫及东宫准此"。丸山裕美子在此后发表的《基于北宋天圣令
的唐日医疾令复原试案》一文中，大致接受了程锦的这种复原方法，不过

① 《唐令拾遗》，第 650 页。
② 丸山裕美子「養老医疾令合和御薬条復原の再検討」『日本歴史』第 456 号、1986 年 5
　 月、24 頁。
③ 『唐令拾遺補』、802-803 頁。
④ 《天一阁藏明钞本天圣令校证（附唐令复原研究）》，第 409 页。
⑤ 《天一阁藏明钞本天圣令校证（附唐令复原研究）》，第 573~574 页。

又在"其中宫及东宫准此"句加上括号,认为是注文。①

Ot. 3317 文书则为这条唐令的复原提供了重要的信息。文书第 3 行有一"此"字,以下空缺。这无疑可对应于此条《医疾令》末尾的"准此"。加上第 2 行"子尝然后"与"次皇太子尝,然后进御"对应,可以明确说 Ot. 3317 文书的前 3 行就是此条唐令。可以清楚地看到,"此"字为大字,而非小字注。丸山裕美子将末句列为注文恐怕不妥。又这件文书书写十分规整,各行文字皆一一对应,每行的字数也应相同。值得注意的是,第 3 行的"此"字是与第 2 行的"子"字相对。如果令文复原为"次皇太子尝,然后进御。其中宫及东宫准此"的话,"子"与"此"之间相差 13 字。若是复原为"太子准此",则两字相差 7 字,稍嫌太少。且文书上所载后一条令文,测算每行字数也是 13 字。这就清楚地证明唐令末句的原文为"其中宫及东宫准此",且并非注文,程锦的这处复原显然更符合文书所反映的唐令原貌。另外,若按每行 13 字算,文书第 1 行的残字或当为"奉"。

2. Ot. 3317 文书第 4~5 行为唐《医疾令》"太医署每岁合药"条

《唐六典》卷一四"太常寺·太医署"条:

> 凡医师、医正、医工疗人疾病,以其全多少而书之,以为考课。(每岁常合伤寒、时气、疟、痢、伤中、金疮之药,以备人之疾病者。)②

Ot. 3317 文书中的"每岁""伤中金"等字,正与此相合。又日本《养老医疾令》逸文中有大致相同的条目,可知其为唐令,《唐令拾遗》即据此复原出唐代令文:

> 诸太医署,每岁常合伤寒、时气疟痢、伤中金疮之药,以备人之疾病者。③

---

① 丸山裕美子「北宋天聖令による唐日医疾令の復原試案」『愛知県立大学日本文化学部論集·歴史文化学科編』第 1 号、2010 年 3 月、34 頁。

② 《唐六典》卷一四,第 409 页。

③ 《唐令拾遗》,第 652 页。

即在《唐六典》注文基础上加入"诸太医署",并写明"以意补之"。丸山裕美子又据《养老医疾令》对应条目中的"郡国准此",推补唐令有"诸州准之"注。①《唐令拾遗补》即照此增补了令文。②《天圣令》宋 11 条由此条唐令删改而来,但内容已大不相同。程锦在复原唐令时,便采用了《唐令拾遗》的复原。她认为《唐令拾遗》所补"诸太医署",参酌《天圣令》宋 11 条来看是适宜的,但《天圣令》唐 20 条中又有诸州预合伤寒等药的内容,故关于太医署合药的条文就不应再有"诸州准之"了。③ 丸山裕美子在《基于北宋天圣令的唐日医疾令复原试案》文中便亦将复原唐令中的"诸州准之"删去,但又指出唐令中"常合"当作"量合"。④

Ot. 3317 文书的第 4、5 行,无疑就是此条唐令。第 4 行的"暑"字,当为"署"之误,此字的出现也表明增补"太医署"应是正确的。然而第 5 行"伤"字是顶格书写,那么对应于第 4 行"署"字以上应只有 2 个缺字,应为"太医"。唐令起首大多言"诸",但令文内容针对特定机构时也未必一定要加"诸",如《天圣令·杂令》唐 1 条就是"太常寺……"云云。故此条唐令原文,或许便是直接以"太医署每岁"起头。但考虑到"诸"字也有可能在栏外书写的情况,这里只能暂且存疑。

根据上文讨论,可以将 Ot. 3317 所载两条唐令根据文书格式复原清本如下,残片以外的文字用"〔 〕"标出。值得注意的是,程锦复原的"合药供御"条唐令按照文书确定后两行位置后,前文并不能按每行 13 字的格式完好地排列,自后向前排到第 1 行会缺 6 个字。大概是目前据《唐六典》和《唐律疏议》复原的唐令与原文还是有些许出入,抑或中间有些文字为注文。但具体如何尚无法考证,只能暂且如此排列。

　　〔诸合药供御在内〕　　　　　　　　　(对应《天圣令》复原 23)
　　〔诸省省别长官一人并当上大将〕

①　丸山裕美子「養老医疾令合和御薬条復原の再検討」、28 頁、33 頁注 47;丸山裕美子「日唐医疾令の復原と比較」『東洋文化』第 68 号、1988 年 3 月、191-192 頁。
②　『唐令拾遺補』、803-804 頁。
③　《天一阁藏明钞本天圣令校证(附唐令复原研究)》,第 574~575 页。
④　丸山裕美子「北宋天聖令による唐日医疾令の復原試案」、24-25、34 頁。

［军将军卫别一人与殿中监尚药］
［奉御等监视药成医佐以上先尝］
［然后封印写本方方后具注年月］
［日监药者遍署名俱奏饵药之日］
［尚药］奉［御先尝次殿中监尝次皇］
［太］子尝然后［进御其中宫及东宫］
［准］此
［太医］署每岁［常合伤寒时气疟痢］　（对应《天圣令》复原25）
伤中金疮［诸药以备人之疾病者］

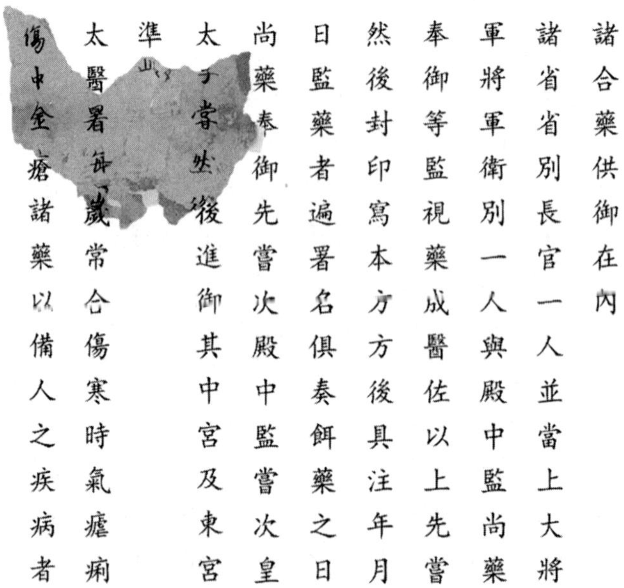
諸合藥供御在內
諸省省別長官一人並當上大將
軍將軍衛別一人與殿中監尚藥
奉御等監視藥成醫佐以上先嘗
然後封印寫本方方後具注年月
日監藥者遍署名俱奏餌藥之日
尚藥奉御先嘗次殿中監嘗次皇
太子嘗然後進御其中宮及東宮
準此
太醫署每歲常合傷寒時氣瘧痢
傷中金瘡諸藥以備人之疾病者

图9-4　Ot. 3317令文位置复原图

3. 从Ot. 3317文书看《医疾令》条文的排列顺序

如前文所述，Ot. 3317文书所载为唐《医疾令》“合药供御”条与“太医署每岁合药”条的残文，而且这是两条连续书写的令文。

日本《令义解》所载《养老医疾令》的相关条文顺序为，第23“合和御药”条、第24“饵药之日”条、第25“五位以上病患”条、第26

"典药寮合杂药"条；丸山裕美子已将第 23、24 合并为"合药供御"条，①
对应于唐令的"合药供御"条。而从《天圣令》看，《养老医疾令》第 25
条对应于《天圣令》的宋 8"在京文武职事官病患"条及唐 10"文武职事
五品以上官致使有疾患"条，《养老医疾令》的第 26 条包含了宋 11"翰
林医官院每岁量合诸药"条（即对应于复原唐令的"太医署每岁合药"
条）及唐 20"诸州收采医药合药散给"条的部分内容。也就是说，如果按
照《养老医疾令》的顺序，是在类似唐令"合药供御"及"太医署每岁
合药"的条目中间，加入了关于官员病患的一条令文。这显然与 Ot. 3317
文书所反映的唐令令文排列顺序不同。

　　程锦在整理《天圣令》时亦已指出，唐令条文的排列逻辑与日本《养
老令》并不相同。《天圣医疾令》是先中央后诸州，而《养老医疾令》是
先医教后医政，《天圣医疾令》应是更符合唐令的逻辑。而程锦复原的唐
代《医疾令》相关条文顺序是宋 10"合药供御"条、唐 14"在内诸门及
患坊进汤药"条、宋 11"翰林医官每岁量合诸药"条。她指明此三条都是
与药的和合及进上、散下有关，但唐 14 条的位置并不能确定，只是按逻辑
推测置于宋 10 和宋 11 之间。② 唐 14 条为：

　　　　诸在内诸门及患坊，应进汤药，但兼有毒药者，并对门司合进。
　　不得进生药。③

也是讲关于进药的规定，从内容上看确实可与"合药供御"条衔接。丸山
裕美子在复原唐令时也采用了这种排序。④ 然而，Ot. 3317 文书显示唐令的
"合药供御"条与"太医署每岁合药"条是连接在一起的，"在内诸门及
患坊进汤药"条不应在二者之间。也就是说，从《天圣令》条文复原唐令
的话，顺序应是宋 10、宋 11、唐 14，或者唐 14、宋 10、宋 11。从逻辑上
说，"合药供御"应在最前，则宋 10、宋 11、唐 14 的可能性更大，即"合
药供御"—"太医署每岁合药"—"在内诸门及患坊进汤药"的顺序。

———————————

　　① 丸山裕美子「養老医疾令合和御薬条復原の再検討」、24 頁。
　　② 《天一阁藏明钞本天圣令校证（附唐令复原研究）》，第 555~562 页。
　　③ 《天一阁藏明钞本天圣令校证（附唐令复原研究）》，第 411 页。
　　④ 丸山裕美子「北宋天聖令による唐日医疾令の復原試案」、34 頁。

总之，Ot. 3317 文书前 3 行唐《医疾令》"诸合药供御"条与文书后 2 行唐《医疾令》"太医署每岁合药"条，是两条连续排列的唐令，相关的复原研究应以此为准进行修正。

二

龙谷大学图书馆藏 Ot. 4866 文书，尺寸为 4.6×3.4 厘米，有乌丝界栏。录文如下：

（前缺）

1　　］

2　　］铎 ^{有挽哥}　_{者铎依}

（后缺）

《大谷文书集成》录有此件文书，定名为"佛典片"，[1]《吐鲁番文书总目（日本收藏卷）》亦定名为"佛典小残片"。[2] 但通过仔细比对，可知此残片亦是唐令。

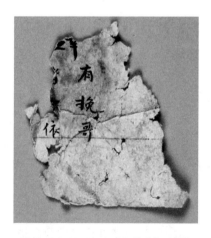

图 9-5　Ot. 4866《丧葬令》残片

①　小田義久主编『大谷文書集成』（叁）、50-51 頁。
②　陈国灿、刘安志主编《吐鲁番文书总目（日本收藏卷）》，第 300 页。

《唐六典》卷一八"鸿胪寺·司仪署"条有：

> 凡引、披、铎、翣、挽歌、方相、魌头矗、帐之属亦如之。（三品已上四引，四披，六铎，六翣；挽歌六行三十六人；有挽歌者，铎依歌人数，已下准此……）①

《开元礼》卷三《序例下·条制》及《通典》卷八六《礼四十六·丧制·器行序》也有类似记载。②《唐令拾遗》即据《唐六典》注文复原出一条唐《丧葬令》。③此外，《天圣令》宋17条有：

> 诸引、披、铎、翣、挽歌，三品以上四引、四披、六铎、（有挽歌者，铎依歌人数。以下准此。）六翣，挽歌六行三十六人……④

吴丽娱先生据此并参酌《唐六典》复原出唐令为：

> 诸引、披、铎、翣、挽歌，三品以上四引、四披、六铎、六翣，挽歌六行三十六人（有挽歌者，铎依歌人数，以下准此。）……⑤

吴先生特别指出"有挽歌者，铎依歌人数，以下准此"句的位置问题，《唐六典》是在"挽歌六行三十六人"句后，而《天圣令》则是在"六铎"后且为小字注。在没有进一步证据的情况下，确实极难判别，吴先生此处只是暂从《唐六典》。

幸运的是，Ot.4866文书刚好提供了证据。文书中的小字注"有挽哥 者铎 依"，刚好对应于令文中的"有挽歌者，铎依歌人数，以下准此"句。"哥"字古同"歌"。"者""铎"两字也依稀可辨。值得注意的是，

---

① 《唐六典》卷一八，第508页。
② 《大唐开元礼》卷三，民族出版社，2000，第34页；《通典》卷八六《礼四十六·丧制·器行序》，第2338~2339页。
③ 《唐令拾遗》，第757~758页。
④ 《天一阁藏明钞本天圣令校证（附唐令复原研究）》，第687页。
⑤ 《天一阁藏明钞本天圣令校证（附唐令复原研究）》，第688页。

小字注上方有半个大字，从字形看明显是"铎"，而非"人"。这样，Ot. 4866 文书残文应可比定为唐《丧葬令》"引披铎翣挽歌"条。由此也可知，唐令中的"有挽歌者，铎依歌人数，以下准此"句确为小字注，但应在"六铎"之后。仅就此处来说，《天圣令》更接近唐令原文。

根据上文讨论，可以将 Ot. 4866 所载"引披铎翣挽歌"条唐令根据文书格式复原清本如下，残片以外的文字用"〔〕"标出。

［诸引披铎翣挽歌三品以上四引四披六］铎^{有挽哥者铎依} （对应《天圣令》复原 20）

［^{歌人数以下准此}六翣挽歌六行三十六人五品已上二引］

［二披四铎四翣挽歌四行十六人九品已上〔二〕］

［〔引二披〕二铎二翣其执引披者皆布帻布深衣］

［挽歌白练帻白练裤衣皆执铎綍］

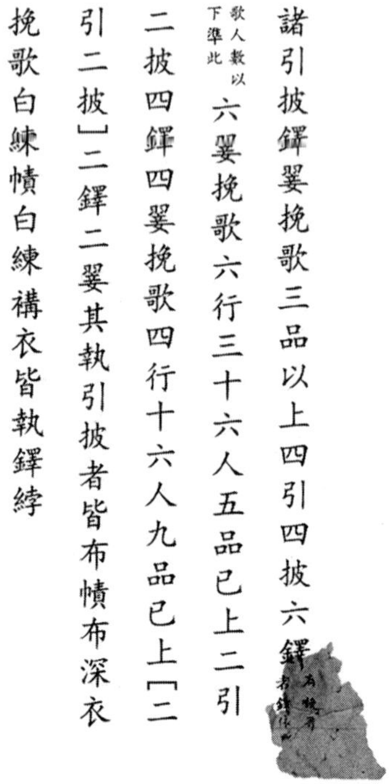

图 9-6　Ot. 3317 令文位置复原图

三

大谷文书中的 Ot. 3317 与 Ot. 4866 分别为《医疾令》与《丧葬令》抄本残片，这无疑是唐代令文的重要发现，虽然只有寥寥数字，但对于我们了解唐令原貌具有重要意义，前文已详细论及。按唐前期曾经数次删改令文，已知的便有武德令、贞观令、永徽令、开元七年令、开元二十五年令等。敦煌所见《东宫诸府职员令》即为永徽令，而 P. 2819《公式令》则可定为开元令。① 本文提到的 Ot. 4866《丧葬令》残片，不同于《唐六典》，而是同于《天圣令》。如果按一般认为的《天圣令》唐令蓝本为开元二十五年令的话，② Ot. 4866 有可能是开元二十五年令。而 Ot. 3317《医疾令》并未见有可以判断年代的信息，也就无从得知究竟是唐代哪一时期的令文，只能模糊地称其为唐令了。

算上龙谷大学图书馆藏 Ot. 3317《医疾令》、Ot. 4866《丧葬令》与旅顺博物馆藏 LM20-1453-13-04《户令》，目前已知的吐鲁番出土唐令残片已经有 3 件。此前仅知敦煌有前述两种唐令，其中《永徽东宫诸府职员令》钤有"凉州都督府之印"，且 P. 4634 抄本末尾有"沙州写律令典赵元简初校""典田怀悟再校""凉州法曹参军王义"，无疑是官方的正式抄本。这也说明令文是先颁下至凉州都督府，沙州再从凉州抄写而来。③ 而沙州有专门的"写律令典"来抄写、校对令文。此外，唐代沙州、西州的官颁道经，也是自凉州而来。④ 由此或可推测，西州的律令可能也是自凉州抄来。

值得注意的是 Ot. 4866 的出土地点，《大谷文书集成》在该文书下标

---

① 刘俊文：《敦煌吐鲁番唐代法制文书考释》，第 197~198、228~229 页。

② 见戴建国《〈天圣令〉所附唐令为开元二十五年令考》，《唐研究》第 14 卷，北京大学出版社，2008，第 9~28 页；坂上康俊《〈天圣令〉蓝本唐令的年代推定》，何东译，《唐研究》第 14 卷，第 29~39 页；坂上康俊「天聖令藍本唐開元二十五年令説再論」『史淵』第 147 号、2010 年 3 月、1-16 页。但对于开元二十五年令说也有一些疑问，见卢向前、熊伟《〈天圣令〉所附〈唐令〉为建中令》，《国学研究》第 22 卷，北京大学出版社，2008，第 1~28 页；黄正建《〈天圣令〉附〈唐令〉是开元二十五年令吗?》，《中国史研究》2007 年第 4 期，第 90 页。

③ 池田温：《隋唐律令与日本古代法律制度的关系》，《武汉大学学报》1989 年第 3 期，第 93 页；雷闻：《俄藏敦煌 Дх. 06521 残卷考释》，第 13 页注 42。

④ 荣新江：《唐代西州的道教》，第 139 页。

注有"チキトム出土"。① "チキトム"在吉川小一郎日记中又称为治格墩。吉川小一郎于 1911 年 3 月 15 日到达治格墩，并在距此东南 1 里的古城遗址中发掘得到回鹘文残纸。② 从吉川小一郎所记里程看，治格墩无疑就是晚清民国时人所称之齐克腾木，即今吐鲁番地区鄯善县七克台镇。而所谓古城应即七克台古城，此城 1982 年尚出土过回鹘文佛经。③ 唐令残片亦应是此城出土。黄文弼先生指出此古城遗址即唐代赤亭守捉所在。④ 出土文献中所见赤亭镇自然也是在此地，属西州蒲昌县，位于自伊州至西州的南、北二道交会处，是西州的东面门户，位置极为重要。⑤ 在赤亭守捉（或赤亭镇）故址出土唐令残片，就颇值得寻味。唐代的守捉或镇在日常事务中，肯定会用到律令。那么西州的赤亭守捉（或赤亭镇）很可能就会存有一份唐令抄本，这大致可以反映出唐令在基层的行用情形。

总之，大谷文书中的 Ot. 3317 与 Ot. 4866 为唐令抄本残片。其中 Ot. 3317 文书载有 2 条唐《医疾令》，其中前 3 行为"诸合药供御"条，后 2 行为"太医署每岁合药"条。Ot. 4866 文书则为唐《丧葬令》"引披铎翣挽歌"条。这两件文书虽然残存文字不多，但涉及的 3 条令文，对于相关唐令的复原和排序都有重要价值。现将复原令文结果标点如下，文书所见文字用着重号标出。

《医疾令》：

> 诸合药供御，在内诸省，省别长官一人，并当上大将军、将军卫别一人，与殿中监、尚药奉御等监视；药成，医佐以上先尝，然后封印；写本方，方后具注年、月、日，监药者遍署名，俱奏。饵药之日，尚药奉御先尝，次殿中监尝，次皇太子尝，然后进御。其中宫及

① 小田義久主编『大谷文書集成』（叁）、50-51 頁。
② 吉川小一郎「支那紀行」上原芳太郎編纂『新西域記』有光社、1937、605 頁。
③ 新疆维吾尔自治区文物局编著《新疆维吾尔自治区第三次全国文物普查成果集成·吐鲁番地区卷》，科学出版社，2011，第 34 页。
④ 黄文弼：《高昌疆域郡城考》，原载《北京大学国学季刊》1932 年第 1 期，此据黄烈编《黄文弼历史考古论集》，文物出版社，1989，第 163 页。
⑤ 陈国灿：《唐西州蒲昌府防区内的镇戍与馆驿》，《魏晋南北朝隋唐史资料》第 17 辑，武汉大学出版社，2000，第 94~96 页。

东宫准此。

太医署,每岁常合伤寒、时气、疟痢、伤中、金疮诸药,以备人之疾病者。

《丧葬令》:

诸引、披、铎、翣、挽歌三品以上四引、四披、六铎、有挽歌者,铎依歌人数,以下准此。六翣,挽歌六行三十六人,五品已上二引、二披、四铎、四翣,挽歌四行十六人;九品已上〔二引、二披、〕(?)二铎、二翣。其执引、披者,皆布帻、布深衣,挽歌白练帻、白练襦衣,皆执铎绋。

第三节　唐代书信缄封的形式与礼仪

中国古人颇重书信往还之礼仪程序。敦煌等地所见之唐五代书仪,详细记载了各种书状书写规范及模板,足见当时社会对这种日常礼节的重视。书信的缄封方式,也是书仪的重要方面,作为书信的外部特征,缄封方式甚至更能直观地表达书信的尊卑、亲疏等秩序。然而,与纯文本的书信内容不同,书信缄封的具体细节一定要有实物作为参照,方可了解清楚。敦煌几种《新定吉凶书仪》中,画有书信封皮的图样,称"封状样""封题启样"等。周一良先生考察了这种封皮图样,结合文献资料,提出了两点推定:一是唐代没有预先糊制成筒状纸袋备用的封皮,而是随写随糊;二是封皮相当大,没有写字的部分可以再利用。① 之后,周一良、赵和平二位先生又参考日本古文书的缄封方式,推测唐代"可能是折封方式,把上下向后折的部分用浆糊粘住"。② 彭砺志先生注意到敦煌吐鲁番文书中保存的书信背题的实物,指出在现代样式的信封出现以前,书牍有两

---

① 周一良、赵和平:《唐五代书仪研究》,中国社会科学出版社,1995,第59~61页。
② 周一良、赵和平:《唐五代书仪研究》,第335~338页。吴丽娱先生介绍了周、赵书信折封的观点,同时对封皮图样中斜线的含义提出了新的看法。见吴丽娱《唐礼摭遗——中古书仪研究》,商务印书馆,2002,第243~246页。

种缄封方式，一是随纸卷封，二是单纸皮封。① 王使臻、王使璋二位先生整理了敦煌文书所见各种封皮，考察了斜封、直封两种封皮以及随纸卷封的缄封方法。② 虽然前辈学者已经进行了不少研究，但目前对唐代书信缄封方式的认识仍然不甚清晰。尤其是面对数量众多的出土文书中的书信，如果不理解唐代的缄封方式，甚至会在文书的识别上出现困难。③ 故而有必要研究清楚唐代书信的缄封方式，这既是解读出土文书的需要，也对于理解唐代礼仪文化具有十分重要的意义。在中国人民大学博物馆收藏的和田地区出土汉文文书中，有几件封皮及有背题之书信实物，为我们进一步了解唐代书信缄封方式提供了非常重要的材料。以下即对这几件文书进行介绍，并在前人研究基础上，讨论唐代书信缄封的具体方式。

一　出土文书中的直封封皮

唐代加封皮之缄封方法，有斜封和直封两种。敦煌藏经洞出有一件珍贵的斜封封皮，编号为 P. 2555 piece 1。④ 赤木崇敏及王使臻、王使璋等对其缄封方式进行了细致的研究，⑤ 其特点是封题与纸边成 45°角斜向书写。敦煌文书中直封封皮的实物有 P. 5012、S. 8672v、S. 11297、S. 11348、S. 11349、S. 11350。这些封皮的封题都是纵向单行书写的，且都押着缄封线题写，展开后一行完整的封题会分作两行残字。

中国人民大学博物馆入藏的一批和田文书中，编号为 GXW0199、GXW0200、GXW0201、GXW0202、GXW0159 的几件，亦是典型的直封封皮。现介绍这几件文书如下。

GXW0199 号文书（图 9-7）为残纸条，左侧押边缘处有一行残字，每字仅有右半边；右侧一行残字，余左半边。两行残字正好拼合为一行完整

① 彭砺志：《尺牍书法：从形制到艺术》，博士学位论文，吉林大学，2006，第 55~65 页。
② 王使臻、王使璋：《敦煌所出唐宋书札封缄方法的复原》，《文献》2011 年第 3 期，第 27~48 页；《古代书信封缄方法的演变》，《寻根》2010 年第 5 期，第 41~49 页。
③ 《新疆博物馆新获文书研究》公布之《唐天宝闰年书》，整理者提到"残片（二）中正面存有左半墨书残痕一行，未识读"，见《新疆博物馆新获文书研究》，中华书局，2013，第 222 页。细审图版，残片（二）上的残字应是书信封题，则此文书曾被用作书信封皮。
④ 图版见《法藏敦煌西域文献》（15），第 345 页。
⑤ 赤木崇敏「河西帰義軍節度使張淮鼎—敦煌文献 P. 2555 piece 1 の検討を通じて」『内陸アジア言語の研究』第 20 号、2005 年 8 月、7 頁；王使臻、王使璋：《敦煌所出唐宋书札缄方法的复原》，第 38~41 页。

的字，录文如下：

1　□谨　　杜押牙二郎左右　守捉都虞候中郎裴 四封

此封题中的收、发信人不叙亲族，只称官职，应是官员之间的往来书信。
按唐代的封题，会因收、发信人地位不同，而有诸多称谓变化。内外族有
亲者以血缘关系远近及年辈高低论"轻重"，无亲者则以官爵高下论"尊
卑"，这是唐代开天以后书仪之常规。[1] 例如，法藏 P.3284《新集吉凶书
仪》中，便载有"内外族题书状样"，将内外族的书信封题格式，按照
"轻重"顺序详细划分为八种。[2] 又如，年代稍晚的法藏 P.3502v 张敖《新
集诸家九族尊卑书仪》亦载有五种不同格式的"书题样"，[3] 其中对收信人
的称谓有"阁下""记室""执事""左右"，以"左右"为最次。又
S.329 与 S.361 拼合后之《书仪镜》中有：

　　　四海书题　内外文官三品云阁下，左右丞相、节度使云节下，五
　　品云记室，已下侍者、左右。唯执事之语不论重平并通用。内外武官
　　三品云麾下，太守管军亦云麾下、节下。折冲已下无管押与文官五品

---

① 吴丽娱：《唐礼摭遗——中古书仪研究》，第239页。
② P.3284《新集吉凶书仪》所载"内外族题书状样"为［见《法藏敦煌西域文献》(23)，
　 上海古籍出版社，2002，第44~49页］：

　　封极重状：　　谨谨上　　ㄙ号几前　　ㄙ乙　　状封
　　封次重状：　　谨谨上　　ㄙ号座前　　ㄙ乙　　状封
　　封以次状：　　谨通上　　ㄙ号座前　　ㄙ乙　　状封
　　封以次状：　　谨上　　　ㄙ号前　　　ㄙ乙　　状封
　　封以次状：　　谨通上　　ㄙ号侍者　　ㄙ乙　　状封
　　封以次书：　　通送　　　ㄙ号左右　　ㄙ乙　　敬封
　　封以次书：　　姓名书至ㄙ处送达　　ㄙ所前　　敬封
　　封以次书：　　姓名书至ㄙ处分付　　ㄙ乙开　　敬封
③ P.3502v 张敖《新集诸家九族尊卑书仪》"书题样"为［见《法藏敦煌西域文献》(24)，
　 上海古籍出版社，2002，第373页］：

　　绝重云：谨谨上ㄙ官阁下　　ㄙ乙状封
　　次重云：谨通上ㄙ官阁下　　ㄙ乙谨封
　　次云：　通上ㄙ官记室　　　ㄙ乙状封
　　次云：　通上执事　　　　　ㄙ乙状封
　　次云：　通送ㄙ官左右　　　ㄙ乙敬封

己下同。①

则"左右"为对文武五品以下官之称呼。按押牙为唐代中晚期常见之武职，押牙虽然在地方节度使系统中扮演着重要的角色，② 但其品秩则无法明确认定。从"左右"的称谓看，杜押牙的官秩可能不及五品。从下文的例子看（GXW0201），也有可能发信人与杜押牙官阶相当或略高，才用这种较轻的称谓。

GXW0200 号文书（图 9-8）纸张相对完整，仅左下部分残去。押右侧纸边有一行残字，每字仅余左半边。纸面中间有一行残字，余右半边。两行字亦可拼合为一行，录文如下：

1　符晃书至杰谢镇付杜将军书□□〔

图 9-7　GXW0199

图 9-8　GXW0200

① 《英藏敦煌文献（汉文佛经以外部分）》（1），四川人民出版社，1990，第 132、151 页。
② 刘安志：《唐五代押牙（衙）考略》，《魏晋南北朝隋唐史资料》第 16 辑，武汉大学出版社，1998，第 62~72 页。

此种书式，似"内外族题书状样"中轻重最次的"姓名书至厶处送达／分付厶乙"的格式，则发信人苻晃的地位，应远高于收信人杰谢镇的杜将军，或为杜将军之上级或长辈。

GXW0201 号文书（图 9-9）为残纸条。押左侧纸边有残字，余右半边。纸右端有残字，余左半边。两行残字拼合如下：

> 1　谨　通　　米使特进左右　　神山知堡官押牙将作监李
> 旺　状封

此书式类似 GXW0199 号文书，亦是轻重较次之"四海"书信。此"米使特进"或即 GXW0197 号文书中的"特进大使公"及 GXW0198 号文书中的"米使将军"。按特进为唐代正二品之文散官，仅次于开府仪同三司。米使特进能有如此高之散官，其职事官的官品应当不低，甚至有可能是经略使一类的高官。然而此处书题仅用"谨通""左右"，或稍嫌不合于书仪。因为在 GXW0197 号文书中，对此"大使公"的称谓可能是"座前"，是仅次于"几前"的第二等尊称了。李旺亦出现于 GXW0174 号文书中，这是一封李旺寄与杨副使的书信，其中李旺官职的全称为"神山知堡官摄经略副使押牙将作监"。由此可知，李旺之官职亦颇高，或与米使特进不相上下。可能正是因为二人品秩相似，李旺才使用了略轻的封题书式。

GXW0202 号文书（图 9-10）亦为残纸条。押左纸边有残字一行，余右半。纸右端有残字，余左半。两行残字可拼合。纸中另有一行字。录文如下：

> 1　胡子书状至请分李姊夫□奉珠分付
> 2　谨上　　姊夫座前　　弟子书状封

此为妻弟写与姐夫的书信封题，下对上，用"谨上""座前"等语，亦合于书仪。此处的姊夫李奉珠，常见于和田出土汉文文书，当是活跃于建中前后的官员。

GXW0159 号文书（图 9-11）为残纸条。押左纸边有一行残字，仅有右半。右侧有残笔画，可与左侧"谢"字、"送"字拼合。录文如下：

1 ］□谢请通送　　杨 郎 左右　　封

杨郎未知何许人也，但"通送厶乙左右"当是较轻之书式。

图 9-9　GXW0201

图 9-10　GXW0202

这种直封封皮有一个共同的特点，即写于缄缝处的封题展开后成为两行残字。有趣的是，这两行文字只能反向拼合，即左侧行的残字余右半边，右侧行的残字余左半边。还有一点值得注意，两行残字，一行押纸边，另一行在纸中。在这一点上，GXW0200号文书比较明显。其余四件文书都已被裁为纸条，细审之下，还是能看出左列押着左纸边，右列右侧尚有一些残纸，不是纸边。

以此为线索，还可以找到其他一些可能是封皮的文书，例如：

GXW0025号文书（图9-12），为一残破纸条，左侧边缘隐约有一竖线，右侧有半行残字，每字仅有左半边。

　　1　］镇官杨郎　□开［

此封题以官称杨郎，当是官员往来之书信样式。"厶乙开"的格式又是书题样式中最轻者。则发信人的地位当高于杨郎。

图9-11　GXW0159

图9-12　GXW0025

GXW0137号文书（图9-13），为残纸片。右侧有图纹。左侧有一行残字，余左半，但不押纸边。录文如下：

1] □大将军王　　　□□□

GXW0146 号文书（图 9-14），为残纸片。左侧有残笔画。右侧有残字，余
左半。文书上另钤有朱印两处，印文已不可辨。

1 |押官|光禄卿赵□ [

此文书较残。一般往来书信不会在封皮上钤印。除此以外，封皮用印者，
仅见敦煌 P. 4516v《天皇后书》。用印除了标明发信人身份外，很可能也是
体现书状重要性和正式性的标识。或许此类封皮与公文书有关。

图 9-13　GXW0137

图 9-14　GXW0146

同样，检阅伯希和于库车县都勒都尔·阿护尔遗址所获汉文文书，也
可以发现两件类似的文书。其 6 号文书（图 9-15）亦为残纸条。押左侧纸
边有一行残字，余右半边。右侧有若干残笔画。最下方笔画可与左侧残字
拼出"状封"二字。录文如下：

1　谨　　　上　支庆　姊夫阁下　□□娘状封①

此又是内外族往来书信封题，应当是妹妹上与姊夫者。称"阁下"为极重
之书式。

图 9-15　Trombert 6

76 号文书（图 9-16），押左侧纸边亦有一行残字。纸中有若干残笔
画，仔细辨认下，正可与残字一一拼合。录文如下：

---

① Éric Trombert, *Les Manuscrits Chinois de Koutcha: Fonds Pelliot de la Bibilothèque Nationale de France*, p. 51, fig. 6.

1 库子左 奔 儿状 封 ①

此封题仅余发信人。按库子当指在仓库役作之人。左奔儿以库子的身份封此书状，显然不是写给内外族的，亦不似与官员往还之私人信件，更像是呈给上级的书状。

135 号文书（图 9-17），为残纸条，押右侧纸边有一行残字，余左半。左侧纸中有一行残字，余右半。录文为：

1 谨   谨 都护九郎阁下 ②

都护或指驻龟兹的安西都护，地位极高，故用"阁下"的书式。

图 9-16 Trombert 76

图 9-17 Trombert 135

---

① Éric Trombert, *Les Manuscrits Chinois de Koutcha: Fonds Pelliot de la Bibilothèque Nationale de France*, p. 80, fig. 76.

② Éric Trombert, *Les Manuscrits Chinois de Koutcha: Fonds Pelliot de la Bibilothèque Nationale de France*, p. 112, fig. 135.

　　幸运的是，在吐鲁番出土文书中也找到了同类文书。《新疆博物馆新获文书研究》公布了一件题为《唐天宝年间习书》的文书（图 9-18、图 9-19）。据整理者介绍，文书由两张残片组成，背面皆有多道朱笔划痕。残片（二）有一行左半墨书，未识读；残片（一）有 3 行文字，暂定为天宝年间习书。① 实际上，残片（二）与上举几件封皮样式非常相似，都是在纸面中间出现半行墨书。如果仔细辨认的话，还是能确定其中的一些字：

1　谨　谨　□□四郎　行官□□□□□②

图 9-18　《唐天宝年间习书》09ZJ0045（a）、09ZJ0044（b）

从这个书写格式看，显然也是书信封题。那么残片（二）的性质就是书信封皮。残片上出现的朱红色划痕，看起来很像是某种装饰用的花纹。残片（一）也是封皮的一部分。两件残片有朱痕的一面，即 09ZJ0045（a）、

————————

　　① 《新疆博物馆新获文书研究》，第 222 页。
　　② 图版见《新疆博物馆新获文书研究》，第 48~49 页。

09ZJ0044（b），为封皮外面；相对的，09ZJ0045（b）、09ZJ0044（a）为
封皮内面。但是残片（一）背面书写的文字，书法与封皮明显不同，笔法
略显稚嫩，字句也不甚通，整理者推测为习书还是很有道理的。这些习字
很可能就是在封皮废弃后写上去的，其中又见有"天宝""大夫"等字，
故颇疑是抄写自书信正文。

图 9-19 《唐天宝年间习书》09ZJ0045（b）、09ZJ0044（a）

此外，在新出和田文书中，还有几件未完全拆开的封皮残片。
GXW0248 号文书（图 9-20）：

> 1 表兄□□□ 　□ [

"表兄"二字处尚保持着缄封状态，其下数字的缄封处则已拆开。此当为
内外族之往来书信封皮。

GXW0197 号文书（图 9-21）仅余数字，其文为：

> 1 特进大使公 座 [

GXW0198 号文书（图 9-21）上部有三个残字，下部数字完整。录文为：

1 　│杰谢│送 　　　米使将军宅

图 9-20　GXW0248

图 9-21　GXW0197、GXW0198

两片文书字体相近，应当上下拼接为一件。上书"米使将军宅"为收信地址，下书"特进大使公"为收信人。通过查阅文书原卷发现，这两片文书的封题字都是押在缄封线上。从上面的例子看，封皮的拆封都是要从缄封处小心拆开，这件封皮虽然碎成残片，但缄封处完全没有开封过的迹象。那么这封书很可能是还没来得及开封。

从这两个实例看，此类封皮上裂成两行的封题，在缄封状态下确是反向拼合成一行的。通过这些细节我们或许可以推测，直封的封皮在包裹书状时，都是从一侧纸边裹起，裹到末端，便会留一侧纸边在外。将此纸边糊好，押纸缝书写封题，拆封之后，即会出现半行字在纸边，半行字在纸中的情况。以此而论，王使臻、王使璋二位先生在"随纸卷封书札"一节中讨论的 P.4516v 文书（图 9-22），① 显然也是直封封皮，而不是随信卷封的书札。这件文书裱糊在《金刚经》背，被人裁剪过，并不能看出是题

————————

① 见饶宗颐编集《敦煌书法丛刊》第 15 卷，二玄社，1985，第 95 页；王使臻、王使璋《敦煌所出唐宋书札封缄方法的复原》，第 27~48 页。

写在书信背面的封题。但其文字分作两行的特点十分明显，这是直封封皮
的特征。

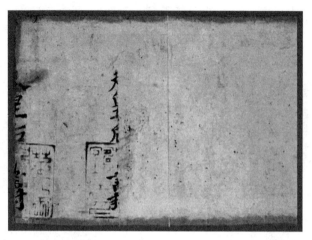

图 9-22 P. 4516v《天皇后书》

可惜和田出土的这几件直封封皮，大多已经打开，GXW0197、
GXW0198 号文书又过于残破，很难恢复其原有的缄封形态。幸运的是，藤
枝晃先生刊布过 S. 11297 号文书拆封之前的照片（图 9-23），[①] 这是极难
一见的保持缄封状态的书信。可以清楚地看到，封上题有"肃州宰相娘
子"的封皮，是长条形的，而不是圆柱形的。而且 P. 5012v[②] 等文书，也
有非常明显的纵向折痕。说明这些直封书信的缄封状态都是长条形的。

即便如此，直封的书信未必一定是折叠成条状再包裹封皮，却更有可
能是先卷成筒形再压平。或可参考敦煌写本郑余庆《大唐新定吉凶书仪》
中记录的封装方式，如 S. 6537v 文书所载：

右表写了，即窠讫，从后紧卷至头，勿令心空，则着一色纸直封
题讫，入函，［函］用黄杨木为之，约表纸数多少遣之讫，安表内函

① 藤枝晃，"The Tunhuang Manuscripts, A General Description, I"，*Zinbun* 9, 1966, p. 29；荣
新江：《英国图书馆藏敦煌汉文非佛教文献残卷目录（S. 6981—13624）》，第 187 页。
② 《法藏敦煌西域文献》（34），上海古籍出版社，2005，第 16 页。

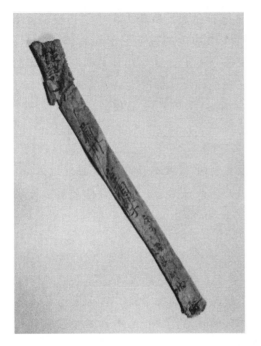

图 9-23　S. 11297 文书

中，三道弦缚面上，则系定，以白蜡填之，火灸，刀子削平，当心书全字，依此样封题讫，则着一片盖板，重三道缚之，以防磨损，并四方馆牒，一时入毡袋，布裹封题发遣。①

表为上呈皇帝的文书，最为正式，按上文所述，需要三重包装，用纸封好后入函，再装袋。每次封装都要书写封题。实际上，这里特别提到入函前的缄封方式为直封，或许可以认为这是直封的标准方式。即表的正文写好后，先将信纸从后向前卷（这样展开的时候便是从前向后），而且要卷紧，不能使纸卷留有空心。卷好之后，再用同一颜色的纸作为封皮卷裹，题好封题。则这种直封的方式便应是卷裹而非折叠的。

　　既然可能是卷成的，同样要关注直封的左卷和右卷。从形态上看，

---

① 《英藏敦煌文献（汉文佛经以外部分）》（11），四川人民出版社，1994，第 103 页；录文参考周一良、赵和平《敦煌写本郑余庆〈大唐新定吉凶书仪〉残卷研究》，《唐五代书仪研究》，第 171 页。

GXW0200 号文书及伯希和都勒都尔·阿护尔遗址所获 135 号文书与其余几件明显不同，是反卷的。两件文书押在纸边上的残字是落在右侧纸边上，而非左侧。若将其卷起还原为缄封状态，再正对缄封处看的话，是题着左半行字的纸边在上。而其余几件封皮则正相反，卷好之后，是题着右半行字的纸边在上。关于书状的左卷、右卷，司马光《书仪》卷一"名纸"条有：

> 取纸半幅，左卷令紧实，以线近上横系之，题其阳面，凡名纸，吉仪左卷，题于左掩之端，为阳面。凶仪右卷，题于右掩之端，为阴面。云：乡贡进士姓名。[①]

又卷五"吊酹赙襚"：

> 作名纸，右卷之，系以线，题其阴面。凡名纸，吉者左卷之，题阳面。凶者反卷之，阳面在左，阴面在右。曰：某郡姓名。慰同州之人，则但云同郡，皆不着官职。[②]

据司马光所言，左卷、右卷分别代表了吉、凶，左卷为吉，右卷为凶。左卷为左掩，右卷为右掩。由此可知，书状的卷封方向并不是随意的，而是蕴含了吉凶的重要含义。结合上文所引表的缄封方式，卷纸时要从后至头。一般尺牍皆从右向左书写，则左为后，右为头，那么卷法就是从左向右。如果封皮也按相同方法卷的话，卷成题写封题之处，就会是题写右半封题的纸边在上。这与目前所见多数直封封皮实物相符。依常理判断，日常书状所言之吉事应当多于凶事。那这种主流的卷法就应当是司马光所指之"吉者左卷"。而 GXW0200 号文书及伯希和 135 号文书封卷方向相反，应当是代表凶事的右卷或反卷。

最后值得注意的是，目前见到的如此多的直封封皮，从形态上看，都是完全一致的。它们缄封后的形态，无一例外都应当是 S.11297 那样的细长条形。保持了纸幅的宽度，没有从中折断，整齐而严谨。

---

① 司马光：《司马氏书仪》卷一，《丛书集成初编》本，商务印书馆，1936，第 12~13 页。
② 司马光：《司马氏书仪》卷五，第 55 页。

二　出土文书中的折封书状

除了斜封和直封外，还有不加封皮的缄封方式。彭砺志称其为随纸卷封,[①] 王使臻、王使璋沿用了这种说法。[②] 然而如前文所说，王使臻、王使璋举出的随信卷封的例子 P.4516v 文书，实际上是直封封皮。而另一件 S.376 文书,[③] 虽然是不加封皮的，但折封书札却是需要用很精妙的方法"折"起来的，而不是"卷"起来的。

同样可以在出土文书中找到折封的书信。人大博物馆藏 GXW0113 号和田文书（图 9-24），正面右侧残两行字，为：

　　1　鞋子，伏望到彼收取。诣王 [

　　2　钱进，有锯镰与附一张。休谨 [

文书背面右下方亦有两行字：

　　1　谨谨　丈人丈母 女婿张休状

　　2　通上勿令惟失

这是女婿写给丈人、丈母的一封书信。背面的两行当为封题。值得注意的是，两行字的最上部各有一个字残去右上部，形成一条明显的斜线。如果仔细辨认就可以发现，第二行最上的一个残字，是第一行那个残"谨"字的上半边，只不过字形倒了而已。将其正过来后，正可与第一行之"谨"字拼合。作为封题，这两行字的书写位置并不靠近纸边，如果按上文提到的卷封方式卷紧的话，两行字恐怕都要卷到纸卷中，起不到封题的作用了。则此信应是折封。

将"谨"分割成两半的这条斜线是很值得玩味的。因为这件文书的封

---

①　彭砺志：《尺牍书法：从形制到艺术》，第 62 页。

②　王使臻、王使璋：《敦煌所出唐宋书札封缄方法的复原》，第 44~46 页。

③　《英藏敦煌文献（汉文佛经以外部分）》（1），第 164 页。此件文书，正面有"律左右"三字，背面有"尚书书送邓"，两行字上下拼合为封题。具体折法可参考王使臻、王使璋《敦煌所出唐宋书札封缄方法的复原》，第 44~46 页。

图 9-24　《张休上丈人丈母书》

题是纵向直书的，而不是像斜封的 P. 2555 pièce 1 文书那样斜向书写封题。如果只是简单的对折，是无法折出这样一条斜线的，两个半字也无法扭转拼合。根据周一良先生介绍的日本古信札的启示，笔者猜测，《张休上丈人丈母书》很可能是先折成长条状，然后在斜线位置打结或捻拧。笔者设计了一种可使"谨"字拼合的折叠方式，如图9-25所示。

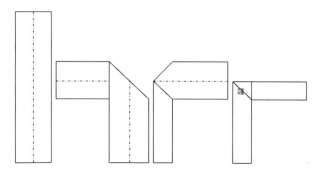

图 9-25　《张休上丈人丈母书》折叠方法示意图（自左向右）

先将信纸折成两行封题宽度的纸条，然后依次按图示折叠。这样，信札就被折成了矩尺形。按此种样式折叠的话，"谨"字会刚好落在最后一张图的斜线处。这样，打开之后，就会形成两个半个的"谨"字，而且方向刚好相反。封题的两行字，会在长端纸条的正反两面。而且很显然，这种封题一定是先折好再书写。而且开封后的纸张会留下菱形折痕，而非全部直线折痕。从 GXW0113 号文书上，还是可以隐约辨认出一些斜向的折痕的。另外，麻扎塔格出土的藏文书信中，也有一些保持缄封状态没有开封者，其中便有折成矩尺形的（图 9-26），① 或可做一参照。当然，这只是一种可能的折法，或许有其他更接近原状的方法，但斜线处的折法一定是特殊的。

图 9-26　古藏文信札

GXW0251 号文书（图 9-27）上的文字，应当也是书信封题：

1　□使寄付丈人

这件文书保持着叠压粘贴的状态。值得注意的是，其上层粘贴的一小块纸张，是斜向的，与封题成一定角度。封题文字被其隔断，"使"字的下半边及"寄""付"二字都在上层纸片上。这显然不是直封的方法。与 P. 2555 pièce 1 所见之缠绕斜封的方法亦不同。则此或为一种折封。可惜这件文书只是撕裂后的残片，很难据此复原出整封书信的原貌。

吐鲁番出土唐代西州文书中，也有类似的书信。阿斯塔那 64 号墓出土有《唐贞观二十年（646）赵义深自洛州致西州阿婆家书》，此件文书残存

---

① 图见 A. Stein, *Serindia. Detailed Report of Explorations in Central Asia and Westermost China*, 5 vols., Oxford, 1921, fig. CLXXII。斯坦因《西域考古图记》第 4 册，巫新华等译，广西师范大学出版社，1998，第 172 页。

图 9-27　《某人付丈人书》

15 行，其后半部分被剪成鞋底。鞋底背面即是此书信的封题，吐鲁番文书
整理小组称其为《唐赵义深家书面》：

    1　洛州赵义深书达
    2　西州付欢相张隆训[①]

如此看来，此书题亦是写于书信尾部的背面。幸运的是，《唐赵义深家书
面》尚保存着隐约可见的折叠痕迹，如图 9-28 所示。图上虚线即是折痕。
周一良先生曾推测唐代信封可能是采用类似日本古信札的折封方式，即信
札加封皮后叠成长条行，上下两端向后折向背面，再把向后折的部分粘贴
起来。[②] 从折痕来看，《唐赵义深家书面》应当就是采取这种折纸的方法。
即先将书状折成细长条行，再将上下两端向后折。但是如果完全按照折线
来折的话，信札会被折成只有一行字宽的条状，两行字会分在正反两面，
向后折的两端必定会遮住其中一行字。若要将两行字都显露出来，则有两
种可能的折法。一是先折成两行字宽的纸条，上下两端向后折、粘好后

---

①　唐长孺主编《吐鲁番出土文书》（图录本）贰，第 173 页。
②　周一良、赵和平：《唐五代书仪研究》，第 337 页。

图 9-28 《唐赵义深家书面》折痕示意图

（如图 9-29 所示），再沿中间的虚线对折。二是先将上下两纸边向纸中折好，再折成条状。

图 9-29 《唐赵义深家书面》折叠后形状

另外一件值得关注的文书是阿斯塔那 4 号墓出土《唐潩舍告死者左憧憙书为左憧憙家失银钱事》。这是潩舍写给已经死去的左憧憙的一封辩白书，否认偷窃了左憧憙的银钱。虽然这封信是要死者在阴间阅读的，但依然在其背后发现了封题（图 9-30）：

1 取不得于人取书（此行倒书）　　□（横书）

2　□舍书付左憧憙（此倒书）　　资领　　其（侧书）　　及古

3　漢舍①

这一封题仍然是写在书信结尾处的纸张背面。有两行倒书的文字，当是封题的主体，又有个别字与其反向书写或横向书写。很可能，这几个朝向不同方向的字，也是封题的内容。可以确定的是横向书写的一个残字，是"漢"字的上半边，正好与第二行封题的第一个字拼在一起。笔者没有想到一个能完美拼合所有封题文字的方法，但可以肯定的是，这封信在缄封的时候，在"漢"字的位置打了结，只有这样才会出现一个字被分成横向、纵向两半的情况。

图 9-30　《唐漢舍告死者左憧憙书为左憧憙家失银钱事》（局部）

①　唐长孺主编《吐鲁番出土文书》（图录本）叁，第 229 页。

　　以上三种不加封皮的书信，连同 S.376 文书，都是折叠缄封的，并且折法各不相同，甚至需要很大的想象力才能将其复原回缄封的形态。

　　还有一些不易复原的书信。阿斯塔那 64 号墓出土有《唐李贺子上阿郎、阿婆书一》，信的一部分也被剪成了纸鞋状。其背面反方向书写了封题：

　　　　1　李贺子书付①

其后当有一行写明收信人信息，但是被剪裁掉了，这又是一件双行格式的封题。按《唐李贺子上阿郎、阿婆书》共有四封，这是第一封的后一部分，此封题的位置亦是在书信末尾的背面。

　　阿斯塔那 72 号墓出土有《唐开元十二年（724）残书牍》，其末尾又有两行反方向书写的字：

　　　　11　书至 高 〔
　　　　10　分付家人奴子②

此处文字包含了送信地点和收信人信息，应当亦是书信封题。既是寄与家人奴子收，应是家书。但从内容判断，《唐开元十二年残书牍》更似公文，不似家书。其背面有《唐上娘娘书》，尽叙家中事，则此恐为《唐上娘娘书》之封题。从位置上看，此封题亦题于书状纸张最末尾位置的背面。

　　敦煌文书中也有不少这类不加封皮的书信。坂尻彰宏先生指出，英藏《甲戌年四月沙州妻邓庆连致肃州僧李保佑状》便是直接将封题写在书信背面，并采用折封的方式。他同时列举了另外四件封题写在书信背面的敦煌所出汉文书信，认为也都是折叠缄封的。③

　　通过以上几个例子可以看出，这种不加封皮的书信封题，大多是直接题在书信正文纸张的背面。而且封题书写的位置是正文纸张背面靠近纸边

　　①　唐长孺主编《吐鲁番出土文书》（图录本）叁，第 202 页。
　　②　唐长孺主编《吐鲁番出土文书》（图录本）肆，第 132 页。
　　③　坂尻彰宏「大英博物館藏甲戌年四月沙州妻鄧慶連致肅州僧李保祐狀」『敦煌寫本研究年報』第 6 号、2012 年 3 月、162-164 頁。

的位置，但又不似直封的书题那样会押住纸边。这就决定了这种书状的缄封方式不可能是卷封，只能是折封。

陶弘景《真诰》多载杨羲与仙真、杨羲与二许（许谧、许翙父子）、二许与仙真之间往来的书信，其中便多有折封书信。该书卷一七《握真辅第一》有：

> 羲顿首顿首。阴寒。奉告，承尊体安和以慰。未得觐，倾企。谨白，不具。杨羲顿首顿首。
> 羲白：公第三女昨来，委瘵，旦来小可，犹未出外解。群情反侧，动静驰白。
> 顷疫疠可畏，而犹未歇，益以深忧。
> 给事许府君侯。此六字折纸背题。①

这是一封完整的书信，小字当为陶弘景注释。他指出"给事许府君侯"六字，是此信的书题，题写在信纸的背面。而且所谓折纸，恐怕是指该信纸有折叠的痕迹，是采用折封的方式。同样样式的小字注还有几处，不再一一引证。陶弘景整理的这种书信，明显便是没有封皮的一类，题背与折纸是其基本特征。这与以上讨论的几种不加封皮的书信实物，是非常符合的。

同时还需要注意，这种不加封皮的书信，通常是被折成较短的长方形，或者因打结、捻拧等出现特殊形状，而不是规矩的长条形。因为经常出现横向折叠或打结，其长度一般是会小于纸幅的，比直封封皮短。《真诰》中有所谓"短折封"，恐怕就是指这种特征。

三 轻重之分——唐代书状缄封的几种形式

唐代的书状缄封方式，有加函、加封皮、不加封皮的不同。入函即是函封；以纸为封皮，则有直封、斜封两种；不加封皮者，如上文所述，大致应为折封。这样，就有了函封、直封、斜封、折封四种缄封形式。然而这几种缄封方式并不是随意使用，而是有轻重之分。

---

① 陶弘景：《真诰》卷一七，赵益点校，中华书局，2011，第305~306页。

函封，当是最正式的缄封方式，用于最重要的书状。从敦煌出土的各种书仪看，唐代地方官员上皇帝的贺表，都是要函封。其具体缄封方法已见前文所引 S.6537v《大唐新定吉凶书仪》，三重缄封皆极细致。P.3900 武周时期《书仪》中《笺表第二·庆正冬表》亦有：

> 题函面云：某官臣姓名上表。（函侧右畔题云谨上京神都门下，已下表头尾题函并与此同。其有表进者，缄封讫，印蜡上；其行军，头出使无印者蜡封，上全函；其具官及使人在外应奏事，但修状进其状如前。）①

这里对函上的封题以及各种进表者如何使用函封进行了解说，说明函封的使用及其缄封过程都是极慎重而严谨的。S.6537v《大唐新定吉凶书仪》中又有"上四方馆牒式"和"转牒式"，② 是上表者给中央接收文书机构四方馆及传递文书的"路次馆驿"的牒。可见，"表函"的寄送、接收也有一定的程序。除了表章外，皇帝下大臣的诏敕，很可能也是函封。《南史·杜骥传》有：

> 坦长子琬为员外散骑侍郎，文帝尝有函诏敕坦，琬辄开视。信未及发，又追取之，敕函已发，大相推检。上遣主书诘责骥，并检开函之主。骥答曰："开函是臣第四息季文，伏待刑坐。"上特原不问。卒官。③

南朝宋文帝时，便已用函来封缄诏书。且知，私自打开诏书函封当为重罪。《唐六典》卷八有："大事兼敕书，小事但降符函封，遣使合而行之。"④ 此处说鱼符行下需要函封。或可由此推测，与鱼符同样极为重要的诏敕，大概也应当是函封的。

---

① 《法藏敦煌西域文献》（29），第 133 页。
② 见《英藏敦煌文献（汉文佛经以外部分）》（11），第 103 页；录文参考周绍良、赵和平《敦煌写本郑余庆〈大唐新定吉凶书仪〉残卷研究》，第 171 页。
③ 《南史》卷七〇《杜骥传》，中华书局，1975，第 1699 页。
④ 《唐六典》卷八，第 253 页。

此外，婚书也用函封。P. 3284 张敖《新集吉凶书仪》中有：

> 右修前件婚书，切须好纸，谨楷书紧卷于函中，函用梓木、黄杨木、楠木等为之。函长一尺二寸象八节，函阔一寸二分象十二时，函板厚二分象二仪，函盖厚三分象三才，函内阔八分象八节。其函了，即于中心解作三道路子，以五色线缚。①

递交通婚书函是婚礼中极为正式而隆重的礼仪。② 因此，婚书的封函使用楠木等高级材质，其函之各种尺寸也都有着美好的象征意味。可见，除了表、诏以外，民间极重之书状，也是用函封。

直封，如前文所论，是一种用封皮卷封后押缄封线纵向题写封题的缄封方法。而且 S. 6537v《大唐新定吉凶书仪》所记之函封过程，大臣表章的函封方法，就是在直封外再加函和其他封装物。P. 3284 张敖《新集吉凶书仪》所记婚书之缄封，虽然只言卷于函中，但记其函面封题为"丨谨谨上　厶官阁下丨全丨厶官卫厶郡姓名封白"。③ 这显然是一种单行直封封题的书写方式。婚书函细长的尺寸，与直封书的形制也非常相似。配合极重之函封使用，说明直封在当时被认作是一种正式的缄封方式。根据上文所述敦煌吐鲁番等地所见唐代书信缄封实物来看，相对于斜封封皮和折封信札，直封封皮的数量是相当多的。而且与几乎只出现于家书的折封书信不同，直封书状中的大部分是官员或高级僧侣往来的四海书状。在前文述及的和田出土封皮中，便多有镇戍官员往来之书信，其中亦有神山堡知堡官李旺、米使特进一类的高官。敦煌 S. 11350 文书封题为"谨谨上　镇使及娘子座前　押衙杨保德状封"，④ 亦是官员往还书信。

《资暇集》卷下"拆封刀子"条有：

> 起于郭汾阳书吏也。旧但用刀子小者，而汾阳虽大度廓落，然而

---

① P. 2646、P. 3284 号文书同为张敖《新集吉凶书仪》，但 P. 3284 别字较少，故录此文书之录文。P. 3284 见《法藏敦煌西域文献》（23），第 48 页。
② P. 2646、P. 3284 张敖《新集吉凶书仪》中，有男方送婚书及女方受婚书的仪式记载，都极其讲究。《法藏敦煌西域文献》（23），第 48 页。
③ 《法藏敦煌西域文献》（23），第 48 页。
④ 《英藏敦煌文献（汉文佛经以外部分）》（13），第 235 页。

有晋陶侃之性，动无废物。每收其书皮之右所劈下者，以为逐日须取文帖，余悉卷贮。每岁终，则散主守家吏，俾作一年之簿。所劈之处多不端直，文帖且又繁积，胥吏不暇剪正，随曲斜联糊。一日，所用劈刀忽折，不余寸许，吏乃铦以应急，觉愈于全时，渐出新意。因削木如半环势，加于折刃之上，使才露锋，榼其书而劈之。汾阳嘉其用心，曰"真郭子仪部吏也"（言不废折刃也）。每话于外。后因传之，益妙其制。①

郭子仪身居高位，每日所收书状必然累积无数，但他非常节俭，让书吏将封皮的右侧切割下来，作为日常文帖或年终账簿用。书吏的工作显然是割去有字的部分，留下空白的部分。且不管书吏被逼无奈下的急中生智，但看其所割之"书皮"。如前文所述，唐代加封皮的缄封方法，有直封和斜封两种。斜封封题（见 P. 2555 pièce 1）是斜向书写，会占用很多纸面空间，割去后纸张所剩无几，难以利用。而直封封题纵向书写，开封后，封题虽然分作两行，但都偏在一侧，且非常靠近纸边，只需裁下一小条即可。这也可以解释为何人大博物馆藏和田文书中，直封封皮多为条状（如GXW0199、GXW0201、GXW0202），它们极有可能也是被裁过的。而随信折封的书状，正反两面都有字，且封题亦不靠近纸边，再利用价值不大。由此亦可知，郭子仪每日所收书状，绝大多数应是直封的。同样，《东观余论》法帖刊误卷下"王敬武书辨"条载，唐平卢节度使王敬武写给其子王师范的书信背面，题有"谨谨上相公""从侄保义军节度陕虢观察等使珙状封"，可知此信原是王珙致王敬武书，是王敬武直接用其信纸又写了家书。② 王敬武利用的信纸，一定是空白的封皮，与郭子仪重复利用封皮的情况类似，只不过王敬武没有切掉原有的封题而已。那么保义军节度使王珙写给王敬武的信，应当也是这种加封皮的直封。

又，《资暇集》卷下"书题签"条有：

大僚题上纸签，起于丞相李赵公也。元和中，赵公权倾天下，四方缄翰，日满阍者之袖。而潞帅郗士美时有珍献，赵公喜而回章盈

————————————

① 李匡乂：《资暇集》卷下，中华书局，2012，第204~205页。
② 黄伯思：《宋本东观余论》，中华书局，1988，第124~125页。

幅，曲叙殷勤，误卷入振武封内以遣之，而振武别纸则附于潞。时阿
跋光进帅麟，览盈幅手字，知误书，一时飞还赵公。赵公因命书吏，
凡有尺题，各令签记以送，故于今成风也。①

赵公即李吉甫。这里讲到李吉甫错将给潞帅郗士美的回信卷入了振武军的
信封内，而给振武军的别纸则错附在了给郗士美的信中。此处之"卷"
字，又提示我们这应该又是一种先卷后封的缄封方式，当是直封。可见，
元和时宰相与节帅之间的往还书状，亦多用直封。郭子仪、王敬武、李吉
甫都是当朝的重要官员，其他官员与其往还书状，必然谨慎谦恭。那么直
封也应当是一种在重要场合使用的形式。

斜封，因中宗朝著名的"墨敕斜封"而早已为人熟知。《旧唐书·中
宗韦庶人传》：

> 时上官昭容与其母郑氏及尚宫柴氏、贺娄氏树用亲党，广纳货
> 赂，别降墨敕斜封授官，或出臧获屠贩之类，累居荣秩。②

如上文所述，唐代诏敕理当用函封。斜封并非正规的敕书缄封方式，自不
待言。睿宗朝，"斜封"甚至成了通过非正常途径取得职位的官员的代
称。③ 唐代卢仝《走笔谢孟谏议寄新茶》诗有："日高丈五睡正浓，军将打
门惊周公。口云谏议送书信，白绢斜封三道印。"这里提到了白绢斜封，
即用白绢为封皮来斜封书信。送新茶为私事，而非公事，似也可说明斜封
的方式相对来说并不那么正式。从出土文书情况看，目前只有被反复提到
的归义军时期的 P. 2555 pièce 1 号文书可能是所谓的斜封，而其他的封皮
实物都是直封的。这似乎也说明，在唐代斜封并不是一种常用的缄封方
式，至少没有直封使用得多。

折封，即不加封皮而随纸折叠。这种缄封方式的特点是封题直接写在
书信的背面。根据出土文书实物的情况看，此类折封书状，从封题上判断

---

① 李匡义：《资暇集》卷下，第 205 页。
② 《旧唐书》卷五一《中宗韦庶人传》，第 2173 页。
③ 《旧唐书》卷七《睿宗本纪》："献奇则除设盈庭，纳贿则斜封满路，咸以进趋相轨，奸
　利是图，如火投泉，安得无败？"（第 162 页）

绝大多数是内外族通信的家书。从轻重上来说，与诏敕表章、官员往还书状相比，家书当是最轻的。从形态上来说，折封的书状有很多不同的折封方法，不拘一格。封题的书写也比较简单随意，通常只写作较短的两行。《张休上丈人丈母书》封题尚有"谨谨""张休状"等语，西州出土几种书状封题则全无此类用语，只简单书写至某处付某人。这与直封封题常见的那种复杂而正式的书写方式截然不同。李涪《刊误》卷下"短启短疏"条有：

> 今代尽敬之礼，必有短启、短疏，出于晋宋兵革之代。时国禁书疏，非吊丧问疾，不得辄行尺牍，故羲之书首云"死罪"，是违制令故也。且启事论兵，皆短而缄之，贵易于隐藏。前进士崔旭，累世藏钟王书，即有羲之启事一帖，折纸尚存。盖事出一时，沿习不改。我唐贤儒接武，坏法必修，晋宋权机，焉可行于圣代？今启事吊疏，皆同当代书题，削去短封，以绝舛谬。①

依文意，"短启短疏"当是"短而缄之"，是晋宋时开始流行的一种缄封方式。结合崔旭所藏王羲之短启"折纸尚存"的情况看，这种"短启短疏"采取的就应当是折封的方式。所谓"短"，应当便是相对于不从中间折断或打结的直封来说的。前文提到的《真诰》中所谓"短折封"，正与此相同。值得注意的是，这种短启的风习虽然延续到唐代，但却被李涪看作应当修正的"坏法"。那么在唐人眼中，这种短封是不适用于相对正式的启事吊疏的。被提到的"当代书题"很可能就是加封皮的书题样式。由此看，折封在唐代确是一种较轻的缄封方式。

至此，可以看到唐人使用的四种书状缄封方式，由重至轻，依次为函封、直封、斜封、折封。这种轻重不同，在具体缄封方法的严谨性上也有很明显的体现，此点前文已经论及。但值得注意的是，折封虽然轻重最次，但其书题书写格式，反倒最接近魏晋尺书。② 这四种缄封方式，也会因轻重有别，而在不同场合使用。然而这只是一种大致的区别，并不是绝对的。在实际使用过程中，也会出现同一种场合使用不同缄封方式的情

---

① 李涪：《刊误》卷下，中华书局，2012，第254页。
② 彭砺志：《尺牍书法：从形制到艺术》，第59页。

况。例如内外族书状，除了折封的形式外，也有采用直封的。更值得注意的是，无论从敦煌还是新疆地区出土文书情况看，直封封皮实物数量都是最多的。在表9-1中列举的38件封皮及写有封题的书信中，直封封皮共有25件，占据了绝大多数。而且直封的使用场合涵盖了公文、四海书状、内外族书状三大类，这体现出社会对这种较正式的书状缄封方式的认同。可以说，唐代的书状缄封也应当被看作唐代礼仪系统的一部分，而且在唐代民众的日常礼仪生活中扮演着极其重要的角色。

表9-1　出土文书中所见书信缄封情况

文书名称	出土地	编号	发信人	收信人	收信地址	缄封方式	场合	出处
《从弟进书封》	和田	GXW0012	从弟进			直封	内外族	
《某人与镇官杨郎书封》	和田	GXW0025		镇官杨郎		直封	内外族	
《张休上丈人丈母书》	和田	GXW0113	张休	丈人丈母		折封	内外族	
《致大将军王书封》	和田	GXW0137		大将军王		直封	四海	
《押官光禄卿文书封》	和田	GXW0146	押官光禄卿赵			直封	公文	
《某人致杨郎书封》	和田	GXW0159		杨郎	杰谢	直封	内外族	
《某人致米使将军书封》	和田	GXW0197、GXW0198		特进大使公	杰谢米使将军宅	直封	四海	
《裴某致杜押牙书封》	和田	GXW0199	守捉都虞侯中郎裴	杜押牙二郎		直封	四海	
《苻晃致杜将军书封》	和田	GXW0200	苻晃	杜将军	杰谢	直封	四海	
《李旺致米使特进状封》	和田	GXW0201	神山知堡官押牙将作监李旺	米使特进		直封	四海	

文书名称	出土地	编号	发信人	收信人	收信地址	缄封方式	场合	出处
《胡子书上李姊夫奉珎状封》	和田	GXW0202	胡子书	李姊夫奉珎		直封	内外族	
《表兄杨某书封》	和田	GXW0248	表兄杨			直封	内外族	
《某人付丈人书》	和田	GXW0251		丈人		折封	内外族	
《某娘上支庆状封》	库车	6	娘	姊夫支庆		直封	内外族	Trombert，第51页
《库子左奔儿状封》	库车	76	库子左奔儿			直封	公文	Trombert，第80页
《致都护九郎书封》	库车	135		都护九郎		直封	四海	Trombert，第112页
《唐赵义深家书面》	吐鲁番	64TAM24：27(a)	洛州赵义深	欢相、张隆训	西州	折封	内外族	《吐鲁番》（贰），第173页
《唐李贺子上阿郎、阿婆书一》（三）	吐鲁番	64TAM5：78(b)	李贺子			折封	内外族	《吐鲁番》（叁），第202页
《唐瀇舍告死者左憧憙书为左憧憙家失银钱事》（二）	吐鲁番	64TAM4：35(b)	瀇舍	左憧憙	阴间	折封	告死者	《吐鲁番》（肆），第229页
《唐上娘娘书》	吐鲁番	72TAM184：9(a),11(a)		家人奴子	高	折封	内外族	《吐鲁番》（叁），第132页
《唐天宝间习书》	吐鲁番	09ZJ0044 09ZJ0045	□官	四郎		直封	四海	《新博》，第48~49页
《王鼎封筒》	敦煌	BD09522	王鼎			直封	四海	《国图》第106册，第54页
《天皇后书》	敦煌	P.4516v	天皇后			直封	四海	《法藏》第31册，第265页

文书名称	出土地	编号	发信人	收信人	收信地址	缄封方式	场合	出处
《肃州智藏上净土寺李僧正和尚信封》	敦煌	P.5012v	肃州智藏	净土寺李僧正和尚		直封	四海	《法藏》第34册,第16页
《归义军文书》	敦煌	P.2555 pièce 1	任归义军兵马留后佳(淮)鼎	叔端公	甘州凉州已来	斜封	内外族	《法藏》第15册,第345页
《某年正月廿四日尚书与邓法律书》	敦煌	S.376	尚书	邓法律		折封	四海	《英藏》第1册,第164页
《西州释昌富上灵图寺陈和尚状》	敦煌	S.1284	西州弟僧昌富	僧正和尚法萌	沙州	折封	内外族	《英藏》第2册,第257页
《肃州都头宋富忪家书》	敦煌	S.4362	肃州都头宋富忪	第都头富真		折封	内外族	《英藏》第6册,第45页
《沙州李丑儿与弟李奴子家书》	敦煌	S.4685	沙州兄李丑儿	伊州弟李奴子	伊州	折封	内外族	《英藏》第6册,第235页
《慈锐上和尚状封》	敦煌	S.8672v	门弟任僧慈锐	和尚		直封	四海	《英藏》第12册,第186页
《任惠藏上肃州宰相娘子状封》	敦煌	S.11297	任惠藏	宰相娘子	肃州	直封	内外族	《英藏》第13册,第208页
《门人道安上都僧统状封》	敦煌	S.11348	门人赐紫沙门道安	都僧统大师		直封	四海	《英藏》第13册,第234页
《瓜州门弟智光上苻僧正状封》	敦煌	S.11349	瓜州门弟智光	苻僧正和尚		直封	四海	《英藏》第13册,第235页
《押衙杨保德上镇使及娘子状封》	敦煌	S.11350	押衙杨保德	镇使及娘子		直封	四海	《英藏》第13册,第235页

文书名称	出土地	编号	发信人	收信人	收信地址	缄封方式	场合	出处
《悬泉索什子致沙州阿耶书》	敦煌	羽172V之二、三	悬泉索什子	沙州阿耶	沙州	折封	内外族	『秘笈』第3册、68~71頁
《甲戌年四月沙州妻邓庆连致肃州僧李保佑状》	敦煌	1919,0101,0.76(SP.76/CH.0014)	沙州妻邓庆连	肃州僧李保佑	肃州	折封	内外族	《英藏》第14册,第179~181页
《封书样》	敦煌		节度押衙充新城镇遏使张宝山	相公		直封	四海	罗福苌《沙州文录补》
《封与大将军书样》	敦煌		节度押衙充新城镇遏使张宝山	郎中		直封	四海	罗福苌《沙州文录补》

缩略语:

Trombert = Éric Trombert, *Les Manuscrits Chinois de Koutcha: Fonds Pelliot de la Bibilothèque Nationale de France*, Paris, 2000.

《吐鲁番》=《吐鲁番出土文书》(图录本),文物出版社,1992~1996。

《法藏》=《法藏敦煌西域文献》,上海古籍出版社,1995~2005。

《英藏》=《英藏敦煌文献(汉文佛经以外部分)》,四川人民出版社,1990~1995。

《国图》=《国家图书馆藏敦煌遗书》,北京图书馆出版社,2005~2012。

『秘笈』=『敦煌秘笈』武田科学振興財団、2009~2013。

《新博》=《新疆博物馆新获文书研究》,中华书局,2013。

附录　汉晋西域所见汉文简牍透视

汉晋所称之西域，大致相当于今日之新疆塔里木盆地及周边地区。20世纪初，西方探险家在这一地区掘获了大量汉晋简牍文书，引起了学界关注。时至今日，陆续发现的汉晋时期西域汉文简牍已经有数百枚，表现了两汉、魏晋中原王朝向西拓展，与羌胡、匈奴斗争的历史场景，也是研究汉晋西域史的重要材料。然而，同样作为两汉与匈奴军事、政治角逐的主战场，居延、敦煌一带近百年来已经陆续发现了近5万枚汉文简牍。相比之下，西域简牍的数量实在不能算多。但即使以目前十分有限的汉文简牍为题，稍事深入剖析，也可以展现、印证两汉、魏晋中原王朝在西域地区曾展开的政治、军事、文化、教育状况，大有帮助于相关历史文化的研究。相关简牍资料，早有罗振玉、王国维进行考释，[①] 影响极大。近年来，孟凡人、林梅村等学者对楼兰、尼雅出土简牍又进行了一些整理工作。[②] 但简牍内容的阐释，尚有进一步深入的空间。本文即通过对汉文简牍内容的研究，透视它们反映的汉晋西域历史状况。

一　西域汉文简牍的出土及整理情况

本文探讨的对象，主要是疏勒河流域以西地区出土的汉文简牍。这一地区汉文简牍的出土地点集中在楼兰古城及周边遗址、土垠遗址、尼雅遗

---

① 罗振玉、王国维编著《流沙坠简》，中华书局，1993。
② 孟凡人：《楼兰鄯善简牍年代学研究》，新疆人民出版社，1995；林梅村编《楼兰尼雅出土文书》，文物出版社，1985。

址；另外，吐鲁番地区也有个别汉文简牍出土。首先，以简牍出土遗址为类，介绍各地汉文简牍的出土和整理情况。

（一）楼兰

我们通常所说的楼兰出土简牍，既包括楼兰古城（斯坦因编号 LA）出土简牍，也包括以古城为中心的周边遗址出土的简牍。1900 年 3 月，瑞典探险家斯文·赫定在其第二次中亚考察过程中，首次进入楼兰遗址。次年 3 月赫定重返楼兰并进行了发掘，获得大量汉文简牍文书。[①] 这批简牍资料，斯文·赫定先交与德国学者希姆莱（Karl Himly）研究。希氏去世后，孔好古（August Conrady）继续整理这批资料，并最终于 1920 年出版《斯文·赫定楼兰所获汉文文书和零星物品》，其中刊布汉文木简 120 件。[②] 但斯文·赫定这次所获简牍并没有完全公布。2001 年，日本学者富谷至在『流沙出土の文字資料—楼蘭·尼雅出土文書を中心に』一书中，刊布了其中 4 件未发表过的汉文简牍，并提及尚有相当部分的简牍残片未见于世。[③] 步斯文·赫定后尘，斯坦因在其第二次、第三次中亚探险过程中（1906、1914），两次进入楼兰，并以楼兰古城为中心，对周边遗址进行了大范围的考察和发掘，同样获得了大批的简牍文书。[④] 其第二次中亚探险所得简牍文书交给法国汉学家沙畹考释，沙畹于 1913 年发表《斯坦因在新疆沙漠中所获汉文文书》，刊布了包括"敦煌汉简"在内的众多简牍文书资料，其中包括楼兰出土汉文木简 173 枚。[⑤] 斯坦因第三次探险所获资料则由马伯乐（H. Maspero）考释，但直到其去世后的 1953 年，其整理成果《斯坦

[①] 可参见斯文·赫定第二次中亚考察的旅行记（S. Hedin, *Asien. Tusen mil på okända vägar*, 2 vols., Stockholm, 1903）。

[②] A. Conrady, *Die Chinesischen Handschriften – und Sonstigen Kleinfunde Sven Hedins in Lou – lan*, Stockholm, 1920.

[③] 富谷至『流沙出土の文字資料—楼蘭·尼雅出土文書を中心に』京都大学学術出版会、2001、177–210 頁。

[④] 斯坦因第二次中亚考察的考古报告为：A. Stein, *Serindia. Detailed report of explorations in Central Asia and Westermost China*, 5 vols., Oxford, 1921。第三次中亚考察的考古报告为：A. Stein, *Innermost Asia. Detailed report of explorations in Central Asia*, *Kan–su and Eastern Iran*, 4 vols., Oxford, 1928。

[⑤] Ed. Chavannes, *Les documents chinois découverts par Aurel Stein dans les Sables du Turkestan oriental*, Oxford, 1913.

因第三次中亚考察所获汉文文书》才得以出版，该书刊布了楼兰出土汉文简牍 56 件。① 其间，日本大谷光瑞探险队亦曾进入楼兰，并在楼兰古城遗址中掘得著名的"李柏文书"及少量简牍。日本大谷光瑞探险队所获资料大多刊于《西域考古图谱》，其中就包括 4 件汉文木简。② 1979～1980 年，借中日合拍"丝绸之路"纪录片之机，新疆考古工作者三次进入楼兰地区进行考古工作，在楼兰古城内的三间房西南之灰坑遗存中获得木简 63 件。③

沙畹在《斯坦因在新疆沙漠中所获汉文文书》一书未刊之时，便将书稿寄送罗振玉。罗振玉、王国维利用这批材料，撰成《流沙坠简》，不仅对文书内容进行了奠基性的考释，而且根据内容对这批汉文简牍进行了分类整理。此后，张凤《汉晋西陲木简汇编》也同样利用分类的方法，收集、整理了沙畹、马伯乐刊布的楼兰简牍。④ 1985 年，林梅村《楼兰尼雅出土文书》一书出版，全面搜集了各家刊布的楼兰地区出土简牍及文书，统一编号，并逐一做了录文。1995 年出版的孟凡人《楼兰鄯善简牍年代学研究》一书之第三章"楼兰汉文简牍合校"，也对所见全部楼兰出土简牍进行了整理，给出了录文。但可惜的是，上述两书均没有配图，学者要想查看图版，还是要去翻阅沙畹、马伯乐等人的著作。1999 年，侯灿、杨代欣编著的《楼兰汉文简纸文书集成》出版，该书以遗址为序，全面收录了楼兰地区出土的汉文木简和纸文书，配有清晰的彩色图版，极便使用。⑤

总之，到目前为止，已刊布的楼兰地区（除土垠外）出土汉文木简共有 421 件，⑥ 其中绝大多数出土于楼兰古城，且以城中之"三间房"遗址为多。楼兰地区出土汉文简纸文书，有纪年者最早为曹魏嘉平四年

① H. Maspero, *Les documents chinois de la troisième expedition de Sir Aurel Stein en Asie centrale*, London, 1953.

② 香川黙識編『西域考古圖譜』下卷「史料」1、國華社、1915。

③ 具体发掘情况，可参考侯灿《楼兰新发现木简纸文书考释》，《文物》1988 年第 7 期，第 1~22 页；侯灿《楼兰城郊古墓群发掘简报》，《文物》1988 年第 7 期，第 23~39 页；侯灿《楼兰古城址调查与试掘简报》，《文物》1988 年第 7 期，第 40~55 页。

④ 张凤辑《汉晋西陲木简汇编》，有正书局，1931。

⑤ 侯灿、杨代欣编著《楼兰汉文简纸文书集成》，天地出版社，1999。

⑥ 该统计资料，依据的是侯灿、杨代欣编著《楼兰汉文简纸文书集成》第 20 页之统计表格。

（252），最晚为前凉建兴十八年（330）。① 可惜未见有汉代纪年的简牍。但自傅介子刺杀楼兰王时起，楼兰地区就处在中央政府的统辖之下，因此楼兰出土简牍中可能也会有一些汉代简牍。

（二）土垠

严格意义上来说，位于罗布泊北岸的土垠遗址也应当是广义的楼兰遗址群的一部分。但由于土垠遗址发现与发掘不同于其他楼兰地区遗址，其出土木简的时代也相对较早，故将土垠遗址出土木简单列出来讨论。1930年4月，黄文弼以中瑞西北科学考查团队员的身份进入楼兰地区调查，虽然并未能成功进入楼兰古城遗址，却意外发现了罗布泊北岸的土垠遗址。1933年5月，黄文弼再次进入土垠遗址进行了调查。黄文弼在此先后掘得一批汉文木简，其中71枚刊载于其考古报告《罗布淖尔考古记》中。② 林梅村在《疏勒河流域出土汉简》的附录中，重新对这批简牍进行了释文。③ 孟凡人《楼兰鄯善简牍年代学研究》的"楼兰汉文简牍合校"部分，亦收录了土垠出土汉文木简。④ 侯灿、杨代欣《楼兰汉文简纸文书集成》亦在附录一中收录了这批木简，并配有彩色照片。⑤ 但以上学者的整理均只限于黄文弼最早刊布的71件木简。1998年，中研院历史语言研究所借出版《居延汉简补编》之机，利用红外线技术重新拍摄黄文弼所得罗布淖尔汉简，另外发现了4枚有字汉简，这样黄文弼所获汉文简牍数量增加到75件。《居延汉简补编》一书在附录中也同样收录了这批木简的图片和录文。⑥

黄文弼在土垠遗址发掘到的汉文木简共有75件。其中有纪年的简3枚，分别为永光五年（前39）、河平四年（前25）、元延五年，则这批木简的年代大致应为西汉。

---

① 关于楼兰出土文书的年代考证，可参考孟凡人《楼兰鄯善简牍年代学研究》，第11～58页。
② 黄文弼：《罗布淖尔考古记》，国立北京大学，1948，第179～220页。
③ 林梅村、李均明编《疏勒河流域出土汉简》，文物出版社，1984，第98～102页。
④ 孟凡人：《楼兰鄯善简牍年代学研究》，第272～285页。
⑤ 侯灿、杨代欣编著《楼兰汉文简纸文书集成》，第579～620页。
⑥ 史语所简牍整理小组编《居延汉简补编》，中研院历史语言研究所，1998，图版见第203～216页，录文见第231～234页。

（三）尼雅

孤悬于民丰县北沙漠中的尼雅遗址，亦有汉文简牍出土。1901 年 1 月，斯坦因在其第一次中亚探险过程中进入尼雅，并在编号为 N. XV 的房址中掘得汉文简牍 53 件。这批简牍由沙畹整理，收录于《丹丹乌里克、尼雅、安迪尔发现的汉文文书》一文中，该文附于斯坦因第一次中亚探险考古报告集《古代和田》书后。① 1906 年 10 月，斯坦因在第二次中亚探险中再次发掘尼雅，并在 N. XIV 房址中掘得汉文木简 11 件。这批简牍亦由沙畹整理，刊布在前述《斯坦因在新疆沙漠中所获汉文文书》一书中。斯坦因第四次对新疆的考察因为中国学界的抵制和政府的不允发掘而草草了事，但他依然在 1931 年再入尼雅遗址，并掘得汉文简牍。这批资料一直没有发表，直到 1995 年王冀青访问伦敦期间，才在英国图书馆东方与印度事务收藏品部（Oriental and India Collections, The British Library）发现了斯坦因第四次探险所获文物的照片底版。其中包括 N. XIV 出土的汉文木简 22 枚，出土于 N. II 的汉文木简 4 枚。② 20 世纪 90 年代，林永健等在尼雅遗址掘获 2 枚汉文简牍，发表在《梦幻尼雅》一书中。③ 1996 年，中日联合考察队第八次考察，在 N. V 发掘出土汉文木简 6 枚，稍前在 N. XIV 采获汉文木简 2 枚，共 8 枚。④

关于尼雅简牍的考释整理，最早有王国维《流沙坠简补遗》，考释了斯坦因第一次探险所获尼雅汉文简牍。⑤ 林梅村《楼兰尼雅出土文书》及孟凡人《楼兰鄯善简牍年代学研究》，也都整理了斯坦因前两次中亚探险所获尼雅汉文木简。此后，林梅村发表《尼雅汉简与汉文化在西域的初传——兼论悬泉汉简中的相关史料》一文，补录了王冀青新刊布的斯坦因

---

① Ed. Chavannes, "Chinese Documents from the Sites of Dandan – uiliq, Niya and Endere", Appendix A to *Ancient Khotan. Detailed report of archaeological explorations in Chinese Turkestan*, Oxford, 1907, pp. 521-525. 中译本见巫新华等译《古代和田：中国新疆考古发掘的详细报告》，山东人民出版社，2009，第 569~595 页（但这一部分法文系影印，未汉译）。

② 王冀青：《斯坦因第四次中亚考察所获汉文文书》，《敦煌吐鲁番研究》第 3 卷，第 259~290 页。

③ 林永健等：《梦幻尼雅》，民族出版社，1995，第 99 页。

④ 中日共同尼雅遗迹学术考察队：《中日共同尼雅遗迹学术调查报告书》第 2 卷，中村印刷株式会社，1999。

⑤ 参见罗振玉、王国维编著《流沙坠简》，第 251~276 页。

第四次探险所获简牍，以及 2 件中日联合考察队所获汉文简牍的录文。①

总之，目前已经刊布的尼雅遗址出土汉文简牍共有 100 件，大多出土于 N.ⅩⅤ、N.ⅩⅣ 与 N.Ⅱ 房址。另据林梅村的研究，斯坦因第四次中亚探险到访尼雅所获汉文简牍，除上文所述王冀青刊布的 26 枚外，尚有其在 N.ⅩⅡ 遗址中采集到的汉文木简 4 枚，只是可惜目前不知所在。② 根据简牍内容可以大致判定，出土于 N.ⅩⅣ 遗址的简牍大致为汉代，而 N.ⅩⅤ 和 N.Ⅱ 遗址出土的简牍多为西晋时期。

（四）吐鲁番

吐鲁番地区仅有 1 枚汉文木简出土。1966~1969 年，新疆维吾尔自治区博物馆对吐鲁番阿斯塔那墓群进行了清理发掘工作，在 TAM53 号墓中掘得木简 1 枚。木简纪年为泰始九年（273），时代为西晋。③

以上为新疆地区出土汉晋时期汉文简牍的发掘和整理情况。从年代上说，新疆出土汉文简牍跨越西汉至前凉这一较长的时间段，基本与汉晋经营西域的时间段吻合。其中，土垠、尼雅遗址汉文简牍时代相对较早，而楼兰汉文简牍则时代较晚。数量上，目前已经刊布的新疆地区出土汉文简牍总共有 597 件。当然，这仅是各家刊布数字的简单累计，不能排除其中存在一件多号或多件可缀合为一件的情况，必须仔细比对、整理，才能得出更精确的数字。但总数在 600 件左右当是不差的。这一数字，与居延、敦煌已获汉简的数量相比，实在是太少。楼兰遗址中就未见一枚两汉时期的木简。但楼兰作为汉代经营西域的重要基地，其重要程度绝不亚于居延、敦煌，出土简牍数量不应相差如此悬殊。这当与考古工作规模和深入程度有很大关系，尤其是在有简牍出土的楼兰、尼雅、土垠等遗址，考古工作做得很不充分。早期的西方探险家只是进行了盗宝式的发掘，而新中国成立后，在楼兰等重要遗址点也没有进行正式发掘，只是以简单清理和调查为主。如果考古工作能够深入和全面开展，相信会有更多的汉晋简牍

---

① 林梅村：《尼雅汉简与汉文化在西域的初传——兼论悬泉汉简中的相关史料》，《中国学术》第 6 辑，商务印书馆，2001，第 240~258 页。

② 林梅村：《尼雅汉简与汉文化在西域的初传——兼论悬泉汉简中的相关史料》，第 240~258 页。

③ 新疆维吾尔自治区博物馆：《吐鲁番县阿斯塔那——哈拉和卓古墓群清理简报》，《文物》1972 年第 1 期，第 8~29 页。

出土。

最后需要指出的是，近年出版的《中国简牍集成》卷 20 对于新疆地区出土简牍收录较全，且录文比较精审，是目前能够看到的最全面可靠的简牍整理著作，不过该书只有录文而没有配上简牍照片。①

二 简牍内容透视

这批汉文简牍虽然出自远离中原王朝的西域，且数量不多，但还是可以反映汉晋西域居民生产、生活的一些内容。关于简牍内容所涉及的职官及地理，前人研究得已经比较充分了，这里不再赘述。以下只从屯田戍边、丝路贸易等几个方面对简牍内容及其所反映的社会状况做一简单透视。

（一） 屯田

1. 屯田生产

汉晋西域简牍中，有一些是直接反映屯田生产状况的，例如：

> 　　　　　　　　　大麦二顷，已截廿亩　下 九十亩，溉七十亩
> 将张血郎见兵廿 人　小麦卅七亩，已截廿九亩
> 　　　　　　　　　禾一顷八十五亩，溉廿亩，莇九十亩　　（正面）
> 　　　　　　　　　大麦六十六亩，已截五十亩　下 八十亩，溉七十亩
> 将梁衰部见兵廿六人　小麦六十二亩，溉五十亩
> 　　　　　　　　　禾一顷七十亩，莇五十亩，溉五十亩（反面）
> 　　　　　　　　　（L. A. Ⅵ. ⅱ . 0107—沙木 753）②

此简详细记录了各部兵屯田生产的情况。首先，它确定无误地提示我们，西域的戍边士卒是要参与到屯田劳动中的。而且，此类军屯是以"将某部"为单位进行生产。其次，我们还可以看到屯田生产的具体工作内容。这些出现在简中的工作包括"截""溉""莇"。其中，"截"字或指收割；"溉"是灌溉；"莇"则应是指锄草。另外，该简还提示了屯田规模，可参

---

① 初师宾主编《中国简牍集成》卷 20《新疆、四川、北京卷》，敦煌文艺出版社，2005。
② 本文所引简牍释文，皆据《中国简牍集成》卷 20，后文不再一一注出。

考孟凡人的讨论。[①] 此外，还有一些反映耕作情况的简牍，如：

> □□将城内田，明日已讫，便省斫地，下种，□（L. A. Ⅱ. ⅱ—孔木 44）
> 将尹宜部　　溉北河田一顷　　六月廿六日刺（L. A. Ⅵ. ⅱ. 01—沙木 760）
> ☑□□□□☑
> ☑楼兰耕种☑（L. A. Ⅵ. ⅱ. 045—马木 227）

由此我们也可以知道，汉晋时期在西域的屯田生产，有很强的计划性，以至于灌溉、锄草等事务都有明确的分工部署。

从作物种类上看，简牍中出现较多的是大麦、小麦、粟等粮食作物。除此之外，我们还能看到一些零星的蔬菜种植，比如：

> □斛，加饶种菜，豫作冬储，孙□（L. A. Ⅵ. ⅱ. 0135—沙木 774）
> 水曹掾左郎白，前府掾所食诸部瓜菜贾绦一匹付客曹□□☑（L. A. Ⅵ. ⅱ. 046—马木 228）

可见，"加饶种菜，豫作冬储"说明蔬菜种植不仅应保证时需，而且要考虑冬储以供足冬日的需要，这充分适应了西域大地之气候特点。而"诸部瓜菜"中的"诸部"显然是指各个将官所领之部，说明蔬菜的种植既比较普遍，而且品种有别。食用了诸部"瓜菜"，须以"绦一匹"充值，也可透见这一时期屯田的规模和调剂时需的方法。

先进的耕作技术也随着屯田的进行而被引入西域，其中最具代表性的便是犁耕技术，如：

> ☑□因主薄奉谨，遣大侯究犁与牛诣营下受试（L. A. Ⅵ. ⅱ. 0153—沙木 755）

---

① 孟凡人：《魏晋楼兰屯田概况》，《农业考古》1985 年第 1 期，第 350 页。

这是一件记录西域长史营考课屯田所用"犁与牛"的简牍。① 值得注意的是，此简明确无误地表明汉晋时期西域屯田已经使用先进的犁耕技术。

2. 水利建设

汉晋时期，中原王朝在西域的主要屯田地点，多在今新疆塔里木盆地东缘。气候异常干燥，几乎终年无雨。要进行农业生产，水利灌溉堪称首务。魏晋时期，西域长史下就设有水曹，如：

> 使君营以邮行
> 书一封水曹督田掾鲍湘张雕言事
> 泰始三年二月廿八日辛未言（L. E. i. 2—马木 247）
> 水曹请绳十丈□（L. A. I. ii. 1—沙木 888）

我们在楼兰地区出土简牍中，常见"督田掾"这一名称，顾名思义，自当是主管田作事务的官吏。而从上引马木 247 简可知，督田掾是在水曹治下。从名称上看，水曹应当主管水利事务。西域特殊的气候环境，使得人工灌溉成为屯田的首务，水曹的责任就显得尤为重要了。

具体来说，我们还可以在简牍中找到西域水利建设与维护的一些实际例证，如：

> 史□，当舍东有大涿，池深大，又来水少，计月末左右已达楼兰（L. A. II. ii—孔木 2）

称为"大涿"之池，很有可能就是人工修筑的蓄水工程。所谓"来水少"也有可能与引水灌溉有关。时至近代，新疆地区仍然广泛使用类似的蓄水池，称为涝坝。涝坝直接挖在地下，周围夯实，并在周边栽种树木作为标志。夏季水量充沛之时，便引水入涝坝蓄水，以备冬季及来年春天的饮水、灌溉。简中出现的"大涿"，应当与涝坝性质相同。可见，涝坝这种新疆地区特定的引水工艺，在将近两千年前就已经被屯田士卒使用。除池

---

① 胡平生：《楼兰木简残纸文书杂考》，《新疆社会科学》1990 年第 3 期，第 85 页。

之外，还有堤，如：

> □至，镇军提相迎，营从左蔚（L. A. Ⅱ. ⅱ—孔木 5）
> 帐下将薛明言，谨案文书，前至楼兰耕还守堤兵廉□□▱（L. A. Ⅲ. ⅰ. 16—沙木 754）

堤堰是典型的防洪、灌溉水利设施，楼兰简牍中反复出现堤，也能说明堤堰一类水利设施在西域的广泛存在。沙木 754 简中所谓"守堤"，即是派兵把守堤堰，可见水利设施安全对镇军来说是有重要意义的。而堤堰的日常维护可能也是由戍边士兵来完成的，如：

> 将敕 □□兵张远马始今番上堤，敕到，具粮食、作物诣部，会被敕时，不得稽留、设解（正面）
> 五月三日末时起　　　　　（反面）（L. A. Ⅵ. ⅱ. 0204—沙木 769）

从简的内容看，士兵是轮番承担上堤任务的，同时还要自备粮食及作物。作物当是指劳作的工具，也说明上堤的任务不只是守卫，还可能包括日常的维护修理。

> ▱东空决六所，并乘堤，已至大决中，作▱
> ▱五百一人作
> ▱增兵（L. A. Ⅵ. ⅱ. 056—沙木 761）

此简似是在描述洪水决堤的情形。在这种紧急时刻，便需临时动员更多的士兵参加抢修。由此也可见，水利设施对屯田乃至戍边都有十分重大的意义。

3. 仓储与廪给

在黄文弼发掘得到的土垠遗址出土简牍中，就有关于"居卢訾仓"的记载，如：

> 居卢訾仓以邮行（罗布 13）
> 河平四年十一月庚戌朔辛酉，别守居卢訾、车师戊 校 ▱（罗布 15）

☑交河仓守丞衡，移居卢訾仓（罗布 16）

元延五年二月甲辰朔己未，□□□出□尉，临居卢訾仓以☑

己卯□□□□□□□即日到守也☑（罗布 17）

按，所谓"居卢訾仓"便是位于罗布泊北岸的土垠遗址，是汉代一个储存粮食物品的重要据点。① 居卢訾仓的存在，必然是以周边地区的屯田活动为基础。土垠遗址同时还出有若干与廪给有关的简牍，如：

凡用卅三石七斗七升大（罗布 42）

十二月十日　　□□粟二石（罗布 43）

这些零星的粮食给出记录，体现了居卢訾仓储存粮食的作用。

汉代以后，楼兰地区一直保持了较大规模的屯田。楼兰古城遗址中出土的粮食出入簿、券的数量不少，惜大多是残简，其中比较完整的一枚是：

出 床卌一斛七斗六升给廪将尹宜部兵胡支　　同　泰始二年十月十一日仓曹史申传监仓史瞿咸
　　等十二人人日食一斗二升起十月十一日尽十一月　　　　□ 阚携付书史杜阿

（正面）

录事 掾阚凌（背面）（L. A. Ⅱ. ⅱ—孔木 50）

此件木简正面分为两栏，两栏之间有半个"同"字，是合符的标志，表明该简为一式两份书写的券书之一。开头之"出"字，则标明其为支出券，是授予方所持之券。相应地，领取方所持另一半券书，便当是以"入"字开头。② 从具体内容上看，该简上栏记载出的数量、领取人员姓名、供给人员人数、每人每日食用数量、该笔支出所能够维持的起止时间；下栏记载日期以及仓曹史、监仓史等经手人的姓名。这件相对完整的给出券内容，应当能够代表床、粟等粮食给出券的一般格式。楼兰三间房遗址

① 王炳华：《"土垠"遗址再考》，《西域文史》第 4 辑，科学出版社，2009，第 61~82 页。

② 大致"出"字简为右券，"同"字存右半；"入"字简为左券，"同"字存左半。参见胡平生《楼兰出土文书释丛》，《文物》1991 年第 8 期，第 42 页。

（L. A. Ⅱ）出土的大量类似残简，大致与此给出券格式相似。

提到一式两份的券书，楼兰出土简牍中，正好有一件左右两半尚未剖离的券书实物：

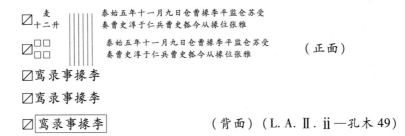

该简虽然上栏残破，但从残存的"麦""十二升"等字判断，应是麦出入券。从残存的下栏的书写格式看，与上引给出券完全一致。此简左右两部分下栏内容完全一致，正是一"出"一"入"相合的两券，只是尚未分离而已。

除给出券外，楼兰出土简牍中还有一类相对简单的粮食给出记录，并没有代表券书的"同"字，从内容上看，应当是帐簿。例如：

出粟七斛六斗五升给假　　—右出粟三百卅四斛三斗四升（L. A. Ⅱ. ⅱ—孔
路死四十人作祭具
木 90）

上栏记载某次支出粟的数量和用途，下栏当为某段时间内出粟的统计结果。这种格式较上文列举的券书显然是比较简略的，而且没有经手官吏的签署，应当是编连成册的帐簿之一简。除此之外，还有一种类似的簿类木简，但内容更加简略，如：

　　　　—右出小麦二斛六斗（L. A. Ⅱ. ⅱ—孔木 91）

"右"表明此处记录也是统计结果，此简应当也是记录粮食出入帐簿的一部分。相关遗址还出有很多记载粮食数量的残简，大多应是此类簿、券。

然而即便是有仓廪屯粮的保证，在一些特殊时节，还是可能出现粮食物资供给不足的情况，如：

> 宜渐节省，使相周接☒（L. A. Ⅲ. j . 12—沙木 830）
> ☒今权复减省督将吏兵所食，条所减（L. A. Ⅲ. j . 26—沙木 826）

这种所谓"节省""减省"，很可能就是因为某种难以预见的情况，使粮食供给出现了问题，不得不减少吏兵供应量。这也从另一角度说明了西域屯田事业之重要性。

（二）戍边

1. 戍卒生活

土垠遗址出土简牍中，有一批记录边防戍卒情况的簿籍，比较完整的如：

> ☒里公乘史陆家属畜产衣器物籍（罗布 27）
> 霸陵西新里田由☒（罗布 29）
> 应募士长陵仁里大夫孙尚☒（罗布 30）
> ☒□小卷里王护（罗布 32）

罗布 27 简自称为记录名为史陆之人的家属、畜产、衣器物的"籍"。"公乘"为爵位自不待言，只是可惜此简断裂，表明其原本籍贯的记录只残存一"里"字。据陈直先生研究，居延、敦煌出土汉简的戍卒户籍，先书身份、次郡县里名、次姓名、次年龄，而骑士名籍则不称郡名及年龄。① 如此看来，罗布 30 简比较符合这种书法，"应募士"为身份、"长陵"为县名、"仁里"为里名、"大夫"为爵位、"孙尚"为姓名，但无年龄。罗布 29 简与此类似，但无身份。罗布 30 简与罗布 27 简相合，或正可组成一个名籍中记录某位戍卒的完整书式。另有一件记录相对详细的木简：

---

① 陈直：《居延汉简研究》，天津古籍出版社，1986，第 19 页。

土南阳郡涅阳石里宋利亲 ^{妻玑年卅}_{私从者同县籍同里□□} 　（罗布 34）

此简在宋利亲下，又记录了他的妻子和私从的情况。从内容上判断，很可能是户籍的具体内容。

这些簿籍使我们对戍卒的情况有了一个基本认识。从籍贯来说，这些戍卒应当都来自内地，霸陵与长陵在关中，南阳在河南，都是中原腹心地区。他们来到西域戍边有的也是拖家带口，上引罗布 34 简中的宋利亲就有妻子和私从。而如罗布 27 简所载，他们的家属、畜产、衣器物等信息都要登记在籍，说明对这些戍卒及其家人的控制还是比较严格的。又如：

右六人，其二亡出，四出妻子（罗布 35）

很可能就是对逃亡人口的统计。戍卒及其家属的口粮可能也是官给，例如：

悝私从者大男□　六月乙丑尽七月积一月十二日食粟四石二斗（罗布 40）

□□□□□家属六人，官驼二匹，食率匹二斗（罗布 41）

就是统计私从者、家属等食用的帐簿。

楼兰地区出土魏晋简牍中，戍卒多以部为单位进行编制，部则以将的名字称，如：

将梁惠部　卅二人　七月二日（L. A. Ⅱ . ⅱ ─孔木 113）

□徐部百一人 ^{其七十}_{卅一人留} 　（L. A. Ⅱ . ⅱ ─孔木 48）

孔木 113 简中所谓"将梁惠部"就是指将梁惠所领之部，戍卒大多以此编制，前文提到的屯田劳作事务，就是以部为单位进行的。楼兰简牍中此类例子甚多，不再一一列举。孔木 48 简中提到徐部有百一人，似乎是已见简牍中涉及某部人数最多的简，我们或可据此猜测，一部士兵的总数可能大致就是一百人上下。简中亦对每部士兵的状态进行了统计，说明部兵的管理也是比较严格的。

2. 兵器装备

戍卒守卫边疆，必然要有完善的武器装备，涉及兵器领授的事宜当亦不少。新疆出土简牍中，也确实有一些关于兵器及相关武备出入的簿、券。例如：

入杜督部兵数　　　　　　　　　　（正面）

入 敦煌兵王得仁等鐗十一枚　　同 泰始五年六月十七日监藏掾赵辩
胡斧五枚获剑一枚今还　　　 杨 得 都 佰 韩 应 ……　　（背面）

［L. K—橘木（1）1］

此件简牍为日本大谷光瑞探险队掘得者，从开头之"入"字及半个"同"字看，此简为兵器入券，是一式两份之券书的左券，正与上文引到的几件以"出"开头的右券简牍相对应。其两栏的记载方式也大致与出券相似。此类武器装备统计及相关簿、券还有很多，由此可见，斧、剑等武器装备出入仓库，也是要有严格的审查和记录的。土垠遗址出土汉简中，也有类似武器装备的统计，如：

☑五石具弩一☑
☑承弦二　　 ☑
☑猣丸一　　 ☑（罗布52）

装备缺失的情况，也会有详细的报告，例如：

□吏赵辩弓箭未具□（L. A. Ⅵ. ⅱ—侯木：023）
刘得秋失大戟一枚、盾一枚、皮韦兜鍪一枚（正面）
胡支得失皮铠一领、皮兜鍪一枚、角弓一张、箭卅枚、木桐一枚。高昌物故（反面）（L. A. Ⅱ. ⅱ—孔木104）

可见，没有配齐装备或者遗失装备的情况，也是有严格统计的。侯木：

023 简中，赵辩身为吏也要配备弓箭，似乎也暗示我们这些戍边的吏在特殊时刻也要参加战斗。

（三）交通

1. 邮传

汉晋时期，为了保持中原与西域的联系、维护丝绸之路的畅通，中原地区的交通措施和制度也在西域得到了贯彻、实施。其中，我们就发现了汉晋邮传制度进入西域的证据，例如：

> 居卢訾仓以邮行（罗布 13）
> ……以邮行
> ……曹史梁□言事
> 泰始……月十日丙辰言（L. E. Ⅰ.6—马木 248）

邮传制度，是中国古代重要的信息传递系统。所谓"以邮行"，就是邮传系统传递文书的一个重要方式，其具体方法是利用"邮""亭""驿"等设在各地的机构，一站站地传送文书或其他物品。[①] 上引两件一为汉简，一为西晋泰始年间封检，其中都出现了"以邮行"，而且包含类似字样的简牍还有不少，这说明汉晋邮传制度在西域地区同样得到很好的贯彻、执行。

2. 过所

除了邮传制度，过所也是与交通有关的制度。汉唐之时居民出行迁徙受到限制，只有申请过所才能出行。尼雅出土汉文简牍中，相当一部分与过所相关。编号为 N. xv. 109 + N. xv. 123、N. xv. 353、N. xv. 116、N. xv. 42 的 4 件简牍，[②] 经王国维考释，其内容皆与过所之行用有关。此外，我们还可以看到一些直接反映过所内容的简牍，如：

> 月支国胡支柱，年卅九，中人，黑色（N. xv. 53）
> □异，年五十六，一名奴，中人，髭须仓白色，着布袴褶，泸履

---

① 可参考高敏《秦汉邮传制度考略》，《历史研究》1985 年第 3 期，第 69~85 页。
② 分见《中国简牍集成》卷 20，第 2350、2351、2352、2355 页。

(N. xv. 192+N. xv. 02)

　　男生，年廿五，车牛二乘，黄犇牛二头（N. xv. 61）

这3件简牍的内容都是对通关人员外貌、衣着的具体描述。第一件内容相对简略，只记载国籍、姓名、年龄、身量和肤色。第二件则更标出特殊身份（奴）、有髭须，并记录了衣着。第三件则有关于车牛的记载。由此可见，过所的重要内容之一，就是记录持过所人的体貌等特征及车牛等事项。另外，N. xv. 116号简：

　　　　右一人属典客寄□织钱佛屠中，自赍敦煌太守往还过（N. xv. 116）

提到在敦煌太守处申请过所，说明敦煌太守具有发放进入西域的过所的权力。居延汉简中，也保存有相当数量的汉代过所，其中大多数记载了申请过所的各种事由，也能反映过所申请的程序。[①] 由此也可知，汉代的过所内容是要包括相关人员申请理由等内容的，晋代的过所大致也应如此。而这批尼雅出土简牍中的过所，则以记录相关人员体貌特征、携带物品等内容为主，正可与居延汉简互补。尼雅虽深居沙漠腹地，但地处丝路要冲，同样发现不少过所，可见魏晋时期中原王朝的交通制度在西域大地贯彻实施一样有力。

（四）丝路贸易

1. 丝绸贸易

丝绸之路因丝绸而得名。丝绸曾是丝路贸易物品的大宗。我们也确实在汉晋时期的西域简牍中发现了大量丝绸及丝绸买卖相关的内容。

　　以籴谷贷□，见綵籴谷□贷綵十八匹，谨案文书（L. A. Ⅵ. ⅱ. 03—沙木853）

　　兵胡腾宁市青旃一领，广四尺六寸　　（正面）

---

　　① 陈直：《汉晋过所通考》，《历史研究》1962年第6期，第145~148页。

　　长丈一尺；故黄帉褶一领，贾绦三匹　　　（反面）　　（L. A. Ⅵ. ⅱ. 0213—沙木 804）

"绦"是丝绸的一种，西域简牍中常见绦，说明此类丝织品流通极广。沙木 853 简内容大致是要用籴谷来借贷丝绸。而沙木 804 简则是士兵胡腾宁用青、黄帉褶换取绦三匹，是用衣物交换丝绸的记录。这或许可以表明丝绸作为丝路贸易的主要商品，流通量非常大。因为丝绸贸易具有不同于一般的地位，西域各国在行用银钱外，似也会以丝绸作为一般等价物。除了丝绸成品外，生丝也会流入西域，例如：

　　右五颜丝各一纠　（L. A. Ⅵ. ⅱ. 023—沙木 843）

记录了五种颜色的丝，此处的丝便应当是尚未做成丝绸的生丝。

　　除了日常贸易外，驻守西域的官方仓库中，也储存有大量丝绸。楼兰出土简牍中，就常见记录布帛出入的簿、券。例如：

　　出　敦煌短度绦廿匹　　同　泰始五年十一月五日从掾位马厉主者王贞从
　　　　给吏宋政籴谷　　　　　　掾位赵辩付从吏位宋政　　　　（正面）

　　功曹阙□　　　　　　　　　　　　（背面）（L. A. Ⅱ. ⅱ—孔木 102）

简中"出"字、半个"同"字，表明此简亦是关于敦煌绦的给出券。其格式大致与上文提到的粮食给出券（孔木 50 简）类似，上栏记载出绦规格、匹数和用途，下栏记载日期和经手官吏姓名。背面是级别较高的长官签字。这里的"敦煌短度绦"中之"短度"，据胡平生推测，当为一种标识布帛长短规格的单位。[①]"敦煌"可能是产地的标识。可见，此类券书可能是要对布帛的长短规格和产地有明确标注。同样，楼兰遗址中也见有记载布帛出、入的帐簿，例如：

　　□匹贾　长度绦二匹　　　寄藏（L. A. Ⅵ. ⅱ. 0154—沙木 812）
　　　　　　短度十四匹
　　出余绦七匹又一匹毡布十三匹　（L. A. Ⅱ. ⅱ—孔木 103）

————————

　① 胡平生：《楼兰木简残纸文书杂考》，第 89 页。

从入三百一十九匹，今为短度绿四千二百廿六匹（L. A. Ⅱ. ⅱ—
孔木 46）

孔木 46 简中，一次就入库丝绸三百余匹，库存量也达到了四千余匹，这一
数量是相当庞大的。这一方面能说明官府将丝绸作为重要物资储备，另一
方面也能说明中原丝绸流入西域数量之多。

2. 胡商

作为丝路贸易的重要成员，胡商在丝路贸易中起到至关重要的作用。
西域简牍中也有若干关于胡商的记录。其中最著名的便是下简：

☑同 建兴十八年三月十七日粟特胡楼兰☑
一万石钱二百☑ （正面）

功曹□　主薄□ （反面）（L. A. Ⅰ. ⅱ. 1—沙木 886）

简中出现"粟特胡"的字样。众所周知，粟特人是以经商见长的一个中亚
民族，为了追寻丝路贸易，他们的足迹遍及丝路沿线。此简便表明粟特人
魏晋时期亦曾在楼兰地区活动，从事相关的经营。① 另外，有些简牍也能
提示胡商的存在，如：

☑诸州郡下记贾胡著名户（L. A. Ⅵ. ⅱ. 044—马木 226）

此简很像是中央下达各州郡的文书，传达到西域，或可说明此地胡商亦不
少。胡商的往来进一步促进了丝绸之路贸易的繁荣。胡商携货往来于丝路
之上，当为平常景象，也有简牍与此相关，为：

☑□姜南乡货物☑ （N. Ⅴ. N. xv. 78）

具体货品虽已缺失，但交通路线上曾有各类货品东往西来，而且在汉晋政
府管理之下，可于此透见。

尼雅遗址出土简牍中，也有类似的关于胡人的记载，如：

——————————

① 关于简牍内容的解读，详见胡平生《楼兰出土文书释丛》，第41、42 页。

月支国胡支柱，年册九，中人，黑色（N. xv. 53）

月支国胡支☒（N. xv. 191）

月支国胡，就是指来自汉晋时期大月支（氏）国的胡人。众所周知，西域胡人以汉文书写名字时，通常是以国名为姓，上引两件简牍中的月支国人均姓支便是如此。关于月氏人的人种及族属问题，历来争论不休，亦有认为月氏人为东迁之雅利安人者。① 此简明确标示月支国胡为"黑色"，当是指其肤色较一般汉人为黑，可为这一问题讨论提供重要的思考点，说明在月氏人中，确有一部分属于肤色较黑的人。这两名胡人出现在过所中，从身份上看并不像地位较高的使者，很可能也是在丝路上往来经商的商人。

（五）典籍文化

1. 汉字

汉代以后，随着中原王朝开拓西域的步伐，汉地的礼仪、文化也进入西域地区并逐渐拓展其影响。中原文化最具代表性的符号无疑就是汉字。汉文简牍出土于西域，本身就可以说明汉字在西域的流行与应用。更能具体说明这一问题的，是字书《仓颉篇》在西域的出现。《仓颉篇》简一共两枚，是20世纪90年代林永健在尼雅遗址采集到的，第一枚简内容为：

溪谷阪险，丘陵故旧，长缓肆延，涣□（N14：1）

该简背面亦有文字，但漫漶不可释读。第二枚简牍的文字也同样难以辨认。《仓颉篇》是以教人识字为目的的小学类著作，流行于秦汉，在居延、敦煌等出土汉代简牍中比较常见。其在西域出土，意义更显重大，它清楚表明汉晋王朝统有西域后，随即在西域地区推行汉字教育的努力。

另有一枚楼兰出土木简：

---

① 例如羽田亨《西域文化史》，耿世民译，新疆人民出版社，1981，第7页；王青《也论卢水胡以及月氏胡的居处和族源》，《西北史地》1997年第2期，第25~30页。

敦煌敦煌煌煌煌煌　　　敦煌敦煌　　泰泰始四年（L.A.Ⅱ.ⅱ—孔木 116）

敦煌的"煌"被重复书写，很明显是习字，体现着一种更好地掌握书写汉字能力的追求，正可与《仓颉篇》简相呼应。

进入西域的汉人习用汉字自是平常，西域当地居民也学习、使用汉字，则有力说明汉文化教育在西域取得可喜的成果。斯坦因在尼雅掘获的一批东汉简牍，便可说明这一问题：

大子兵夫人叩头，谨以琅玕一致问　　（正面）

夫人春君　　　　　　　　　　　　　（反面）（N.xⅳ.ⅲ.1）

臣承德叩头，谨以玫瑰一再拜致问　　（正面）

大王　　　　　　　　　　　　　　　（反面）（N.xⅳ.ⅲ.2）

王母谨以琅玕一致问　　　　　　　　（正面）

王　　　　　　　　　　　　　　　　（反面）（N.xⅳ.ⅲ.4）

奉谨以琅玕一致问　　　　　　　　　（正面）

春君，幸毋相忘　　　　　　　　　　（反面）（N.xⅳ.ⅲ.5）

休乌宋耶谨以琅玕一致问　　　　　　（正面）

小大子九健持　　　　　　　　　　　（反面）（N.xⅳ.ⅲ.6）

苏且谨以琅玕一致问　　　　　　　　（正面）

春君　　　　　　　　　　　　　　　（反面）（N.xⅳ.ⅲ.7）

苏且谨以黄琅玕一致问　　　　　　　（正面）

春君　　　　　　　　　　　　　　　（反面）（N.xⅳ.ⅲ.8）

君华谨以琅玕一致问　　　　　　　　（正面）

且末夫人　　　　　　　　　　　　　（反面）（N.xⅳ.ⅲ.10）

这批简牍为赠送礼品时所用之函札，应是系于礼品函之上。正面书写的是送礼者及礼物名称，背面书写的是受礼者姓名。出现在其中的人物有"大王""王母""臣承德""小大子九健持""大子兵夫人""夫人春君""且末夫人"等，从身份上看都是精绝的王室成员等核心人物。值得注意的是，他们互相赠送礼品也要用汉字书写函札。其中"休乌宋耶""苏且""九健持"等是很典型的精绝人姓名，却也同样使用汉字。这应能够说明，在精绝国上层，汉字已经成为通行的主要文字，或主要文字之一。

2. 典籍

以汉字为载体，汉文典籍也得以传入西域，如黄文弼发现的土垠遗址的《论语》残简：

亦欲毋加诸人。子曰："赐非 （罗布 59）

此句出自《论语·公冶长》，今本作："子贡曰：'我不欲人之加诸我也，吾亦欲无加诸人。'子曰：'赐也，非尔所及也。'"与此简文字稍有出入。作为儒家经典的《论语》也是具有标志性意义的文化符号，它的西传也表现出中原王朝推行汉文化的努力。

3. 医学

汉晋西域所见汉文简牍中，有一些与医药有关，说明中原的医药技术也在此时流布西域，例如土垠遗址出土汉简中便有：

没盐中女子二七□为□男子□□□月 月　□☑
治大风烦心□□□□□出恶风，头惠，项直，□□☑　　（正面）
□□四分　□☑
人参二分　□☑　　　　　　　　　　　　　　　　　（反面）
（罗布 39B）

"大风烦心""出恶风，头惠，项直"等用语，明显是在描述疾病症状。其后之"□□四分""人参二分"便应是治疗这种病症的药物。故此简极有可能是药方或者医书的一部分。

楼兰出土魏晋简牍中，也有大量与药物相关者，如：

承　　前桔梗八两☑（L. A. Ⅵ. ii. 0168—沙木 782）
承　　前桔梗八两☑（L. A. Ⅲ. i. 19—沙木 783）
前茱萸五升，称得☑（L. A. Ⅲ. i. 19—沙木 784）

承　　　前大黄……（L. A. Ⅲ. i . 19—沙木 786）

桔梗、茱萸、大黄是十分常见的中药材。还有记录成药者，如：

☑监藏史虞及属□，出注丸五□丸☑（L. A. Ⅵ. ii . 0120—沙木 796）

承前注丸二百七十二丸☑（L. A. Ⅵ. ii . 0108—沙木 785）

□发寒散五合□（L. A. Ⅵ. ii . 0195—沙木 790）

中医制作之成药，多有以丸称者，故怀疑此处的"注丸"可能是某种成药。而"发寒散"则更似是治疗疾病的药物。如此大量关于药材、成药的记载，说明中原的汉医药学已经在西域大地生根发展。实际上，汉代之后汉医药学对中、西亚医药学也产生了积极的影响。

三　从简牍看汉晋西域

（一）屯田、戍边与西域开拓

屯田与水利建设对于中原王朝在西域的统治至关重要。从上文讨论的西域简牍中所反映的情况看，汉代以后是在西域进行了相当规模的屯田。然而当西汉王朝初入西域之时，并未以屯田为意，以致往来使者及征行军旅的粮食都得不到充足的供给。最著名的例子便是贰师将军李广利两次征伐大宛。据《史记·大宛列传》所载："贰师将军军既西过盐水，当道小国恐，各坚城守，不肯给食。攻之不能下。下者得食，不下者数日则去。比至郁成，士至者不过数千，皆饥罢。"[1] 散落塔里木盆地中的小国，各占绿洲，只要其闭门自守不提供粮食，便再无他处可寻供给。贰师将军万里迢迢远征大宛，却因粮食供应不足，最终铩羽而归。李广利二征大宛时，动用"牛十万，马三万余匹，驴骡橐它以万数。多赍粮，兵弩甚设，天下骚动"。[2] 此次虽然征下大宛，但付出了沉重的代价。除去征伐，汉家使者

---

① 《史记》卷一二三《大宛列传》，第 3175 页。
② 《史记》卷一二三《大宛列传》，第 3176 页。

往来西域也常苦于供给不足。而汉使的频繁往来也给农业本就欠发达的绿洲国家造成了很大的负担，如《汉书·西域传》所载"使者相望于道，一岁中多至十余辈。楼兰、姑师当道，苦之""敦煌、酒泉小郡及南道八国，给使者往来人马驴橐驼食，皆苦之"等，① 便是如此。过度的供给需求，也成了绿洲国家不愿全心全意服从汉朝的一个重要原因。

有鉴于此，汉王朝决定在西域进行屯田，这也是在实践中获得的最重要经验。"自贰师将军伐大宛之后，西域震惧，多遣使来贡献，汉使西域者益得职。于是自敦煌西至盐泽，往往起亭，而轮台、渠犁皆有田卒数百人，置使者校尉领护，以给使外国者"，② 便记录了汉代最早推进屯田的情形。土垠遗址出土汉简中的"居卢訾仓"，便应是汉代西域屯田的成果之一。王炳华先生通过在土垠遗址进行实地考察，根据当地的地理环境推测，土垠遗址确实有进行屯田耕作的条件。③ 黄文弼在土垠遗址发现的古渠和柳堤遗迹，也清楚地显示此处有用于耕作的水利设施建设。④ 也正是因为屯田提供了足够的供给，汉朝的士兵才得以长期驻守西域，维护交通通畅。据《汉书·赵充国传》："愿罢骑兵，留弛刑应募，及淮阳、汝南步兵与吏士私从者，合凡万二百八十一人……分屯要害处……谨上田处及器用簿，唯陛下裁许。"⑤ 可知汉代西北屯田，有来自内地淮北、汝南的步兵及吏士私从者，正与土垠遗址出土简牍所反映的士卒祖籍霸陵、南阳的情况相符。又可知屯田机构掌握详细的"田处及器用簿"，罗布 27 简中对家属、畜产、衣器物的统计，正与此相合。《汉书·晁错传》："然令远方之卒守塞，一岁而更，不知胡人之能，不如选常居者，家室田作，且以备之……先为室屋，具田器……皆赐高爵，复其家。予冬夏衣，廪食，能自给而止。"⑥ 这段记载说明招募各色人等屯田的措施，罗布 30 简中的"应募士长陵仁里大夫孙尚"，便当是应募而来的屯田者。这些也能说明土垠遗址出土的与戍卒相关的简牍，正反映了典籍记载的历史情况。

---

① 《汉书》，卷九六上《西域传上》，第 3876、3893 页。
② 《汉书》，卷九六上《西域传上》，第 3873 页。
③ 详见王炳华《"土垠"遗址再考》，第 74~76 页。
④ 黄文弼：《罗布淖尔考古记》，第 111 页。
⑤ 《汉书》卷六九《赵充国传》，第 2986 页。
⑥ 《汉书》卷四九《晁错传》，第 2286 页。

西域屯田在很大程度上解决了汉代以来中原王朝统治西域时的粮食供应问题，以屯田为基础，汉晋中原王朝就可以进一步维护西域的稳定。往来使者的粮食供应得到保证，中原与西域各国的交通更加通畅，政治、文化上的交往也更加频繁，远在中亚的康居、西亚的安息诸国都曾派使者进入中原。借此，中原王朝和西域各国互相之间的了解更加深入，张骞出使西域时的陌生感被逐渐加强的互利、互信关系所取代。同样，在屯田的背景下，士卒得以长期驻守西域，保护中原与西域交通路线的安全。这也使得汉朝在与匈奴争夺西域过程中逐渐占得优势，稳定了西域局势。一直到魏晋时期，中原王朝在西域的据点都是以屯田为基础。例如西域长史长驻楼兰，就是以大规模屯田为支柱。总之，汉晋西域屯田，为维护西域的稳定和通往中原的丝绸之路的畅通提供了基础。

（二）交通、丝绸与丝路贸易

张骞凿通西域之后，汉代在丝路沿线广设亭障以备匈奴。如《史记·大宛列传》中"而敦煌置酒泉都尉。西至盐水，往往有亭"，[①] 以及《汉书·西域传》中"于是自敦煌西至盐泽，往往起亭"，[②] 便记录了这一历史情形，说明自敦煌通达楼兰的交通得到了很大保障。武帝时桑弘羊亦曾提出"梢筑列亭，连城而西，以威西国，辅乌孙，为便"，[③] 试图进一步将亭的建设延伸到西域更远的地方，可见亭对于维护稳定和交通还是具有重要意义。可惜汉武帝因为边疆政策的转变否决了这一提议，所以终汉一代，西域也没有进行全面的大规模亭障建设。但在丝路沿线仍然有亭的设置。位于新疆拜城县的著名的东汉永寿四年（158）"刘平国刻石"，便记录了龟兹左将军刘平国设置关亭的事迹。[④] 亭，虽然主要是起着军事作用，但亭之所在往往有馆舍，可以提供食宿，而且邮政传递也往往以亭为载体。所以亭的建设不仅可以保护丝路安全，也为交通的通畅提供了必要的基础设施。罗布13简中的"以邮行"便应当是以通往西域的列亭为基础运行的。

---

① 《史记》卷一二三《大宛列传》，第3179页。
② 《汉书》卷九六上《西域传上》，第3873页。
③ 《汉书》卷九六下《西域传下》，第3912页。
④ 拓片见新疆维吾尔自治区博物馆编《新疆出土文物》，文物出版社，1975，图41。

在交通得到保证的前提下，商旅得以畅通地往来于中原与西域，丝路贸易也十分活跃。汉代无论是中原还是西域各国，都有很多冒用使者名号实则经商贸易者，使得使者的数量显得相当庞大，正如《史记·大宛列传》所载"而天子好宛马，使者相望于道。诸使外国一辈大者数百，少者百余人……汉率一岁中使多者十余，少者五六辈，远者八九岁，近者数岁而反"，① 他们多"私县官赍物，欲贱市以私其利外国"，② 实际上促进了贸易的发展。而西域各国来的使者更是"奉献者皆行贾贱人，欲通货市买，以献为名"，③ 借着进贡的名义进行商品买卖。自魏晋起，中亚粟特人逐渐成为丝路贸易的主要经营者，他们往来于丝路沿线各国，极大地促进了丝路贸易的繁荣。前引出土于 L. A. I. ii 遗址的沙木 886 简，便清楚地显示前凉建兴年间，粟特商人已经进入楼兰地区从事贸易活动。与该简同时，斯坦因还掘得了几件粟特文简牍，都与粟特人的活动有关，其中 L. A. Ⅳ. ii 0104 由赖歇尔特（H. Reichelt）发表，④ 另有 4 件由英国粟特语专家辛姆斯·威廉姆斯（N. Sims-Williams）刊布。⑤ 这批材料大致都是北凉时期的，它们证明从这一时期开始，粟特商人便在丝路贸易中扮演了重要的角色。

随着丝路贸易的发达，中原的丝绸等物品大量流入西域，原产于西域的各种物品也逐渐进入中原。在汉代引入中原的西域物品，有苜蓿、石榴、名马等动植物，也有玻璃器皿等器物。而原产于中原的货物则是以丝绸为大宗。《太平御览》卷九八二《香部》中有："班固与弟超书曰：'窦侍中令载杂缭七百匹，市月氏苏合香。'"又卷八一四《布帛部》："班固与弟书云：'今赍白素三百匹，欲以市月支马。'"⑥ 班固写给其弟班超的书信原文已然不存，我们只能从《太平御览》中窥见一二，其中记载的用杂缭七百匹购买苏合香、以白素三百匹买月支马两事，正能说明汉代中原

① 《史记》卷一二三《大宛列传》，第 3170 页。

② 《史记》卷一二三《大宛列传》，第 3171 页。

③ 《汉书》卷九六上《西域传上》，第 3886 页。

④ H. Reichelt, *Die soghdischen Handschriftenreste des Britischen Museums*, Ⅱ, Heidelberg, 1931, p. 42.

⑤ N. Sims-Williams, "The Sogdian Fragments of the British Library", p. 43, n. 10; F. Grenet and N. Sims-Williams, "The Historical Context of the Sogdian Ancient Letters", *Transition Periods in Iranian History*（*Studia Iranica, cahier* 5）, Leoven, 1987, p. 111, n. 42.

⑥ 《太平御览》卷九八二、卷八一四，中华书局，1966，第 4347、3618 页。

以丝绸交换西域商品的历史实际。百余年的新疆考古，也陆续发现了大量汉晋时期丝绸实物。在距离楼兰遗址不远的营盘遗址，发掘清理出数量众多的汉晋时期丝织品，有绢、纱、绮、绫、锦等各种织物。[①] 1995 年在尼雅 95MNⅠM8 墓中，也出土了大量精美的汉代丝绸。[②] 土垠、楼兰等遗址中出土的大量关于丝绸布帛的简牍，也反映了这样一种丝绸贸易繁盛的场景。

（三）文化、技术与东西交流

从汉晋西域简牍出土情况看，汉字及中原典籍确实在此时已经逐步传入了西域。虽然我们难以在传世史书中找到西域地区行用汉字的记载，但简牍以外的其他考古资料，还是能够为我们提供宝贵的旁证。例如，前文根据尼雅遗址出土的"且末夫人"等往来礼品函札，提出汉代精绝国上层已经开始接受汉字，我们也同样可以从尼雅遗址出土其他文物看出这一点。同墓出土的一件陶罐上，写有"王"字，更清楚地表明精绝国王室对于汉字的认同。[③] 这也是汉字逐渐被西域地区接受的一个缩影。

汉文典籍方面，除了土垠遗址出土的罗布 59 简《论语》外，西域地区还出土了一批典籍类的纸文书，正可与此相印证。例如，斯坦因于楼兰遗址掘得的纸文书：

　　☑子曰学
　　◎◎◎◎而　　　　　　　（正面）
　　君君□□□
　　子曰来复想
　　想想　　　　　　　　　（反面）（L. A. Ⅳ. ⅴ. 027—马纸 191）

---

① 1989 年营盘墓地清理资料见《新疆尉犁县营盘古墓调查》，《文物》1994 年第 10 期，第 29~30 页；1995 年发掘资料可参考李文瑛、周金玲《营盘墓葬考古收获及相关问题》，《新疆维吾尔自治区丝路考古珍品》，上海译文出版社，1998，第 63~76 页；《新疆尉犁县营盘墓地 15 号墓发掘简报》，《文物》1999 年第 1 期，第 15~16 页。

② 于志勇：《新疆民丰县尼雅遗址 95MNⅠ号墓地 M8 发掘简报》，《文物》2000 年第 1 期，第 4~40 页；《新疆尼雅遗址 95MNⅠM8 概况及初步研究》，《西域研究》1997 年第 1 期，第 1~10 页。

③ 于志勇：《新疆尼雅遗址 95MNⅠM8 概况及初步研究》，第 2 页。

一望便知，"子曰学而"取自《论语·学而》："子曰：'学而时习之，不亦说乎？'"那这件纸文书便是与《论语》抄写有关，也可说明西域确有人在努力习学经典《论语》。除此之外，楼兰、吐鲁番等地也出土了不少魏晋北凉时期的典籍类文书，能够充分说明汉文典籍在西域的流布。

生产技术方面，中原对西域影响最为深远的，便是水利技术。受地理、气候环境限制，西域各国大多以绿洲农业生产为主。这些绿洲国家一般将居民点选在水势较缓的内陆河尾闾地带，以便于取水，楼兰、精绝等国都是如此。它们的农业生产也依赖于河水，因此农田的规模都很小。要想扩大生产就必须进行大规模的水利建设。随着汉晋中原王朝在西域进行屯田，中原先进的水利技术也被引入西域，极大地促进了西域地区的农业生产水平。其中一个最为著名的例子，便是《水经注》卷二所记索劢屯田楼兰、进行水利建设的故事。① 1965 年，水利工作者饶瑞符在米兰古堡发现了大型水利工程遗址。这一水利工程主要由一条干渠和七条大型支渠构成，渠道覆盖范围内有古代屯田遗迹。根据饶瑞符的研究，遗址内渠道的分布十分合理，可以保证全区内所有土地都能上水。古灌溉区面积也达到了 4.5 万亩，其中曾经进行农业生产的有 1.7 万亩。② 米兰古堡正当汉代伊循之地，根据渠道与寺院的叠压关系，可以判定此水利遗址的时代为汉代。西汉傅介子刺杀楼兰王后，汉更立尉屠耆为王。尉屠耆便建言："国中有伊循城，其地肥美，愿汉遣一将屯田积谷，令臣得依其威重。""于是汉遣司马一人吏士四十人田伊循以填抚之。"③ 米兰发现的水利遗址，便正是伊循屯田的遗迹。米兰有如此大规模的水利设施，也证明汉代因为中原水利技术的引入，在西域地区进行的水利建设也达到了很高的水平。这也与上文讨论的孔木 2 简中的"大涤"、孔木 5 简中的"镇军堤"相呼应，共同说明了中原水利技术在西域行用，而这也保证了汉晋西域大规模屯田的开展。

汉代以前，新疆地区并未见出土过犁类的生产工具，说明此时西域并未大规模使用犁耕技术。随着汉晋时期中原在西域的屯田，犁耕技术也随

---

① 郦道元著，陈桥驿校证《水经注校证》，中华书局，2007，第 37 页。
② 饶瑞符：《米兰古代水利工程与屯田建设》，《干旱区地理》1982 年第 Z1 期，第 56～61 页。
③ 《汉书》卷九六上《西域传上》，第 3878 页。

之被引入西域。在今新疆伊犁地区昭苏县的一座西汉时期乌孙古墓中，出土有一件铁铧，这也是新疆出土的时代最早的一件犁铧类农具。① 据《汉书·西域传》："后乌就屠不尽归诸翕侯民众，汉复遣长罗侯惠将三校屯赤谷，因为分别其人民地界。"② 可知西汉已然在乌孙屯田，这件出土铁铧便极有可能是这时由中原屯田吏卒引入的。在拜城县克孜尔石窟第 175 窟中，有一件壁画生动地描绘了二牛抬杠的犁耕场面，其时代很可能为晋。③ 吐鲁番阿斯塔那墓地出土的晋墓纸画中，也有表现犁耕场景的。④ 这些都与前文所引沙木 755 简呼应，证明汉晋中原犁耕技术对西域产生了重要的影响。

四　简牍反映的汉晋统治西域政策的历史意义

汉晋时期，以塔里木盆地为中心的西域具有十分独特的地理和人文环境，维护这一地区的稳定和繁荣，是一项非常艰巨的任务。新疆出土的汉文简牍，充分说明汉晋中原王朝出色地完成了这一任务，这也给了我们很多非常重要的启示。

虽然新疆出土汉文简牍数量并不算多，但从已见简牍出土地点分布上，还是可以看出汉晋西域交通的一些特点。首先，汉晋西域经营的重点是在南道。汉代丝绸之路有南、北道之分，南道自鄯善沿昆仑山北麓至莎车，北道则是经车师前王庭沿天山行至疏勒。汉以后的情形也大致与此相同。但是北道经常受到游牧民族的侵扰，并不易通行，南道的交通更便利一些。这一时期的汉文简牍，集中出土于楼兰、尼雅附近，正当丝路南道，而北道各个重要遗址却没有见到简牍出土，这也可以从一个侧面说明，中原王朝经营的重点在南道。其次，居卢訾仓是汉代西域交通的中心之一。土垠遗址即是汉代居卢訾仓。从这里出土的简牍内容来看，居卢訾仓不仅是一处重要的屯田地点，更是交通的重要枢纽。例如罗布 13 简中的

---

① 穆舜英、王明哲、王炳华：《建国以来新疆考古的主要收获》，《新疆考古三十年》，新疆人民出版社，1979，第 8 页。

② 《汉书》卷九六下《西域传下》，第 3907 页。

③ 阎文儒：《新疆天山以南的石窟》，《文物》1962 年第 7~8 期，第 45 页。

④ 《新疆出土文物》，图版四十五。

"居卢訾仓以邮行"，说明其为汉代邮传制度中的一个重要站点。又如罗布12 简"龟兹王使者二□⃞"，说明居卢訾仓也是接待外国使者往来的一个重要处所。最后，东汉以后，楼兰不仅是西域长史驻地，更是西域的政治中心和屯田中心。在楼兰遗址出土了大量的魏晋时期汉文简牍，内容涉及屯田、仓储、贸易等多个方面。这充分说明这一时期楼兰具有的重要地位。

　　塔里木盆地气候异常干燥，水资源紧缺，西域各族居民只能聚居于沙漠边缘的分散的绿洲中。受环境制约，在中原王朝势力进入西域之前，这一地区的农业生产状况还是比较落后的。例如前文所引的"使者相望于道，一岁中多至十余辈。楼兰、姑师当道，苦之"，[①] 充分说明了绿洲国家在汉代初通西域之时，无法供给往来使者的状况。然而在汉晋政府坚持在西域屯田的背景下，西域的绿洲农业得到了长足的发展。土垠遗址以及楼兰古城出土的大量与屯田及粮食供给相关的简牍，正可反映当地农业生产的进步。同样，如沙木 769、761 简所反映的，中原的水利技术也被引入西域，极大地改善了西域地区的农田水利状况。《水经注》中所记载的索劢修堤溉田折服西域各国的故事，正是发生在这样一种背景下。农业的发展和粮食储备的增加，为西域的稳定和发展提供了最基本的保证，汉晋时期丝绸之路的繁荣都是建立在此基础上的。这也提示我们，维护西域地区的稳定，促进地区经济发展是首要一环。

　　西域一直是一个多民族共存、多种文化交融的地区，中原王朝要贯彻这一地区的统治、维护地区稳定，就必须采取一些有效的文化政策。从汉晋西域简牍所反映的情况看，汉晋中央政府在西域地区推行了语言、文字、文化思想教育。在尼雅发现的《仓颉篇》以及出土于土垠遗址的《论语》，充分说明了汉字及汉文典籍在西域的行用。更重要的是，尼雅出土的 N.ⅹⅳ.ⅲ.1 等简牍表明，汉代精绝国王室成员开始以汉字作为日常行用的文字，充分说明汉代在西域推行文化政策的卓越成效。在不断的交流中，西域各国也仰慕并乐于接受中原的文字和文化。可以想见，推行文字和文化教育，对维护西域地区的稳定和加强双方理解，应当还是具有十分重要的意义。

---

　　① 《汉书》卷九六上《西域传上》，第 3876 页。

　　有一些观点认为，汉族移民大量进入新疆是在清代平定准噶尔之后。然而从西域汉文简牍的内容来看，自汉至晋，内地的汉人移民就已经开始不断进入西域地区，而且数量并不少。土垠遗址出土简牍中，就记录了一大批来自中原的戍卒。比如罗布 29 简中来自关中霸陵的田由、罗布 34 简中来自河南南阳郡的宋利亲。这些戍卒通常是协同亲属、私从等一起来到西域居住，随着大规模屯田和戍卫活动的进行，这些来自内地的移民大量进入西域。同时，他们也将中原比较先进的生产技术、丝绸、文字、医学等带入了西域，促进了西域经济、文化的繁荣，产生了深远的影响。由此可见，汉人移民西域，不仅时代很早，而且为西域发展做出了很多贡献。这对于我们理解西域历史具有重要的意义。

参考文献

一 古籍类（按四部分类排序）

《史记》，中华书局，1963。

《汉书》，中华书局，1964。

《后汉书》，中华书局，1965。

《三国志》，中华书局，1959。

《晋书》，中华书局，1974。

《魏书》，中华书局，1974。

《南史》，中华书局，1975。

《旧唐书》，中华书局，1975。

《新唐书》，中华书局，1975。

《宋史》，中华书局，1977。

《清史稿》，中华书局，1977。

《资治通鉴》，中华书局，1956。

吴兢著，谢保成集校《贞观政要集校》，中华书局，2009。

刘知几：《史通》，上海古籍出版社，2008。

林宝撰，岑仲勉校记《元和姓纂》，中华书局，1994。

李林甫等撰，陈仲夫点校《唐六典》，中华书局，1992。

长孙无忌等撰，刘俊文点校《唐律疏议》，中华书局，1983。

萧嵩等奉敕撰《大唐开元礼》，民族出版社，2000。

劳格、赵钺著，徐敏霞、王桂珍点校《唐尚书省郎官石柱题名考》，中华书局，1992。

　　杜佑撰，王文锦等点校《通典》，中华书局，1988。

　　王溥：《唐会要》，中华书局，1955。

　　郑樵撰，王树民点校《通志》，中华书局，1987。

　　宋敏求编《唐大诏令集》，中华书局，2008。

　　天一阁博物馆、中国社会科学院历史研究所天圣令整理课题组校证《天一阁藏明钞本天圣令校证（附唐令复原研究）》，中华书局，2006。

　　《令义解》，吉川弘文馆，1975。

　　崔寔撰，石声汉校注《四民月令校注》，中华书局，2013。

　　郦道元著，陈桥驿校证《水经注校证》，中华书局，2007。

　　慧超著，张毅笺释《往五天竺国传笺释》，中华书局，2000。

　　宗懔撰，宋金龙校注《荆楚岁时记》，山西人民出版社，1987。

　　李吉甫撰，贺次君点校《元和郡县图志》，中华书局，1983。

　　乐史撰，王文楚等点校《太平寰宇记》，中华书局，2007。

　　李志常撰，王国维等校注《长春真人西游记注》，广文书局，1972。

　　徐松著，朱玉麒整理《西域水道记》，中华书局，2005。

　　陈世桢修，徐鸿仪纂《兰州府志》，《中国古代方志集成·甘肃府县志集》（1），影印道光十三年（1833）刻本。

　　高锡爵修，郭巍纂《临洮府志》，《中国古代方志集成·甘肃府县志集》（2），影印康熙二十六年（1687）刻本。

　　呼延国华修，吴镇纂《狄道州志》，《中国古代方志集成·甘肃府县志集》（11），影印光绪间官报书局排印本。

　　王昶：《金石萃编》，《石刻史料新编》影印经训堂本，新文丰出版公司，1977。

　　方履籛：《金石萃编补正》，清光绪二十年（1894）上海石印本。

　　李筌：《神机制敌太白阴经》，《丛书集成初编》本，商务印书馆，1937。

　　曾公亮：《武经总要》，《四库全书》本。

　　黎翔凤撰，梁运华整理《管子校注》，中华书局，2004。

　　刘安编，何宁撰《淮南子集释》，中华书局，1996。

　　应劭撰，王利器校注《风俗通义校注》，中华书局，1981。

封演著，赵贞信校注《封氏闻见记校注》，中华书局，2005。

李涪撰，吴企明点校《刊误》，中华书局，2012。

李匡乂，吴企明点校《资暇集》，中华书局，2012。

宋敏求撰，诚刚点校《春明退朝录》，中华书局，1980。

黄伯思：《宋本东观余论》，中华书局，1988。

王谠撰，周勋初校证《唐语林校证》，中华书局，1987。

吴自牧：《梦粱录》，杭州人民出版社，1980。

杜台卿：《玉烛宝典》，《古逸丛书》影旧钞卷子本。

徐坚：《初学记》，中华书局，1962。

张鷟撰，田涛、郭程伟校注《〈龙筋凤髓判〉校注》，中国政法大学出版社，1996。

白居易：《白氏六帖事类集》，文物出版社，1987。

白居易原本，孔传续撰《白孔六帖》，上海古籍出版社，1992。

王钦若等编纂，周勋初等校订《册府元龟》，凤凰出版社，2006。

李复言撰，程毅中点校《续玄怪录》，中华书局，2006。

王仁裕撰，曾贻芬点校《开元天宝遗事》，中华书局，2006。

李昉等编《太平广记》，中华书局，1961。

李昉等编《太平御览》，中华书局，1966。

慧立、彦悰著，孙毓棠、谢方点校《大慈恩寺三藏法师传》，中华书局，2000。

圆照：《大唐贞元新译十地等经记》，《大正新修大藏经》0780《佛说十地经》，大正一切经刊行会，1934。

《大周刊定众经目录》，CBETA 2020. Q1, T55, no. 2153。

陶弘景撰，赵益点校《真诰》，中华书局，2011。

陈子昂：《陈子昂集》，中华书局，1960。

张说著，熊飞校注《张说集校注》，中华书局，2013。

张九龄撰，熊飞校注《张九龄集校注》，中华书局，2008。

王维撰，陈铁民校注《王维集校注》，中华书局，1997。

陆贽撰，王素点校《陆贽集》，中华书局，2006。

《柳宗元集》，中华书局，1979。

白居易撰，谢思炜校注《白居易诗集校注》，中华书局，2006。

胡广：《胡文穆公文集》，清乾隆十五年刻本。

欧阳询：《艺文类聚》，中华书局，1965。

李昉等编《文苑英华》，中华书局，1966。

董诰等编《全唐文》，中华书局，1983。

司马光：《司马氏书仪》，《丛书集成初编》本，商务印书馆，1936。

二 出土文献类（按分类及年代排序）

唐耕耦、陆宏基编《敦煌社会经济文献真迹释录》第 1 辑，书目文献出版社，1986；第 2~5 辑，全国图书馆文献缩微复制中心，1990。

小田義久主编『大谷文書集成』（壹—肆）法藏館、1984-2010。

中国社会科学院历史研究所、中国敦煌吐鲁番学会敦煌古文献编辑委员会、英国国家图书馆、伦敦大学亚非学院编《英藏敦煌文献（汉文佛经以外部分）》第 1~15 卷，四川人民出版社，1990~2009。

『トルファン古写本展』朝日新聞社、1991。

唐长孺主编《吐鲁番出土文书》（图录本）壹至肆，文物出版社，1992~1996。

上海古籍出版社、法国国家图书馆编《法藏敦煌西域文献》（1~34），上海古籍出版社，1995~2005。

陈国灿、刘永增编《日本宁乐美术馆藏吐鲁番文书》，文物出版社，1997。

東京大学史料編纂所編『大日本古文書（編年文書）』（卷一）東京大学出版會、1998。

杨文和主编《中国历史博物馆藏法书大观》第 11 卷《晋唐写经·晋唐文书》，东京柳原书店、上海教育出版社，1999。

沙知、吴芳思编著《斯坦因第三次中亚考古所获汉文文献（非佛经部分）》，上海辞书出版社，2005。

旅順博物館、龍谷大学共編『旅順博物館藏新疆出土漢文佛經選粹』法藏館、2006。

中国国家图书馆编《国家图书馆藏敦煌遗书》第 45 册，北京图书馆出版社，2007。

荣新江、李肖、孟宪实主编《新获吐鲁番出土文献》，中华书局，2008。

武田科学振興財団杏雨書屋編『敦煌秘笈・影片册』武田科学振興財団、2012。

中国文化遗产研究院、新疆维吾尔自治区博物馆编《新疆博物馆新获文书研究》，中华书局，2013。

王振芬、孟宪实、荣新江主编《旅顺博物馆藏新疆出土汉文文献》，中华书局，2021。

荣新江、史睿主编《吐鲁番出土文献散录》，中华书局，2021。

荣新江、朱玉麒主编《黄文弼所获西域文书》，中西书局，2023。

张凤辑《汉晋西陲木简汇编》，有正书局，1931。

连云港市博物馆等编《尹湾汉墓简牍》，中华书局，1997。

侯灿、杨代欣编著《楼兰汉文简纸文书集成》，天地出版社，1999。

初师宾主编《中国简牍集成》卷20《新疆、四川、北京卷》，敦煌文艺出版社，2005。

张家山二四七号汉墓竹简整理小组编著《张家山汉墓竹简：二四七号墓（释文修订本）》，文物出版社，2006。

张维：《陇右金石录》，民国三十二年（1943）甘肃省文献征集委员会校印。

周绍良主编《唐代墓志汇编》，上海古籍出版社，1992。

胡戟、荣新江主编《大唐西市博物馆藏墓志》，北京大学出版社，2012。

氣賀澤保規『唐代墓誌所在総合目録』明治大学東アジア石刻文物研究所、2017。

三　论著类（按作者国别及姓名拼音排序）

安家瑶：《唐永泰元年（765）—大历元年（766）河西巡抚使判集（伯二九四二）研究》，《敦煌吐鲁番文献研究论集》，中华书局，1982。

白化文：《汉化佛教与佛寺》，中国书籍出版社，2016。

拜根兴：《新见初唐名将薛万备墓志考释》，《唐史论丛》第27辑，三秦出版社，2018。

包伟民：《宋代民匠差雇制度述略》，《传统国家与社会：960~1279年》，商务印书馆，2009。

岑仲勉：《三伏日纪始》，《东方杂志》第 41 卷第 19 号。

陈庚龄、康明大：《临洮哥舒翰纪功碑岩层矿物分析》，《丝绸之路》2012 年第 2 期。

陈国灿、刘安志主编《吐鲁番文书总目（日本收藏卷）》，武汉大学出版社，2005。

陈国灿：《对唐西州都督府勘检天山县主簿高元祯职田案卷的考察》，《敦煌吐鲁番文书初探》，武汉大学出版社，1983。

陈国灿：《吐鲁番旧出武周勘检田籍簿考释》《武周时期的勘田检籍活——对吐鲁番所出两组敦煌经济文书的探讨动》，唐长孺主编《敦煌吐鲁番文书初探二编》，武汉大学出版社，1990。

陈国灿：《唐麟德二年西域道行军的救于阗之役——对吐鲁番阿斯塔那四号墓部分文书的研究》，《魏晋南北朝隋唐史资料》第 12 辑，武汉大学出版社，1993。

陈国灿：《斯坦因所获吐鲁番文书研究》，武汉大学出版社，1995。

陈国灿．《安史乱后的唐二庭四镇》，《唐研究》第 2 卷，北京大学出版社，1996。

陈国灿：《关于〈唐建中五年（784）安西大都护府孔目司帖〉释读中的几个问题》，《敦煌学辑刊》1999 年第 2 期。

陈国灿：《唐西州蒲昌府防区内的镇戍与馆驿》，《魏晋南北朝隋唐史资料》第 17 辑，武汉大学出版社，2000。

陈国灿：《辽宁省档案馆藏吐鲁番文书考释》，《魏晋南北朝隋唐史资料》第 18 辑，武汉大学出版社，2001。

陈国灿：《从敦煌吐鲁番文书看唐五代地子的演变》，《敦煌学史事新证》，甘肃教育出版社，2002。

陈国灿：《〈唐李慈艺告身〉及其补阙》，《西域研究》2003 年第 2 期。

陈国灿：《唐安西四镇中"镇"的变化》，《西域研究》2008 年第 4 期。

陈国灿：《敦煌学与吐鲁番学相得益彰》，《中国社会科学报》2014 年

2 月 28 日，第 A5 版。

陈昊：《"历日"还是"具注历日"——敦煌吐鲁番历书名称与形制关系再讨论》，《历史研究》2007 年第 2 期。

陈昊：《吐鲁番台藏塔新出唐代历日研究》，《敦煌吐鲁番研究》第 10 卷，上海古籍出版社，2007。

陈久金、卢莲蓉：《中国节庆及其起源》，上海科技教育出版社，1989。

陈梦家：《汉简年历表叙》，《考古学报》1965 年第 2 期。

陈尚君：《贞石诠唐》，复旦大学出版社，2016。

陈玮：《唐孙杲墓志所见安史之乱后西域、回鹘史事》，《西域研究》2014 年第 4 期。

陈晓伟：《胡广〈记高昌碑〉与高昌麴氏、唐李元忠事迹丛考》，《文献》2016 年第 6 期。

陈寅恪：《记唐代之李武韦杨婚姻集团》，《历史研究》1954 年第 1 期。

陈寅恪：《论唐代之蕃将与府兵》，《中山大学学报》1957 年第 1 期。

陈寅恪：《唐代政治史述论稿》，三联书店，2015。

陈直：《汉晋过所通考》，《历史研究》1962 年第 6 期。

陈直：《居延汉简研究》，天津古籍出版社，1986。

陈仲安：《唐代的使职差遣制》，《武汉大学学报》1963 年第 1 期。

陈仲安、王素：《汉唐职官制度研究》，中华书局，1963。

陈祚龙：《古代敦煌及其他地区流行之公私印章图记文字录》，《敦煌学要籥》，新文丰出版公司，1982。

程喜霖：《从吐鲁番出土文书中所见的唐代烽堠制度之一》，唐长孺主编《敦煌吐鲁番文书初探》，武汉大学出版社，1983。

程喜霖：《从吐鲁番出土文书中所见的唐代烽堠制度之三——唐代的烽铺剔田》，《武汉大学学报》1985 年第 6 期。

程喜霖：《对吐鲁番所出四角蒱役夫文书的考察——唐代西州杂徭研究之一》，《中国史研究》1986 年第 1 期。

程喜霖：《烽铺考》，《郑州大学学报》1988 年第 1 期。

程喜霖：《唐代烽铺建制新证——新出烽铺文书研究之二》，《西域研究》2006 年第 3 期。

程喜霖：《唐代烽子上烽铺番期新证——新出烽铺文书研究之三》，《新疆师范大学学报》2006 年第 2 期。

程喜霖：《吐鲁番新出唐代烽铺文书考释——新出烽铺文书研究之一》，《吐鲁番学研究：第二届吐鲁番学国际学术研讨会论文集》，上海辞书出版社，2006。

程义：《唐代官印的初步研究》，《考古与文物》2003 年第 1 期。

代国玺：《汉唐官印制度的变迁及其历史意义》，《社会科学》2015 年第 8 期。

戴建国：《〈天圣令〉所附唐令为开元二十五年令考》，《唐研究》第 14 卷，北京大学出版社，2008。

邓文宽：《跋吐鲁番文书中的两件唐历》，《文物》1986 年第 12 期。

邓文宽：《敦煌文献中的天文历法》，《文史知识》1988 年第 8 期。

邓文宽《吐鲁番出土〈唐开元八年具注历〉释文补正》，《文物》1992 年第 6 期。

邓文宽：《敦煌天文历法文献辑校》，江苏古籍出版社，1996。

邓文宽：《两篇敦煌具注历日残文新考》，《敦煌吐鲁番研究》第 13 卷，上海古籍出版社，2013。

邓小南：《追求用水秩序的努力——从前近代洪洞的水资源管理看"民间"与"官方"》，《暨南史学》第 3 辑，暨南大学出版社，2004。

丁福保：《佛学大辞典》，上海古籍出版社，2015。

丁俊：《中国人民大学博物馆藏和田出土契约文书及相关问题的讨论》，《新疆大学学报》2012 年第 5 期。

丁俊：《李林甫研究》，凤凰出版社，2014。

董永强：《唐代突厥蕃将执失家族研究——以〈执失奉节墓志〉〈执失善光墓志〉为中心》，《唐史论丛》第 34 辑，三秦出版社，2022。

冻国栋：《吐鲁番出土文书所见唐代前期的工匠》，唐长孺主编《敦煌吐鲁番文书初探二编》，武汉大学出版社，1990。

冻国栋：《旅顺博物馆藏〈唐建中五年（784）《孔目司帖》〉管见》，《魏晋南北朝隋唐史资料》第 14 辑，武汉大学出版社，1996。

冻国栋：《唐宋历史变迁中的"四民分业"问题——兼述唐中后期城

市居民的职业结构》，《暨南史学》第 3 辑，暨南大学出版社，2004。

冻国栋：《中国中古经济与社会史论稿》，湖北教育出版社，2005。

杜文玉：《论唐代员外官与试官》，《陕西师范大学学报》1993 年第 3 期。

段晴：《关于古代于阗的"村"》，《张广达先生八十华诞祝寿论文集》，新文丰出版公司，2010。

方诗铭：《汉简"历谱"程式初探》，《张维华纪念文集》，齐鲁书社，1997。

冯培红：《敦煌的归义军时代》，甘肃教育出版社，2013。

傅清音：《新见武则天堂兄〈武思元墓志〉考释》，《文博》2014 年第 5 期。

傅筑夫：《唐代都市商业的历史性变化与"行"的产生》，《唐史论丛》第 1 辑，陕西人民出版社，1988。

傅筑夫：《中国工商业者的"行"及其特点》，《中国经济史论丛》下册，三联书店，1980。

高敏：《秦汉邮传制度考略》，《历史研究》1985 年第 3 期。

高明士：《唐"永徽东宫诸府职员令残卷"名称商榷》，《中国古代法律文献研究》第 7 辑，社会科学文献出版社，2013。

顾颉刚：《西北考察日记》，甘肃人民出版社，2002。

郭丹：《敦煌写本〈春秋后语〉残片再发现》，《文献》2013 年第 5 期。

郭富纯、王振芬：《旅顺博物馆藏西域文书研究》，万卷出版公司，2007。

郭平梁：《唐朝王奉仙被捉案文书考释》，《中国史研究》1986 年第 1 期。

郭平梁：《突骑施苏禄传补阙》，《新疆社会科学》1988 年第 4 期。

韩国磐：《北朝隋唐的均田制度》，上海人民出版社，1984。

韩香：《吐鲁番新出〈洪奕家书〉研究》，《西域文史》第 2 辑，科学出版社，2007。

郝春文：《敦煌的渠人与渠社》，《北京师范学院学报》1990 年第 1 期。

郝春文:《用新范式和新视角开辟敦煌学的新领域》,《敦煌研究》2020 年第 6 期。

何德章:《汉代的弘农杨氏》,《魏晋南北朝史丛稿》,商务印书馆,2010。

何永成:《唐代神策军研究——兼论神策军与中晚唐政局》,台湾商务印书馆,1990。

侯灿:《楼兰城郊古墓群发掘简报》,《文物》1988 年第 7 期。

侯灿:《楼兰古城址调查与试掘简报》,《文物》1988 年第 7 期。

侯灿:《楼兰新发现木简纸文书考释》,《文物》1988 年第 7 期。

侯灿、吴美琳:《吐鲁番出土砖志集注》,巴蜀书社,2004。

胡可先:《杨氏家族与中晚唐文学生态》,《北京大学学报》2010 年第 5 期。

胡留元:《从几件敦煌文书看唐代法律形式——格》,张晋藩主编《中国法律的传统与现代化——93 中国法律史国际研讨会论文集》,中国民主法制出版社,1996。

胡平:《未完成的中兴:中唐前期的长安政局》,商务印书馆,2018。

胡平生:《楼兰木简残纸文书杂考》,《新疆社会科学》1990 年第 3 期。

胡平生:《楼兰出土文书释丛》,《文物》1991 年第 8 期。

胡耀飞:《行营之始:安西、北庭行营的分期、建置及其意义》,《新疆大学学报》2019 年第 1 期。

黄惠贤:《〈唐西州高昌县上安西都护府牒稿为录上讯问曹禄山诉李绍谨两造辩辞事〉释》,唐长孺主编《敦煌吐鲁番文书初探》,武汉大学出版社,1983。

黄惠贤:《从西州高昌县征镇名籍看垂拱年间西域政局之变化》,唐长孺主编《敦煌吐鲁番文书初探》,武汉大学出版社,1983。

黄烈编《黄文弼历史考古论集》,文物出版社,1989。

黄文弼:《高昌疆域郡城考》,《北京大学国学季刊》1932 年第 1 期。

黄文弼:《罗布淖尔考古记》,国立北京大学,1948。

黄文弼:《吐鲁番考古记》,中国科学院印行,1954。

黄永年:《"泾师之变"发微》,《唐史论丛》第 2 辑,陕西人民出版社，1987。

黄正建：《唐代后期的屯田》，《中国社会经济史研究》1986 年第 4 期。

黄正建：《唐代的"传"与"递"》，《中国史研究》1994 年第 4 期。

黄正建：《〈天圣令〉附〈唐令〉是开元二十五年令吗?》，《中国史研究》2007 年第 4 期。

冀朝鼎：《中国历史上的基本经济区与水利事业的发展》，朱诗鳌译，中国社会科学出版社，1981。

姜伯勤：《上海藏本敦煌所出河西支度营田使文书研究》，《敦煌吐鲁番文献研究论集》第 2 辑，北京大学出版社，1983。

姜伯勤：《吐鲁番文书所见的"波斯军"》，《中国史研究》1986 年第 1 期。

姜伯勤：《唐五代敦煌寺户制度》，中华书局，1987。

姜伯勤：《敦煌新疆文书所记的唐代"行客"》，国家文物局古文献研究室编《出土文献研究续集》，文物出版社，1989。

姜伯勤：《"天可汗"西方屏障的失落与丝路形势的变迁》，《敦煌吐鲁番文书与丝绸之路》，文物出版社，1994。

姜伯勤：《敦煌吐鲁番文书与丝绸之路》，文物出版社，1994。

姜伯勤：《唐五代敦煌寺户制度》，中国人民大学出版社，2011。

金滢坤：《敦煌本〈唐大历元年河西节度观察使判牒集〉研究》，《南京师大学报》2011 年第 5 期。

康明大、陈庚龄：《临洮哥舒翰纪功碑保存现状调查》，《丝绸之路》2011 年第 20 期。

康世昌：《孔衍〈春秋后语〉试探》，《敦煌学》第 13 辑，新文丰出版公司，1988。

康世昌：《〈春秋后语〉辑校（上、下）》，《敦煌学》第 14~15 辑，1989~1990。

康喜玉、康志强：《哥舒翰纪功碑》，《社会科学》1985 年第 6 期。

雷闻：《俄藏敦煌 Дx.06521 残卷考释》，《敦煌学辑刊》2001 年第 1 期。

雷闻：《关文与唐代地方政府内部的行政运作——以新获吐鲁番文书

为中心》，《中华文史论丛》2007 年第 4 期。

李并成：《〈河西节度使判集〉（P.2942）有关问题考》，《敦煌学辑刊》2005 年第 3 期。

李方：《唐西州九姓胡人生活状况一瞥——以史玄政为中心》，《敦煌吐鲁番研究》第 4 卷，北京大学出版社，1999。

李方：《唐西州行政体制考论》，黑龙江教育出版社，2002。

李方：《关于唐西州蒲昌府问题》，《西域研究》2005 年第 3 期。

李方：《唐代西域的贬谪官吏》，《新疆大学学报》2007 年第 6 期。

李方：《唐西州官吏编年考证》，中国人民大学出版社，2010。

李鸿宾：《唐代四种官类工匠考实》，《文史》第 42 辑，中华书局，1997。

李鸿宾：《唐代和雇及对官私手工业的影响》，《隋唐五代诸问题研究》，中央民族大学出版社，2006。

李际宁：《〈春秋后语〉拾遗》，《敦煌吐鲁番研究》第 1 卷，北京大学出版社，1996。

李锦绣：《唐代财政史稿》上卷，北京大学出版社，1995。

李龙文主编《兰州碑林藏甘肃古代碑刻拓片菁华》，甘肃人民美术出版社，2010。

李文才：《试论唐代赤水军指挥系统之构成及其特点——兼对〈试论赤水军的军事地位及其成因〉一文的补正》，《乾陵文化研究》第 8 辑，三秦出版社，2014。

李文瑛、周金玲：《营盘墓葬考古收获及相关问题》，《新疆维吾尔自治区丝路考古珍品》，上海译文出版社，1998。

李晓奇：《唐代凤翔镇研究》，硕士学位论文，陕西师范大学，2014。

李志生：《唐代工商业者婚姻状况初探》，《人文杂志》1997 年第 3 期。

李宗俊：《法藏敦煌文书 P.2942 相关问题再考》，《敦煌研究》2014 年第 4 期。

梁启超著，俞国林校《中国近三百年学术史（校订本）》，中华书局，2019。

林梅村、李均明编：《疏勒河流域出土汉简》，文物出版社，1984。

林梅村：《楼兰尼雅出土文书》，文物出版社，1985。

林梅村：《尼雅汉简与汉文化在西域的初传——兼论悬泉汉简中的相关史料》，《中国学术》第 6 辑，商务印书馆，2001。

林梅村：《一将功成万骨枯——芝加哥菲尔德博物馆藏〈石堡战楼颂碑〉调查》，《藏学学刊》2017 年第 1 期。

林永健等：《梦幻尼雅》，民族出版社，1995。

刘安志：《库车出土唐安西官府事目历考释》，《西域研究》1997 年第 4 期。

刘安志：《唐五代押牙（衙）考略》，《魏晋南北朝隋唐史资料》第 16 辑，武汉大学出版社，1998。

刘安志：《唐朝西域边防研究》，博士学位论文，武汉大学，1999。

刘安志：《从吐鲁番出土文书看唐高宗咸亨年间的西域政局》，《魏晋南北朝隋唐史资料》第 18 辑，武汉大学出版社，2001。

刘安志：《敦煌吐鲁番文书所见唐代"都司"考》，《魏晋南北朝隋唐史资料》第 20 辑，武汉大学文科学报编辑部，2003。

刘安志：《唐初的陇右诸军州大使与西北边防》，《吐鲁番学研究》2008 年第 1 期。

刘安志：《伊西与北庭——唐先天、开元年间西域边防体制考论》，《魏晋南北朝隋唐史资料》第 26 辑，武汉大学文科学报编辑部，2010。

刘安志：《敦煌吐鲁番文书与唐代西域史研究》，商务印书馆，2011。

刘安志、陈国灿：《唐代安西都护府对龟兹的治理》，《历史研究》2006 年第 1 期。

刘后滨：《唐代中书门下体制研究》，齐鲁书社，2004；增订版，中国人民大学出版社，2022。

刘后滨、王湛：《唐代于阗文书折冲府官印考释——兼论于阗设置折冲府的时间》，《西域研究》2013 年第 3 期。

刘俊文：《敦煌吐鲁番唐代法制文书考释》，中华书局，1989。

刘俊文：《唐律疏议笺解》，中华书局，1996。

刘文远：《清代北方农田水利史研究综述》，《清史研究》2009 年第 2 期。

刘永明：《唐宋之际历日发展考论》，《甘肃社会科学》2003 年第

1 期。

刘玉峰：《论安西北庭行营军》，《陕西师范大学学报》1997 年第 1 期。

刘子凡：《唐代金山都护府之创置》，特力更、李锦绣主编《内陆欧亚历史文化国际学术研讨会论文集》，内蒙古人民出版社，2015。

刘子凡：《瀚海天山——唐代伊、西、庭三州军政体制研究》，中西书局，2016。

柳洪亮：《唐天山县南平乡令狐氏墓志考释》，《文物》1984 年第 5 期。

柳洪亮：《高昌碑刻述略》，《新疆文物》1991 年第 1 期。

卢向前：《牒式及其处理程式的探讨——唐公式文研究》，《敦煌吐鲁番文献研究论集》第 3 辑，北京大学出版社，1986。

卢向前、熊伟：《〈天圣令〉所附〈唐令〉为建中令》，《国学研究》第 22 卷，北京大学出版社，2008。

鲁才全：《唐代的"驿家"和"馆家"试释》，《魏晋南北朝隋唐史资料》第 6 辑，武汉大学历史系魏晋南北朝隋唐史研究室，1984。

鲁才全：《跋武周〈袁公瑜墓志〉》，《魏晋南北朝隋唐史资料》第 8 辑，武汉大学学报编辑部，1986。

陆离：《俄藏敦煌写本〈春秋后语〉残卷探识》，《文献》2001 年第 2 期。

陆庆夫、陆离：《俄藏敦煌写本〈春秋后语〉残卷再探——对 Дx.11638 号与 Дx.02663、Дx.02724、Дx.05341、Дx.05784 号文书的缀合研究》，《敦煌学辑刊》2004 年第 1 期。

罗振玉：《鸣沙石室佚书》，上虞罗氏 1913 年印行，中华书局 2005 年影印本。

罗振玉：《隋唐以来官印集存》，1916。

罗振玉辑《流沙访古记·伯希和氏演说》，《罗雪堂先生全集续编》（七），大通书局，1989。

罗振玉、王国维编著《流沙坠简》，中华书局，1993。

马德：《关于 P.2942 写卷的几个问题》，《西北师院学报·敦煌学研究专辑》，1984。

马俊民：《傔从、别奏考辩》，《南开学报》1981 年第 3 期。

孟凡人：《略论可汗浮图城》，《新疆大学学报》1985 年第 1 期。

孟凡人：《魏晋楼兰屯田概况》，《农业考古》1985 年第 1 期。

孟凡人：《楼兰鄯善简牍年代学研究》，新疆人民出版社，1995。

孟宪实：《唐统一后西州人故乡观念的转变——以吐鲁番出土墓砖资料为中心》，《新疆师范大学学报》1994 年第 2 期。

孟宪实：《宇文融括户与财政使职》，《唐研究》第 7 卷，北京大学出版社，2001。

孟宪实：《唐前期军镇研究》，博士学位论文，北京大学，2001。

孟宪实：《唐代府兵“番上”新解》，《历史研究》2007 年第 2 期。

孟宪实：《帝国的节律——从吐鲁番新出历日谈起》，《光明日报》2007 年 3 月 19 日。

孟宪实、荣新江：《吐鲁番学研究：回顾与展望》，《西域研究》2007 年第 4 期。

孟宪实：《敦煌民间结社研究》，北京大学出版社，2009。

孟宪实：《民族管理与国家认同》，《张广达先生八十华诞祝寿论文集》，新文丰出版公司，2010。

孟宪实：《略论李义府》，《乾陵文化研究》第 7 辑，三秦出版社，2012。

孟宪实：《于阗：从镇戍到军镇的演变》，《北京大学学报》2012 年第 4 期。

孟宪实：《于阗镇守军及使府主要职官——以中国人民大学博物馆藏品为中心》，《西域研究》2014 年第 1 期。

孟宪实：《出土文献与中古史研究》，中华书局，2017。

孟宪实：《中国人民大学藏西域汉文文书及其学术价值——以镇守军相关文书为中心》，《中国人民大学学报》2022 年第 1 期。

穆舜英、王明哲、王炳华：《建国以来新疆考古的主要收获》，《新疆考古三十年》，新疆人民出版社，1979。

内蒙古文物考古研究所、鄂尔多斯博物馆：《乌审旗郭梁隋唐墓葬发掘报告》，内蒙古文物考古研究所编《内蒙古文物考古文集》第 2 辑，中国大百科全书出版社，1997。

乜小红：《吐鲁番所出唐代文书中的官营畜牧业》，《吐鲁番学研究：第二届吐鲁番学国际学术研讨会论文集》，上海辞书出版社，2006。

宁欣：《唐代敦煌地区农业水利问题初探》，《敦煌吐鲁番文献研究论集》第3辑，北京大学出版社，1986。

牛志平、姚兆女：《唐人称谓》，三秦出版社，1987。

裴成国：《故国与新邦——以贞观十四年以后唐西州的砖志书写为中心》，《历史研究》2012年第5期。

彭杰：《唐代北庭龙兴寺营建相关问题新探——以旅顺博物馆藏北庭古城出土残碑为中心》，《西域研究》2014年第4期。

彭砺志：《尺牍书法：从形制到艺术》，博士学位论文，吉林大学，2006。

齐勇锋：《说神策军》，《陕西师范大学学报》1983年第2期。

秦公辑《碑别字新编》，文物出版社，1985。

庆昭蓉：《吐火罗语世俗文献与古代龟兹历史》，北京大学出版社，2017。

饶瑞符：《米兰古代水利工程与屯田建设》，《干旱区地理》1982年第Z1期。

饶宗颐编集《敦煌书法丛刊》第15卷，二玄社，1985。

荣新江：《辽宁省档案馆所藏唐蒲昌府文书》，《中国敦煌吐鲁番学会研究通讯》1985年第4期。

荣新江：《新出吐鲁番文书所见西域史事二题》，《敦煌吐鲁番文献研究论集》第5辑，北京大学出版社，1990。

荣新江：《于阗在唐朝安西四镇中的地位》，《西域研究》1992年第3期。

荣新江：《关于唐宋时期中原文化对于阗影响的几个问题》，《国学研究》第1卷，北京大学出版社，1993。

荣新江：《英国图书馆藏敦煌汉文非佛教文献残卷目录（S.6981—13624）》，新文丰出版公司，1994。

荣新江：《海外敦煌吐鲁番文献知见录》，江西人民出版社，1996。

荣新江：《归义军史研究》，上海古籍出版社，1996。

荣新江：《德藏吐鲁番出土〈春秋后语〉注本残卷考释》，《北京图书馆馆刊》1999 年第 2 期。

荣新江：《敦煌本〈天宝十道录〉及其价值》，《九州岛》第 2 辑，商务印书馆，1999。

荣新江：《北朝隋唐粟特人之迁徙及其聚落》，《国学研究》第 6 卷，北京大学出版社，1999。

荣新江：《唐代西州的道教》，《敦煌吐鲁番研究》第 4 卷，北京大学出版社，1999。

荣新江：《英国图书馆藏敦煌汉文非佛教文献残卷概述》，饶宗颐主编《敦煌文薮》（下），新文丰出版公司，1999。

荣新江：《安史之乱后粟特胡人的动向》，纪宗安、汤开建主编《暨南史学》第 2 辑，暨南大学出版社，2003。

荣新江：《丹丹乌里克的考古调查与唐代于阗杰谢镇》，《新疆文物》2005 年第 3 期。

荣新江：《唐代西域的汉化佛寺系统》，《龟兹文化研究》第 1 辑，天马出版有限公司，2005。

荣新江：《北朝隋唐粟特人之迁徙及其聚落补考》，《欧亚学刊》第 6 辑，中华书局，2007。

荣新江：《期盼"吐鲁番学"与"敦煌学"比翼齐飞》，《中国史研究》2009 年第 3 期。

荣新江：《和田出土文献刊布与研究的新进展》，《敦煌吐鲁番研究》第 11 卷，上海古籍出版社，2009。

荣新江：《九、十世纪西域北道的粟特人》，新疆吐鲁番学研究院编《吐鲁番学研究——第三届吐鲁番学暨欧亚游牧民族的起源与迁徙国际学术研讨会论文集》，上海古籍出版社，2010。

荣新江：《〈兰亭序〉在西域》，《国学学刊》2011 年第 1 期。

荣新江：《唐代于阗史新探——和田新发现的汉文文书研究概说》，《中原与域外：庆祝张广达教授八十嵩寿研究会论文集》，政治大学历史系，2011。

荣新江：《7~10 世纪丝绸之路上的北庭》，陈春声主编《海陆交通与世界文明》，商务印书馆，2013。

荣新江：《大唐西市博物馆所藏墓志の整理と唐研究上の意义》，梶山智史译,《東アジア石刻研究》第 5 号, 2013。

荣新江:《中古中国与外来文明》,三联书店,2014。

荣新江:《中古中国与粟特文明》,三联书店,2014。

荣新江:《日本散藏吐鲁番文献知见录》,《浙江大学学报》2016 年第 4 期。

荣新江:《丝绸之路也是一条"写本之路"》,《文史》2017 年第 2 辑。

荣新江、史睿:《俄藏敦煌写本〈唐令〉残卷(Дх. 3558)考释》,《敦煌学辑刊》1999 年第 1 期。

荣新江、文欣:《和田新出汉语—于阗语双语木简考释》,《敦煌吐鲁番研究》第 11 卷,上海古籍出版社,2008。

荣新江、文欣:《"西域"概念的变化与唐朝"边境"的西移——兼谈安西都护府在唐政治体系中的地位》,《北京大学学报》2012 年第 4 期。

沙知:《跋唐开元十六年庭州金满县牒》,中国敦煌吐鲁番学会编《敦煌吐鲁番学研究论文集》,汉语大词典出版社,1990。

沈琛:《P. t. 1291 号敦煌藏文写本〈春秋后语〉再研究》,《文献》2015 年第 5 期。

沈睿文.《吕才与〈阴阳书〉——兼论宗庙礼与陵地秩序之异同》,《乾陵文化研究》第 3 辑,三秦出版社,2007。

史树青:《从〈风俗通义〉看汉代的礼俗》,《史学月刊》1981 年第 4 期。

史苇湘:《河西节度使覆灭的前夕——敦煌遗书伯 2942 号残卷研究》,《敦煌研究》1983 年创刊号。

史语所简牍整理小组:《居延汉简补编》,中研院历史语言研究所,1998。

宋家钰:《唐朝户籍法与均田制研究》,中州古籍出版社,1988。

苏玉敏:《西域的供养人、工匠与窟寺营造》,《西域研究》2007 年第 4 期。

孙继民:《跋〈唐垂拱四年(公元六八八)队佐张玄泰牒为通当队队陪事〉》,唐长孺主编《敦煌吐鲁番文书初探二编》,武汉大学出版社,1990。

孙继民:《吐鲁番文书所见唐代府兵装备》,唐长孺主编《敦煌吐鲁番文书初探二编》,武汉大学出版社,1990。

孙继民:《从一件吐鲁番文书谈唐代行军制度的两个问题》,《敦煌学辑刊》1991年第2期。

孙继民:《唐代行军制度研究》,文津出版社,1995。

孙继民:《关于 S.11287 号两组军事文书的探讨》,《敦煌学辑刊》1999年第1期。

孙继民:《敦煌吐鲁番所出唐代军事文书初探》,中国社会科学出版社,2000。

孙继民:《唐代瀚海军文书研究》,甘肃文化出版社,2002。

孙慰祖、孔品屏:《隋唐官印研究》,上海书画出版社,2014。

孙晓林:《唐西州高昌县的水渠及其使用、管理》,唐长孺主编《敦煌吐鲁番文书初探》,武汉大学出版社,1983。

孙晓林:《试探唐代前期西州长行坊制度》,唐长孺主编《敦煌吐鲁番文书初探二编》,武汉大学出版社,1990。

孙晓林:《关于唐前期西州设"馆"的考察》,《魏晋南北朝隋唐史资料》第11辑,武汉大学出版社,1991。

唐耕耦:《唐代前期的兵募》,《历史研究》1981年第4期。

唐耕耦:《敦煌所出唐河西支度营田使户口给粮计簿残卷》,《中国历史文物》,1987。

唐嘉弘:《简论春秋战国时期的禜祭及其源流——先秦原始宗教新探之一》,《齐鲁学刊》1986年第4期。

唐长孺:《均田制度的产生及其破坏》,《历史研究》1956年第2期。

唐长孺:《魏晋至唐官府作场及官府工程的工匠》,《魏晋南北朝史论丛续编》,三联书店,1959。

唐长孺:《敦煌所出唐代法律文书两种跋》,原载《中华文史论丛》第5辑,中华书局,1964,此据氏著《山居存稿三编》,中华书局,2011。

唐长孺:《唐肃代期间的伊西北庭节度使及留后》,原载《中国史研究》1980年第3期,此据氏著《山居存稿》,中华书局,2011。

唐长孺:《唐先天二年(七一三)西州军事文书跋》,唐长孺主编《敦煌吐鲁番文书初探二编》,武汉大学出版社,1990。

唐长孺：《吐鲁番文书中所见的西州府兵》，唐长孺主编《敦煌吐鲁番文书初探二编》，武汉大学出版社，1990。

唐长孺：《唐代色役管见》，《山居存稿》，中华书局，2011。

田卫卫：《旅顺博物馆藏唐户令残片考——以令文复原与年代比定为中心》，《中华文史论丛》2017年第3期。

仝涛：《北高加索的丝绸之路》，罗丰主编《丝绸之路上的考古、宗教与历史》，文物出版社，2011。

王炳华：《阿拉沟古堡及其出土唐文书残纸》，《唐研究》第8卷，北京大学出版社，2002。

王炳华：《西域考古历史论集》，中国人民大学出版社，2008。

王炳华：《"土垠"遗址再考》，《西域文史》第4辑，科学出版社，2009。

王斐弘：《敦煌写本〈S.1344开元户部格残卷〉探微》，《法学评论》2006年第5期。

王国维：《唐李慈艺受勋告身跋》，《观堂集林》卷一七，中华书局，1959。

王国维：《观堂别集》，见《观堂集林（外二种）》，河北教育出版社，2001。

王翰章、尹夏清：《新出唐刘僧墓志考释》，《碑林集刊》第4辑，陕西人民美术出版社，1996。

王恒杰：《春秋后语辑考》，齐鲁书社，1993。

王冀青：《斯坦因第四次中亚考察所获汉文文书》，《敦煌吐鲁番研究》第3卷，北京大学出版社，1998。

王连龙、王广瑞：《唐〈楚金禅师碑〉研究》，《社会科学战线》2020年第11期。

王其祎、周晓薇：《澄城新见唐文明元年〈西州司马吴信碑〉考略》，《考古与文物》2009年第6期。

王青：《也论卢水胡以及月氏胡的居处和族源》，《西北史地》1997年第2期。

王庆卫：《新出唐代张淮澄墓志所见归义军史事考》，《敦煌学辑刊》2017年第1期。

王庆卫:《唐贞观二十二年昆丘道行军再探讨——以新出〈杨弘礼墓志〉为中心》,《魏晋南北朝隋唐史资料》第 35 辑,上海古籍出版社,2017。

王人聪:《近三十年来唐官印的发现与研究》,《文物考古论丛——敏求精舍三十周年纪念论文集》,文物出版社,1996。

王使臻、王使璋:《古代书信封缄方法的演变》,《寻根》2010 年第 5 期。

王使臻、王使璋:《敦煌所出唐宋书札封缄方法的复原》,《文献》2011 年第 3 期。

王素:《唐华文弘墓志中有关昆丘道行军的资料——近年新刊墓志所见隋唐西域史事考释之一》,《西域研究》2013 年第 4 期。

王素:《唐康子相和成公崇墓志中有关高昌与西州的资料——近年新刊墓志所见隋唐西域史事考释之三》,《故宫博物院院刊》2016 年第 1 期。

王小甫:《安史之乱后的西域形势及唐军的坚守》,《敦煌研究》1990 年第 4 期。

王小甫:《唐、吐蕃、大食政治关系史》,中国人民大学出版社,2009。

王晓晖:《西州水利利益圈与西州社会》,《西域研究》2009 年第 2 期。

王尧、陈践:《敦煌本吐蕃历史文书(增订本)》,民族出版社,1992。

王永兴:《唐田令研究——从田令和敦煌文书看唐代土地制度中几个问题》,《纪念陈垣诞辰百周年史学论文集》,北京师范大学出版社,1981。

王永兴:《唐天宝敦煌差科簿研究——兼论唐代役制和其他问题》,《敦煌吐鲁番文献研究论集》,中华书局,1982。

王永兴编著《隋唐五代经济史料汇编校注》第 1 编,中华书局,1987。

王永兴:《武则天长安二年(702 年)西州括田括户中官府勘田文书考释——读吐鲁番文书札记》,《出土文献研究续集》,文物出版社,1989。

王永兴:《吐鲁番出土唐西州某县事目文书研究》,《国学研究》第 1 卷,北京大学出版社,1993。

王永兴：《敦煌吐鲁番出土唐官府文书缝背缝表记事押署钤印问题初探》，《文史》第 40 辑，中华书局，1994。

王永兴：《唐代前期西北军事研究》，中国社会科学出版社，1994。

王永兴：《唐代前期军事史略论稿》，昆仑出版社，2003。

王永兴：《唐代经营西北研究》，兰州大学出版社，2010。

王御分：《唐代哥舒碑》，《新疆师范大学学报》1985 年第 1 期。

王重民：《敦煌古籍叙录》，商务印书馆，1958。

王重民：《敦煌遗书总目索引》，商务印书馆，1962。

魏明孔：《浅论唐代官府工匠的身份变化》，《中国经济史研究》1991 年第 4 期。

魏明孔：《唐代官府手工业的类型及其管理体制的特点》，《西北师大学报》1993 年第 2 期。

魏明孔：《唐代工匠与农民家庭规模比较》，《西北师大学报》2004 年第 1 期。

魏明孔：《中国手工业经济通史·魏晋南北朝隋唐五代卷》，福建人民出版社，2004。

魏永康：《流变与传承——秦汉时期"伏日"考论》，《古代文明》2013 年第 4 期。

文欣：《府兵番代文书的运行及垂拱战时的西州前庭府——以吐鲁番阿斯塔那 501 号墓所出军事文书的整理为中心》，《敦煌吐鲁番研究》第 10 卷，上海古籍出版社，2007。

文欣：《吐鲁番新出唐西州征钱文书与垂拱年间的西域形势》，《敦煌吐鲁番研究》第 10 卷，上海古籍出版社，2007。

文欣：《于阗国"六城"（kṣa au）新考》，《西域文史》第 3 辑，科学出版社，2008。

文欣：《于阗国官号考》，《敦煌吐鲁番研究》第 11 卷，上海古籍出版社，2009。

文欣：《和田新出〈唐于阗镇守军勘印历〉考释》，《西域历史语言研究集刊》第 2 辑，科学出版社，2009。

文欣：《唐代差科簿制作过程——从阿斯塔那 61 号墓所出役制文书谈起》，《秩序与生活：中古时期的吐鲁番社会》，中国人民大学出版社，2011。

吴景山、李永臣：《甘肃唐代涉藏金石目录提要》，《西北民族大学学报》2012 年第 3 期。

吴景山、张洪：《〈大唐都督杨公纪德颂〉碑校读》，《西域研究》2013 年第 1 期。

吴九龙：《银雀山汉简释文》，文物出版社，1985。

吴丽娱：《唐高宗永隆元年（公元六八〇年）府兵卫士简点文书的研究》，《敦煌吐鲁番学研究论文集》，汉语大词典出版社，1990。

吴丽娱：《唐礼摭遗——中古书仪研究》，商务印书馆，2002。

吴玉贵：《杜甫"观兵"诗新解——唐乾元二年西域援军再次入关史实钩沉》，《西域文史》第 12 辑，科学出版社，2018。

吴宗国主编《盛唐政治制度研究》，上海辞书出版社，2003。

武海龙、张海龙：《5~8 世纪的北庭佛教》，《吐鲁番学研究》2019 年第 2 期。

夏炎：《从州级官员设置的变动看唐代中央与地方的关系》，《中国社会历史评论》第 9 卷，天津古籍出版社，2008。

向达：《伦敦所藏敦煌卷子经眼目录》，《北平图书馆图书季刊》新 1 卷第 4 期，1939。

辛也：《隋唐匠役散礼》，《中国史研究》1988 年第 1 期。

新疆维吾尔自治区博物馆编：《新疆出土文物》，文物出版社，1975。

新疆维吾尔自治区博物馆：《吐鲁番县阿斯塔那——哈拉和卓古墓群清理简报》，《文物》1972 年第 1 期。

新疆维吾尔自治区博物馆、西北大学历史系考古专业：《1973 年吐鲁番阿斯塔那古墓群发掘简报》，《文物》1975 年第 7 期。

新疆维吾尔自治区文物局编著《新疆维吾尔自治区第三次全国文物普查成果集成·吐鲁番地区卷》，科学出版社，2011。

新疆文物考古研究所：《新疆尉犁县营盘古墓调查》，《文物》1994 年第 10 期。

新疆文物考古研究所：《新疆尉犁县营盘墓地 15 号墓发掘简报》，《文物》1999 年第 1 期。

徐铁东：《加强对〈哥舒翰纪功碑〉的保护》，《丝绸之路》1998 年第

2 期。

薛宗正：《北庭故城与北庭大都护府》，《新疆大学学报》1979 年第
4 期。

薛宗正：《唐安西、北庭行营建置述略》，《西域研究》1993 年第
3 期。

薛宗正：《庭州、北庭建置新考》，《中国边疆史地研究》1994 年第
1 期。

薛宗正：《安西与北庭——唐代西陲边政研究》，黑龙江教育出版社，
1998。

薛宗正：《北庭历史文化研究——伊、西、庭三州及唐属西突厥左厢
部落》，上海古籍出版社，2010。

严敦杰：《跋敦煌唐乾符四年历书》，中国社会科学院考古研究所编
《中国古代天文文物论集》，文物出版社，1989。

严耕望：《唐代方镇使府僚佐考》，《唐史研究丛稿》，新亚研究所，
1969。

严耕望：《唐代府州僚佐考》，《严耕望史学论文集》（上），上海古籍
出版社，2009。

阎文儒：《新疆天山以南的石窟》，《文物》1962 年第 7~8 期。

杨宝玉：《凉州失陷前后河西节度使杨志烈事迹考——以法藏敦煌文
书 P.2942 为中心》，《敦煌学辑刊》2013 年第 3 期。

杨宝玉：《敦煌文书 P.2942 中重要官称所涉历史人物及相关史事考
辨》，《形象史学研究》，2013。

杨宝玉：《敦煌文书 P.2942 校注及"休明肃州少物"与"玉门过尚
书"新解》，《隋唐辽宋金元史论丛》第 4 辑，上海古籍出版社，2018。

杨宝玉：《法藏敦煌文书 P.2942 作者考辨》，《敦煌研究》2014 年第
1 期。

杨宝玉：《法藏敦煌文书 P.2942 与唐代宗时期的肃州史事》，《敦煌吐
鲁番研究》第 17 卷，上海古籍出版社，2018。

杨宝玉：《河西军移镇沙州史事钩沉》，《敦煌研究》2018 年第 2 期。

杨宝玉：《唐代宗时期的河西与伊西北庭节度使——以 P.2942 卷末所
存三牒状为中心》，《敦煌学辑刊》2018 年第 3 期。

杨宝玉、吴丽娱：《归义军政权与中央关系研究——以入奏活动为中心》，中国社会科学出版社，2015。

杨际平：《均田制新探》，厦门大学出版社，1991。

叶昌炽：《缘督庐日记》，江苏古籍出版社，2002。

殷晴：《丝绸之路与西域经济——十二世纪前新疆开发史稿》，中华书局，2007。

于溯：《读〈隆阐法师碑〉札记》，《古典文献研究》第18辑下卷，凤凰出版社，2016。

于志勇：《新疆尼雅遗址95MNⅠM8概况及初步研究》，《西域研究》1997年第1期。

于志勇：《新疆民丰县尼雅遗址95MNⅠ号墓地M8发掘简报》，《文物》2000年第1期。

余欣：《吐鲁番出土上烽契词语辑释》，《文史》第53辑，中华书局，2001。

郁贤皓：《唐刺史考全编》，安徽大学出版社，2000。

张伯龄：《〈唐大智禅师碑〉考释》，《碑林集刊》第4辑，陕西人民美术出版社，1996。

张广达：《碎叶城今地考》，《北京大学学报》1979年第5期。

张广达：《唐灭高昌国后的西州形势》，《东洋文化》第68号，1988。

张广达：《文书、典籍与西域史地》，广西师范大学出版社，2008。

张广达、荣新江：《关于唐末宋初于阗国的国号、年号及其王家世系问题》，《敦煌吐鲁番文献研究论集》，中华书局，1982。

张广达、荣新江：《〈唐大历三年三月典成铣牒〉跋》，《新疆社会科学》1988年第1期。

张广达、荣新江：《八世纪下半至九世纪初的于阗》，《唐研究》第3卷，北京大学出版社，1997。

张广达、荣新江：《圣彼得堡藏和田出土汉文文书考释》，《敦煌吐鲁番研究》第6卷，北京大学出版社，2002。

张广达、荣新江：《于阗史丛考（增订本）》，中国人民大学出版社，2008。

张国刚：《关于唐代兵募制度的几个问题》，《南开学报》1988年第

1 期。

张国刚：《唐代藩镇军将职级考略》，《学术月刊》1989 年第 5 期。

张国刚：《唐代府兵渊源与番役》，《历史研究》1989 年第 6 期。

张剑光：《唐五代江南工商业布局研究》，江苏古籍出版社，2003。

张铭心：《吐鲁番出土墓志汇考》，广西师范大学出版社，2020。

张沛：《唐折冲府汇考》，三秦出版社，2003。

张全民：《〈唐华文弘墓志铭〉所载唐朝经略边疆史实考略》，《唐研究》第 17 卷，北京大学出版社，2011。

张泽咸：《唐代工商业》，中国社会科学出版社，1995。

张泽咸：《唐代阶级结构研究》，中州古籍出版社，1996。

张宗品：《从古写本看汉唐时期〈史记〉在西域的流播——中古时期典籍阅读现象之一侧面》，《古文献研究》第 17 辑上卷，凤凰出版社，2014。

张总：《天宫造像探析》，《艺术史研究》第 1 辑，中山大学出版社，1999。

赵望秦：《胡曾〈咏史诗〉注本考索》，《中华文史论丛》第 75 辑，上海古籍出版社，2004。

赵洋：《廾远门前万里堠——隋唐长安城一隅的空间景观》，《唐研究》第 21 卷，北京大学出版社，2015。

郑阿财：《敦煌学与吐鲁番学从比翼齐飞到分进合流》，《西南民族大学学报》2019 年第 1 期。

郑振满：《明清福建沿海农田水利制度与乡族组织》，《中国社会经济史研究》1987 年第 4 期。

中国社会科学院考古研究所编著《中国古代天文文物图集》，文物出版社，1980。

中日共同尼雅遗迹学术考察队：《中日共同尼雅遗迹学术调查报告书》第 2 卷，中村印刷株式会社，1999。

周伟洲：《吉尔吉斯斯坦阿克别希姆遗址出土残碑考》，《边疆民族历史与文物考论》，黑龙江教育出版社，2000。

周亚、张俊峰：《清末晋南乡村社会的水利管理与运行——以通利渠为例》，《中国农史》2005 年第 3 期。

周一良、赵和平：《唐五代书仪研究》，中国社会科学出版社，1995。

朱雷：《唐开元二年西州府兵——"西州营"赴陇西御吐蕃始末》，《敦煌学辑刊》1985 年第 2 期。

朱玉麒：《瀚海零缣——西域文献研究一集》，中华书局，2019。

坂尻彰宏「大英博物館藏甲戌年四月沙州妻鄧慶連致肅州僧李保祐狀」『敦煌寫本研究年報』第 6 号、2012 年 3 月。

坂上康俊：《〈天圣令〉蓝本唐令的年代推定》，何东译，荣新江主编《唐研究》第 14 卷，北京大学出版社，2008。

坂上康俊「天聖令藍本唐開元二十五年令説再論」『史淵』第 147 号、2010 年 3 月。

滨口重国「府兵制度より新兵制へ」『秦漢隋唐の史研究』東京大学出版會、1966。

池田温・菊池英夫編『スタイン敦煌文献及び研究文献に引用紹介せられたる西域出土漢文文献分類目録初稿：非佛教文献之部 古文書類 I』東洋文庫、1964。

池田温「敦煌本判集三種」末松保和博士古稀記念会編『古代東アジア史論集』吉川弘文館、1978。

池田温：《隋唐律令与日本古代法律制度的关系》，《武汉大学学报》1989 年第 3 期。

池田温『中国古代籍帳研究』東京大学東洋文化研究所、1979；《中国古代籍帐研究》，龚泽铣译，中华书局，2007。

池田温：《中国古代物价初探——关于天宝二载交河市估案断片》，《唐研究论文选集》，中国社会科学出版社，1999。

赤木崇敏「河西帰義軍節度使張淮鼎——敦煌文献 P. 2555 pièce 1の検討を通じて」『内陸アジア言語の研究』第 20 号、2005 年 8 月。

嶋崎昌『隋唐時代の東トウルキスタン研究』東京大学出版會、1977。

冨谷至『流沙出土の文字資料——楼蘭・尼雅（ニヤ）出土文書を中心に』京都大学学術出版会、2001。

关尾史郎：《唐西州某头考》，朱雷主编《唐代的历史与社会》，武汉大学出版社，1997。

荒川正晴:《唐代于阗的"乌骆"——以 tagh 麻扎出土有关文书的分析为中心》,章莹译,《西域研究》1995 年第 1 期。

荒川正晴「クチャ出土『孔目司文書』考」『古代文化』第 49 巻第 3 号、1997 年 3 月。

荒川正晴:《唐帝国和粟特人的交易活动》,陈海涛译,《敦煌研究》2002 年第 3 期。

荒川正晴:《唐代粟特商人与汉族商人》,荣新江、华澜、张志清主编《粟特人在中国——历史、考古、语言的新探索》,中华书局,2005。

荒川正晴『ユーラシアの交通・交易と唐帝国』名古屋大学出版会、2010。

吉川小一郎「支那紀行」上原芳太郎編纂『新西域記』有光社、1937。

吉田豊『コータン出土 8~9 世紀のコータン語世俗文書に関する覚え書き』神戸市外国語大学外国学研究所、2006。

吉田丰:《有关和田出土 8~9 世纪于阗语世俗文书的札记(一)》,广中智之译,荣新江校,《敦煌吐鲁番研究》第 11 卷,上海古籍出版社,2008。

吉田丰:《有关和田出土 8~9 世纪于阗世俗文书的札记(三)上》,田卫卫译,西村阳子校,《敦煌学辑刊》2012 年第 1 期。

吉田丰:《有关和田出土 8~9 世纪于阗语世俗文书的札记(三)下》,田卫卫译,西村阳子校,《敦煌学辑刊》2012 年第 3 期。

加藤繁:《论唐宋时代的商业组织"行"并及清代的会馆》,吴杰译,《中国经济史考证》第 1 卷,商务印书馆,1959。

菊池英夫「唐代兵募の性格と名稱とについて」『史淵』第 67、68 号、1956 年 3 月。

菊池英夫「節度使制確立以前における「軍」制度の展開」『東洋学報』第 44 巻第 2 号・第 45 巻第 1 号、1961 年 10 月・1962 年 6 月。

菊池英夫「唐代辺防機関としての守捉・城・鎭等の成立過程について」『東洋史學』第 27 輯、1964。

菊池英夫「西域出土文書を通じてみたる唐玄宗時代における府兵制の運用」(上、下)『東洋学報』第 52 巻第 3・4 号、1969 年 12 月・1970

年 3 月。

Kikuchi Hideo（菊池英夫）， "On Documents of the T'ang Military System Discovered in Central Asia", *Journal Asiatique*, tome CCLXIX, 1981.

堀敏一『均田制の研究』岩波書店、1975；韩国磐等译，福建人民出版社，1984。

铃木俊『均田租庸调制の研究』刀水書房、1980。

那波利貞「唐代の農田水利に關する規定に就きて」『史學雜志』第 54 巻第 1・2・3 号、1943。

内藤みどり「アクベシム発見の杜懷寶碑について」『シルクロード学研究』第 4 号、シルクロード学研究センター、1997 年 3 月。

氣賀澤保規『府兵制の研究——府兵兵士とその社會』同朋舍、1999。

仁井田陞「吐魯番出土の唐代の公牘（蒲昌府文書等）」『書苑』第 1 巻第 6 号、1937。

仁井田陞：《唐令拾遗》，栗劲、霍存福、王占通、郭延德编译，长春出版社，1989。

仁井田陞・池田温『唐令拾遺補』東京大学出版會、1997。

日比野丈夫「唐代蒲昌府文書の研究」『東方學報』第 33 号、1963 年 5 月。

日比野丈夫「新獲の唐代蒲昌府文書について」『東方學報』第 45 号、1973 年 9 月。

森安孝夫：《河西归义军节度使官印及其编年》，梁晓鹏译，《敦煌学辑刊》2003 年第 1 期。

森田明：《清代水利与区域社会》，雷国山译，叶琳审校，山东画报出版社，2008。

十川陽一「律令制下の技術労働力——日唐における徴発規定をめぐって」『史學雜誌』第 117 巻第 12 号、2008。

石见清裕：《唐代的对外贸易与在华外国人的相关问题》，谷川道雄主编《魏晋南北朝隋唐史学的基本问题》，中华书局，2010。

斯波义信：《宋代江南经济史研究》，方健、何钟礼译，江苏古籍出版社，2001。

速水大「杏雨書屋所藏『敦煌秘笈』中の羽 620—2 文書について」土肥義和編『内陸アジア出土 4~12 世紀の漢語・胡語文献の整理と研究』（科研費報告書）東洋文庫、2011。

藤枝晃，"The Tunhuang Manuscripts, A General Description, I", *Zinbun* 9, 1966.

藤枝晃「長行馬」『墨美』第 60 号、1956。

丸山裕美子「養老医疾令合和御薬条復原の再検討」『日本歴史』第 456 号、1986 年 5 月。

丸山裕美子「日唐医疾令の復原と比較」『東洋文化』第 68 号、1988 年 3 月。

丸山裕美子「北宋天聖令による唐日医疾令の復原試案」『愛知県立大学日本文化学部論集・歴史文化学科編』第 1 号、2010 年 3 月。

西嶋定生「吐魯番出土文書より見たる均田制の施行状態——給田文書・退田文書を中心として」『西域文化研究』（2）法藏館、1959。

西村元祐「唐代吐魯番における均田制の意義——大谷探檢隊將來、欠田文書を中心として」『西域文化研究』（2）法藏館、1959。

西村元祐『中国経済史研究——均田制度篇』東洋史研究会、1968。

香川黙識編『西域考古圖譜』國華社、1915。

小田義久「大谷探險隊將來の庫車出土文書について」『東洋史苑』第 40・41 号、1993。

小田義久「徳富蘇峰記念館蔵『李慈藝告身』の写真について」『龍谷大学論集』第 456 号、2000 年 7 月。

岩本篤志「敦煌秘笈所見印記小考：寺印・官印・藏印」『内陸アジア言語の研究』第 28 号、2013 年 9 月。

野村荣三郎「蒙古新疆旅行日記」上原芳太郎編『新西域記』（下）有光社、1937。

伊瀬仙太郎『中国西域経営史研究』巖南堂、1968。

羽田亨：《西域文明史》，耿世民译，新疆人民出版社，1981。

周藤吉之：《吐鲁番出土佃人文书的研究——唐代前期的佃人制》，姜镇庆译，中国敦煌吐鲁番学会主编《敦煌学译文集——敦煌吐鲁番出土社会经济文书研究》，甘肃人民出版社，1985。

Yamamoto Tatsuro（山本達郎）, Ikeda On（池田温）, Okano Makoto（岡野誠）, *Tunhuang and Turfan Documents concerning Social and Economic History*, Ⅰ *Legal Texts*, Tokyo：Toyo Bunko, 1980.

白桂思（C. Beckwith）：《吐蕃在中亚：中古早期吐蕃、突厥、大食、唐朝争夺史》, 付建河译, 新疆人民出版社, 2012。

P. O. Skjærvø, *Khotanese Manuscripts from Chinese Turkestan in the British Library. A Complete Catalogue with Texts and Translations*, London：British Library Publishing, 2002.

K. A. Wittfogel, *Oriental Despostism*, Yale University Press, 1957. 徐式谷等译《东方专制主义：对于极权力量的比较研究》, 中国社会科学出版社, 1989。

Ed. Chavannes, "Chinese Documents from the Sites of Dandan-uiliq, Niya and Endere", Appendix A to *Ancient Khotan. Detailed Report of Archaeological Explorations in Chinese Turkestan*, Oxford, 1907, pp. 521-525.

Ed. Chavannes, *Les documents chinois découverts par Aurel Stein dans les Sables du Turkestan oriental*, Oxford, 1913.

F. Grenet and N. Sims-Williams, "The Historical Context of the Sogdian Ancient Letters", *Transition Periods in Iranian History*（*Studia Iranica*, *cahier* 5）, Leoven, 1987.

H. Maspero, *Les documents chinois de la troisième expedition de Sir Aurel Stein en Asie centrale*, London, 1953.

伯希和（P. Pelliot）：《巴黎图书馆敦煌书目》, 罗福苌译, 《国学季刊》1932 年第 4 期；《巴黎图书馆敦煌写本书目》, 陆翔译, 《国立北平图书馆馆刊》1934 年第 1 期。

Éric Trombert, *Les Manuscrits Chinois de Koutcha：Fonds Pelliot de la Bibilothèque Nationale de France*, Paris, 2000.

A. Hoernle, "A Report on the British Collection of Antiquities from Central Asia, Part Ⅱ", *Journal of the Asiatic Society of Bengal*, LXX-1（1901）, Extra-No. 1, pp. 22-24, pl. Ⅲ.

N. Sims-Williams, "The Sogdian Fragments of the British Library", p. 43, n.

A. Conrady, *Die Chinesischen Handschriften - und Sonstigen Kleinfunde Sven*

Hedins in Lou-lan, Stockholm, 1920.

R. E. Emmerick and M. I. Vorob'ёva-Desjatovskaja, *Saka documents*, Text volume Ⅲ, London, 1995.

《马克思恩格斯选集》第 2 卷，人民出版社，2012。

H. Reichelt, *Die soghdischen Handschriftenreste des Britischen Museums*, Ⅱ, Heidelberg, 1931.

A. Stein. *Ancient Khotan*, Oxford：Clarendon Press, 1907.

A. Stein, *Innermost Asia. Detailed Report of Explorations in Central Asia, Kansu and Eastern Iran*, Oxford, 1928.

A. Stein, *Serindia. Detailed Report of Explorations in Central Asia and Westermost China*, Oxford, 1921. 巫新华等译《西域考古图记》，广西师范大学出版社，1998。

S. Hedin, *Through Asia*, Vol. Ⅱ, London, 1898.

S. Hedin, *Asien. Tusen mil på okända vägar*, 2 vols. , Stockholm, 1903.

后　记

　　这本书是我踏入学术门径以来，研治出土文献与唐代西北问题的学业小集。硕士阶段，我在孟宪实老师指导下发表了第一篇学术论文《唐前期西州高昌县水利管理》，迄今已有十四载。这期间，出土文献研究一直是我用功最勤的领域，除了在博士学位论文基础上出版专著《瀚海天山——唐代伊、西、庭三州军政体制研究》外，前后陆陆续续写了不少这方面的文章。由于敦煌吐鲁番文书都是出自西北边疆，我的研究课题也不可避免地偏向西北了。但在我的认识中，处于地理边缘的西北却又是唐史研究的一个中心，因为敦煌吐鲁番文书中记录了众多鲜活的基层人物、事件以及"活"的制度史，是其他区域文献所无法比拟的，辅以墓志碑刻以及传世文献，便可以透过西北来窥视整个唐朝的历史风貌。故而，我在文献考证之余，也希望能讨论一些个体与时代、国家与社会、中央与地方等话题。如此归结起来，竟也有了一部书的规模，权作此前问学的一个见证吧。

　　研读出土文献是令人感到愉悦而满足的事，史睿老师曾把这种体验称为"逍遥"，以我的理解可以作两种解释：一是在历史的长河中畅游，这些出土文献都是少经修饰的原始资料，阅读起来，就像是和千年前的古人直接对话，一幕幕事功、生死与苦乐尽在眼前；二是在学问的山林中悠游，最直观的表现就是读书班，师友们聚在一起，从认字开始，逐字逐句研读，相互启发，学问也不断精进。回首看来，我学生时代的一大幸事就是能够持续参加各种读书班，踏踏实实积累。

　　感谢荣新江老师为这本小书作序！我印象中参加的文书或墓志读书班，基本都是荣老师主持的。感谢孟宪实、朱玉麒、孟彦弘、史睿、游自勇等诸位老师在课堂及读书班上的悉心教导，督促我不断努力！还有不少一同参加过读书班的师友，对我多有教诲，一并感谢！

读万卷书，也要行万里路，选"万里向安西"这一题目，多少也有着这一想法。岑参是难得的亲自到过西域的诗人，他的每一句边塞诗，都是真切地写在大唐的土地上。做学问或许也是如此，只坐在书斋中翻文献，写出的文章总感觉差了一丝精气神，要实地走过才能补上。感谢王炳华老师，时刻督促我要关注实地考察，在我学生时代就送我环游塔里木盆地、穿越天山。朱玉麒老师则是让我有了一段较长时间的新疆生活体验，又携我同至碎叶、热海。疫情之前，我和中国社会科学院的各位同事又有一次跨越三省区、行程数千公里的"唐蕃古道"的国情调研。有了这些脚踏实地的经历，这本小书的很多篇章才得以顺利完成，感谢这一路关照我的各位老师及各地的朋友！

2016 年，我入职中国社会科学院历史研究所（后改名为古代史研究所），工作的处室原为魏晋南北朝隋唐史研究室，2019 年重新编制为隋唐五代十国史研究室。感谢时任室主任雷闻老师的大力培养和鼓励，让我可以继续从事感兴趣的出土文献与唐史研究，各方面的能力也有了长足进步。感谢先后在研究室工作过的吴丽娱、黄正建、楼劲、牛来颖、陈爽、孟彦弘、刘琴丽、陈丽萍、陈志远、王博、刘凯、赵洋、沈国光等各位老师，大家都兼治断代史与出土文献，每个返所日都是交流切磋的时刻，还有各种集体项目与调研期间的互相砥砺，真是让我获益良多。特别是近两年，我开始承担更多的工作任务，感谢研究室诸位老师在各方面的无私帮助和鼎力支持，让我有充足的精力完成自己的学术目标。

感谢卜宪群所长以及学术委员会的各位老师对书稿出版给予的支持！本所领导、行政部门及各研究室的同事也对我关爱有加，在此一并致谢！

2016 年对我来说是值得纪念的一年，除了找到工作、出版第一本专著，还有女儿刘雨桐的降生。七年来，我们过着忙碌又充实的生活，感谢我的爱人任媛打理着家里的大小事务，给我腾出了很多宝贵的时间。直到最近，我还觉得这是一件令人感动但却不是那么困难的事。碰巧前一阵我爱人要照顾老人并参加考试，我们角色互换，我才真切体会到柴米油盐加带孩子的辛苦！幸福的是，面对生活和工作的压力，爱人总是能给我积极乐观的正能量。女儿也从喜欢坐我怀里在电脑上胡乱打字的小淘气，成长为会背诵我书中唐诗的小学生。我的父母也总是给我营造轻松的环境，给我前进的动力，目前取得的点滴成果也算是对他们的些许回报。这本小书献给我的家人们！

2022年底，我把书稿投给了社会科学文献出版社历史学分社的郑庆寰社长，郑老师提了很多重要的修改意见，他问我为何不申请个项目或资助？有此因缘，这本著作最终入选了《中国社会科学院文库》。感谢郑老师的鼓励和鞭策！也要感谢本书的责编赵晨老师认真负责地解决了书稿的很多问题，小书才能以较好的面貌呈现给大家！

总之，这本小书既是一段求学经历的作业，也是一段人生经历的小结，无论是否满意终归要呈送到读者面前。所幸安西不是终点，还会有下一段追寻学术的旅程。期望天地无尽，"行到安西更向西"。

2023 年 12 月 1 日
于北京安华里

图书在版编目（CIP）数据

万里向安西：出土文献与唐代西北经略研究／刘子
凡著.--北京：社会科学文献出版社，2024.4（2025.9重印）
（中国社会科学院文库.历史考古研究系列）
ISBN 978-7-5228-3739-0

Ⅰ.①万…　Ⅱ.①刘…　Ⅲ.①吐鲁番地区-出土文物
-文献-研究-唐代　Ⅳ.①K877.04

中国国家版本馆 CIP 数据核字（2024）第 108155 号

中国社会科学院文库·历史考古研究系列

万里向安西
——出土文献与唐代西北经略研究

著　　者／刘子凡

出 版 人／冀祥德
组稿编辑／郑庆寰
责任编辑／赵　晨
责任印制／岳　阳

出　　版／社会科学文献出版社·历史学分社（010）59367256
　　　　　　地址：北京市北三环中路甲 29 号院华龙大厦　邮编：100029
　　　　　　网址：www.ssap.com.cn
发　　行／社会科学文献出版社（010）59367028
印　　装／唐山玺诚印务有限公司

规　　格／开本：787mm×1092mm　1/16
　　　　　　印 张：28.25　字 数：458 千字
版　　次／2024 年 4 月第 1 版　2025 年 9 月第 3 次印刷
书　　号／ISBN 978-7-5228-3739-0
定　　价／98.00 元

读者服务电话：4008918866